Multilingüismo
y lenguas en contacto

PROYECTO EDITORIAL
CLAVES DE LA LINGÜÍSTICA

Director:
Juan Carlos Moreno Cabrera

Multilingüismo y lenguas en contacto

Juan Carlos Moreno Cabrera

EDITORIAL
SINTESIS

Consulte nuestra página web: **www.sintesis.com**
En ella encontrará el catálogo completo y comentado

Vallehermoso, 34. 28015 Madrid
Teléfono 91 593 20 98
http://www.sintesis.com

ISBN: 978-84-9077-224-9
Depósito Legal: M. 328.2016-2016

Impreso en España - Printed in Spain

Índice

Introducción

Este libro trata sobre el multilingüismo y las lenguas en contacto. Este campo de estudio goza de muchas investigaciones y publicaciones en las que se utilizan diversos términos especializados (*bilingüismo*, *multilingüismo*, *diglosia*, *semibilingüismo*, *sesquilingüismo...*) que no siempre se definen y ejemplifican del mismo modo.

Vamos a definir todos estos términos y otros de una forma coherente y consistente a lo largo de toda la presente obra, con el fin de orientar y facilitar el estudio a todas aquellas personas que, por estudios, necesidad o curiosidad científica, desean adquirir unos conocimientos claros y bien fundamentados que les permitan adentrarse con paso firme en la numerosa, compleja y a veces caótica bibliografía sobre las cuestiones tratadas. Al final del libro, en un apéndice terminológico, puede encontrarse la definición de diversos términos tal como se entienden en la presente obra. Estos términos definidos en el apéndice aparecen con un asterisco en el texto.

El bilingüismo empieza en las personas cuando son capaces de entender y hablar dos o más lenguas. En su mente es donde se produce el contacto de lenguas, dado que las lenguas de la persona plurilingüe siempre están presentes en su actuación lingüística. Nadie puede dejar de saber una lengua cuando entiende o habla otra.

Por consiguiente, el presente libro es una guía de viaje que empieza por las personas para determinar cómo es la mente de una persona bilingüe. Utilizaremos *bilingüe* o *plurilingüe* para referirnos al conocimiento individual de dos o más lenguas. Veremos que el conocimiento individual de una lengua –que se denomina habitualmente *competencia lingüística*– tiene dos aspectos diferenciados, aunque íntimamente relacionados.

Vamos a explicar en el capítulo primero del presente libro que existe una *competencia sintética*, que nos permite construir expresiones lingüísticas en un idioma determinado, y una *competencia analítica*, que nos posibilita entender las expresiones de una lengua dichas por otras personas y que procesamos.

Pero hay una diferencia muy interesante entre las dos competencias. La competencia analítica, a diferencia de la sintética, nos permite entender expresiones y palabras parecidas a las determinadas por nuestra competencia sintética, pero que no necesariamente son idénticas a las que construimos. Dicho de otra manera: nuestra competencia sintética nos permite expresarnos con soltura y automáticamente en nuestro dialecto, pero no en otros dialectos de nuestra lengua. Es decir, nuestra competencia sintética puede que no nos permita expresarnos con soltura y automáticamente en dialectos distintos del que hablamos.

Sin embargo, nuestra competencia analítica nos permite procesar y entender la inmensa mayoría de las expresiones de estas variedades dialectales. Más aún, nos permite incluso procesar y entender expresiones construidas según las reglas de otras lenguas cercanas genéticamente a la nuestra. Nuestra competencia analítica nos permite procesar y entender una parte muy importante de las expresiones pertenecientes a dialectos o lenguas de las que tenemos poca o nula competencia sintética.

La competencia analítica tiene, por consiguiente, un alcance muchísimo mayor que la sintética, y es precisamente esta competencia la que hace que todas las personas sean plurilingües analíticas, aunque sean monolingües sintéticas.

Por tanto, se puede decir en un sentido débil (analítico) que todo el mundo es plurilingüe. Si una persona es capaz de procesar y entender la mayor parte de los dialectos o variedades de su lengua nativa y además es capaz de entender en mayor o menor medida muchas expresiones de otras lenguas cercanas genéticamente a la suya, entonces hay que concluir que esa persona es plurilingüe analítica. El estudio de esta diferenciación entre bilingüismo y plurilingüismo sintético y analítico es el objeto fundamental del capítulo primero del presente libro.

El estudio de la mente bilingüe no es, razonablemente, otra cosa que la investigación de cómo se organiza y pone en práctica la competencia lingüística de las personas, aunque, como veremos en el capítulo primero, esa mente puede funcionar de manera algo diferente según el grado de conocimiento que se tenga de las lenguas implicadas y la edad en que se adquirieron esos conocimientos y habilidades psicofisiológicas. En este capítulo se presenta un resumen actualizado de las conclusiones de algunas de las investigaciones hechas al respecto sobre cómo se organiza la mente lingüística de las personas.

También se incluye en el primer capítulo el caso de plurilingüismo en el que intervienen las lenguas de señas y las lenguas orales. Hay en este ámbito, como vamos a comprobar, una casuística muy interesante e iluminadora para estudiar las propiedades de la mente plurilingüe humana.

En el capítulo segundo estudiaremos un comportamiento típico de las personas que tienen una competencia sintética en dos o más lenguas: la alternancia, mezcla y combinación de lenguas. Estos términos tienen que ver con lo que en inglés se conoce como *code-switching*, que puede ser definido de formas ligeramente diferentes, según las publicaciones especializadas.

En la alternancia de lenguas, la persona bilingüe elige una de sus lenguas para determinada parte de su discurso o conversación. Por ejemplo, si una persona bilingüe usa el español para hablar con otra persona hispanohablante y después el inglés para hablar con una persona anglohablante en la misma conversación, estamos ante una alternancia lenguas.

Si una persona bilingüe usa dos lenguas dentro de una misma oración o expresión, estamos ante la mezcla de lenguas.

Por último, la combinación de lenguas (*code-blending*) se produce cuando una persona bilingüe conoce una lengua de señas y combina la lengua de señas con la lengua oral.

La alternancia de lenguas suele estar en función de las necesidades comunicativas y expresivas de la persona bilingüe.

Por su parte, la mezcla de lenguas en una misma oración no se produce de manera arbitraria o aleatoria, sino siguiendo una serie de patrones gramaticales que se intentan hacer explícitos utilizando diversos modelos de análisis gramatical.

Quienes han estudiado esta cuestión han intentado aplicar diferentes modelos de descripción gramatical para dar cuenta de esos patrones que parecen seguir las personas plurilingües cuando mezclan dos o más lenguas en sus discursos. Algunas de esas aplicaciones son expuestas y explicadas en el segundo capítulo.

Algunas de estas aplicaciones parten de la base de que no es necesario postular ningún principio gramatical especial para dar cuenta de los patrones gramaticales a los que se atiene la mezcla de lenguas. Ello es muy interesante para las tesis fundamentales del presente libro, porque eso significa que todas las competencias gramaticales, incluso las de las personas no bilingües sintéticas, contienen en realidad una competencia plurilingüe, aunque solo la manifiesten en mayor o menor medida en el aspecto analítico.

La combinación de las lenguas señadas con las lenguas orales, en las personas que tienen competencias sintéticas en ambas, es un campo nuevo y fascinante de estudio en el que se ha de poner a prueba la capacidad explicativa de los modelos propuestos para los casos de las lenguas orales. Las dos últimas secciones del capítulo segundo están dedicadas completamente a esta cuestión, tanto desde el punto de vista empírico como teórico.

El capítulo tercero trata del cambio lingüístico por contacto y del proceso de convergencia lingüística, mediante el cual idiomas que ocupan un espacio determinado y cuyas comunidades de hablantes interactúan de forma más o menos intensa a lo largo de períodos de tiempo dilatados, acaban adoptando una serie de rasgos gramaticales que pueden utilizarse para caracterizar lingüísticamente una determinada zona geográfica.

El componente más sensible a las influencias entre las lenguas es el léxico. Muchas lenguas toman palabras de otras, e incluso hay lenguas cuyo vocabulario en gran parte procede de una lengua no genéticamente emparentada con ella: los casos del coreano y el japonés son muy interesantes al respecto. Por otro lado, existen palabras que han sido adoptadas por muchas lenguas; se trata de las llamadas *palabras viajeras*, a las que se dedica una sección de este capítulo.

Otro aspecto muy importante de la investigación descriptiva sobre el contacto de lenguas radica en que ese estudio no se puede realizar independientemente de las relaciones sociales y culturales existentes entre las lenguas implicadas, porque estas relaciones van a determinar de forma esencial los tipos de cambio lingüístico por contacto que se producirán.

Hay dos situaciones fundamentales: en una de ellas la lengua que entra en contacto con otra se sigue manteniendo, sus hablantes la siguen utilizando; en la otra situación, la lengua que entra en contacto con otra va siendo desplazada gradualmente por ésta hasta ser sustituida por esa otra lengua en la comunidad lingüística de la primera lengua. El primer caso es de mantenimiento de la lengua influida por otra, y el segundo caso es de desplazamiento y sustitución. Se ha podido comprobar que los cambios por contacto son muy diferentes en las dos situaciones descritas. Por ello, es imposible estudiar adecuadamente la influencia lingüística de un idioma sobre otro sin tener en cuenta parámetros sociales, culturales e ideológicos.

La última parte de este capítulo está dedicada al caso de los sistemas de escritura, cuya extensión, a partir de unos pocos focos originales, supuso un contacto entre lenguas muy diferentes que surge a la hora de adaptar una escritura originariamente pensada para representar gráficamente una lengua con el fin de expresar visualmente otra lengua diferente. Es lo que se denomina en el libro *xenografía*.

El contacto que tiene que ver con la escritura es a la vez lingüístico y cultural (incluyendo elementos religiosos, filosóficos e ideológicos), por lo que tiene un gran interés para el estudio del contacto de lenguas y de la influencia de unas lenguas sobre otras a través de la influencia cultural. El caso de la escritura japonesa es especialmente interesante al respecto, por lo que es descrito de modo breve en una de las secciones de este capítulo.

El capítulo cuarto trata de aquellas lenguas que surgen de forma más o menos rápida en determinadas situaciones de contacto lingüístico. Las lenguas criollas han surgido en las plantaciones esclavistas de diversos lugares del globo, sobre todo de América y África; se trata de lenguas europeas aprendidas por los esclavos sin tener un contacto continuado con modelos nativos y con una fuerte influencia de sus lenguas nativas propias. En general, son variedades del inglés, francés, portugués y español que han sufrido una reestructuración gramatical provocada por los dos factores que se acaban de mencionar.

Por su parte, los sabires se producen cuando dos comunidades que no hablan lenguas inteligibles entran en contacto en determinados períodos y con unos fines específicos (comerciales, militares, exploratorios…) y desarrollan unas minilenguas de urgencia simplificadas (vocabulario reducido, morfología y sintaxis simples), útiles para hacerse entender en esas situaciones ocasionales. Lejos de mostrar el carácter primitivo o poco desarrollado de las gentes que los utilizan, los sabires o *pidgins* muestran la increíble flexibilidad e inventiva de la mente humana, capaz de adaptarse lingüísticamente a las situaciones más desfavorables y en principio aparentemente insuperables. Gracias a los sabires, personas que solo saben lenguas tan distintas como el chino y el inglés pueden comunicarse con éxito en determinadas situaciones. El término *pidgin*, según algunas propuestas, es precisamente una transformación del término inglés *business* pronunciado por algunas comunidades hablantes de chino.

Sobre los criollos y los sabires se han propuesto teorías muy teñidas de prejuicios ideológicos y racistas. El hecho de que los criollos fueran desarrollados por esclavos negros llevó a muchos investigadores a hablar de una *jerigonza de negros* y a tachar estas lenguas de más primitivas o menos desarrolladas, como síntomas de la falta de inteligencia, incultura y retraso mental. Aunque estas ideas han sido en general superadas, quedan todavía restos realmente sangrantes como la afirmación de que la gramática de las lenguas criollas es más simple que la de las demás lenguas. En una de las últimas secciones de este capítulo se analiza una propuesta moderna que defiende precisamente esa idea. Para ello se utiliza una serie de criterios lingüísticos aparentemente objetivos e indiscutibles. Pues bien, en esa sección se muestra que ninguno de esos criterios esgrimidos es mínimamente fiable ni lingüísticamente plausible, a pesar de las apariencias, que podrían engañar a la persona no especialista.

Los dos primeros capítulos están dedicados al plurilingüismo individual, y, como complemento, el capítulo quinto está dedicado al plurilingüismo social, aquí denominado *multilingüismo*.

La diversidad de lenguas y el multilingüismo, como fenómenos biológicos y culturales, han sido sometidos a lo largo de la historia de la humanidad a todo tipo de prejuicios y mitos, algunos de los cuales son analizados en las primeras secciones de este capítulo.

Estos mitos se asientan sobre una serie de supuestos sobre qué son y para qué se usan las lenguas humanas; lejos de ser míticos, son en general aceptados como naturales o pertenecientes al sentido común. Un supuesto de estos supuestos es la idea de que las lenguas son instrumentos para comunicarse y que lo importante es lo que se intenta comunicar y no el idioma, que sería un mero instrumento auxiliar. Se hará una contraposición entre este supuesto y otro –no necesariamente incompatible con el primero– según el cual las lenguas no son instrumentos de comunicación, sino de expresión cognitiva y cultural. De este supuesto surge una visión radicalmente diferente de la diversidad lingüística y del multilingüismo. A lo largo del capítulo se van explicando las consecuencias de ambos supuestos para el estudio de los fenómenos de multilingüismo, y se hará ver que el estudio de este fenómeno no puede realizarse sin hacer una lectura crítica de los aspectos ideológicos que intervienen en él, de forma inadvertida la mayor parte de las veces, por parte de las propias personas investigadoras.

No se puede entender el fenómeno del multilingüismo en el mundo actual sin estudiar el imperialismo lingüístico y la ideología justificativa que la acompaña, además de la otra cara oscura de la moneda: la destrucción paulatina pero implacable de la diversidad lingüística de la humanidad.

El capítulo sexto se centra en el estudio del multilingüismo europeo. En el capítulo cuarto se analizó brevemente el ejemplo de la India, un país multilingüe con muchos rasgos positivos y negativos muy interesantes. Europa constituye un ejemplo parecido al de la India pero con muchos rasgos propios característicos.

Tener un conocimiento de la diversidad lingüística europea debe ser necesario para todas las personas que aspiren a tener una formación humanística suficientemente satisfactoria. Por ello, en este capítulo se describen diversos aspectos de la Europa multilingüe, tanto los propiamente lingüísticos, como los culturales, los políticos y los ideológicos.

El caso de la Unión Europea es especialmente interesante, dado que la parte lingüística de esta entidad supranacional es uno de sus pilares esenciales. Su estudio nos lleva a comprobar cómo se intenta oficializar el multilingüismo en los niveles supranacionales y cuáles son los factores ideológicos, políticos y culturales que condicionan y sesgan en uno u otro sentido ese proceso.

El capítulo séptimo analiza un país concreto de la UE desde el punto de vista de la gestión del multilingüismo. Se trata del Reino de España, que ofrece un ejemplo suficientemente representativo de lo que ocurre en otros países de la UE. Se estudia el período más reciente de esa gestión: el que va desde el fin de la dictadura de Franco y la reinstauración de la monarquía (1975) hasta el momento actual (2015), un período de cuarenta años. Este período se caracteriza por el reconocimiento de la oficialidad de las lenguas diferentes del castellano en las distintas Comunidades Autónomas constituidas al principio del período estudiado. Este factor ha sido determinante a la hora de la manifestación explícita y militante de la ideología monolingüista del españolismo, que se ha reforzado y reafirmado de forma insistente a lo largo de esta época como reacción a los intentos de revitalización y normalización de las lenguas diferentes del castellano que se hablan en el Reino de España. En el capítulo se analizan algunos de los hitos de este fenómeno.

Cada capítulo va provisto de ejercicios que pueden realizarse en función de la actividad docente correspondiente. Sin embargo, más allá de los ejercicios hay un auténtico tesoro que se puede explorar y utilizar en las clases. Se trata de la propia experiencia plurilingüe de las personas discentes. Aunque no sean conscientes de ello, todas las personas que no hayan estado la mayor parte de su vida aisladas tienen una amplia experiencia multilingüe mucho mayor y más rica de lo que piensan: la educación, la escuela, los viajes, las aficiones, las relaciones familiares, las relaciones extrafamiliares y todas las relaciones humanas en general están teñidas de multilingüismo en mayor o menor medida.

El objetivo de una asignatura sobre multilingüismo y contacto de lenguas debe ser que las personas que la cursen descubran esa rica experiencia multilingüe que atesoramos cada uno de nosotros. No hay mejor ejercicio en esta asignatura que incitar a quienes la cursan a recordar y enunciar del modo más ordenado posible su experiencia vital multilingüe: al descubrir lo variado y amplio de dicha experiencia la mayor parte de estas personas se quedará enormemente sorprendida. Los errores que cometemos en las clases de idiomas, las frases que proferimos en otro idioma en algún viaje, las relaciones con personas hablantes de otras lenguas, las canciones en otras lenguas que nos gustan y hemos aprendido, las aficiones que nos llevan a entrar en contacto con otras lenguas o culturas... Todas estas cosas y muchas más forman parte de nuestra experiencia multilingüe. Toda persona es un tratado práctico de multilingüismo ambulante o sedente. Por ello, debe ser objetivo de la asignatura de multilingüismo hacernos conscientes de esa persona plurilingüe que todos llevamos dentro. Desatendamos la abracadabrante lista de competencias, habilidades y aptitudes que figuran obligatoriamente en las guías docentes y que se supone que las personas que cursan una asignatura han de adquirir y demostrar en exámenes y pruebas de todo tipo. Descubramos la persona multilingüe que todos llevamos dentro. Ese ha de ser el objetivo de la signatura.

Una vez descubierta esta faceta personal, el objetivo de la asignatura será ponerla en relación con los conceptos teóricos que se exponen en los libros sobre multilingüismo y lenguas en contacto. De esta manera, la persona que estudia la asignatura dejará de ver esos conceptos como algo ajeno o externo a ella misma, como un tedioso objeto de estudio memorístico para aprobar uno o varios exámenes, y se sentirá personalmente implicada en ellos. A veces se olvida que la educación no se basa en otra cosa que en relaciones entre personas y tiene poco que ver con las artificiales y artificiosas relaciones mediatizadas por planes de estudio, guías docentes, exámenes y diplomas.

1
La mente plurilingüe

1.1. Competencia y actuación lingüísticas

La *competencia* lingüística es el conjunto de conocimientos implícitos que permiten a una persona expresarse en una determinada lengua. De alguien que tiene el inglés como lengua nativa, es decir, la lengua que adquirió de forma natural en su infancia, diremos que tiene una competencia lingüística en este idioma. Cuando desarrollamos desde la niñez una competencia lingüística no somos conscientes de su contenido, naturaleza y estructura. Una persona que se expresa en su lengua nativa no es consciente de las reglas gramaticales, ni de las reglas y propiedades fonológicas, morfológicas, sintácticas, léxicas y semánticas de ese idioma. Las aplica y se atiene a ellas de forma automática e inadvertida.

Por *actuación* entendemos la realización práctica de la competencia lingüística. De forma que cuando una persona habla o seña de acuerdo con la competencia lingüística de su lengua nativa oral o señada, emite una serie de expresiones lingüísticas que están reguladas y estructuradas por las reglas gramaticales inconscientes que ha desarrollado al adquirir esa lengua. Los productos de esa actuación (conversaciones, discursos, etc.) pueden ser analizados de acuerdo con las reglas gramaticales de la competencia lingüística que los estructuran.

1.2. Las competencias sintética y analítica

La competencia lingüística tiene dos aspectos principales. Un primer aspecto sintético nos permite construir las expresiones lingüísticas de nuestra lengua y, por tanto, producir expresiones gramaticales en la actuación lingüística. Esto lo podemos denominar *competencia sintética**.

Además, la competencia lingüística nos permite también analizar y entender las expresiones lingüísticas emitidas por otras personas que tienen una competencia lingüística igual o muy similar a la nuestra. Esto lo podemos denominar *competencia analítica**.

Una propiedad muy notable de las dos competencias que se acaban de distinguir es que la analítica tiene un alcance mucho mayor que la sintética. Es decir, la competencia analítica nos permite ir más allá de lo que nos permite la competencia sintética. Dicho de otro modo, podemos llegar a analizar y entender expresiones que no se atienen exactamente a las reglas que dirigen nuestra competencia sintética; es decir, podemos ser capaces de analizar y entender expresiones que no usamos o no sabemos usar en nuestra síntesis lingüística, en los procesos que dan lugar a nuestra actuación lingüística habitual.

Este fenómeno se puede enunciar de la siguiente manera:

> La competencia lingüística analítica* tiene una potencia muy superior a la competencia lingüística sintética.

Para mostrar esto podemos aducir el siguiente ejemplo: suponga que a una persona hablante monolingüe de castellano le presentamos las siguientes oraciones:

- *Toute la terre avait une seule langue et les mêmes mots.*
- *Tota la terra era d'una sola llengua i d'unes mateixes paraules.*
- *Em toda a terra, havía sòmente uma língua, e empregavam-se as mesmas palabras.*

Estas expresiones están en lenguas diferentes del castellano (francés, catalán y portugués). Sin embargo, es muy posible que la persona en cuestión entienda estas tres expresiones sin haber estudiado nunca las lenguas implicadas. Más aún, consideradas las tres expresiones a la vez, la persona será más capaz de aclarar los puntos que puedan haber quedado oscuros o incomprensibles en cada una de las oraciones tomadas de forma aislada.

La pregunta que surge inmediatamente es la siguiente: ¿cómo es capaz la persona de procesar, analizar o entender expresiones pertenecientes a una lengua que no conoce?

En este caso es fácil de explicar la situación, porque las oraciones sometidas al experimento pertenecen a lenguas emparentadas genéticamente con el castellano y, por tanto, se parecen a la que se corresponde con esta lengua (*toda la tierra tenía una misma lengua y unas mismas palabras*).

Pero la cuestión importante es la siguiente: ¿cómo puede un castellanohablante monolingüe entender las tres oraciones en lenguas distintas si previamente es incapaz de emitir tales oraciones? Si partimos de la base de que la persona objeto de este experimento es monolingüe, entendemos que no sepa o sea capaz de expresar en francés, catalán y portugués la oración en cuestión. Sin embargo, sí puede entenderlas total o parcialmente. ¿Por qué?

La razón está en el principio que hemos enunciado antes: la competencia analítica es tan potente que puede traspasar los límites de un idioma, dentro de los cuales se mantiene la competencia sintética.

Esta capacidad se pone también de manifiesto cuando la competencia sintética correspondiente a una variedad lingüística o dialecto concreto que usa efectivamente una persona, va acompañada de una competencia analítica que le permite entender, en mayor o menor grado (igual que en el caso de las lenguas emparentadas genéticamente) las demás variedades que se agrupan bajo la etiqueta de una lengua. En el caso que nos ocupa, una persona hablante de un dialecto del castellano –que solo sabe expresarse de forma fluida en ese dialecto– es capaz de entender otros dialectos del castellano en los que no sabría expresarse de la misma forma. Si quien lee estas líneas es castellanohablante de alguno de los dialectos del castellano central, habrá podido procesar y analizar las expresiones de otras personas que hablan otros dialectos del castellano.

1.3. Bilingüismo sintético y analítico

Cuando una persona se expresa en su lengua nativa, decimos que tiene una competencia sintética en esa lengua que le permite no solo emitir discursos en ella, sino también entender los realizados por una competencia sintética diferente de la suya, ya sea de personas que hablan diferentes dialectos de su lengua, ya sea de personas que hablan incluso lenguas diferentes de la suya, aunque genéticamente relacionadas con ella.

Por tanto, toda competencia sintética en una variedad lingüística implica una competencia analítica* en otras variedades de esa lengua, e incluso en otras lenguas relacionadas.

Si definimos como bilingüe a una persona que tiene dos competencias lingüísticas sintéticas, diremos que esa persona es bilingüe sintética*. Pero acabamos de decir que una competencia sintética supone una competencia analítica de más alcance que la sintética. Por tanto, una persona monolingüe sintética es, en realidad, por lo menos bilingüe sintético-analítica. Podemos definir esta persona bilingüe de la siguiente manera:

> Bilingüe sintético-analítica* (S-A): persona que es capaz de emitir discursos en una variedad lingüística y que también es capaz de entender discursos en otra variedad lingüística de su lengua o de otra lengua diferente.

Podemos considerar como bilingüe S-A no solo a quien es capaz de entender al menos una variedad de otra lengua diferente de la suya (por ejemplo, la persona castellanohablante que es capaz de entender francés o italiano, pero no es capaz de hablarlo con fluidez), sino también a quien es capaz de entender variedades de su propia lengua que, en algunos aspectos, pueden divergir tanto como otras variedades de una lengua emparentada genéticamente.

En general, la multiplicidad de variedades lingüísticas de una misma lengua es esencialmente igual a la diversidad de variedades lingüísticas de lenguas genéticamente emparentadas. Esto significa que puede haber variedades de una lengua que estén tan alejadas entre sí o incluso más, que variedades de dos lenguas vecinas genéticamente emparentadas. Por ejemplo, una variedad lingüística surgida de la mezcla entre castellano y catalán puede en muchos aspectos diferir menos de una variedad colindante del castellano o del catalán, que de una variedad alejada geográficamente del castellano. La capacidad de la competencia analítica que se emplea para entender variedades de la lengua propia es, sin duda, cualitativamente la misma que la que se emplea para entender variedades cercanas de otras lenguas genéticamente emparentadas con ella.

En puridad, ninguna persona monolingüe sintética tiene su competencia analítica limitada a una variedad de su propia lengua, sino que dicha competencia se extiende a prácticamente todas las variedades de su lengua. Por ejemplo, una persona castellanohablante puede desarrollar de forma más o menos natural una competencia analítica que le posibilite entender la práctica totalidad de las variedades lingüísticas del español tanto de España como de América. Por tanto, todo hablante sintético monolingüe es en realidad una persona hablante sintético-analítica no bilingüe, sino plurilingüe (dos o más lenguas): es capaz de entender muchas más variedades lingüísticas tanto de su lengua como de otras lenguas emparentadas, que las que puede producir de modo sintético.

En conclusión, se puede decir que toda persona es plurilingüe sintético-analítica, aunque solo sea capaz de hablar en su propia variedad lingüística o dialecto.

El bilingüismo productivo en una lengua y receptivo en otra se suele denominar *semibilingüismo, sesquilingüismo* o *bilingüismo pasivo*. El término *pasivo* referido a la competencia analítica* no es muy afortunado, porque para entender expresiones en una variedad lingüística distinta de la suya la persona oyente o vidente (en el caso de las lenguas señadas) ha de realizar una serie bastante compleja de operaciones de análisis fonológico, morfológico, sintáctico, léxico y semántico que indican una actividad fisiológica y cognitiva muy notable. Otro término que se ha propuesto para el semibilingüismo o bilingüismo pasivo es el de *sesquilingüismo*, formado por el prefijo latino *sesqui* (que significa 'uno y medio'), de forma que, por ejemplo, la palabra *sesquicentenario* significa 'un siglo y medio'. Por ejemplo, el 1 de mayo de 2016 se celebra el sesquicentenario del comienzo de la revuelta obrera de Haymarket en Chicago por la jornada laboral de 8 horas, que tuvo lugar en el año 1866 (hace 150 años, en 2016).

1.4. El plurilingüismo sintético

Partimos de la base de que toda persona manifiesta algún grado de plurilingüismo sintético-analítico* (PS-A), aunque ahora nos vamos a referir al aspecto sintético de ese plurilingüismo. Tanto el plurilingüismo sintético* como el analítico son una cuestión de grado más que un asunto de todo o nada. En la vertiente sintética podemos, simplemente para orientarnos, proponer cinco grados:

Grados de plurilingüismo activo:
1. Incipiente, 2. Bajo, 3. Intermedio, 4. Alto, 5. Nativo

Estos grados están determinados por la capacidad de la persona para emitir discursos en una lengua determinada. El nivel más alto es el de la persona que tiene un dominio nativo de una lengua. Este grado se podría notar como 5* y reservar 5 para aquellas personas que han adquirido una competencia sintética en una lengua muy similar a la de una persona nativa. Los demás niveles indican capacidades sintéticas cada vez menos desarrolladas hasta llegar al nivel 1, el incipiente, el típico de aquellas personas que están empezando a aprender una lengua como lengua segunda.

Por tanto, para una persona plurilingüe sintética* podemos proponer fórmulas como S^{532}: esto indica que esta persona es capaz de expresarse en tres lenguas y el nivel de competencia sintética en cada una de ellas está indicado mediante las cifras del número 532; es decir, en la primera lengua tiene una competencia sintética de nivel 5, en la segunda lengua la tiene de nivel 3 y en la tercera de nivel 2. Un ejemplo podría ser un castellanohablante nativo que habla francés en nivel intermedio e inglés en nivel bajo.

Una persona S^{555} sería hablante de tres lenguas a nivel nativo, cosa que puede suceder si esa persona ha adquirido en su infancia las tres lenguas, que se consideran nativas. Esto no es lo más frecuente. Por ejemplo, es más habitual tener una lengua como nativa dominante y las otras dos con un dominio cercano o muy cercano al nativo, que podría expresarse mediante S^{5*55}; la primera lengua, la que presenta el nivel 5* sería la lengua dominante entre sus tres lenguas nativas.

Es evidente que la competencia sintética se compone de una serie de habilidades que tienen que ver con los diversos componentes constitutivos de la estructura de una lengua. En esencia, estos componentes son: el fonético-fonológico (FF), el morfológico (M), el sintáctico (S) y el léxico-semántico (LS). Las lenguas señadas difieren marcadamente de las orales en el primer componente, dado que no usan sonidos sino configuraciones manuales visuales: la destreza en realizar dichas configuraciones equivale a las que tienen que ver con la emisión de determinados sonidos en las lenguas orales. La diferencia entre lenguas orales y señadas en los demás componentes es mucho más homogénea, dado que en las lenguas señadas hay morfología, sintaxis y semántica, y la mayor parte de los conceptos gramaticales desarrollados para el estudio de las lenguas orales también pueden aplicarse *mutatis mutandis* al de las lenguas señadas.

Es claro que una persona puede tener una competencia sintética diferente en cada uno de estos componentes. Por ejemplo, alguien puede dominar la sintaxis de una lengua segunda pero no en el mismo grado que su fonética; de manera que hay formas de hablar una lengua que son correctas sintácticamente pero deficientes fonéticamente. De igual manera, es posible tener una competencia muy buena en el ámbito fonético pero deficiente en el ámbito semántico. También es posible dominar la fonética de una lengua pero no su vocabulario, o la morfología de una lengua pero no su sintaxis. Podemos establecer, a modo puramente orientativo, una graduación en las habilidades que se corresponden en la competencia sintética a cada uno de estos componentes, similar a la establecida para la propia competencia. De este modo, tenemos:

Nivel FF: 1. Incipiente, 2. Bajo, 3. Intermedio, 4. Alto, 5. Nativo
Nivel M: 1. Incipiente, 2. Bajo, 3. Intermedio, 4. Alto, 5. Nativo
Nivel S: 1. Incipiente, 2. Bajo, 3. Intermedio, 4. Alto, 5. Nativo
Nivel LS: 1. Incipiente, 2. Bajo, 3. Intermedio, 4. Alto, 5. Nativo

De manera que, para obtener el nivel de la competencia sintética total (en una primera aproximación no ponderada), podemos calcular la media aritmética de los diversos niveles presentes en cada uno de los cuatro componentes. La fórmula para obtener la media aritmética es muy sencilla:

Media aritmética

$$\bar{x} = \frac{1}{n}\sum_{i=1}^{n} a_i$$

Consiste esta fórmula en sumar todos los valores de los elementos que entran en la determinación de la media y luego dividir esa cantidad por el número de elementos implicados en dicha determinación.

Por ejemplo, supongamos que una persona plurilingüe tiene los siguientes valores en cada uno de los elementos de la competencia sintética de una de sus lenguas:

FF: 2; M: 3; S: 4; LS: 2

El nivel de la competencia sintética en esa lengua se calcula obteniendo la media de los valores que presenta cada uno de los niveles, mediante la siguiente operación aritmética:

$$\frac{2+3+4+2}{4} = \frac{11}{4} = 2{,}75$$

Es decir, el nivel de la competencia activa de esa persona es intermedio-bajo, dado que supera ampliamente el nivel 2 pero no llega al nivel intermedio totalmente. La persona que tenga grado nativo en todos los niveles tendrá un 5 en su competencia sintética, tal como se puede apreciar si aplicamos la fórmula a este caso:

$$\frac{5+5+5+5}{4} = \frac{20}{4} = 5$$

Si conocemos el grado de la competencia sintética en una lengua y los grados de tres de los niveles implicados, podemos calcular fácilmente el grado del nivel que falta, mediante las siguientes sencillas operaciones aritméticas:

1. $$\frac{x+4+4+3}{4} = 3$$
2. $$\frac{x+11}{4} = 3$$
3. $$x + 11 = 12$$
4. $$x = 12 - 11$$
5. $$x = 1$$

Es decir, el grado de competencia fonético-fonológica de una persona que tiene un grado 3 de la competencia sintética, un grado 4 de la morfológica, un grado 4 de la sintáctica y un grado 3 de la léxico-semántica, es de 1.

1.5. El plurilingüismo analítico

Ya hemos dicho que toda persona monolingüe sintética es plurilingüe analítica. Igual que la competencia sintética, la competencia analítica* también puede darse con diversos grados de eficacia. Podemos establecer la siguiente gradación:

Grados de plurilingüismo receptivo:

1. Incipiente, 2. Bajo, 3. Intermedio, 4. Alto, 5. Nativo

Podemos decir, simplemente a modo orientativo, que el nivel incipiente supone más o menos el entendimiento de un 10% o menos de un discurso en otra lengua, el grado bajo consiste en la comprensión de un 25%, el grado intermedio en la de un 50% y a partir de ahí la comprensión del 75% de los discursos en otra lengua determina el nivel alto y del 100%, el entendimiento en el grado máximo, el nativo.

Sabemos que la competencia analítica* nos permite entender diversas variedades de una lengua en la que tenemos competencia sintética. Podemos calcular el grado de competencia analítica dentro de una misma lengua hallando la media del grado de entendimiento de esas variedades o dialectos.

Por ejemplo, supongamos que una persona castellanohablante nativa puede entender 10 dialectos del español con diverso grado, de manera que:

$$A^{5434453455}$$

Es decir, siendo D cada uno de los dialectos o variedades, el grado de entendimiento de cada una de ellas se corresponde con las diversas cifras del número volado:

D1= 5, D2 = 4; D3 = 3; D4 = 4; D5 = 4; D6 = 5; D7 = 3; D8 = 4; D9 =5; D10 = 5

La media de estos grados es de 42/10 = 4,2. Por consiguiente, esa media puede servir para caracterizar el grado de competencia analítica de su lengua nativa. En consecuencia, esa persona castellanohablante es A^4 en su lengua nativa.

Ha de tenerse en cuenta que por *entendimiento* aquí se tiene en cuenta solo la capacidad de analizar y procesar adecuadamente las expresiones en una lengua suplementaria, no todo el conjunto de capacidades –muchas de ellas no estrictamente lingüísticas– que es necesario poner en funcionamiento para entender apropiadamente los discursos. Es muy posible que se pueda entender la gramática y la semántica de un discurso concreto, sin entender de qué trata dicho discurso, para lo cual hay que ir más allá de los conocimientos puramente lingüísticos.

Por consiguiente, si decimos que un plurilingüe analítico es A^{543}, esto significa que esta persona entiende a nivel nativo los discursos en un idioma, a un nivel alto los discursos en otro idioma y a un nivel intermedio los discursos de un tercer idioma. Se trata de una persona trilingüe analítica.

Como sabemos que la competencia sintética también conlleva una competencia analítica, es claro que una persona plurilingüe sintético-analítica de tipo $S^{54}A^{43}$ no solo tiene dos competencias sintéticas de grados 5 y 4 y dos competencias analíticas de grado 4 y 3, sino que también posee competencias analíticas en los idiomas en los que tiene competencia sintética:

$$S^{54}A^{43} = S^{54}A^{xy43}$$

donde *x* e *y* son los grados de competencia analítica de las dos lenguas en las que se tiene competencia sintética, que no necesariamente son idénticos a los grados de la competencia sintética. En general, tenemos esta fórmula:

$$S^{x^*}A^{y^*} = S^{x^*}A^{z^*y^*},$$

$$\text{tal que } C(x^*) = C(z^*)$$

donde x^*, y^* y z^* son secuencias de dígitos (entre 1 y 5 cada uno de ellos), y donde $C(x^*)$ indica el número de elementos de la secuencia x^*, de modo que si $C(x^*) = 3$, entonces x^* tiene tres dígitos y por tanto puede ser igual a 134, 543, 521..., entre muchas otras posibilidades.

Por tanto, la persona plurilingüe $S^{54}A^{43}$ es en realidad $S^{54}A^{xy43}$. Es decir, tiene una competencia sintético-analítica en dos lenguas (una en grado 5 y otra en grado 4) y cuatro competencias analíticas: las dos primeras (en grados x, y) en las lenguas en las que tiene también competencia sintética y las dos segundas (en grados 4 y 3) en las lenguas en las que no tiene competencia sintética. Para distinguir las competencias analíticas que provienen de las sintéticas podemos unir estas con las demás competencias analíticas mediante un signo de suma: $S^{54}A^{xy+43}$; un caso concreto de esta situación sería éste: $S^{54}A^{55+43}$. También podemos añadir una abreviatura correspondiente a cada una de las lenguas para concretar aún más las fórmulas (en este caso no es necesario utilizar el signo de suma). Por ejemplo: si E= español, F = francés, I = italiano y C = catalán, podemos tener el siguiente esquema:

$$S^{E5^*F4}A^{E5F5C4I3}$$

Esta persona plurilingüe sintético-analítica tiene una competencia sintética en español de nivel 5 nativo, una competencia sintética en francés de nivel cuatro, una competencia analítica española de nivel 5, una competencia analítica francesa de nivel 5 más una competencia analítica catalana de nivel 4 y otra analítica de italiano de nivel 3. Por tanto, esta persona habla español y francés y entiende español, francés, catalán e italiano. Vemos, además, que el nivel sintético de francés es en este caso menor que el nivel analítico: esto significa que entiende la lengua mejor que la habla.

1.6. La mente y el cerebro plurilingües

Una pregunta que se hacen quienes investigan el bilingüismo y el plurilingüismo es en qué difiere la mente de los monolingües de la de los bilingües. Pero antes de contestar es necesario enumerar los siguientes puntos:

(1) La mente humana está capacitada desde el nacimiento no solo para adquirir una lengua, sino para adquirir varias lenguas.

(2) Estamos preparados desde el principio para llegar a entender y procesar formas de hablar no necesariamente idénticas a la nuestra. La mente humana es por naturaleza plurilingüe analítica.

(3) La mente humana está preparada para aprender lenguas adicionales después de haber adquirido espontáneamente una o varias lenguas nativas.

(4) Por las razones anteriores, la mente humana es intrínsecamente plurilingüe.

Si los supuestos anteriores se pueden considerar razonablemente ciertos, entonces no puede caber duda de que no existen diferencias esenciales entre la mente monolingüe y la plurilingüe, entre otras razones, porque, tal como hemos tenido ocasión de ver en las secciones anteriores, la mente monolingüe estricta no existe. Aunque solo seamos capaces de utilizar productivamente nuestro dialecto, siempre podemos en mayor o menor medida entender otros dialectos o variedades de la misma lengua, dado que de esto depende la utilidad y el alcance verdaderos de nuestra capacidad lingüística, biológicamente desarrollada por nuestra especie.

Una cuestión material relacionada con la anterior es el estudio del cerebro de las personas plurilingües. La base de la mente humana es el cerebro; de hecho, se puede decir que la mente es un producto emergente de la actividad cerebral. Es emergente porque la mente no se puede reducir a una serie de impulsos neurales y de circuitos o redes neuronales, pero es de esos impulsos y esos circuitos de donde emerge la mente humana como un producto cualitativamente específico con unas propiedades características. La mente de una persona deja de existir cuando deja de haber actividad cerebral, porque en ella se apoya materialmente, pero es más que la simple actividad cerebral. Es algo parecido a una foto mosaico en donde, a partir de una serie de fotos de temas diversos colocadas de una determinada manera, surge una figura concreta que no está en ninguna de las fotos.

Otro ejemplo de fenómeno emergente es el cine. Una película se compone de imágenes estáticas, en las que no hay movimiento alguno. Cuando se proyectan 24 imágenes por segundo, entonces emerge en nuestra percepción un movimiento que no está en ninguna de esas imágenes estáticas. La sensación de movimiento surge de la sustitución rápida de las imágenes estáticas, pero el movimiento no está en ninguna de ellas. Mediante esa sustitución secuencial emerge una propiedad nueva que no tienen las imágenes: el movimiento. Pero sin las imágenes que se suceden no se puede crear ese efecto.

La relación entre cerebro y mente es también emergente. Sabemos que el hemisferio izquierdo del cerebro domina en la actividad mental lingüística, pero también se ha podido comprobar que en las lenguas que se aprenden de adulto, el hemisferio derecho del cerebro tiene un protagonismo mayor que en el caso de las lenguas que se adquieren en la infancia de modo espontáneo. Sin embargo, conforme se va dominando esa lengua segunda, el hemisferio izquierdo empieza a predominar más claramente. En última instancia, según las investigaciones actuales, parece que los procesos neuronales relativos a la actividad lingüística no son esencialmente diferentes en los monolingües y en los plurilingües, y la lateralización cerebral de esa actividad parece similar en unos y otros.

Si pasamos a la cuestión mental, a la elaboración mental, de la actividad cerebral que regula la competencia y la actuación lingüísticas, surge la cuestión de cómo representa y gestiona mentalmente la persona plurilingüe las diversas lenguas que conoce. Sobre esta cuestión se han propuesto en la bibliografía los siguientes modelos:

- Modelo coordinante.
- Modelo compuesto.
- Modelo subordinante.
- Modelo complejo.

En el modelo coordinante la mente de la persona plurilingüe yuxtapone las unidades lingüísticas de las diversas lenguas que conoce. Imaginemos que una persona plurilingüe sabe (habla y/o entiende) tres lenguas: español, inglés y francés. De esta manera si tomamos el concepto de 'árbol' en la mente de esta persona habría tres representaciones mentales independientes y yuxtapuestas de las tres palabras correspondientes: *árbol, tree* y *arbre*, según puede apreciarse en el siguiente esquema:

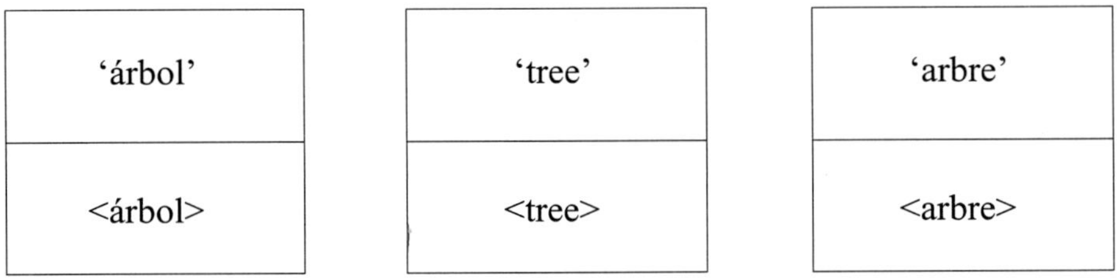

Figura 1.1. El modelo coordinante.

En esta representación, la palabra entre comillas denota el significado del término, y la palabra entre paréntesis angulados muestra una de las formas materiales de la palabra (en este caso, la forma gráfica). Por tanto, según este modelo en la mente de la persona trilingüe en español, francés e inglés, hay tres representaciones diferentes para las palabras de cada una de las lenguas implicadas.

En el modelo compuesto de la mente plurilingüe, las palabras de las diversas lenguas comparten el componente semántico (su significado) y solo difieren en el significante, la forma material (hablada, escrita o señada) en la que se manifiestan materialmente:

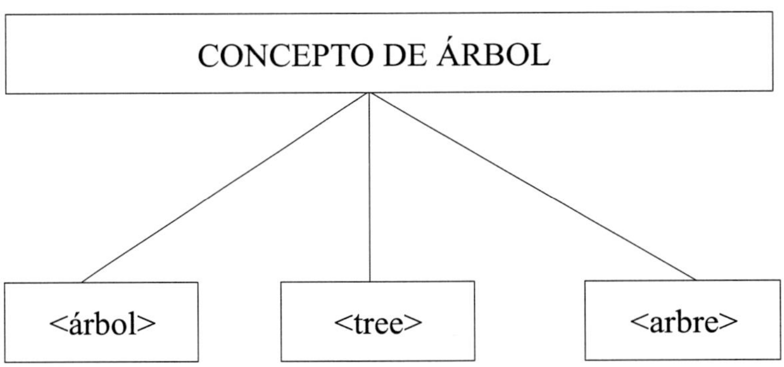

Figura 1.2. El modelo compuesto.

En este modelo, las palabras semánticamente similares se representan en un componente conceptual común a las lenguas de la persona plurilingüe y solo hay representaciones diferentes para la parte material (hablada, señada o escrita) de las palabras: los significantes. Por supuesto, el componente conceptual unificado de la persona plurilingüe tendrá que tener mayor riqueza y diversidad que el de la persona monolingüe, dado que una misma palabra puede tener diversas connotaciones o significados en lenguas diferentes. Por ejemplo, *tree* en inglés significa, también, 'horma de zapato' o 'arzón de una silla de montar'; además esta palabra se puede utilizar como verbo en el sentido de 'ahuyentar por un árbol' o 'hacer refugiarse en un árbol' predicado de animales.

El modelo subordinante de la mente plurilingüe –también denominado 'modelo de asociación de palabras'– consiste en asociar la forma de una palabra de una lengua a otra semánticamente equivalente de la lengua dominante. El modelo se puede expresar mediante el siguiente gráfico:

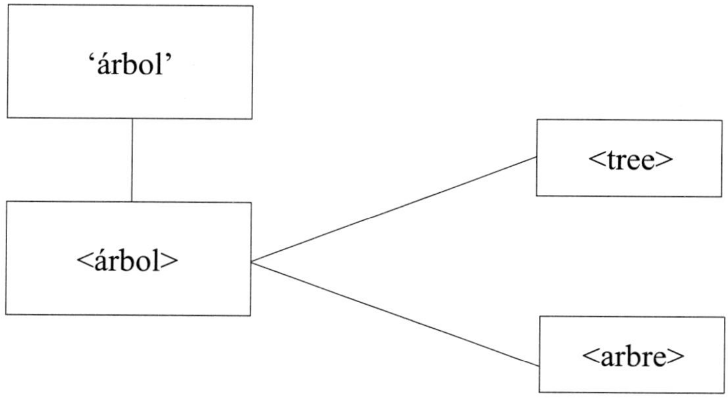

Figura 1.3. El modelo subordinante.

En el modelo subordinante hay una lengua dominante, y las demás lenguas se asocian con las palabras de esa lengua dominante de acuerdo con su significado.

A pesar de que estos tres modelos han sido vistos en alguna ocasión como una clasificación excluyente de tres tipos de persona plurilingüe, de modo que se ha hablado de plurilingües coordinantes, subordinantes y compuestos, en la actualidad se tiende a ver estos tres modelos como expresiones de algunos aspectos de una misma mente plurilingüe. De modo que toda mente plurilingüe se atiene en mayor o menor medida a los tres modelos simultáneamente, y la forma en la que los tres modelos se relacionan en esa mente puede ser diferente respecto del nivel lingüístico implicado (léxico, morfología, sintaxis, semántica y fonología).

Por eso se han propuesto diversos modelos complejos que combinan los tres modelos vistos hasta ahora. Uno de esos modelos complejos es el denominado *modelo jerárquico*, que se puede visualizar de la siguiente manera:

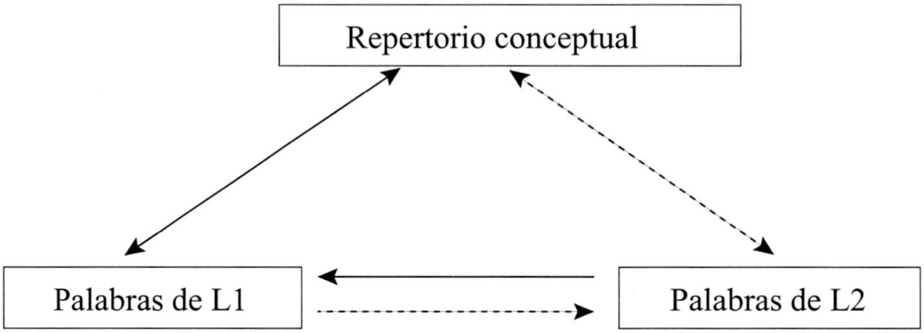

Figura 1.4. El modelo jerárquico.

En este modelo, propuesto por Kroll y Stewart en 1994, los léxicos de cada una de las lenguas están interconectados bidireccionalmente. La flecha continua que asocia las palabras de la lengua segunda (L2) con la lengua primera (L1) frente a la flecha discontinua en el sentido contrario, señala que las palabras de la lengua L2 están más fuertemente asociadas a las de L1 que las de L1 a las de L2. De esta manera, para una mente de L1 español y L2 inglés, será más rápido traducir del inglés al español (la flecha que va de L2 a L1) que del español al inglés (la flecha punteada que va de L1 a L2), porque es posible que al haber aprendido inglés como L2 tenga una asociación entre las palabras del inglés y del español mucho más sistemática y completa que las asociaciones que estén establecidas desde el español hacia el inglés, dado que puede suceder que no todas las palabras y expresiones del español estén asociadas con las palabras y expresiones correspondientes del inglés.

Este modelo propone también una relación bidireccional entre el repertorio conceptual y las palabras de cada lengua. La relación entre los conceptos y las palabras de L1 es más fuerte y constante que esa relación respecto de la lengua segunda, la L2. El acceso desde el concepto a la palabra y desde la palabra al concepto es más rápida y fácil respecto de la L1 que de la L2, y en el caso de la L2 a veces esa relación se establece indirectamente a través de la relación directa de las palabras de la L2 a las de la L1.

También se han propuesto modelos para dar cuenta de cómo el infante es capaz de adquirir dos o más lenguas en la infancia. Se suelen distinguir los siguientes estadios:

Estadio I: el infante dispone de un solo sistema lingüístico que consta de palabras de las lenguas que está aprendiendo.
Estadio II: el infante distingue los sistemas léxicos de cada una de las lenguas que adquiere, pero aplica las mismas reglas sintácticas a cada una de esas lenguas.
Estadio III: el infante usa las lenguas que ha aprendido de modo diferenciado tanto en el léxico como en la sintaxis, pero cada lengua se asocia con la persona que hace uso de esa lengua.

No existe consenso sobre las dos primeras etapas. Hay autores que afirman que el infante distingue los léxicos de las dos o más lenguas que adquiere en la niñez desde el principio. Es lo que se suele denominar "debate de uno o dos sistemas'. El problema con el que se enfrenta este debate es determinar cuáles son los indicios que muestran que el infante distingue que dos palabras son de lenguas diferentes.

En general, se tiene la idea de que los mecanismos que explican la adquisición natural de una lengua en la infancia son los mismos que los que explican la adquisición de dos o más lenguas. Las fases típicas de balbuceo (uso de palabras aisladas, uso de expresiones compuestas de dos palabras, de expresiones compuestas de más de dos palabras y de oraciones múltiples) parecen darse también cuando se adquieren de forma natural dos o más lenguas. Ahora bien, en este último caso se da una serie de características adicionales, típicas de la adquisición de dos o más lenguas en la infancia, tales como la adquisición a distinta velocidad o de distinto modo de cada una de las lenguas, o la influencia de una lengua sobre la otra u otras en el proceso, que, lógicamente, no se aplican a la adquisición de una única lengua.

En cuanto a la influencia de una lengua sobre otra en la adquisición lingüística natural bilingüe, se ha podido comprobar que, en efecto, se produce mezcla de lenguas, pero esta mezcla está condicionada o regulada por las gramáticas incipientes de las lenguas que se están aprendiendo, y está lejos de ser caótica o aleatoria.

Una cuestión interesante es si la organización lingüística del cerebro monolingüe es similar o diferente de la del cerebro plurilingüe. En la actividad mental lingüística intervienen diversas regiones cerebrales. Dos de ellas son el área de Broca y el área de Wernicke. La primera interviene directamente en la producción del habla y, por tanto, en la competencia sintética; y la segunda, en la comprensión del habla y, por consiguiente, en la competencia analítica. Las dos áreas están conectadas por el fascículo arcuato, un haz de fibras nerviosas. Estas áreas del lenguaje están lateralizadas, ya que se sitúan en el hemisferio izquierdo, aunque el hemisferio derecho también participa en mayor o menor medida en procesos que tienen que ver con el lenguaje.

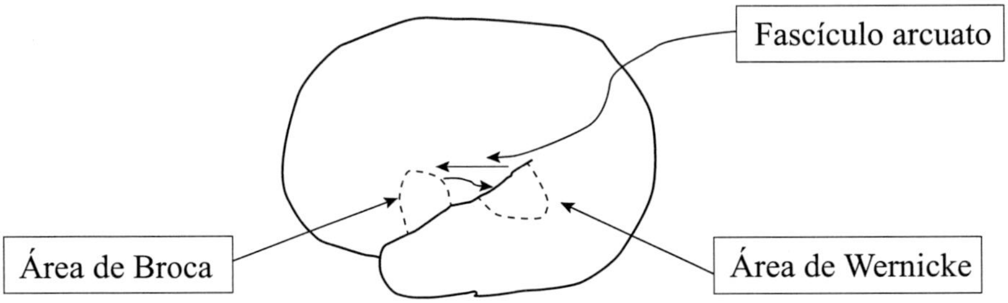

Figura 1.5. Áreas implicadas en el procesamiento del lenguaje.

La idea de que cada lengua de una persona plurilingüe activa zonas diferentes de su cerebro, carece de plausibilidad, ya que esto supondría que para cada lengua tendría que haber un área de Broca y un área de Wernicke diferente, y rutas diferentes para las conexiones entre estas zonas y las demás zonas del cerebro que regulan el uso y procesamiento del lenguaje. Esto no significa en absoluto que todas las lenguas de una persona plurilingüe impliquen de igual modo todas las áreas cerebrales que intervienen en el lenguaje. Puede haber diferencias importantes al respecto, entre la lengua o lenguas adquiridas en la infancia y las lenguas aprendidas después de esa etapa. Factores como la edad de aprendizaje, la educación o las relaciones lingüísticas entre las diversas lenguas determinan los diversos modos en los que intervienen las áreas cerebrales que se encargan del lenguaje en la persona plurilingüe. Se ha podido comprobar, por ejemplo, que las lenguas que se adquieren en la infancia presentan una lateralización en el hemisferio izquierdo mucho mayor que las lenguas que se aprenden posteriormente, cuya gestión es más bilateral, es decir, se reparte entre los dos hemisferios.

En general, puede decirse que la gestión cerebral del lenguaje se localiza en zonas específicas del lóbulo frontal y temporal del hemisferio izquierdo. En el caso del cerebro de las personas plurilingües, parece que es conveniente tener en cuenta dos modelos de sistemas de memoria: el declarativo y el procedimental.

La *memoria procedimental* tiene que ver con las funciones cognitivas y motoras que se adquieren en la infancia. En esta memoria intervienen áreas del lóbulo frontal y de los ganglios basales, con contribuciones de las regiones parietales inferiores, en el hemisferio izquierdo (véase la figura 1.6).

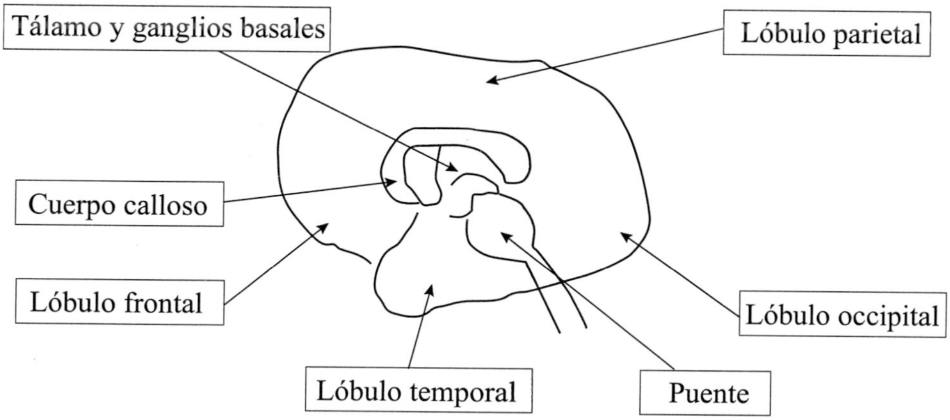

Figura 1.6. Áreas de la memoria procedimental.

La adquisición natural de la lengua en la infancia y el aprendizaje temprano de una segunda o tercera lengua se basa en estos sistemas cerebrales que gestionan la memoria procedimental y que contribuyen al procesamiento gramatical y léxico.

El sistema de *memoria declarativa* media entre la memoria semántica y episódica, y en ella intervienen las estructuras cerebrales medias y temporales-parietales de ambos hemisferios. Parece que el aprendizaje de lenguas en épocas más tardías de la vida se apoya en estas áreas no solo en cuestiones gramaticales, sino posiblemente también léxicas. En consecuencia, el aprendizaje más tardío de una lengua supone un cambio del uso de la memoria procedimental hacia la memoria declarativa y un mayor protagonismo del hemisferio cerebral derecho.

Según este modelo procedimental/declarativo, los daños en el córtex de las zonas temporales y temporal-parietales del hemisferio izquierdo suponen una dificultad incrementada en el uso de una lengua segunda (L2) aprendida de adulto y usada con menos frecuencia, que en la lengua adquirida en la infancia (L1) o aprendida después pero con un uso continuado y frecuente.

Por otro lado, las lesiones del lóbulo frontal o de los ganglios basales en el hemisferio izquierdo suponen un deterioro mayor de la competencia gramatical de la L1 o de una L2 aprendida tempranamente y usada frecuentemente, que el de una L2 aprendida más tarde o usada con menor frecuencia. Las lesiones el lóbulo frontal o de los ganglios basales del hemisferio izquierdo se asocian en general con mayores dificultades en la L1, porque estas zonas están implicadas en los procesos de memoria implícita.

Otra característica de la mente de los plurilingües es que son capaces de seleccionar la lengua en la que quieren comunicarse. En general una persona plurilingüe sintética es capaz de pasar de un idioma otro incluso en el mismo discurso o dentro de una oración o expresión lingüística. Además, se ha comprobado que, en general, estos cambios de lengua son realizados solamente cuando la persona a la que se dirige el plurilingüe conoce las lenguas implicadas en ellos. Esta habilidad de cambio de lengua se ha podido detectar incluso en edades muy tempranas, en torno a los dos años.

Hay tres factores necesarios para dar cuenta de esta habilidad. En primer lugar está el factor del control: la persona plurilingüe ha de ser capaz de diferenciar las lenguas y controlar su activación. En segundo lugar está la activación de la lengua elegida: los sistemas de gestión lingüística de las personas plurilingües han de tener recursos de inhibición y activación para cada una de las que lenguas en las que tienen competencias.

La actividad comunicativa y planificadora de la persona bilingüe tiene que estar regulada por un *sistema de atención supervisora* (SAS) además de por componentes de la competencia lingüística de las propias lenguas implicadas.

La mente bilingüe tiene que presentar diversas rutinas de ejecución de tareas lingüísticas, por ejemplo, rutinas de traducción o de producción de palabras, que competirán entre sí a la hora de seleccionar una u otra lengua. La selección de una palabra por parte del hablante bilingüe estará determinada a través de las interacciones entre el SAS, las rutinas de ejecución y un componente de conceptualización que crea representaciones conceptuales extraídas de la memoria a largo plazo y que está dirigida por el objetivo de conseguir la comunicación lingüística.

Por consiguiente, la persona bilingüe tiene que seguir una serie de rutinas lingüísticas ejecutivas que le llevarán a usar una lengua u otra, o a traducir de una lengua a otra. Estas rutinas ejecutivas determinan el acceso al sistema léxico-semántico de cada lengua.

El sistema léxico-semántico y un conjunto de rutinas lingüísticas ejecutivas compiten para controlar los productos del sistema léxico-semántico.

En cuanto a la localización cerebral de estos sistemas, se ha observado que las lesiones en el lóbulo frontal de ambos hemisferios afectan los mecanismos de control de cambio de lenguas en las personas bilingües, produciendo fenómenos de cambio de lengua inadecuados, como cuando esa persona cambia de lengua a pesar de que su interlocutor no conozca esa lengua.

En una panorámica de los avances recientes en los estudios sobre la mente y el cerebro plurilingües (Kroll, Dussias, Bice y Perrotti, 2015), se exponen e ilustran las siguientes averiguaciones en este ámbito:

- Las dos lenguas de una persona bilingüe están siempre activadas cuando esa persona escucha, lee o se prepara para hablar en cualquiera de ellas. Hay una activación paralela de ambos idiomas.

- No solo influye la lengua primera en la segunda, sino que ésta influye también en aquélla, cuando se adquiere una competencia suficientemente alta en la lengua segunda.
- El uso de dos o más lenguas tiene consecuencias cognitivas que van más allá de las capacidades puramente lingüísticas.

Examinaremos, explicaremos y ejemplificaremos brevemente cada uno de estos descubrimientos siguiendo la exposición de Kroll, Dussias, Bice y Perrotti, 2015.

Se ha podido constatar en las investigaciones sobre la mente bilingüe que la lengua dominante, L1, sigue activa cuando la persona bilingüe activa una lengua segunda, L2. Además, se ha comprobado que en estas personas la lengua L1 se ve también afectada por la lengua L2 cuando se activa aquélla. Existe, por tanto, una activación paralela de una de las lenguas cuando se activa la otra. Esto se da independientemente de las características de las lenguas implicadas y abarca también las lenguas señadas.

Para comprobar este extremo se utilizan palabras homógrafas u homófonas con significados diferentes en las dos lenguas implicadas, como, por ejemplo, *carpeta* (en español) y *carpet* ('moqueta' en inglés), vocablos muy parecidos pero de significados completamente diferentes. En estos casos se han observado interferencias en el procesamiento de una de las dos lenguas, lo cual indica que ambas lenguas están activadas en paralelo. Si los homófonos y homógrafos tienen un significado idéntico, se produce una mayor facilidad y rapidez de uso en las personas bilingües (frente a las monolingües), lo cual vuelve a mostrar la activación paralela de las dos lenguas.

Estos efectos de activación paralela de las dos lenguas se dan también cuando una de las lenguas implicadas es una lengua de señas.

La segunda de las averiguaciones tiene que ver con la influencia de la L2 sobre la L1 en las personas bilingües. Uno de los autores del artículo que seguimos en esta exposición llevó a cabo un experimento con personas bilingües en español e inglés respecto de la interpretación de una oración como la siguiente:

(5) Alguien disparó al hijo de la actriz que estaba en el balcón / *Someone shot the son of the actress who was on the balcony*

Para una persona castellanohablante monolingüe, si se pregunta: *¿Quién estaba en el balcón?*, hay una clara preferencia por la respuesta: *El hijo*. Es la interpretación referencial mediata, en la que el antecedente de la relativa es el núcleo del sintagma nominal *el hijo de la actriz*, es decir, *el hijo*.

Pero para una persona anglohablante monolingüe la respuesta a la misma pregunta suele ser *the actress* ('la actriz'). Es la interpretación referencial inmediata, en la que el antecedente de la oración relativa es el núcleo del complemento nominal en *the son of the actress* ('el hijo de la actriz'), es decir, *the actress* ('la actriz').

Pues bien, se comprobó que las personas bilingües en español e inglés que viven en un entorno predominantemente anglohablante, cuando leían en español una oración como la presentada, mostraban la misma preferencia que las personas monolingües de habla inglesa: la que da preferencia a la interpretación referencial inmediata.

En cuanto al tercer descubrimiento, hay algunos datos experimentales que parecen mostrar que las personas bilingües poseen mayor facilidad que las monolingües para alternar entre comportamientos diferentes, para desatender la información irrelevante o para resolver alternativas cognitivas contradictorias. Además hay datos para deducir que el bilingüismo protege a las personas contra las consecuencias del deterioro provocado por el envejecimiento cognitivo.

1.7. El bilingüismo bimodal

El bilingüismo entre una lengua oral y una lengua señada es un tipo muy especial de bilingüismo que se denomina *bimodal**. Una diferencia interesante entre el bilingüismo oral y oral-manual es que dos lenguas orales no se pueden hablar a la vez sin que haya mezcla, mientras que es teóricamente posible hablar y señar simultáneamente sin mezclar las dos lenguas, dado que una lengua usa el canal oral-auditivo y otra usa el canal manual-visual.

De hecho, usamos efectivamente los gestos manuales al hablar, aunque esos gestos no constituyen una lengua señada, sino que sirven de apoyo y enriquecimiento a la expresión puramente oral. Es posible observar cómo quienes están hablando por teléfono y, por tanto, no pueden ser vistos por la persona interlocutora, siguen gesticulando al hablar, porque ambos sistemas, el oral y el gestual, parecen estar inextricablemente unidos en la comunicación humana.

Las lenguas de señas y las lenguas orales son muy distintas desde el punto de vista de la expresión material, dado que en la segunda tenemos un medio auditivo, mientras que en la primera estamos ante un medio visual. Sin embargo, desde el punto de vista de los demás componentes lingüísticos, ambos tipos de lengua son mucho más similares. Ambas tienen un léxico y unas reglas de combinación (una sintaxis), y ambas conocen una estructuración en dos articulaciones: las unidades significativas de la primera articulación, las mismas en los dos tipos de lengua (palabras, sintagmas y oraciones) se construyen sobre la base de una combinatoria de elementos sin significado: fonemas y los rasgos distintivos que los oponen en el caso de las lenguas orales y configuraciones y movimientos manuales, con sus rasgos distintivos que los oponen, en el caso de las lenguas de señas.

Al igual que las lenguas habladas, las lenguas señadas conocen la morfología flexiva y derivativa, la construcción de sintagmas, y la coordinación y subordinación oracionales, amén de otros fenómenos que se dan también en las orales, tales como la concordancia, la clasificación nominal, el aspecto, el tiempo, el modo, la elipsis, el énfasis o focalización, entre otros muchos.

Es muy interesante la interacción entre las lenguas orales y las lenguas señadas que está omnipresente en todas las comunidades lingüísticas en las que hay una o varias lenguas señadas. Las situaciones que pueden darse en este ámbito son muy variopintas y, seguramente, darán lugar a tipos de interacción totalmente desconocidos en el ámbito de las lenguas orales. He aquí algunas de las situaciones de interacción entre las lenguas orales y las lenguas de señas que pueden producirse (Ann, 2001: 43):

1. Personas señantes nativas de una lengua señada que dominan una lengua oral (lectura, escritura y habla).
2. Personas señantes nativas de una lengua señada que escriben y leen una lengua oral con soltura pero no la hablan.
3. Personas señantes nativas de una lengua señada que dominan en mayor o menor grado la lectura y la escritura de una lengua oral.
4. Personas señantes no nativas de una lengua señada que leen y escriben una lengua oral pero que no la hablan y que aprendieron en primer lugar una versión señada de una lengua oral.
5. Personas señantes nativas de una lengua de señas que han aprendido otra lengua señada como segunda lengua.
6. Personas señantes nativas y no nativas de una lengua señada que hablan una lengua oral.

Gran parte de la interacción entre lenguas señadas y lenguas orales se realiza a través de la escritura y de la señación de las letras con las que se escriben las palabras de una lengua oral; es el *deletreo señado* un ejemplo, el cual veremos a continuación.

El bilingüismo bimodal* es frecuente en los niños oyentes de padres sordos que aprenden tanto una lengua señada como L1 y a la vez una lengua oral también como L1. En inglés estos niños se denominan CODA (*child of deaf adults*); en español, NAS (*niños de adultos sordos*).

En el bilingüismo bimodal se han podido verificar los siguientes casos:

– Mezcla de lengua oral y señada.

- Uso de una lengua oral influida fuertemente por la señada, frente a un uso de lengua señada influida fuertemente por la oral.
- Inglés (u otra lengua oral) señado simplificado.
- Comunicación simultánea.
- Uso conjunto de señación y habla.

Como en el caso del bilingüismo unimodal*, los fenómenos de alternancia de lengua en el bilingüismo bimodal también están regulados por los requisitos de una gramática mixta, es decir, de una gramática que combina reglas de las lenguas implicadas (véase el capítulo segundo del presente libro). No se trata tampoco en este caso de una mezcla caótica o arbitraria.

Un primer ejemplo muy frecuente de influencia de una lengua oral sobre una lengua de señas es el empleo de deletreo mediante alfabeto manual de una expresión en la lengua de señas. El siguiente ejemplo (Berent, 2013:357) muestra una producción de un señante bimodal de lengua de señas americana (LSA) que realiza mediante alfabeto manual algunas palabras del inglés:

(6) GREAT W-A-L-L W-H-E-N W-A-S I-T FIRST BUILD WHEN
¿Cuándo empezó a construirse la Gran Muralla?

Las palabras GREAT, FIRST, BUILD y WHEN denotan las señas manuales correspondientes de la LSA; y W-A-L-L, W-H-E-N, W-A-S e I-T no representan palabras de la LSA, sino palabras inglesas deletreadas, según su expresión ortográfica, mediante el alfabeto manual americano en el que cada configuración manual se corresponde con una letra de la ortografía inglesa.

Esta misma oración, expresada en LSA sin mezcla del inglés a través del alfabeto manual, es:

(7) GREAT W-A-L-L, WHEN FIRST BUILD WHEN?
¿Cuándo empezó a construirse la Gran Muralla?

En este caso solo se deletrea la palabra WALL, que es un nombre propio geográfico (en las lenguas señadas los nombre propios pueden tener una seña específica o pueden deletrearse, según los casos). Además, al comparar las dos oraciones observamos que en la primera se imita la construcción pasiva del inglés, que no existe en la LSA, por lo que también hay una influencia sintáctica (no solo léxica) del inglés hablado/escrito sobre la LSA.

Como vemos, tanto en la expresión mixta del bilingüe bimodal como en la versión de la persona señante monolingüe hay también deletreo mediante alfabeto manual. Pero mientras que en el segundo caso se respeta la estructura gramatical de la LSA, en el primero se añaden elementos léxicos (WHEN) y sintácticos (la formación de una pasiva), que no existen en LSA por influencia del inglés.

En su estudio pionero sobre los bilingües bimodales, Emmorey, Borinstein, Thompson y Gollan (2008:44) propusieron el concepto de *combinación de lenguas** (*code-blending*) como diferente del de *mezcla de lenguas** (*code-switching*). La combinación de lenguas consiste en la realización de la posibilidad que tienen los bilingües bimodales de expresarse simultáneamente en una lengua oral y en otra de señas. Además, se ha podido comprobar que los bilingües bimodales tienen una preferencia hacia la combinación de lenguas frente a la mezcla de lenguas, es decir, el uso alternativo de una lengua oral y otra de señas dentro de una misma oración.

Es interesante esta preferencia, porque mientras que la mezcla o alternancia de lenguas implica procesos de inhibición léxica (en un determinado momento se inhibe el acceso a una de las dos lenguas), la combinación de lenguas implica procesos de selección léxica (se selecciona a la vez un elemento de cada una de las dos lenguas). La preferencia por una u otra posibilidad podría decirnos algo sobre el coste computacional de una u otra opción, por lo que el estudio de la combinación de lenguas en los bilingües bimodales puede tener consecuencias interesantes para el estudio de la mente de las personas plurilingües en general.

Por otro lado, la incapacidad de los plurilingües unimodales para combinar simultáneamente dos o más lenguas en el discurso (solo lo pueden hacer alternativamente, a través de la mezcla o alternancia secuencial de lenguas) puede deberse, a la vista del comportamiento de los bilingües bimodales, a las restricciones del uso del mismo canal material (el canal oral-auditivo) y no a una incapacidad de procesar mentalmente dos o más lenguas simultáneamente.

Un estudio experimental llevado a cabo por los autores mencionados arrojó como resultado que los bilingües bimodales prefieren de forma clara la combinación sobre la mezcla de lenguas. De un total de 910 expresiones registradas en ese estudio, solo un 6% presentaban algún tipo de mezcla de código secuencial: es decir, de introducción de una seña de la LSA en un discurso oral sustituyendo a la palabra correspondiente del inglés. Sin embargo, la combinación de lenguas, el uso simultáneo de una expresión en inglés y en LSA se dio en un 35% de las 910 expresiones. Si tenemos en cuenta únicamente las expresiones en las que aparecen las dos lenguas (es decir, el inglés y la LSA), que son 333 de las 910, un 98% (325) presentan combinación de lenguas.

Estos datos ponen de manifiesto una preferencia acusada de los bilingües bimodales por la combinación de lenguas, frente a la mezcla o alternancia de lenguas.

Estos autores proponen el siguiente modelo de la mente de los bilingües bimodales:

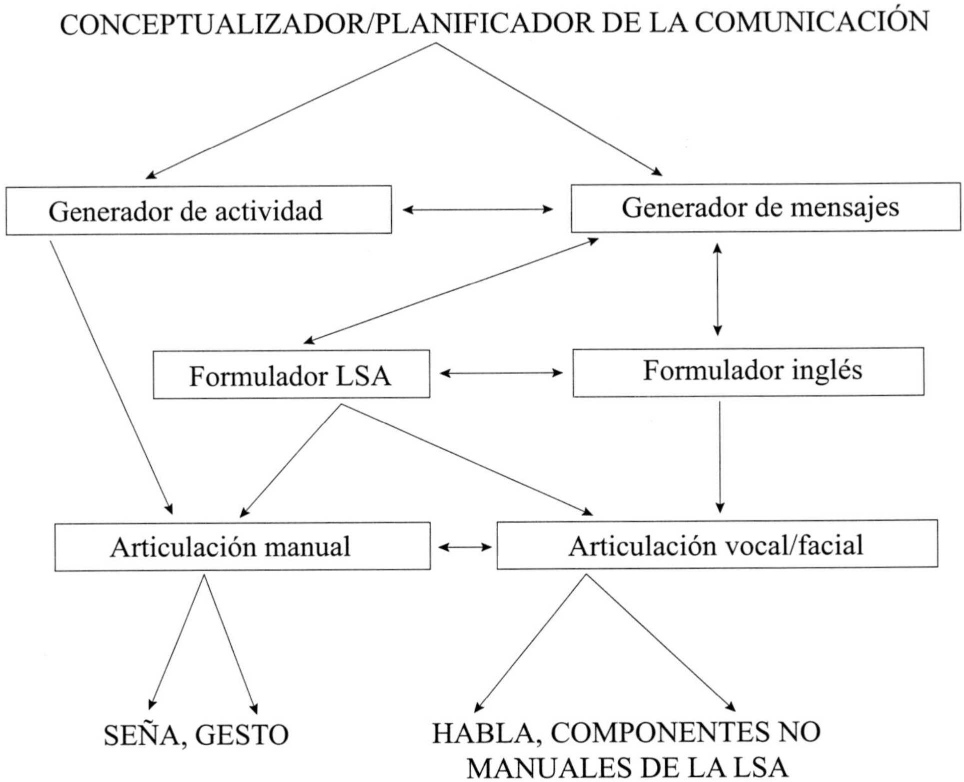

Figura 1.7. Un modelo de la mente bilingüe bimodal del inglés y de la LSA.

Este esquema no solo intenta representar los componentes que dan cuenta del inglés hablado y de la LSA, sino también de los gestos que acompañan al inglés hablado y los elementos gestuales auxiliares no manuales que se suelen usar en las lenguas señadas (por ejemplo, movimientos de cabeza, de cejas, de boca, de nariz, de hombros, etc.).

La parte superior del modelo señala el componente conceptualizador, que gestiona el contenido semántico-conceptual, y un planificador de la comunicación, que se encarga de cuestiones como la relevancia de lo que se quiere decir y su encaje con el contexto comunicativo, el efecto que se pretende producir, entre otros muchos aspectos pragmáticos.

A continuación hay un componente que se encarga de dar las órdenes de realización material del mensaje y otro de composición y estructuración de los propios mensajes. La flecha que va desde el generador de actividad directamente al componente de articulación manual, sin pasar por los componentes gramaticales de LSA o de inglés, señala los gestos manuales que suelen acompañar al habla, que están regulados por el planificador de conducta (no por la gramática de la lengua hablada), y que pueden incluir también señas convencionales hechas con la mano.

El componente que genera mensajes envía el resultado de su actividad al formulador de LSA, que contiene las reglas gramaticales y los elementos léxicos de esta lengua señada, y al formulador del inglés, que contiene las reglas de producción de esta lengua hablada. Cuando un bilingüe bimodal se expresa solo en LSA o en inglés, elige una de las dos flechas. Cuando realiza combinación de lenguas, entonces activa los caminos indicados por las dos flechas al mismo tiempo para realizar el mensaje materialmente en las dos lenguas implicadas. Este proceso puede ser *vertical*, es decir, desde el generador del mensaje a cada uno de los componentes gramaticales, u *horizontal*, desde un formulador gramatical a otro, o quizás puede ser una combinación de ambos. Por ejemplo, la selección léxica podría hacerse por la vía horizontal (relaciones entre elementos léxicos equivalentes de LSA y del inglés), y la estructuración gramatical podría hacerse por el camino vertical, entre otras posibilidades, señaladas por el hecho de que las flechas verticales y horizontales son dobles.

El formulador LSA envía su producto no solo al articulador manual, para generar las diversas señas manuales, sino también al articulador vocal/facial, para generar los gestos faciales que tienen función gramatical en las lenguas de señas, como, por ejemplo, el levantamiento de cejas. También existe relación bidireccional lateral entre los componentes de articulación manual y oral/facial, para posibilitar rutas alternativas similares a las vistas antes entre los componentes superiores.

Por su parte, el formulador inglés envía su producto al componente vocal/fácil para generar los movimientos vocales coordinados necesarios para producir el habla. La relación entre los gestos necesarios para producir el habla (en este sentido las lenguas habladas son también lenguas gestuales) y los gestos manuales que la acompañan habitualmente se expresa mediante la flecha bidireccional que une la articulación vocal con la manual.

Este modelo predice, además, que cuando haya un movimiento bucal que acompañe a una seña manual en la LSA que sea incompatible con el movimiento bucal que corresponda a una palabra del inglés, la combinación de lenguas será imposible y, por tanto, no se producirá. En efecto, ocurre así en las muestras estudiadas por estos autores, aunque hay que tener en cuenta que a veces los movimientos bucales que acompañan a algunas señas de las lenguas señadas son opcionales y, por tanto, pueden dejar de hacerse para pronunciar el sonido correspondiente de la lengua oral implicada. Los movimientos relativos a las cejas o a la nariz, por ejemplo, son totalmente compatibles con la lengua hablada y no impiden la combinación de lengua.

La simultaneidad en la producción lingüística de los bilingües bimodales plantea interesantes cuestiones relativas al cerebro bilingüe bimodal. Los bilingües bimodales pueden acceder simultáneamente a los elementos léxicos de ambas lenguas durante la producción lingüística. Además, las dos competencias analíticas del bilingüe bimodal parecen competir entre sí.

En un estudio sobre la comprensión del habla en las personas bilingües bimodales, A. Shook y V. Marian (2012) presentan pruebas de que, en la comprensión de la lengua hablada, estas personas activan en paralelo sus dos lenguas. El modelo que proponen estos autores para dar cuenta de ello combinan un procesamiento de "arriba-abajo" con conexiones "laterales". Al realizar el procesamiento auditivo se puede activar la representación léxica del inglés y su representación conceptual. Ya que el sistema conceptual/semántico de los bilingües parece ser común a las dos lenguas, la representación conceptual podría activar hacia "abajo", a través del sistema de procesamiento, la representación léxica correspondiente de la LSA, activando los elementos léxicos de la LSA fonológicamente similares. Esta activación se podría producir también de modo alternativo mediante relaciones "laterales" entre los elementos léxicos sinónimos del inglés y la LSA.

K. Emmorey y S. McCullough (2009) han aportado pruebas experimentales que muestran que el bilingüismo bimodal puede influir en la organización lingüística cerebral y en los procesos cognitivos no lingüísticos. Los bilingües bimodales reclutan más regiones posteriores dentro del córtex temporal superior izquierdo que los señantes monolingües cuando procesan analíticamente la lengua señada. Se supone que esta diferenciación surge del procesamiento auditivo preferencial del habla dentro de las regiones más anteriores del surco temporal superior, y posiblemente de la necesidad de segregar el procesamiento auditivo del habla del procesamiento de la lengua señada dentro de esta región. Por consiguiente, el sustrato neuronal que apoya la competencia analítica de las lenguas de señas en los bilingües bimodales no es idéntico al de los señantes monolingües.

L. Ferrara y E. Taylor (2008) han estudiado la alternancia de lenguas en el discurso de los bilingües bimodales en inglés y en LSA. Estos autores también han comprobado la combinación de lenguas, debido, como ya sabemos, a que las dos modalidades usadas por los bilingües bimodales permiten emitir expresiones en las dos lenguas simultáneamente. Es imposible decir simultáneamente una palabra en dos lenguas, pero sí es posible decir y señar una palabra simultáneamente. Estos autores estudiaron a cinco bilingües bimodales de entre 24 y 26 años de edad, de la Universidad Gallaudet, especializada en personas sordas o con dificultades auditivas, en su comportamiento en dos reuniones sociales. Se observaron varios fenómenos interesantes. Primero se dieron casos de alternancia entre LSA e inglés, aunque no fueron los más frecuentes. También ser observó mezcla de lenguas (*code-switching*), que, como ya se ha explicado, se produce cuando se cambia de lengua a mitad de una frase o expresión. Se observaron doce ejemplos de este fenómeno. En once de ellos se pasó del inglés a la LSA dentro de una oración, y solo en una ocasión se dio lo contrario, es decir, el paso de la LSA al inglés dentro de una misma oración. Se observó también un tercer tipo de situación en la que se usó el inglés y la LSA simultáneamente, que, como ya sabemos, se denomina *combinación de lenguas* (*language blending*, en inglés). Este fenómeno resultó ser el más habitual en las dos reuniones sociales, pues constituye el 95,8% de los casos, confirmando los resultados de la investigación citada anteriormente. Se observaron varios subtipos de combinación de lenguas. En primer lugar está la combinación total, es decir, la emisión simultánea de expresiones en inglés y en LSA: se constataron más de 150 ejemplos, más de un 44% de los casos totales, aunque casi todos de la misma persona, que decidió, para integrarse con los demás participantes, usar a la vez las dos lenguas.

También se dieron casos de combinación de lenguas basadas en el inglés: mientras se habla inglés se realizan simultáneamente algunas señas correspondientes a la LSA; y combinaciones basadas en la LSA: mientras se seña una oración se emiten de modo simultáneo algunas palabras en inglés con el mismo significado de algunas de las señas.

Por último, se observaron casos mixtos de combinación de lenguas, en los que ambas lenguas se utilizan parcialmente para expresar el significado que se quiere transmitir. Se observaron 75 casos de este tipo de combinación de lenguas.

1.8. Conclusión

En este capítulo hemos definido el concepto de *bilingüismo* y *plurilingüismo* centrándonos en la competencia sintética y analítica de las personas plurilingües. La competencia sintética* es aquella que permite a una persona expresarse en una o varias lenguas. Los bilingües y plurilingües sintéticos* son aquellas personas que son capaces de expresarse en dos o más lenguas. Esa capacidad puede tener diversos grados y, por tanto, dos personas bilingües en las mismas lenguas pueden diferir en sus habilidades lingüísticas. La habitual es que la competencia sintética de una de las dos lenguas sea superior a la de la otra u otras (en caso de plurilingüismo). Las personas bilingües analíticas* son aquellas capaces de expresarse en una lengua y de entender otra, aunque su competencia sintética en ésta sea muy reducida o nula. Cuando una persona castellanohablante entiende muy bien francés pero no lo habla o lo habla muy poco, decimos que es un bilingüe analítico (o sintético-analítico, para ser más precisos). Como en el caso de la competencia sintética*, también hay grados de competencia analítica*, de forma que una persona puede entender en distinto grado varias lenguas que no habla o que habla muy poco. Por otro lado, la competencia sintética* en una lengua va habitualmente acompañada por la competencia analítica en esa lengua. Pero esta competencia analítica* va mucho más allá de la variedad lingüística que es capaz de usar la persona competente sintéticamente en esa lengua, ya que le permite entender también múltiples variedades de su lengua distintas de la suya que no necesariamente es capaz de usar activamente. Por ejemplo, una persona castellanohablante de Madrid que tiene competencia sintética en el español de Madrid y en el español estándar peninsular, también tiene competencia analítica en decenas de variedades del español, tanto peninsular como americano, aunque no sea capaz de expresarse en esas múltiples variedades. Teniendo en cuenta esto y que los mecanismos de variación dialectal y de variación entre lenguas distintas son los mismos y, por tanto, que se recurre al mismo conjunto de formas de procesar esas variaciones por parte de la competencia analítica de una persona, se puede afirmar que todo el mundo es plurilingüe sintético-analítico*, dado que no solo es capaz de entender un número grande de variedades de su propia lengua, sino también lenguas estrechamente relacionadas con la suya. No entra dentro de lo extraordinario que una persona castellanohablante sea capaz de entender a una persona canaria, cubana, mexicana, argentina o dominicana, que habla de forma que no sabría imitar con la suficiente fidelidad, y además es capaz de entender algo de portugués, algo de catalán, algo de gallego, algo de italiano y algo de francés, por la proximidad de estas lenguas con la suya. Por consiguiente una persona castellanohablante que solo tiene competencia sintética en su lengua y que es considerada por la bibliografía habitual como monolingüe, es en realidad plurilingüe, ya que en este libro consideramos que tener competencia analítica en una lengua, es decir, entender una lengua sin tener la habilidad de hablarla, supone un conocimiento de dicha lengua, dado que esa competencia analítica ha de poder reconocer y aplicar las reglas gramaticales que estructuran las expresiones de la lengua que puede procesar para construir los mensajes a los que apuntan las expresiones analizadas. Sería absurdo decir que una persona que entiende español, inglés o francés pero no los habla no tiene competencia alguna en esas lenguas. La conclusión es, por tanto, que todo el mundo es plurilingüe en mayor o menor grado y que la persona monolingüe estricta no existe. Tampoco parece existir o es muy poco frecuente la persona plurilingüe estricta que habla tres o más lenguas con exactamente el mismo grado de competencia tanto sintética como analítica.

Hemos estudiado en este capítulo diversos modelos que muestran cómo organiza la persona plurilingüe su mente desde el punto de vista de las competencias lingüísticas sintética y analítica y qué regiones cerebrales están implicadas en su funcionamiento.

Por último, se ha descrito el caso de los bilingües bimodales, personas habitualmente oyentes que han aprendido una lengua oral y una lengua de señas. Hemos podido comprobar que estas personas pueden tener un comportamiento lingüístico en el cual se usan simultáneamente la lengua oral y la lengua señada, en lo que se ha denominado *combinación de lenguas** (*code-blending*, en inglés).

Esto es posible porque los canales materiales de realización de las lenguas habladas y señadas son diferentes y pueden ejecutarse simultáneamente. Se puede señar una palabra en una lengua de señas y a la vez emitir su correspondiente forma oral en una lengua hablada. La única restricción observada está en que a veces algunas señas incorporan un movimiento bucal que puede no ser compatible con los movimientos bucales necesarios para emitir la correspondiente palabra de una lengua hablada. Sin embargo, esto ocurre en pocas ocasiones y a veces esos movimientos bucales de la lengua señada son opcionales, por tanto pueden dejar de hacerse para emitir la palabra de la lengua oral.

Las investigaciones referidas en este capítulo muestran que los bilingües bimodales tienen una preferencia muy marcada por la combinación de lenguas, es decir, por el uso simultáneo de una lengua hablada y una señada, aunque esto solo se realiza en aquellos contextos que, por una razón u otra, suscitan esta respuesta combinada por parte de estas personas.

Ejercicios

1. Haga una encuesta entre personas de su entorno respecto de los conocimientos gramaticales de sus lenguas nativas, con preguntas como las siguientes (pueden proponerse otras preguntas similares a las enumeradas): ¿Cuántas fricativas tiene el sistema fonológico de su lengua? ¿Cuáles son los fonemas sordos de su lengua? ¿Cuál es la estructura silábica de su lengua? ¿Qué restricciones o propiedades tiene? ¿Cuáles son las cabezas silábicas compuestas admisibles en su lengua? ¿Conoce algunas de las reglas de derivación de palabras de su lengua? ¿Cuáles son los rasgos morfológicos realizados mediante exponentes flexivos en su lengua? ¿Cómo se expresan las relaciones gramaticales en su lengua? ¿Qué elisiones de constituyentes sintácticos son admisibles en su lengua? Una vez recogidas las respuestas, intente determinar el grado de consciencia sobre las estructuras de su lengua nativa que tienen quienes la hablan.
2. Suponiendo que una persona tenga el grado 4 en su competencia sintética de una lengua determinada, que el grado de los niveles FF y M suman 8 y que el grado del nivel S es 3, calcule el grado del nivel LS.
3. Suponiendo que una persona tiene el grado 4,5 en su competencia sintética de una lengua determinada y que la suma de los grados de los niveles FF y M es igual 9, calcule la suma de los grados de los niveles S y LS.
4. Proponga cuatro fenómenos del habla, observados o que se predice que pueden suceder, de las personas bilingües que se puedan describir mediante los modelos de mente bilingüe vistos en este capítulo: el coordinante, el compuesto, el subordinante y el jerárquico subordinado.

5. Describa mediante el modelo de la figura 7 el comportamiento del bilingüe bimodal que da origen a la oración (7), añadiendo al esquema los componentes que considere necesarios.

Textos

¿Qué es el bilingüismo?

"Definir quién es o no bilingüe resulta esencialmente elusivo y en última instancia imposible. Pero, con frecuencia, las clasificaciones y explicaciones son necesarias y útiles para dar sentido al mundo. Las definiciones breves como la de Bloomfield (1933), «control como nativo de dos lenguas», son de poca ayuda. Son intrínsecamente arbitrarias y ambiguas por naturaleza, pueden criticarse fácilmente y son difíciles de defender.

Un enfoque más útil puede ser ubicar las distinciones y las dimensiones importantes que rodean el término «bilingüismo». Éstas deben ayudar a mejorar nuestro modo de considerar el bilingüismo. La distinción fundamental es entre capacidad bilingüe y uso bilingüe. Algunos bilingües pueden tener fluidez en las dos lenguas, pero raramente usan las dos. Otros pueden tener menos fluidez pero usan sus dos lenguas regularmente en diferentes contextos. Muchos otros modelos son posibles. Esta distinción lleva naturalmente a dos dimensiones. En términos de competencia en dos lenguas, las cuatro dimensiones básicas son: escuchar, hablar, leer y escribir. Cada una de estas dimensiones es posible fragmentarla en distinciones más y más microscópicas y detalladas (por ejemplo: pronunciación, vocabulario, gramática, significado y estilo). Esas subdimensiones pueden, a su vez, dividirse y diseccionarse." (C. Baker, *Fundamentos de educación bilingüe y bilingüismo*, Madrid, Cátedra, 1997: 44)

¿Cuántas lenguas conocemos?

"Nadie dudará en calificar de bilingüe a una persona competente en francés y alemán, pues francés y alemán son dos lenguas claramente distintas. Pero ¿llamaremos bilingüe al habitante de Berna que habla en alemán académico y también en suizo alemán, el dialecto alemán de la región? La opinión general es que no, pero ¿qué diremos en el caso del habitante de Luxemburgo que habla en alemán y en luxemburgués, el dialecto alemán hablado en la región que recientemente ha sido proclamado lengua oficial del país? El ejemplo sirve para recordar que la distinción entre lengua y dialecto en muchos casos es difícil de trazar, y a veces, más que por motivos lingüísticos, está incluida por motivos sociopolíticos. «Una lengua es un dialecto con un ejército y una escuadra», dice una definición que pretende ser jocosa, aunque alude a una realidad indiscutible.

Pero que la distinción entre lengua y dialecto, o entre dialecto y modalidad lingüística, sea vaga y difícil de trazar sirve para recordar el hecho inverso: incluso el monolingüe posee varios registros o modalidades de una misma lengua que utiliza según las situaciones en las que se encuentra y los interlocutores a los que se dirige. De manera que la propiedad, a primera vista tan sorprendente, del bilingüe (de poseer un doble sistema lingüístico y de pasar de un a otro sin dificultad) en alguna medida también la presenta el monolingüe. Y, exagerando, podríamos llegar a decir que el monolingüismo es una forma incipiente de plurilingüismo" (M. Siguan, *Bilingüismo y lenguas en contacto*, Madrid, Alianza 2001: 31)

¿Cómo es el cerebro del bilingüe?

"Para determinar si la edad en el momento de la adquisición del lenguaje puede afectar a la forma en la cual se representa en el cerebro, Kim y col. recurrieron a la RMF (resonancia magnética funcional) para establecer la relación espacial entre el idioma materno y un segundo idioma en la corteza. [...] Como era de esperar, en tareas relacionadas con la generación de oraciones, en todos los casos se observó la activación de las áreas de Broca y de Wernicke. Hubo una diferencia entre las personas que habían aprendido el segundo idioma durante la infancia o durante la edad adulta en la región correspondiente al área de Broca, pero no en el área de Wernicke. [...] Cuando el segundo idioma fue adquirido durante la infancia, la activación en el área de Broca mostraba una superposición virtualmente completa de ambas lenguas; mientras que en los sujetos que habían aprendido el segundo idioma durante la edad adulta se advirtió una separación anatómica de ambas lenguas. Esta separación espacial de ambos idiomas en el área de Broca sugiere que la adquisición del idioma podría alterar la organización funcional de este área. En consecuencia, a medida que un niño aprende idiomas, el área de Broca experimentaría alteraciones según el tipo de idioma aprendido. Aparentemente, una vez que se modifica esta región, no experimenta un cambio ulterior y los otros idiomas aprendidos durante la edad adulta requieren el empleo de áreas corticales adyacentes." (B. Kolb e I. Q. Whishaw, *Neuropsicología Humana*, Buenos Aires, Panamericana 2006: 627)

2
Alternancia, mezcla y combinación de lenguas

2.1. Introducción

Las personas bilingües pueden alternar las lenguas en su discurso. Pueden hacerlo en el mismo discurso pero en distintas oraciones o partes de un discurso, lo cual se va a denominar *alternancia de lenguas**, pero también pueden hacerlo dentro de una misma oración: a esto lo llamaremos *mezcla de lenguas** (*code-switching*). La diferencia entre alternancia y mezcla de lenguas está en que en el primer caso las reglas gramaticales de las lenguas implicadas no interactúan, pero en el segundo caso sí lo hacen.

Por *combinación de lenguas** (*code-blending*) se entiende, tal como vimos en el capítulo anterior, el uso simultáneo de una lengua oral y una lengua de señas, en el caso de los bilingües bimodales. En estas personas hay alternancia de lenguas cuando usan una lengua oral y otra señada en distintas oraciones o partes de un discurso, y mezcla de lenguas cuando en una misma oración hay elementos que pertenecen a una lengua señada y otros elementos que pertenecen a una lengua oral. Hay combinación cuando las expresiones de una lengua oral y de una lengua señada se articulan simultáneamente.

Las funciones de la alternancia y mezcla de lenguas pueden ser variadas. Primero, pueden estar motivadas por una mayor facilidad de acceso a algún componente (léxico, gramatical) de una de las lenguas implicadas. En segundo lugar, pueden tener una función de acercamiento o alejamiento a las personas interlocutoras. En tercer lugar, pueden tener una función identificativa o expresiva en la cual la persona bilingüe desea resaltar o disimular algún aspecto de su personalidad o formación. En cuarto lugar, pueden utilizarse para indicar algún cambio temático o intencional en el discurso.

Estas son algunas de las causas que pueden llevar a una persona bilingüe a alternar o mezclar sus lenguas. En última instancia, el uso intencional de la alternancia y mezcla de lenguas procede del intento de las personas usuarias por optimizar los resultados de la interacción comunicativa. Pero también hay un uso no intencional, más o menos automático e inadvertido, que es típico de los casos de la mezcla de lenguas. Hay una serie de factores psicofisiológicos y sociolingüísticos, de los que no son necesariamente conscientes las personas plurilingües, que llevan a un mayor o menor grado, según las circunstancias, en la mezcla o interacción de las gramáticas de las lenguas implicadas.

2.2. Las funciones de la alternancia, mezcla y combinación de lenguas

Si seguimos el esquema de las funciones del lenguaje propuesto por R. Jakobson:

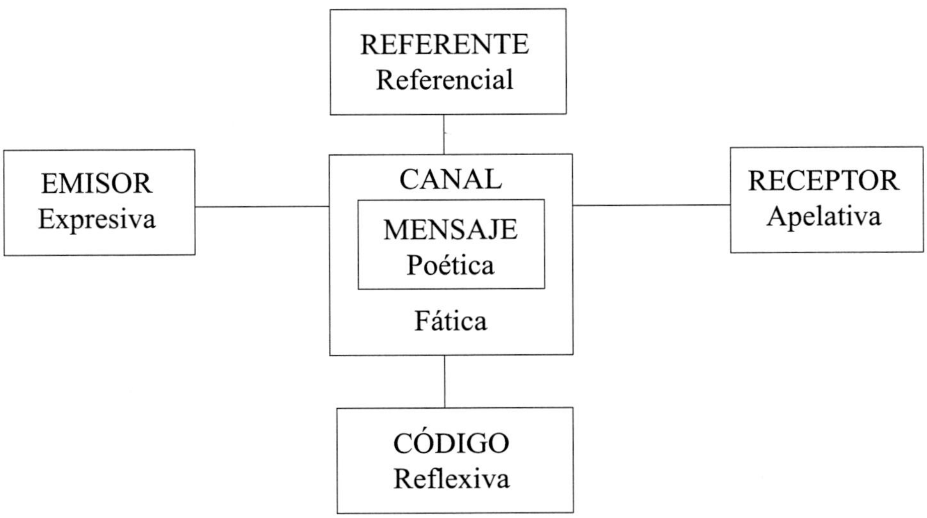

Figura 2.1. Las funciones del lenguaje.

La mezcla y combinación de lenguas puede tener una función *referencial*. Por ejemplo, para suplir mediante una lengua las deficiencias léxicas de otra, o para resaltar determinados aspectos connotativos que se pueden suscitar con una palabra o frase hecha de una lengua diferente de la que se está utilizando.

La función *apelativa* predomina cuando se cambia de lengua para implicar, llamar la atención, solidarizarnos o excluir a las personas con las que estamos hablando. La función *expresiva* de la mezcla y combinación de lenguas es evidente cuando la persona que habla o seña desea expresar algunos aspectos de su identidad cultural, social, política o ideológica.

La función *fática* aparece cuando se mezclan lenguas para provocar algún cambio o comprobación en el establecimiento y mantenimiento del canal comunicativo entre las personas que intervienen en una conversación.

La función *reflexiva* es evidente cuando se utiliza una lengua para explicar algo de otra lengua, como cuando decimos "*boyfriend* significa en inglés *novio*".

Por último, la función *poética* de la mezcla y combinación de lenguas tiene lugar cuando se cambia de lengua en un contexto literario oral o escrito para provocar un determinado efecto estético.

En general se pueden distinguir dos funciones fundamentales de la mezcla de lenguas: la *situacional* y la *metafórica*.

La función *situacional* está condicionada por factores ajenos a la persona plurilingüe y aparece también en el fenómeno de la diglosia*. Sobre todo en la alternancia de lenguas, es decir, el paso de una lengua a otra en un determinado discurso; se observan condicionantes sociales y culturales que hacen que determinada lengua sea más adecuada que otra para tratar determinados temas o para cambiar la forma en la que el discurso ha de ser considerado y evaluado.

Por ejemplo, en casos de diglosia* puede ocurrir que una lengua se utilice únicamente en ámbitos familiares e informales y otra se utilice en ámbitos formales, oficiales o educativos. Situaciones parecidas pueden darse en contextos extranjeros. Puede ocurrir que, por ejemplo, dos estudiantes chinos que estudian en España hablen entre sí en chino, pero cuando se dirigen a quien les da clase pasen inmediatamente al español o a la lengua objeto de esa clase.

La función *metafórica* de la alternancia y mezcla de lenguas tiene que ver con las selecciones individuales que realizan las personas bilingües con el fin de resaltar cómo quieren que sean interpretadas sus expresiones y también para resaltar algunos aspectos de su propia identidad étnica y de su propia cultura, creencias o religión. Por ejemplo, una persona de creencias musulmanas puede recurrir a expresiones en árabe para dar a conocer su credo religioso.

La teoría de la acomodación de Howard Giles también desempeña un importante papel en la explicación de la alternancia y mezcla de las lenguas por parte de personas bilingües. La *acomodación* es el proceso a través del cual una persona intenta alejarse o acercarse a la persona con la que está hablando mediante un cambio lingüístico de algún tipo, que incluye la alternancia o mezcla de lenguas. Por ejemplo, un madrileño que quiera hacerse cercano y amigable con un gaditano puede modificar su hablar habitual para incluir palabras o expresiones del dialecto gaditano. Por otro lado, una persona gaditana que habla con otra de su misma ciudad pero que por alguna razón quiere establecer una separación, alejamiento o desvinculación con ella, puede hablarle en castellano central para evitar la cercanía y la accesibilidad.

Esto es muy frecuente en el caso de la relación entre personas docentes y discentes. La persona docente suele adoptar una forma de hablar que se aleja de la de las personas a las que enseña para establecer una distancia o separación entre los dos estamentos de la actividad docente. Pero puede ocurrir también lo contrario, que se acerque a la forma de hablar de los estudiantes para así conseguir un determinado efecto educativo. En cualquier caso, la persona que enseña, en general, ha de adoptar una forma de hablar que tenga prestigio reconocido en la sociedad para que su labor pueda ser reconocida de forma satisfactoria.

2.3. La mezcla de lenguas

En general, hay alternancia de lenguas cuando las reglas gramaticales y léxicas de las lenguas implicadas no interactúan entre sí. Por ejemplo, en la famosa frase propuesta por Poplack (1980):

(1) *Sometimes I'll start a sentence in English...* y termino en español

podríamos hablar más de alternancia de lenguas que de mezcla de lenguas, dado que no se produce una interacción entre las reglas gramaticales del inglés y las del español. Lo que se produce en este caso es que se emiten dos oraciones formadas de acuerdo con las reglas gramaticales de cada una de las dos lenguas implicadas. La transición entre las dos lenguas se produce con la conjunción coordinante y solo desde este punto de vista podríamos hablar de una leve mezcla de las gramáticas de las dos lenguas, ya que los dos coordinandos de la oración compuesta están formados mediante las reglas gramaticales de cada una de las lenguas.

Cuando se produce la interacción entre las gramáticas de dos lenguas, lo que normalmente ocurre es que una de las lenguas aporta las estructuras gramaticales en las que se pueden incrustar palabras o sintagmas formados de acuerdo con las reglas de la otra lengua. La primera lengua se denomina *lengua matriz** o *lengua anfitriona*, y la segunda se denomina *lengua incrustada** o *lengua huésped*.

Sin embargo, no siempre es fácil o factible diferenciar cuál es la lengua matriz y cuál es la lengua incrustada. Se suele decir que la lengua matriz es la que aporta las reglas sintácticas o los elementos relacionales o funcionales (conjunciones, preposiciones, artículo, afijos...).

Un hecho importante de la mezcla de lenguas es que ésta no se produce de forma aleatoria o arbitraria, creando algo así como expresiones no estructuradas o amorfas con palabras de dos o más lenguas. Más bien, se produce siguiendo las reglas gramaticales de las lenguas implicadas o reglas gramaticales adicionales obtenidas de la combinación de algunas reglas de ellas. Por ejemplo, en la mezcla de español e inglés no se suelen registrar expresiones como las siguientes:

(2) Ejemplos de mezcla ilegítima entre inglés y español
- a. **Él* goes 'él va'
- b. **Yo* wanted 'yo quería'
- c. **Ellos* saw 'ellos han visto'
- d. **Da* him 'dale'
- e. **Mira* her 'vela a ella'

En estas expresiones vemos que el pronombre sujeto está en español y el verbo está en inglés, o que el verbo está en español y su objeto directo es un pronombre inglés. Si esto es, en efecto, así, entonces se puede enunciar la restricción usando criterios gramaticales (no puede haber mezcla de códigos entre un pronombre tónico o clítico sujeto, u objeto directo y un verbo).

Tampoco parecen aceptables las siguientes variantes del ejemplo de Poplack:

(3) Ejemplos de mezcla no esperada de inglés y *español*
- a. *Sometimes *yo* will *empezar* a *oración* in *inglés* and *termino* in *español*
- b. *Sometimes I'll *empezar una oración en inglés y* I finish in Spanish
- c. **A veces yo* will start a sentence in English and I *termino en español*

En el primer caso se alternan las palabras en inglés y en español, de forma que la primera, tercera, quinta, séptima, novena y undécima están en inglés, y las palabras segunda, cuarta, sexta, octava, décima y duodécima están en español.

En el segundo caso el comienzo y el final están en inglés, y el resto está en español. Y en el tercer caso tenemos lo contrario.

Estos criterios relativos al ordenamiento sucesivo de las palabras o al lugar que ocupan los sintagmas en la oración contravienen uno de los principios universales de las lenguas humanas: el principio de la dependencia estructural.

Según él, todos los procesos gramaticales de las lenguas naturales son dependientes de las estructuras sintácticas, de forma que no puede, por ejemplo, haber una regla de concordancia entre la segunda y la quinta palabra de una oración, en ninguna lengua humana. Esta regla no está formulada de acuerdo con una determinada estructuración sintáctica, sino con propiedades derivadas de la mera disposición lineal de los diversos elementos de los que constan las oraciones.

Pues bien, los fenómenos de mezcla de lenguas también deberían atenerse a estos principios universales que restringen todas las lenguas humanas (incluidas, por supuesto, las que intervienen en la mezcla). Por eso, no debería sorprendernos que la mezcla de lenguas se atenga al principio de dependencia estructural. Por ello, las reglas de mezcla que dan lugar a las tres oraciones que acabamos de enumerar no son aceptables, por no ser sensibles a la estructura.

Téngase en cuenta que estos ejemplos se consideran casos anómalos de mezcla de lenguas en virtud de la regla implicada, que, como acabamos de ver, no es sensible a la estructura sintáctica. Ahora bien, podrían ser manifestaciones de otras reglas de mezcla de lenguas que sí estén determinadas por criterios de dependencia estructural.

Algunos autores, como Sankoff y Poplack (1981), han propuesto que la persona bilingüe en realidad tiene no dos, sino tres competencias gramaticales: una para cada lengua, y otra para la interacción estructural entre ellas. Esta competencia de interacción gramatical se atendría a una serie de restricciones como la *Restricción del Morfema Libre* (RML), según la cual no puede haber mezcla de lenguas entre una raíz morfológica y un afijo, a no ser que el afijo haya sido integrado previamente en la otra lengua. De esta manera, no podrían ser aceptables ejemplos como: *eatiendo* 'comiendo', en donde se afija a un tema verbal inglés *eat-* 'comer' el morfema de gerundio español '-iendo'. De igual forma tampoco sería aceptable una palabra como *comiing* 'comiendo', en el que al tema verbal español *com-* se le afija la terminación verbal inglesa *-ing*.

Un segundo principio propuesto por estos autores es la *Condición de Equivalencia* (CE). Según esta condición, el orden de los sintagmas tanto antes como después de la mezcla debe ser posible en las dos lenguas. Poplack (1980) propone el siguiente ejemplo:

(4) La condición de la equivalencia

a. *I told him that so that he would bring it fast*
b. Le dije eso p'aque la trajera ligero
c. *I told him that* p'aque la trajera ligero

Vemos que tanto en inglés como el español la subordinada final aparece en la parte final de la oración compleja. El ejemplo (4c) muestra que ese mismo orden se respeta en la mezcla de ambas lenguas, ya que la oración subordinada final, que está en español, aparece al final de la oración compleja, cuyos primeros sintagmas están en inglés.

Sin embargo, si tenemos el sintagma inglés *the small table* y el sintagma español que lo traduce (es decir, *la mesa pequeña*), según la CE no podríamos obtener **la mesa small*, dado que el orden adjetivo + nombre es obligatorio en inglés, pero en posición especificativa, el orden del español es el contrario: nombre + adjetivo. La expresión española *la pequeña mesa* contiene un adjetivo no especificativo, sino explicativo; es decir, la propiedad denotada por *pequeña* no sirve para identificar la mesa, que ya está identificada por el contexto; mientras que en *la mesa pequeña* estamos utilizando el adjetivo para ayudarnos a identificar la mesa en cuestión.

La idea de que la persona bilingüe tiene tres competencias –las que se corresponden con las dos lenguas que conoce, más una adicional que regula la mezcla de ellas– se ha considerado artificiosa. Téngase en cuenta que, por ejemplo, en el caso de las personas trilingües debería haber al menos seis competencias: las de la lengua A, B y C, las de las mezclas lingüísticas AB, AC y BC y, posiblemente, una competencia adicional más para dar cuenta de la mezcla de las tres lenguas: ABC. Para muchos autores esta proliferación de competencias parece poco plausible.

Por otro lado, los dos principios RML y CE son demasiado fuertes, porque eliminarían la posibilidad de ciertos casos de mezcla de lenguas. Respecto a RML existen casos muy conocidos, como el español *puenting*, donde a la palabra española *puente* se le añade el sufijo inglés *-ing* para denotar una actividad que en inglés se suele denominar *bungee jumping* (dejarse caer desde un puente o un punto alto sujeto mediante una cuerda elástica que impide que la persona que se tira llegue a chocar contra el suelo). Para permitir *puenting* y evitar *comiing* 'comiendo', quizás sea acertado restringir el RML a los morfemas flexivos no asimilados o integrados en el sistema por la lengua receptora: en este caso, el sufijo *-ing* no ha sido asimilado por la gramática del español como sufijo de la conjugación de los verbos españoles.

El CE también habría que reformularlo porque, como veremos más adelante en este capítulo, puede haber mezcla entre lenguas que siguen principios opuestos en cuanto al ordenamiento de los sintagmas de la oración. Por ejemplo, el inglés tiene preposiciones, pero el japonés tiene posposiciones y, sin embargo, se han atestiguado casos como el siguiente:

(5) I slept with her basement *de* 'dormí con ella sótano *en*'

En esta oración se mezcla el inglés con el japonés, al usar la posposición locativa japonesa *de* afectando a la palabra inglesa *basement* 'sótano'. La expresión en inglés es *I slept with her in the basement* 'dormí con ella en el sótano'.

El modelo de la Congruencia en la Estructura Sintagmática (CES) propuesto por Woolford (1983) ha sido utilizado para analizar la mezcla de lenguas. En este modelo, el léxico y las reglas de formación de palabras de las lenguas implicadas no interactúan. Las dos gramáticas interactúan al nivel de las reglas sintácticas que generan las estructuras básicas de las dos lenguas (lo que en la gramática generativa se denominaba *estructura profunda* o *estructura-D*), que funcionan de la misma manera que en la competencia de las personas monolingües.

La mezcla de lenguas se produce cuando las estructuras sintácticas de las expresiones de las dos lenguas son idénticas y los elementos léxicos de las dos lenguas tienen un acceso igual a las estructuras generadas por las reglas sintagmáticas idénticas presentes en ambas lenguas.

Como tanto en español como en inglés el determinante precede al sustantivo al que afecta, este modelo predice que se podrá alternar entre las dos lenguas respecto del determinante, de manera que como tenemos en inglés *the haunted house* y en español *la casa encantada*, sería posible tener mezclas de código como *la haunted house* o *the casa encantada*, pero no **la house haunted* , **the haunted casa* o **la casa haunted*, dado que la regla de adjetivación del inglés establece el orden *adjetivo + nombre*, y la del español, en este caso, obliga al orden *nombre + adjetivo*, por tanto, no hay congruencia sintagmática.

Sin embargo, se han encontrado numerosos ejemplos en los que se produce mezcla de códigos entre lenguas con distintas disposiciones de nombre y de adjetivo. La siguiente expresión presenta una interacción entre el inglés y el español:

(6) I want a motorcycle *verde*

Este es un tipo de mezcla de lenguas que debería no ser posible, según el modelo CES. Este modelo predice que la mezcla de código que afecta a estructuras sintagmáticas incompatibles debería ser extremadamente raro, pero el cambio de código entre lenguas de estructuraciones sintagmáticas muy distintas es bastante frecuente.

El modelo de los *elementos de clases cerradas* (ECC) propuesto por Joshi (1985) se basa en la distinción entre la *lengua matriz** (LM) y la *lengua incrustada** (LI). La primera es la lengua en la que se introducen elementos de la segunda. Establece este modelo tres condiciones para que pueda llevarse a cabo la mezcla de lenguas:

- La mezcla solo puede ir en una dirección: desde la LM a la LI.
- La mezcla no se puede producir en la categoría dominante de una construcción sintáctica de la LM.
- No se pueden introducir en la LM elementos de la LI que pertenecen a clases cerradas (CC), tales como artículos, preposiciones, cuantificadores, auxiliares, etc. Estos elementos solo pueden pertenecer a la LM.

Este modelo tiene, al menos, dos dificultades. La primera consiste en el establecimiento de criterios fiables y claros para distinguir la LM de la LI. Por ejemplo, es difícil determinar en una expresión como *la haunted house* cuál es la LM y cuál es la LI: ¿Se ha incrustado una expresión inglesa como *haunted house* dentro de un sintagma determinado español? ¿O se ha incrustado un artículo español dentro de un sintagma nominal inglés? Si la respuesta a la última pregunta es positiva, entonces se contraviene la restricción de las clases cerradas, ya que se habría incrustado un artículo de la LI en un sintagma de la LM, el inglés, en este caso.

Lo que nos dice el modelo ECC es que la expresión *la haunted house* es una expresión española en la que se ha incrustado un sintagma nominal inglés, que sería la LI en este caso.

Vamos a ver ahora dos modelos que intentan dar cuenta de la mezcla de lenguas, sin proponer ningún principio especial para este fenómeno, y que hacen uso de algunos principios lingüísticos universales. Se trata del modelo del *Marco de la Lengua Matriz* (MLM) de Myers-Scotton, y el modelo del *Principio del Núcleo-Complemento* (PNC) de Mahootian.

El modelo del *Marco de la Lengua Matriz* (MLM) fue propuesto por Myers-Scotton (1993, 2002). Este modelo se basa en la conjunción de dos factores: la distinción entre la *lengua matriz** (LM) y la *lengua incrustada** (LI) y la distinción entre morfemas estructurales y lexemas (denominados como *morfemas de contenido*). Los primeros son los morfemas gramaticales y elementos tales como los determinantes, posesivos o cuantificadores. Los lexemas tienen contenido semántico y no estrictamente gramatical e incluyen todos los elementos que asignan o reciben funciones semánticas (agente, paciente, lugar, instrumento...), como nombres, adjetivos o verbos. Las preposiciones están situadas en este modelo dentro de los lexemas, ya que asignan a los elementos que rigen una función semántica.

En este modelo hay cuatro hipótesis:

(7) Cuatro hipótesis del modelo MLM

a. *Hipótesis de la lengua matriz:* el marco gramatical de la mezcla de lenguas lo proporciona la LM. Esta lengua suministra los morfemas, que han de pertenecer siempre a la LM, así como el orden de los morfemas.
b. *Hipótesis del bloqueo:* no es posible la mezcla lingüística cuando los lexemas de la LI no satisfacen los requisitos de la LM.
c. *Hipótesis de las islas LI:* si se introduce un morfema de la LI no permitido, se fuerza una isla LI obligatoria: es necesario completar el constituyente afectado en la LI.
d. *Hipótesis de la jerarquía implicativa LI:* las expresiones hechas, los elementos fraseológicos o elementos periféricos de la LI pueden no ser bloqueados por los tres principios anteriores.

En el siguiente ejemplo de mezcla entre neerlandés y turco, la LM es el turco:

(8) Mezcla de *neerlandés* y turco
O diyor ben *uitmak-en* yap-tı-m diyordu kız-ınam
'Él dice: "yo he roto con la chica'

En esta oración aparece una palabra en neerlandés (*uitmaken* 'romper con'), que es la LI. Siguiendo el orden de la gramática turca, el complemento del verbo turco *yap* 'hacer' aparece después de su complemento (*uitmaken*) y no antes, como sería en neerlandés. El orden de los elementos está, pues, determinado por la LM, el turco, y esto ejemplifica el *principio del orden morfemático* (POM), que establece que el orden de los morfemas solo puede proceder de una de las lenguas implicadas.

La concordancia entre el sujeto y el verbo se realiza a través del turco (*ben....-m*). De manera que este ejemplo de mezcla entre turco y neerlandés cumple otro de los requisitos establecidos por el MLM para la mezcla de códigos, denominado el *principio del morfema estructural* (PME), según el cual determinado tipo de morfemas estructurales solo puede ser proporcionado por una de las lenguas implicadas en la mezcla.

Se ha objetado en algunas ocasiones que este modelo obliga a unos análisis que pudieran resultar forzados o poco naturales. Consideremos los siguientes ejemplos de mezcla de códigos que han sido atestiguados:

(9) Casos de mezcla de lenguas

a. *Inglés/persa:* Anyway I figured *ke* if I worked hard enough... 'De todas formas pensé *ke* si trabajase lo suficientemente duro...'
b. *Inglés/yidis:* There wasn't an item *vos* we didn't have 'no había un artículo que no tuviéramos'
c. *Inglés/persa:* Lawyer-*et* will tell you what to do 'tu abogado te dirá lo que has de hacer'

Si, siguiendo el MLM, es la LM la que determina los morfemas, entonces en los cuatro ejemplos anteriores la LM ha de ser la que proporcione el único elemento puramente relacional de la oración: la conjunción o el morfema de posesión. Por consiguiente, la LM en (9a) y (9c) sería el persa, y la LM en (9b) sería el yidis, lo cual no parece a primera vista muy plausible.

El MLM ha sido revisado y refinado a través del modelo 4-M. En este modelo se distinguen tres tipos de morfemas: los *morfemas tempranos* y dos tipos de morfemas tardíos: los *morfemas interiores* (*bridges*) y *los morfemas exteriores* (*outsiders*). Los morfemas *tempranos*, como los morfemas de número o los afijos derivativos, se activan conceptualmente, como los lexemas, y se basan en las intenciones pre-lingüísticas de las personas; se accede a ambos a través del lexicón mental, sin embargo los morfemas *tardíos* solo se hacen notar cuando se llega al nivel de los componentes que realizan materialmente las estructuras lingüísticas. Una expresión con mezcla de español e inglés como *el garage* 'el garaje' muestra que la LM es el español, y dentro de la estructura oracional española se recurre a un elemento léxico del inglés. Pero como los artículos definidos son morfemas tempranos, pueden proceder de la LI sin contravenir el principio PME.

Los morfemas de plural, como morfemas tempranos, pueden ser proporcionados por las dos lenguas que se producen en la mezcla. Por ejemplo, en la siguiente expresión proveniente de la mezcla del árabe marroquí y el neerlandés: *duk artikel-en* 'aquellos artículos', donde el neerlandés (la LI) aparece con un morfema de plural neerlandés, y el determinante, que es del árabe (la LM), es plural y concuerda con el plural neerlandés. En el caso de la mezcla de inglés y español (*tantas things*) la palabra inglesa *things* constituye una isla de LI respecto de la LM, el español en este caso. Estas islas incluyen morfemas tempranos, como el de plural.

Los morfemas tempranos se asocian con los aspectos semánticos, mientras que los morfemas tardíos contribuyen a crear la estructura sintáctica más cercana a la realización material.

Los morfemas *interiores* establecen relaciones entre construcciones sintácticas y dependen de la información dentro del constituyente mayor que ayudan a construir. Los morfemas *exteriores* dependen de información de fuera del constituyente que ayudan a establecer. Una preposición, por ejemplo, es un morfema tardío interior. Estos morfemas han de proceder en su gran mayoría de la LM.

Los morfemas de concordancia son morfemas exteriores. Esto incluye tanto los morfemas de concordancia entre sujeto y verbo, como los morfemas de caso gramatical. Los elementos de la LI reciben la concordancia nominal o verbal requerida por la LM. He aquí dos ejemplos:

(10) Dos casos de mezcla de lenguas

a. Mezcla de turco y neerlandés
Evet, *terras*-ta oturuyorlar ' Sí, están sentados en la terraza'

b. Mezcla de ruso e inglés
Zachem ty na *grass*-e valiayesh'sia '¿Por qué te revuelcas en el césped?'

En (10a) la palabra neerlandesa *terras* está marcada para caso locativo, según la gramática del turco. Por su parte, en (10b) la palabra inglesa *grass* 'césped' recibe la terminación de caso locativo exigida por la preposición rusa *na* 'sobre'. En el primer caso la LM es el turco, y en el segundo es el ruso y es la LM la que determina los morfemas tardíos correspondientes a sus reglas sintácticas.

El comportamiento de algunas preposiciones puede repartirse entre los tres tipos de morfemas considerados aquí: unas veces se comportan como morfemas tempranos y otras como morfemas tardíos, según sus usos. Por ejemplo, la preposición española *a* se puede conceptuar como morfema temprano cuando indica dirección, pero es un morfema interior y, por tanto, tardío cuando funciona como introductor de una subordinada, como en *dispuesto a verlo*; y es un morfema exterior cuando indica objeto directo con sustantivo que denota persona o animal, como en *veo a María*.

La predicción es que cuando el español sea la LM, en los casos de mezcla de lengua determinará la aparición de la preposición *a* con objetos animados, como en *te refieres a tus coworkers*, donde se mezcla español e inglés. Pero cuando el español es la LI, entonces la preposición *a* en este uso no aparece, como en *the police officers have seen un ladrón* ('los policías han visto un ladrón'), donde la LM es el inglés, y el español es la LI.

Veamos ahora el modelo del *Principio del Núcleo-Complemento* (PNC) de Mahootian (1993, 1996). Este modelo se basa en tres hipótesis:

(11) *Hipótesis del Principio del Núcleo-Complemento*

a. Los mismos principios y restricciones que regulan la producción de oraciones monolingües son los que dan cuenta de la mezcla de lenguas en una expresión, palabra, morfema u oración.
b. No es necesario recurrir a una gramática específica para la mezcla de lenguas. Basta con las gramáticas que tiene la persona bilingüe para cada una de sus lenguas.
c. Desde un punto de vista sintáctico, no hay diferencia esencial entre mezcla de lenguas en una oración y el préstamo. Ambos pueden explicarse acudiendo a los mismos principios lingüísticos.

El PNC se puede enunciar de la siguiente manera:

> Principio del Núcleo-Complemento
>
> Los núcleos determinan las propiedades gramaticales de sus complementos, tanto en las expresiones donde hay mezcla de lenguas como en las expresiones monolingües.

En este modelo, la mezcla de lenguas se puede producir en las proyecciones sintácticas máximas SN (sintagma nominal), SDET (sintagma determinante), SC (sintagma conjuntivo), SF (sintagma flexivo), SV (sintagma verbal) y SP (sintagma preposicional). La condición es que ambas lenguas compartan esas proyecciones. En este modelo se asocian los elementos léxicos y sus proyecciones sintácticas con todos los requerimientos necesarios. Lo que se combinan en él no son, pues, palabras, sino estructuras sintácticas (las asociadas a cada una de los elementos que intervienen en la composición de una oración). He aquí algunas de las predicciones del PNC:

(12) Predicciones del PNC

a. Puede haber mezcla opcional en todas las proyecciones máximas.
b. Orden de palabras de la L_1 con palabras de L_1/L_2.
c. Orden de palabras de la L_2 con palabras de L_1/L_2.

d. Orden de palabras L_1 con todas las palabras de L_1.
e. Orden de palabras L_2 con todas las palabras de L_2.

Para ilustrar el modelo, Mahootian analiza la siguiente oración con mezcla de persa e inglés:

(13) Ten dollars *dad* 'Le dio diez dólares'

Esta expresión se deriva de las siguientes estructuras del persa y del inglés:

(14) Estructuras del persa

a. [$_{SV}$[$_{SDET}$] [$_{V}$dad]]
b. [$_{SN}$[$_{SQ}$] [$_{N}$ dolar]]
c. [$_{SQ}$[$_{Q}$ daeh]]
d. [$_{SDET}$[$_{DET}$] [$_{SN}$]]

(15) Estructuras del inglés

a. [$_{SV}$ [$_{V}$ gave] [$_{SDET}$]]
b. [$_{SN}$[$_{SQ}$] [$_{N}$ dollars]]
c. [$_{SQ}$[$_{Q}$ ten]]
d. [$_{SDET}$[$_{DET}$] [$_{SN}$]]

Al combinar (15b, c, d) se produce:

(16) [$_{SDET}$[$_{DET}$] [$_{SN}$[$_{SQ}$ten] [$_{N}$dollars]]]

Esta estructura se combina con la estructura persa (14a) para obtener:

(17) [$_{SV}$[$_{SDET}$ten [$_{N}$dollars]] [$_{V}$dad]]

Otras posibilidades compatibles con la producción a través de las estructuras de (14) y (15) que han sido atestiguadas son:

(18) Posibilidades permitidas por el PNC

a. [$_{SV}$ [$_{V}$gave] [$_{SDET}$daeh dolar]]
b. [$_{SV}$ [$_{V}$gave] [$_{SDET}$daeh [$_{N}$dollars]]]
c. [$_{SV}$[$_{SDET}$[$_{SN}$[$_{SQ}$ ten] [$_{N}$dolar]]] [$_{V}$dad]]

Este modelo PNC nos permite dar cuenta de la mezcla de lenguas, sin proponer ningún mecanismo específico que regule dicho fenómeno, simplemente se siguen los principios gramaticales de las lenguas que intervienen en dicha mezcla. No hay, pues, una gramática mixta específica para la mezcla de lenguas, sino simplemente interacción entre las gramáticas de dos lenguas, cuando hay congruencia estructural.

2.4. La gramática generativa y la mezcla de lenguas

El modelo de la Rección (R) propuesto por Di Sciullo y col. (1986) intenta dar cuenta de los casos de mezcla de lenguas que se dan entre idiomas que tienen estructuraciones sintácticas muy distintas u opuestas. En este modelo, la mezcla está descartada en aquellos lugares de la estructura sintáctica superficial en la que hay una relación de rección entre dos elementos. La rección se define a través de la noción de dominio jerárquico de constituyentes. Para ilustrar esto, consideremos la siguiente estructura:

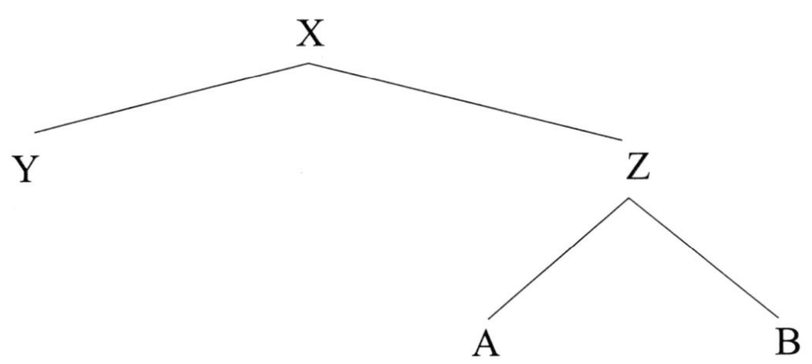

Figura 2.2. Estructura sintagmática.

En esta estructura decimos que el elemento Y manda-c a Z, A y B, porque la categoría de la que Y es categoría inmediata, es decir, X, domina a Z, A, B. Como podemos observar, Y no domina a Z, A, B, ya que no hay ninguna línea que una hacia abajo Y con Z. Pero sí manda-c a Z, A y B.

La noción de rección se define de la siguiente manera:

(19) Rección

a. Y rige a Z si la primera categoría que domina a Y también domina a Z, donde Y es una categoría principal (N, V, A, P).

b. Entre Y y Z no interviene ninguna categoría principal.

Por ejemplo, en *por su culpa* la preposición *por* es un rector que rige al sintagma *su culpa*; y en la expresión *busca una casa* el verbo *busca* rige *una casa*.

El principio que regula la inserción de elementos léxicos en las estructuras de rección se basa en la siguiente estipulación:

(20) Si Y rige a Z, entonces $Y_q.....Z_q$

Si Y es un rector, entonces decimos que Y rige a Z, y los dos elementos aparecen con el subíndice *q*. Este subíndice indica que los dos elementos señalados deben pertenecer a la misma lengua.

El principio de la rección para la mezcla de lenguas se puede formular de la siguiente manera:

(21) La condición de la rección

a. Si L_q tiene el índice q, entonces $Y^{max}{}_q$.
b. En una proyección máxima Y^{max}, L_q es el elemento léxico que manda-c asimétricamente al otro elemento léxico o categorías terminales dominadas por Y^{max}.

Esta condición estipula que la lengua a la que pertenece un elemento léxico L_q es la que determina la sintaxis y exige que dos categorías han de estar en la misma lengua si existe una relación de rección entre ellas.

Por consiguiente, este modelo predice que los verbos y sus objetos directos han de estar en la misma lengua así como las preposiciones y los sintagmas nominales regidos por ella. Si tenemos en cuenta una expresión como *en la school*, obtenemos la siguiente estructura y marcación de los constituyentes:

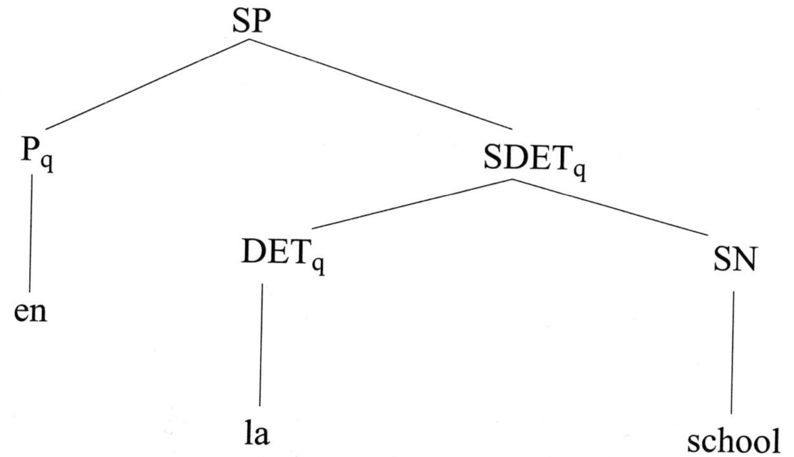

Figura 2.3. Estructura de *en la school.*

El determinante es el núcleo del SDET y recibe la marca *q* inducida por el rector P. Sin embargo, el sustantivo puede aparecer en otra lengua, ya que no adquiere el subíndice que marca la exigencia de mantener la misma lengua.

Este modelo predice, por tanto, las siguientes secuencias como permitidas o no permitidas (#):

(22) Expresiones permitidas y no permitidas según el modelo R

a. En la *school*
b. In the *escuela*
c. #In *la* school
d. #En *the* escuela

Este modelo no tiene en cuenta la ordenación lineal de los elementos, sino la relación jerárquica de rección y, por tanto, puede acomodar mezclas entre lenguas con disposiciones lineales diferentes entre el elemento rector y el elemento regido.

Sin embargo, se han encontrado ejemplos de mezcla de código que no se atienen aparentemente a este modelo de la rección.

El modelo predice que un objeto directo ha de estar en la misma lengua que el verbo que le asigna esa función; sin embargo, se han constatado casos en los que no ocurre así, como:

(23) This morning *mi hermano y yo fuimos a comprar* some milk

El modelo predice que en una oración el verbo y la conjunción no pueden estar en lenguas distintas, es decir, que no existirían casos como *I said que…* 'dije que…', pero se han atestiguado precisamente ejemplos de este tipo. Por ejemplo, *they don't know ke…* 'no saben que…', en el que se utiliza la conjunción completiva persa *ke*.

El modelo de la rección predice también que las conjunciones copulativas como *y* o *pero* habrán de estar en la misma lengua en la que está la oración que se añade por coordinación, tal como vemos en el famoso ejemplo (1). Sin embargo, también se han encontrado ejemplos en los que la conjunción no pertenece a la lengua en la que está la oración que adjuntamos, sino a la de la lengua a la cual añadimos esa oración. La siguiente expresión contiene una mezcla de persa e inglés y se adjunta a una oración en persa: *vaeli it was fine* 'pero estaba bien', donde *vaeli* es la conjunción persa 'pero', y esa expresión se añade a una oración totalmente en persa.

El modelo de la *Condición del Núcleo Funcional* (CNF) de Belazi y col. (1994) se basa en la distinción entre núcleos funcionales (como DET, C, F, P) y núcleos léxicos (como N, V, ADJ, ADV). De esta manera los determinantes (DET), conjunciones (C), auxiliares flexionados (F) y preposiciones (P) se conciben en la teoría gramatical moderna como núcleos funcionales, de modo que en *dice que viene* la conjunción *que* es el núcleo funcional de la oración subordinada *que viene*.

Según este modelo, se puede dar cuenta de los casos de la mezcla de códigos mediante la siguiente generalización:

(24) No es posible la mezcla de lenguas entre un núcleo funcional y su complemento.

Esta generalización da lugar al siguiente principio:

Principio del núcleo funcional

El rasgo lingüístico del complemento seleccionado por un núcleo funcional debe corresponderse con el de ese núcleo funcional.

Por *rasgo lingüístico* se entiende el que se deriva de la lengua a la que pertenecen el núcleo y el complemento. Por ejemplo, la preposición *in* tendrá el rasgo lingüístico [+inglés], y la preposición *en* tendrá el rasgo lingüístico [+español]. Este principio no afecta a los núcleos léxicos y a sus complementos.

Sin embargo, se han atestiguado muchos casos en los que se produce mezcla de lenguas entre el núcleo funcional y su complemento. He aquí algunos ejemplos:

(25) Casos de mezcla de lenguas entre el núcleo funcional y su complemento

a. Italiano-*francés*: Ha portato *un cadeau* 'ha traído un regalo' [DET/SN]
b. Español-*inglés*: Daban unos *steaks* tan sabrosos [Q/SN]
c. Español-*hebreo*: Para que no *talfene*en a la *mishtara* 'Para que no telefoneen a la policía [NEG/SV]
d. Irlandés-*inglés*: Ní *dispute*-alfaidh mé leat 'No discutiré contigo' [F/SV] (-afaidh= FUTURO)
e. Francés-*árabe marroquí*: Il croyait *bi'ana* je faisais ça exprès 'Pensaba que lo hacía a propósito' [C/SF]

El programa minimalista ofrece nuevas perspectivas para tratar la mezcla de lenguas sin recurrir a ningún mecanismo específico que regule este fenómeno. En el programa minimalista las estructuras sintácticas se construyen a partir de un conjunto de elementos léxicos que se van seleccionando o insertando progresivamente.

Para la mezcla de códigos esto es muy interesante, dado que se pueden comprobar las consecuencias que tiene, en una estructura local concreta, la selección de elementos léxicos de diferentes lenguas, sin tener que llevar el registro global de las lenguas que intervienen en la generación de expresiones.

Dentro del programa minimalista se distinguen dos componentes de la gramática: un *sistema computacional* C_{HL}, que se considera igual para todas las lenguas, y un léxico, donde residen las diferencias que se observan entre las diferentes lenguas. Existe una operación de selección (SELECT) que elige los elementos léxicos y los dispone en una enumeración o disposición léxica (*lexical array*, LA), un subconjunto del léxico que se utiliza para construir una derivación. La operación de ensamble (*merge*) toma elementos del LA y construye con ellos estructuras sintácticas jerarquizadas. Los elementos de estas estructuras se pueden recolocar mediante operaciones de movimiento (ensamble interno).

Estas estructuras han de ser interpretables por dos componentes: el componente articulatorio/perceptivo (A/P), que se encarga de realizarlas físicamente mediante sonidos (lenguas habladas) o gestos manuales (lenguas señadas), y el componente conceptual/intencional (C/I), que se encarga de construir significados mentalmente procesables. En el componente A/P no se admiten elementos que no sean fonética o gestualmente interpretables, mientras que en el componente C/I no se admiten elementos que no tengan una interpretación extralingüística.

Este es el modelo del programa minimalista según MacSwan (2009: 322):

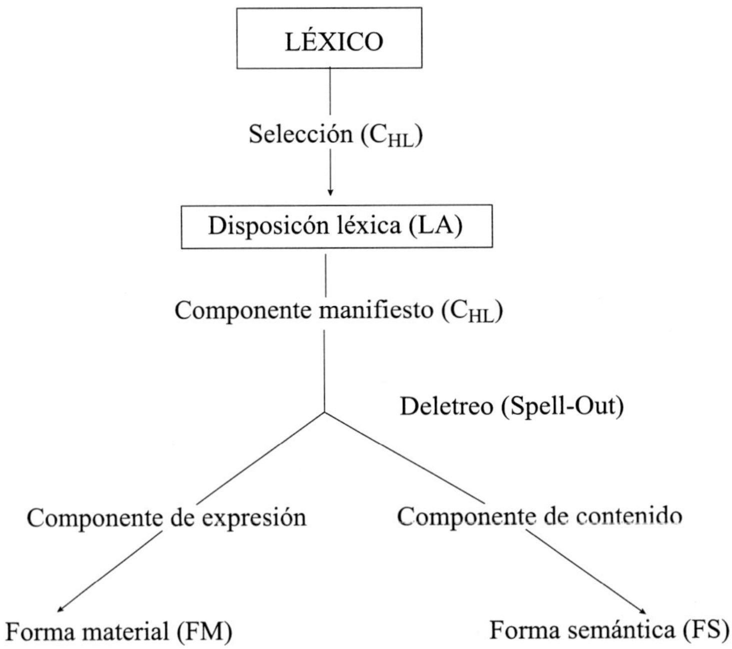

Figura 2.4. Modelo del programa minimalista.

En un momento de la derivación, tiene lugar la operación del deletreo (*spell out*), que consiste en elegir de las estructuras generadas aquellos elementos que van a ser interpretados materialmente (fonética o gestualmente) y, por tanto, pueden ser admitidos en el *componente de expresión*, parte del sistema computacional (C_{HL}), que es el encargado de poner en contacto esas estructuras con la interfase denominada *forma material* (PF, *Phonological Form*) que las conecta con los movimientos fisiológicos que generan los sonidos y los gestos de las lenguas de señas, del nivel extralingüístico A/P. Lo que queda después de la operación de deletreo forma parte de lo admitido en el componente de contenido (*cover component*), otro elemento del sistema computacional C_{HL} que lleva la estructura a la interfase de la forma semántica (LF, *Logical Form*), que la relaciona con los elementos conceptuales cognitivos del nivel extralingüístico C/I.

Como uno de los objetivos del programa minimalista es eliminar todos aquellos mecanismos lingüísticos no estrictamente necesarios y esenciales desde el punto de vista conceptual para dar cuenta del funcionamiento gramatical, los intentos de explicar cómo funciona la mezcla de lenguas, sin recurrir a ningún mecanismo específico diferente de los que se necesitan para dar cuenta del comportamiento de las lenguas implicadas en la mezcla, son especialmente adecuados desde esta perspectiva teórica generativista. El principio que propone MacSwan (2009: 325) es el siguiente:

> *Principio general de la mezcla de lenguas*
>
> Nada condiciona la mezcla de lenguas excepto los requisitos de las gramáticas de las lenguas que intervienen en la mezcla.

Este principio no significa que la mezcla de lenguas se puede producir de cualquier manera, sino que las restricciones de este fenómeno se derivan directamente de las de las gramáticas de las lenguas implicadas en la mezcla.

Según este principio, se pueden seleccionar elementos léxicos de dos lenguas para establecer la LA y se han de seguir las constricciones válidas respecto de cada uno de esos elementos léxicos según la gramática de la lengua a la que pertenecen.

Recordemos la RML de Poplack, que prohíbe expresiones surgidas de la mezcla entre inglés y español, como: *eat-iendo* ‘comiendo’, *eat-ió* ‘comió’, *com-ed* ‘comió’, *eat-ará* ‘comerá’. En estos casos la mezcla de lenguas ocurre dentro de un núcleo léxico.

En vez simplemente de prohibir la mezcla en el interior de un núcleo léxico, que sería un principio específico de la mezcla de lenguas, es mucho más interesante derivar esta restricción de los principios generales de la estructura lingüística.

Los estudios sobre la mezcla de lenguas suelen coincidir en que lo que determina la adscripción de una palabra a una lengua determinada es su configuración morfonológica. De esta manera, la palabra *taipiar* 'teclear', procedente del inglés *type* 'teclear', ha de considerarse española desde el punto de vista morfonológico, pues se atiene a la estructura morfológica y fonológica de la lengua española.

En el programa minimalista se suele asumir que los procesos de formación de palabras tienen lugar antes de producirse la disposición léxica (LA), que es la entrada de las operaciones sintácticas. Los análisis actuales proponen además que la forma léxica se proyecta a la estructura de superficie en un solo paso, sin representaciones intermedias. Se supone que las personas bilingües poseen un sistema fonológico encapsulado para cada una de las lenguas que conocen. Esto parece ser así porque distintos sistemas fonológicos pueden presentar diferentes jerarquías de dominio condicionado incompatibles entre sí, por lo que la separación de sistemas impide que surjan paradojas en cuanto a las condiciones de esas jerarquías de dominio fonológico. De esta organización se desprende que se puede cambiar de sistema fonológico al pasar de un núcleo sintáctico a otro, pero no en el interior de ellos, ya que mediante el deletreo (*spell out*) todos los núcleos sintácticos son procesados fonológicamente y la proyección correspondiente se produce en bloque, sin representaciones intermedias y, por tanto, sin la oportunidad de cambiar de sistema fonológico dentro de ellos.

Obtenemos la condición de la interfase de la *forma material* (FM; PF, en inglés, MacSwan 2009: 331).

(26) Condición de la interfase FM (PF)

a. La entrada fonológica se proyecta a la salida en una sola fase, sin representaciones intermedias.
b. El componente fonológico de una lengua es un conjunto de jerarquías de dominio condicionado.
c. Las personas bilingües tienen un sistema fonológico independiente para cada uno de los dos idiomas, para evitar los conflictos que pueden surgir al interactuar dos jerarquías de dominio condicionado con prioridades contradictorias.
d. Todo núcleo sintáctico se procesa mediante la operación de deletreo (*Spell Out*). Por tanto, las fronteras entre palabras constituyen la última oportunidad para la mezcla de lenguas.

Otro ámbito en el que el programa minimalista puede arrojar luz sobre la mezcla de lenguas tiene que ver con el orden de palabras. En algunas propuestas realizadas dentro de este programa se parte de la base de que todas las lenguas presentan el orden inicial o profundo VSO, es decir, primero aparece el verbo (V), luego el sintagma nominal sujeto (S) y por último el sintagma nominal objeto (O).

Las lenguas con el orden SVO se obtienen mediante el movimiento manifiesto del sintagma nominal sujeto hacia arriba, a la posición de la categoría funcional de tiempo (que alberga las determinaciones de tiempo), T^0. Cuando ese movimiento es encubierto y, por tanto, no se expresa fonológicamente sino solo formalmente, entonces obtenemos una lengua VSO.

He aquí algunos ejemplos de mezcla entre una lengua SVO y otra VSO:

(27) Mezcla entre lenguas SVO y VSO

a. *Irlandés (VS) e Inglés (SV):* Beidh *jet lag* án tógáil apháirt ann 'El *jet lag* tendrá algo que ver'.
b. *Bretón (VS) y Francés (SV):* Oa ket *des armes* 'No había armas'
c. *Zapoteco (VS) y Español (SV):* Sto'oh *mi esposa el coche* 'mi esposa va a vender el coche'

Según estos ejemplos es el verbo el que parece determinar el orden que va a tener la oración en la que se produce la mezcla. Un verbo de una lengua VS determina dónde colocar el sujeto en la otra lengua de la mezcla. El verbo de las lenguas VS obliga a que haya movimiento encubierto hacia T^0, es decir, un movimiento que no se realiza en el componente de la expresión (para obtener SVO), sino solo en el del contenido. Por ello, en las tres oraciones vistas el sujeto de las lenguas SV aparece detrás del verbo de la lengua VS.

Para dar cuenta de las lenguas que presentan en su forma superficial SOV, se postula un movimiento del objeto hacia una posición funcional superior al verbo léxico (V), denominada *verbo ligero* o *auxiliar* y notada como *v*. Las lenguas SVO presentarían este movimiento de ascenso del objeto directo a la posición superior de *v* sólo en el componente del contenido y no en el de la expresión, por lo que superficialmente quedan como lenguas SVO. Si aplicamos de nuevo los principios del caso anterior, debemos esperar que sea la lengua del verbo la que determine el orden de palabras en una mezcla de lenguas VO y OV. Los siguientes ejemplos muestran exactamente esto:

(28) Mezcla entre lenguas VO y OV

a. *Inglés (VO) y Persa (OV):* Tell them you'll buy *xuneye jaedid* when you sell your own house 'Diles que comprarás una nueva casa cuando vendas tu casa'
b. *Inglés (VO) y Japonés (OV):* In addition, his wife *ni yattara* 'Además, si se lo damos a su mujer...'
c. *Coreano (OV) e Inglés (VO):* Na-nîn *dinner*-lîl ppalli môkôtta 'Me comí la cena rápidamente'

Por consiguiente, dentro del programa minimalista pueden hacerse análisis similares a los vistos en el modelo PNC que hemos expuesto en la sección anterior.

2.5. Alternancia, mezcla y combinación de las lenguas señadas

La alternancia y mezcla entre dos lenguas señadas puede ocurrir cuando interactúan señantes de dos lenguas señadas diferentes. También puede haber interacción entre lenguas habladas y lenguas señadas. Por ejemplo, se ha observado que algunos señantes intérpretes de la lengua de señas americana (LSA), al hacer una seña con un significado concreto, mueven la boca como si estuvieran pronunciando la palabra correspondiente en inglés. Este fenómeno lo podemos denominar *bucalización* (de *boca*; en inglés *mouthing*), que hay que distinguir de *vocalización* (de *voz*). El siguiente ejemplo es una muestra de este fenómeno (Quinto-Pozos 2009: 227):

(29) Mezcla de LSA y bucalización inglesa
MOST U-S HOME...
buc: most households
'La mayor parte de los hogares de los EE.UU. ...'

En este ejemplo, las palabras en mayúsculas indican las señas correspondientes que se realizan en la LSA, y *buc* indica que se bucaliza la expresión inglesa *most households*, es decir, se mueve la boca como si se estuviera pronunciando esa expresión del inglés.

La mezcla entre una lengua señada y una lengua oral se produciría al emitir una persona bilingüe parte de una expresión mediante señas y otra parte mediante palabras habladas. Este tipo de mezcla es muy poco frecuente, aunque se han podido recoger algunos casos. Por ejemplo, se ha documentado que un niño oyente que estaban aprendiendo francés y lengua de señas quebequesa (LSQU) simultáneamente emitió la siguiente expresión (Quinto-Pozos 2009: 227):

(30) Ça ressemble MOUCHOIR /'Esto parece un pañuelo'

La expresión en minúsculas se emitió en francés, y la palabra en mayúsculas, en LSQU.

Lo más frecuente es la combinación de códigos, es decir, la emisión simultánea de una palabra o expresión tanto en lengua señada como en lengua hablada.

También puede haber mezcla entre una lengua señada y una lengua hablada señada. Una lengua hablada señada se obtiene realizando mediante algún tipo de alfabeto manual cada una de las palabras de una lengua hablada, siguiendo la estructura morfológica y sintáctica de esa lengua hablada. Por ejemplo, una niña que sabía LSA e inglés señado emitía expresiones como la siguiente (Quinto-Pozos 2009: 228):

(31) Brothers are WAKE-UP so woke up so TIRED so I said...

Las palabras inglesas en minúsculas representan el inglés señado, y las palabras en mayúsculas, señas manuales de la LSA.

Pero también se han encontrado casos de mezcla entre dos lenguas señadas. Se han recogido ejemplos de mezcla entre lengua señada mexicana y LSA, LSQU y LSA, entre otras lenguas señadas.

El siguiente ejemplo es de mezcla entre la lengua señada mexicana y LSA (Quinto-Pozos 2009: 230):

(32) TOMATO *TOMATE* ADD-INGREDIENTS MIX '(tomas....) los tomates, los añades con los otros ingredientes y lo mezclas todo'

En este ejemplo hay una palabra en lengua de señas mexicana (que aparece en español) y el resto pertenecen a la LSA. Este tipo de mezcla de código es de carácter reiterativo y tiene una función claramente apelativa, en la que se intenta implicar a la persona interlocutora.

He aquí otro ejemplo de mezcla entre lengua de señas mexicana y LSA (Quinto-Pozos 2009: 231):

(33) TÚ/YOU CUMPLEAÑOS TÚ/YOU HACER-*FORM GROUP INVITE* INVITAR *SELF* TÚ/YOU INVITAR 'Para celebrar tu cumpleaños, ¿invitas a gente?, ¿lo haces tú mismo?

Los pronombres TÚ/YOU son similares en las dos lenguas señadas, por lo tanto, las señas correspondientes podrían ser de una u otra de las lenguas señadas. Este también es un caso de cambio de lengua reiterativo con una función claramente apelativa.

Veamos un último ejemplo no reiterativo (Quinto-Pozos 2009: 233):

(34) BUT FOOD/COMIDA *DULCE* DIFFERENT/DIFERENTE HOT *PICANTE-CHILE DELICIOSO* 'Pero los caramelos en México son distintos; son picantes y deliciosos'

Las señas correspondientes a los pares con barra inclinada son similares en lengua señada mexicana y en LSA. Como vemos, hay cuatro señas de la LSA (*but, food, different, hot*) y tres señas de la lengua de señas mexicana (*dulce, picante-chile, delicioso*).

Hemos podido comprobar además que, puesto que muchas señas de las lenguas señadas tienen una base icónica, a veces ciertas señas con determinado significado son comunes o muy similares entre lenguas señadas diferentes. Esto es similar a lo que ocurre en las lenguas habladas cuando palabras con un significado similar son fonéticamente parecidas o idénticas en lenguas habladas diferentes.

La combinación de lenguas señadas se da, como ya hemos visto en el capítulo anterior, cuando una persona bilingüe en una lengua de señas y otra oral produce simultáneamente expresiones en ambas lenguas. Emmorey y col. (2008: 49) dan el siguiente ejemplo de combinación entre una lengua señada (el LSA) y una lengua hablada, el inglés:

(35) The other years always they plan family will eh, eh, eh
OTHER YEAR ALWAYS THEY PLAN FAMILIA WILL CL
'Otros años mi familia habría programado prolongados viajes por carretera'

En este ejemplo las palabras en mayúsculas representan señas de la LSA, siendo CL la seña que clasifica vehículos. Por su parte, las palabras en minúscula hacen referencia al inglés hablado, que se produce a la vez de las señas manuales. Cuando se produce la seña de clasificación de vehículos (CL), se emiten sonidos inarticulados (*eh, eh, eh,*), ya que esa seña no se corresponde con ninguna palabra o expresión del inglés. En este caso se observa además una influencia de la LSA sobre el inglés hablado, ya que se produce la secuencia *always they plan*, cuando lo esperable en inglés hablado habría sido *they always plan*, siguiendo el orden de la LSA, tal como puede apreciarse en (35). También por influencia de la LSA (la lengua claramente dominante en este ejemplo), *family* aparece sin determinante y aparece *will* en vez de *would.*

C. Lucas y C. Valli han descrito una variedad de contacto entre LSA e inglés utilizada por personas sordas usuarias de LSA, que se puede ilustrar mediante el siguiente ejemplo:

(36) EJEMPLO DE CONTACTO LSA-INGLÉS
[+BU...]
THEY HAVE I-N-K-L-I-N-G O-F WHAT DEAF CULTURE I-S ABOUT
[+BU................] [+BU.........]
"WELL" EXPOSURE TO I-T (2m) SEE-alt "WELL" NOT IDIOTS
'Tienen alguna idea de cómo es la cultura sorda, alguna exposición a ella. La han visto una y otra vez. No son idiotas'

La notación [+BU.....] indica la bucalización de las palabras inglesas orales correspondientes a las señas de la LSA que se notan mediante palabras inglesas en letras mayúsculas. Esa bucalización deja de tener lugar cuando se seña el marcador discursivo de la LSA "WELL", así como cuando se articula la seña del verbo SEE con información aspectual. Esta información se provee mediante la alternancia (*–alt*) entre las dos manos (2m) de la seña correspondiente a SEE 'ver', en la que la mano adopta una forma de V con la palma orientada hacia la cara y un movimiento desde y hacia la cara de las dos palmas de modo alternativo. Mediante esta seña compleja se expresa el aspecto verbal continuativo o iterativo, traducido al español a través de la expresión *una y otra vez*.

Por su parte, *inkling* 'idea vaga', *of* 'de', *is* 'es' e *it* 'ello' se señan mediante el alfabeto dactilológico, que reproduce mediante formas de las manos las letras que constituyen esas palabras en inglés escrito. Ello contribuye aún de forma más manifiesta a la influencia del inglés, esta vez, en su forma escrita, frente a la hablada, que se imita a través de los movimientos bucales que acompañan a las señas, que imitan los movimientos de la boca que se producen al pronunciar las correspondientes palabras de la lengua inglesa.

En otras ocasiones, lo que se seña y lo que se pronuncia en expresiones de bilingües bimodales no coincide: es decir, no se seña lo mismo que se habla. Los siguientes ejemplos son casos de interacción entre lengua italiana y lengua de señas italiana (LSI) aportados por C. Donati y Ch. Branchini (Berent 2013: 364):

(37)	Eh?	Non	ho	capito
		IO	CAPISCO	NON
	'¿Eh? No entiendo'			

(38)	Parla	con	Biancaneve
	PARLA		CACCIATORE
	'El cazador habla con Blancanieves'		

En la expresión (37) se coarticula simultáneamente una expresión en LSI y en italiano hablado, pero como el orden de palabras varia de forma muy notable en ambas lenguas, la señación del pronombre de primera persona se articula a la vez que se pronuncia la negación (*non*), o el participio del verbo (*capito* 'entendido') se articula a la vez que la seña que indica negación en LSI.

El ejemplo (38) es aún más interesante, porque lo que se pronuncia y lo que se seña no tiene igual significado. El significado completo surge al unir los significados de las expresiones de la LSI y del italiano hablado, que se realizan simultáneamente. De este modo se seña *cacciatore* a la vez que se pronuncia la expresión italiana *Biancaneve*. Pero la seña correspondiente a esa palabra no se realiza. Por tanto, en esta combinación de una lengua de señas y de una lengua oral, cada expresión de cada una de las lenguas contribuye al contenido total que se quiere transmitir.

El siguiente ejemplo es de la ComSim (comunicación simultánea). La ComSim es un sistema de comunicación usado a menudo por las personas educadoras de niños sordos. Su objetivo es conseguir que se produzcan simultáneamente un inglés hablado correcto y una LSA también correcta. Este tipo de comunicación, en el que también se usa inglés señado, no es espontáneo, sino dirigido y está basado fundamentalmente en el inglés hablado. Por tanto, es diferente del uso espontáneo simultáneo por parte de bilingües modales de palabras habladas y señadas.

(39)	Because I	think	we are gonna	get	a bicycle
	BECAUSE	THINK		BUY	BICYCLE
	'Porque creo que vamos a tener una bici'				

En este ejemplo se pronuncia el verbo inglés *get* 'obtener, conseguir', pero se seña el verbo de la LSA BUY 'comprar'. Como se puede apreciar, no se seña ni los pronombres ni las señas correspondientes en LSA al auxiliar verbal. Sin embargo, se puede considerar que las dos expresiones (la inglesa y la de LSA) son más o menos equivalentes desde el punto de vista semántico, ya que los pronombres no señados se pueden deducir del contexto. Por otra parte, el par get/BUY incluye dos elementos semánticamente relacionados, y juntos parecen formar un compuesto semántico cuyos significados se complementan. Este fenómeno se puede denominar *compatibilidad léxico-semántica en la mezcla de lenguas bimodal* (Berent 2013: 364)

2.6. Enfoque minimalista del bilingüismo bimodal

Berent (2013) aplica el modelo esbozado por MacSwan (2009) de explicación de la mezcla de lenguas orales dentro del programa minimalista, que hemos visto en la sección anterior, a estos casos de uso simultáneo de una lengua hablada y de una lengua señada, es decir, al caso de la combinación de lenguas.

Para explicar la articulación simultánea de palabras en lengua hablada y en lenguas de señas, Berent propone que la operación de ensamble (*merge*) se produce de forma temprana durante la formación de palabras antes de que esas palabras se unan con otras para formas sintagmas. De esta forma, en la derivación de la oración (39) *get* y BUY se ensamblan para formar un compuesto léxico bimodal $[_V$[get][BUY]] que será posteriormente ensamblando con otros elementos para formar sintagmas. Este proceso es compatible con el modelo de *morfología distribuida*, en el cual la formación de palabras es un proceso sintáctico donde varias raíces léxicas pueden unirse para formar compuestos léxicos. Se ha propuesto (Matushansky, 2006) distinguir este ensamble morfológico (*esamble-m*) del propiamente sintáctico (*ensamble-s*). Un compuesto léxico X que se forma a partir de dos elementos léxicos mediante ensamble-m es sintácticamente opaco. Es decir, no se puede acceder a sus componentes en ensambles-s sucesivos. Puede considerarse *que un compuesto léxico X surgido de un ensamble-m es lo que Chomsky denomina una fase* (Matushansky, 2006). En consecuencia, el núcleo léxico compuesto X se transfiere a la interfase de la forma material que conecta con el componente articulatorio-perceptivo (A/P); como sus componentes son inalterables fonológicamente, han de ser materializados de modo independiente. Esto equivale a la condición de la interfase FM de MacSwan, según la cual los bilingües tienen "un sistema fonológico independiente para cada uno de los dos idiomas, con el fin de evitar los conflictos que pueden surgir al interactuar dos jerarquías de dominio condicionado con prioridades contradictorias."

Pero... ¿cómo dar cuenta dentro de este modelo minimalista de derivaciones léxicas bimodales no paralelas como la que se ve en el ejemplo (38)? En esta expresión bimodal se observa la materialización simultánea de los dos elementos *Biancaneve/CACCIATORE* (el primero, de la lengua italiana hablada; y el segundo, de la lengua de señas italiana). Podemos recurrir a la noción chomskyana de *fase*, que se ha señalado antes, para dar cuenta de este compuesto léxico con dos elementos de diferente significado. Se puede proponer la siguiente estructura para la oración:

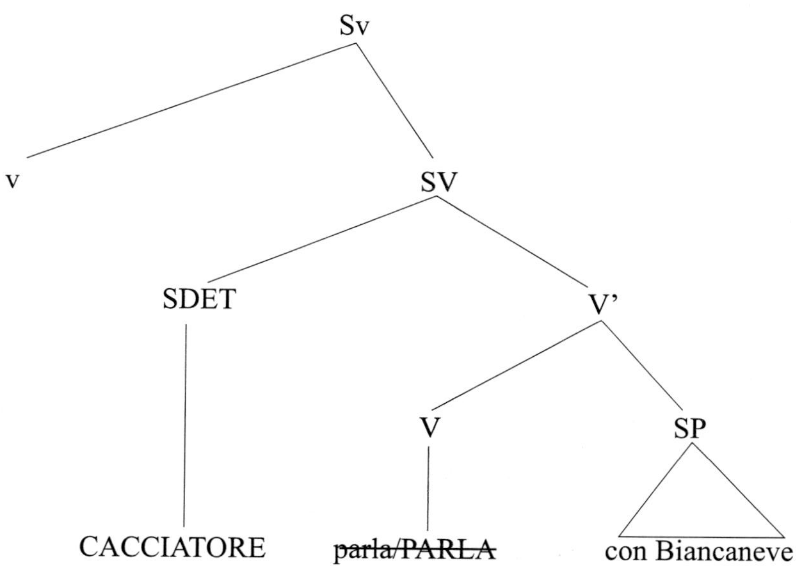

Figura 2.5. Estructura sintáctica de (38).

En la derivación se produce un movimiento fuera del SV/sV de *parla/PARLA* a la posición inicial de la oración, de ahí que aparezca este elemento tachado. Eso hace que tanto CACCIATORE como *con Biancaneve* sean constituyentes de la misma fase (Sv). Por eso, aunque estos dos elementos no sean constituyentes del mismo núcleo léxico compuesto bimodal, una vez transferidos a la forma material simultáneamente, al estar en la misma fase, nada puede impedir que se materialicen simultáneamente en los dos componentes articulatorio-perceptivos asociados con las modalidades hablada y señada.

¿Podría explicarse la expresión (37) utilizando estos mismos mecanismos? Repetimos de nuevo este ejemplo como (40):

(40)	Eh?	Non	ho	capito
		IO	CAPISCO	NON

'¿Eh? No entiendo'

En este ejemplo no hay núcleos léxicos bimodales compuestos. Se observa que la negación es inicial en el caso de la lengua italiana hablada, y final en el caso de la lengua de señas italiana (LSI).

Ha habido propuestas según las cuales se han de postular diversas posiciones de la negación dentro de la oración en ciertas lenguas habladas. Siguiendo una de estas propuestas, se podría asociar la expresión anterior a la siguiente estructura sintáctica, en la que hay dos posiciones sintácticas para la negación: una inicial y otra final:

(41) [$_{SC}$ pro[$_{ST}$ IO [$_{T'}$non [$_{T}$ho [$_{T}$CAPIRE] [$_{SNEG}$ ~~non~~ [$_{Sv}$ ~~pro~~ [$_{V}$ ~~ho~~]
[$_{Sv}$ ~~IO~~ [$_{SV}$ capito [$_{SV}$ ~~CAPIRE~~] [$_{SNEG}$ NON]]]]]]]]]

Al estar la seña negativa NON de la LSI al final, el participio del italiano hablado *capito* y la seña de negación están en la misma fase (*Sv*). Los elementos *IO*, *non, ho* y CAPIRE son elevados a la fase superior determinada por el sintagma conjuntivo (SC). Al hacer la transferencia por fases se producen los siguientes agrupamientos:

(42) Procesamiento de expresión material por fases
   a. [$_{ST}$ IO [$_{T'}$ non...]
   b. [$_{T}$ho [$_{T}$CAPISCO]...
   c. [$_{SV}$ capito .... [$_{SNEG}$ NON]...

Los constituyentes 42a y 42b pertenecen a la fase SC, y el constituyente 42c pertenece a la fase Sv.

En general, en el estudio de la combinación bimodal de lenguas hay que tener en cuenta los siguientes factores (Berent 2013: 370):

(43) Factores que hay que tener en cuenta en el estudio de la combinación bimodal de lenguas

a. Aspectos que tienen que ver con la materialización simultánea y sucesiva.
b. Posible presencia de marcas gramaticales no manuales en la lengua señada implicada.
c. La posibilidad de señar la lengua hablada implicada mediante alfabeto dactilológico.
d. Presencia o ausencia de habla o de algún tipo de sonido o bucalización (*mouthing*).
e. Grado de adaptación gramatical mutua entre la lengua señada y hablada.
f. Existencia de paralelismo léxico entre la lengua señada y hablada.
g. Grado en el que los factores discursivos permiten recuperar los elementos elididos o no expresados y la denotación de las expresiones referenciales.
h. Posibilidad de que la complejidad de un elemento de una de las lenguas implicadas impida o dificulte la realización de ese elemento en la otra.

Como puede apreciarse, el estudio de la combinación bimodal de lenguas es un campo muy interesante, que presenta desafíos extremadamente atractivos para el análisis teórico y empírico de la mezcla de lenguas y de la actividad de las personas plurilingües.

2.7. Conclusión

Durante mucho tiempo se consideró que la mezcla de dos o más lenguas se debía a la ignorancia, incapacidad y falta de conocimientos de las personas que la llevaban a cabo. Se consideraba, además, que estas mezclas o alternancias lingüísticas se realizaban de forma arbitraria y caótica. Por esta razón, durante mucho tiempo no se consideró que este fenómeno fuera digno o susceptible de un análisis científico.

Sin embargo, muchos estudios modernos que se han llevado a cabo son métodos científicos, y sin prejuicios han demostrado sin lugar a la menor duda que la mezcla y alternancia de lenguas está lejos de ser un fenómeno caótico o arbitrario y no se puede someter a generalización alguna.

Se ha podido determinar que la mezcla de lenguas sigue una serie de patrones estructurales determinados por las gramáticas de las lenguas que interactúan y que pueden estudiarse y describirse mediante investigaciones empíricas.

En la investigación moderna hay dos supuestos diferentes al respecto. Desde algunos puntos de vista existe una gramática específica, distinta de las gramática de las lenguas que interactúan, que da cuenta de los parámetros estructurales que regulan la mezcla de lenguas.

Desde otros puntos de vista, no es necesario proponer mecanismos teóricos específicos de la mezcla de lenguas para dar cuenta de este fenómeno. La mezcla de lenguas se regiría por los mismos principios que regulan la actuación lingüística de cada una de las lenguas implicadas tomadas aisladamente.

Las dos posturas teóricas tienen implicaciones diferentes respecto a cómo es la mente lingüística de las personas bilingües. Según el primer enfoque, la persona bilingüe ha de construir una competencia mental específica que regula la interacción entre sus dos competencias lingüísticas.

Pero siguiendo el segundo punto de vista, la persona bilingüe no tiene una competencia bilingüe diferente de las competencias monolingües de las personas que solo conocen una lengua, sino que en la interacción de sus dos competencias se siguen principios que de todas formas se usan en el funcionamiento de cada una de las competencias por separado.

La última de las hipótesis supone que toda competencia lingüística, aunque sea en una sola lengua, es potencialmente plurilingüe, dado que dicha competencia contiene todo lo necesario para manejar otra competencia adicional que se adquiera posteriormente. Esto tiene que ver con la distinción que se ha realizado en el capítulo anterior entre *competencia sintética** y *competencia analítica**: toda competencia sintética conlleva una competencia analítica que abarca variedades de una lengua y lenguas próximas a ella no incluidas en la primera. Por tanto, el ser humano es plurilingüe por naturaleza.

Ejercicio

Analice los diversos casos de alternancia y mezcla de lenguas que aparecen en los textos del presente capítulo utilizando algunas de las teorías y modelos de análisis que se mencionan en este capítulo.

Textos

I

El siguiente texto es un extracto del discurso de clausura de los Juegos Olímpicos de Barcelona de 1992 pronunciado por Joan Antoni Samaranch, presidente del Comité Olímpico Internacional. En él se alterna el *catalán* y el castellano.

> "Gracias, Barcelona. Gracias, Cataluña. Gracias, España. *Ho heu conseguit. Aquests han estat sense cap mena de dubte els millors jocs de tota la historia olímpica* (aplausos). En nom de tots, Comitè Organitzador, Ajuntament de Barcelona, Generalitat de Catalunya, Gobierno de España, Comité Olímpico Internacional, Consejo Superior de deportes y numerosas empresas nacionales e internacionales han hecho posible este gran éxito. [...] *Barcelona no será la mateixa en el futur* y tampoco nuestro deporte después de las grandes victorias obtenidas [...] (aplausos). El más, el más sentido agradecimiento a Sus Majestades los reyes Don Juan Carlos y Doña Sofía (aplausos) y a toda la Familia Real. Siempre han estado con nosotros demostrando en todo momento su amor por el olimpismo y su entusiasmo por el deporte [...] (aplausos). *Gràcies de tot cor als milers i milers de voluntaris* (aplausos). *Ens sentim, ens sentim orgullosos de vosaltres. Ens heu donat el millor exemple de lo que és la joventut del nostre país* (aplausos) [fragmento en francès, fragmento en inglés]." (Boix & Vila i Moreno, 1998: 243)

II

El extracto siguiente pertenece a una conversación informal entre un grupo de hablantes bilingües español-*alemán* de origen sudamericano que tuvo lugar en Hamburgo. J y C son los anfitriones, y C es un invitado (Auer, 1998: 6).

J: -¿Qué estás buscando?

C: -Cigarros.

J: -¡Ay! ¿Por qué?

C: -¿Por qué?

J: -¿Por qué, por qué quieres ir a *flur*?

C: -Para fumar.

J: -¡Ahá!

L: -Al *flur*, al, al , al.

J: -y dónde al *flur*

A: -He, he, he, ¡Fuerte!

L: -Ahí, donde está la bicicleta, está.

J: -Aquí no hay, aquí no hay *nichtraucher*.

L: -Donde está la bicicle he, he, he.

III

Alternancia y mezcla de lenguas en Suiza. Se utiliza *italiano* y suizo alemán. P3, P6, P11 y P13 son las claves de las diversas personas que intervienen (Franceschini, 1998: 59-60).

P11: *Perché* meinsche *che se tu ti mangi* emmentaler *o se tu ti mangi una fontina* isch au en unterschied, oder? schlussändlich *è sempre dentro lì però il gusto* isch andersch.
P6: *È vero!*
P11: Du chasch... ich han so näs büächli.
P6: *Sì e poi qui c'è scritto quello che c'è dentro.*
P13: Ja aber ebä schlussändlich chunts nöd druffaa *uno gli piace forse di più* mitem appäzäller und der ander meh mitem tilsiter so meini.
P3: Ja, ja.
P13: Es git verschiedeni fondue aso die heisset verschiedä, aso ja da isch en himmelwiitä unterschied *se prendi questo o se prendi il* chäs normal.
P6: Ehrlich! *beh* zum biispil *io* raclettechäs *lo prendo sempre fresco*. raclettechäs hol ich immer im dings... äs git au in migros *così implasticato* gits au.
P11: Ja guät *implasticato* machts nüüt, aber das isch ebä scho, s'gmisch isch ebä ich meinä das isch *congelato.*
P6: Ja im prinzip.
P13: Ah, isch das scho *congelato*!

Traducción:

P11: *Porque* quieres decir *que si comes* queso Emmental o *si comes queso Fontina*, también hay, también hay una diferencia, ¿no? En realidad *siempre está ahí, pero el gusto* es diferente.
P6: *¡Es verdad!*
P11: Puedes… tengo un librito.
P6: *Sí y además está escrito lo que hay dentro.*

P13: Sí, es cierto; pero en realidad, no importa. *A algunos quizás les guste más* con el queso Appenzell y otros como él, mejor con queso tilsit, es lo que quiero decir.

P3: Sí, sí.

P11: Hay clases diferentes de Fondue, tienen nombres diversos y hay una gran diferencia *si tomas ese o tomas el* queso ordinario.

P6: ¡Claro! *Bien.* Por ejemplo, *yo* el queso Raclette *siempre lo consigo fresco.* El queso Raclette siempre lo consigo en ¿cómo se llama...? También lo tienen en Migros, lo tienen también *envuelto en plástico.*

P11: Sí, ya, *envuelto en plástico*, da igual, pero esa es la cuestión. La mezcla ya está , quiero decir, está *congelado.*

P6: Sí, básicamente.

P13: ¡Ah! Está ya congelado.

IV

Cambio de código *cantonés*-inglés. Dos chicas adolescentes en el salón de la casa familiar de B. A sugiere que salgan con algunos amigos del colegio (Wei, 1998: 168).

A: Can you take the camcorder?
B: I don't know.
A: You can't?
A: *Jong yau gei yat jau fan hokhau.*
B: *Hai a. Ngaw dou mou yausek.*
A: Where do you wanto to go ?
B: I don't know.
A: Dou you want to take the camcorder?
B: *Ngaw m ji la.* Me brother doesn't like me taking it.

Traducción:

A: ¿Puedes tomar la videocámara?
B: No sé.
A: ¿No puedes?
A: *Tienes que volver al colegio dentro de pocos días.*
B: *Sí. No he descansado.*
A: ¿Adónde quieres ir?
B: No sé.
A: ¿Quieres tomar la videocámara?
B: *No sé.* A mi hermano no le gusta que la tome.

V

Cambio de código inglés-*español* registrado en Gibraltar (Moyer, 1998: 218-220).

—O dear *no nos quieren en el* so-called new air terminal, *qué pena me da.*

—What are you saying, Cloti dear.

—*Mujer, que* if you are a passenger you know have a bigger departure lounge, which is well and good, *pero a los demás* airport users *le han dado con la punta del pie*, which is not well and good.

—You don`t say.

—I say, *y lo digo*, *que han quitado* all the chairs from the waiting area, and I *imagínate que hay que sentarse en el suelo*, my dear Cynthia.

—*Vamos, que nos ha costado un millón y no hay un sillón*. And given that our airport is famous for delays the place is going to look like a *zoco*.

—*Claro*, already there were people this weekend sitting on the floor and you cannot blame them. *Mi Juan, que es un* walking computer *contó* only 16 seats, would you believe it?

—*Como que nos vamos a tener que comprar un* cushion *para el pompi*, if you ask me.

—And you must see the new eating area, blimey, *es largo y estrecho como el túnel de* Casemates.

—Really, what a brainwave, *a lo mejor se creen que en Gibraltar las personas son sardinas*.

—Not only that, my dear, but from what I've seen they keep it closed until the plane lands. What a *fandango* my dear.

—*Como que el hombre de las llaves va a acabar cansao* with so many comings and goings. Can you *imagínate* the scene *si hay un* airport deal *y vienen 30 o 40* aeroplanes [sic] everyday, *el tío no va a ganar para zapatos*. And if you happen to be in the Silk Cut bar having a drink you cannot see the arrivals and departure monitor, would you believe it?

—*Caramba*, what organization. And I *imagínate* that the acoustics remains as bad as ever.

—You've hit the nail on the head, my dear. *Como hablen por el altavoz no se entera una de nada*.

—*Y quién fue el séneca que* decided to put the arrivals waiting area outside the main concourse?

—*Como que hace falta un concurso para enterarse. Y dicen* it can handle one million passengers!

—*Qué comedia*. Do you know that there is only room for a single immigration officer to check all departures? *Imagínate* if one person had to check a million passports a year!

—You don't say… *Y lo que han hecho es poner* one of those mobile tunnel-ways so that passengers can go from the aircraft right into the terminal.

—*En días de levante*, they'll be blown into it as usual. *Aquí no ha cambiado nada.* Welcome to Gibraltar.

Traducción:

—Querido, *no nos quieren en* el llamado nuevo terminal, *qué pena me da.*

—Qué dices, Cloti, querida.

—*Mujer, que* si eres un pasajero, tienes ahora una sala de salidas mayor, que esta bien y es buena, *pero a los demás* usuarios del aeropuerto *le han dado con la punta del pie*, porque no está bien ni es buena.

—No me digas.

—Digo, *y lo digo, que han quitado* todas las sillas del área de espera, y yo *imagínate que hay que sentarse en el suelo*, mi querida Cynthia.

—*Vamos, que nos ha costado un millón y no hay un sillón.* Y dado que nuestro aeropuerto es famoso por los retrasos, va a parecer un *zoco.*

—*Claro*, este fin de semana ha habido ya personas sentadas en el suelo y no puedes culparlas. *Mi Juan, que es un* ordenador andante, *contó* solo 16 asientos, ¿te das cuenta?

—*Como que nos vamos a tener que comprar un* cojín *para el pompi*, si me lo pides.

—Y tienes que ver la nueva área de restauración, caray, *es larga y estrecha como el túnel de* Casemates.

—Vaya genialidad, *a lo mejor se creen que en Gibraltar las personas son sardinas.*

—No solo eso, querida. Pero por lo que he visto, las tienen cerradas hasta que aterriza el avión. Qué *fandango*, querida.

—*Como que el hombre de las llaves va a acabar cansao* con tantas idas y vueltas. *Imagínate* la escena *si hay un* convenio aeroportuario *y vienen 30 o 40* aeroplanes [sic] todos los días, *el tío no va a ganar para zapatos.* Y si resulta que estás en el bar Sil Cut tomando una copa, no puedes ver el monitor de salidas y llegadas, ¿te das cuenta?

—*Caramba*, qué organización. E *imagínate* que la acústica sigue tan mal como siempre.

—Has dado en el clavo, querido. *Como hablen por el altavoz, no se entera una de nada.*

—*¿Y quién fue el séneca que* decidió poner el área de espera de los fuera del vestíbulo principal?

—*Como que hace falta un concurso para enterarse. ¡Y dicen* que cabe más de un millón de pasajeros!

—*Qué comedia.* ¿Sabes que hay sitio para que un único agente de inmigración compruebe todas las salidas? ¡*Imagínate* que una persona tenga que comprobar un millón de pasajeros al año!

—No me digas… *Y lo que han hecho es poner* unos de esos pasillos móviles en forma de túnel para que los pasajeros puedan ir desde el avión directamente a la terminal.

—*En días de Levante*, les meterá el viento como siempre. *Aquí no ha cambiado nada.* Bienvenido a Gibraltar.

VI

Ejemplo de cambio de código danés-*turco* en una conversación entre Esen, una niña bilingüe, Hans, un chico monolingüe y Erol, un niño bilingüe (Jørgensen 1998: 255)

HANS: Esen skal vi ikke have sådan en lille hund med på ferie.
ESEN: Åh.
JANE: Så klip så klip den du.
HANS: Hej søde lille hund.
EROL: Hvad skal jeg så si – skal også bruge saks.
ESEN: Jamen han må jo gerne få det.
EROL: *Daha kesmiyor, gel bunları gecelim bunları gecelim.*
HANS: Skal jeg klippe det her ud skal jeg klippe det ud Esen.
ESEN: Hvis den altså må komme over og rense den.
HANS: Jeg tror jeg godt du må. søde lille hund.
JANE: Åh hvor den søde hund skal han skal han.
EROL: Jeg fundet det xxx.
ESEN: *Beklicen bizi Erol.*
HANS: Puddelhunden må gerne komme med over.
EROL: Saks.
JANE: Han skal også have skjorter med.
ESEN: *Bekle sende Hatice gibi olma.*

Traducción:

HANS: Esen, vamos a llevarnos el perrito en las vacaciones.
ESEN: Oh.
JANE: Entonces córtalo, córtalo.
HANS: Hola, perrito.
EROL: Qué voy a hacer—también necesito unas tijeras.
ESEN: Sí, pero puede tenerlas.
EROL: *Ahora no está cortando; vamos, hagámoslo más deprisa que ellos, vamos a adelantarles.*
HANS: Tengo que cortar esto, tengo que cortar esto, Hans.
ESEN: Solo si puede pasar por encima y limpiarlo.
HANS: Creo que está bien perrito.
JANE: Pero dónde está el perrito, es él, es él.
EROL: Lo he encontrado xxx.
ESE: *Espéranos, Erol.*
HANS: El perrito puede pasar por encima.
EROL: Tijeras.
JANE: También puede llevarse una camiseta.
ESEN: *Espera, no seas como Hatice.*

3
Cambio por contacto y convergencia de lenguas

3.1. Introducción

Existe un *continuum* que va de la mezcla individual de lenguas a la adopción o adaptación a una lengua receptora de un determinado elemento que se toma de una lengua donante.

Los fenómenos de mezcla de lenguas que hemos visto en el capítulo anterior son del habla de personas concretas que en una determinada situación mezclan o alternan lenguas en su discurso. Estos fenómenos son individuales y pueden aparecer en esas situaciones cualesquiera expresiones de las lenguas implicadas. Como ejemplo podemos proponer el siguiente, inventado pero perfectamente posible:

(1) Nos vemos mañana, *in sha' Allah* 'Nos vemos mañana, si Dios quiere'

En este expresión tenemos una mezcla de español y árabe que puede ser típica de algunas personas que hablan español, pero la expresión árabe *in sha' Allah* no se puede decir que haya sido adoptada en español.

إن شاء اللّه

Figura 3.1. In sha' allah.

Un segundo grado consiste en que el uso de alguna palabra de otro idioma se empieza a generalizar incluso entre personas que no conocen ese otro idioma, en yo caso se produce un préstamo por *adopción*. Es el caso de la palabra árabe *yihad* utilizada a menudo en español, que posiblemente empezase siendo empleada por personas hispanohablantes que conocen el árabe como ejemplo de mezcla de lenguas, pero luego se ha generalizado y es utilizada por personas que no conocen el árabe, por lo que ya se puede hablar de un préstamo del árabe adoptado en español.

Como ejemplo de esto, se puede mencionar una noticia aparecida en el diario digital *Público* el día 18 de enero de 2015 con el título *"La yihad no es una guerra, y mucho menos, santa"*. En este caso, el término *yihad* ha sido ya adoptado como préstamo directo del árabe y no se trata ahora de mezcla de lenguas, sino de préstamo de un elemento léxico de otra lengua.

Por último, están las palabras árabes que han sido totalmente integradas en el sistema español, que son préstamos adoptados, muchos de los cuales ni siquiera son conceptuados como procedentes del árabe por la mayor parte de la comunidad hispanohablante. Entre estos términos podemos mencionar palabras como *mazmorra, matalahúva, ojalá* (procedente de *law sha' Allah*, 'si Dios quiere'), *gandul, garrafa, fulano, halagar*.

Podemos, por tanto, establecer una gradación que va desde la *alternancia de lenguas* (AL), cuando se utilizan dos o más lenguas en distintas partes de un discurso o de una conversación, pasando por la *mezcla de lenguas* (ML), en la que se utilizan palabras o expresiones de una lengua en oraciones de otra, el préstamo *adoptado** (ADOP), que es una palabra extranjera cuyo uso no significa, ya que se está pasando a hablar en otra lengua pero que se identifica como extranjerismo por la mayor parte de la comunidad lingüística, hasta llegar al préstamo *adaptado** (ADAP), que no es identificado ya como palabra extranjera por la mayor parte de la comunidad.

Podemos resumir esto en el siguiente esquema:

AL ⇒ ML	⇒	ADOP ⇒ ADAP
BILINGÜISMO		MONOLINGÜISMO

Figura 3.2. Tipos de contacto léxico.

Cuando se pasa de ML a ADOP, ya no es necesario conocer las dos lenguas implicadas para usar la expresión ADOP. Si una persona utiliza la palabra *yihad* en español, no necesariamente es bilingüe en árabe. Los préstamos ADAP han sido asimilados completamente en la lengua receptora y ya no se reconocen como elementos de otra lengua por la mayor parte de las personas usuarias de la lengua receptora. Por ejemplo, la palabra española *escaparate* procede de la palabra del neerlandés medio *schaprade* 'armario (especialmente de cocina)' derivado de *schapp* 'estante, armario' y está atestiguada desde 1616 (Corominas, 1973: 241). Hoy en día pocas personas hispanohablantes conocen estos datos y, por tanto, ni siquiera son conscientes de que esta palabra no es castellana.

3.2. Los préstamos léxicos

Uno de los fenómenos más frecuentes, debido al contacto de lenguas, es el de los denominados préstamos: palabras o expresiones que una lengua toma de otra.

Algunas lenguas presentan un gran número de préstamos léxicos de otras. Se calcula que un tercio del vocabulario del inglés procede el francés.

Se calcula que más de la mitad del vocabulario del coreano procede del chino. Estos términos chinos han sido totalmente asimilados por el coreano; son lexemas ADAP y su origen chino no es necesariamente conocido por todas las personas que hablan coreano. Por ejemplo, la palabra coreana *chokôn* 'condición', procede de la palabra china *tiáojiàn* 'condición', pero está adaptada a la fonética coreana y es irreconocible, incluso en la escritura, dado que el coreano y el chino utilizan dos sistemas de escritura completamente distintos (aunque en coreano meridional se usan todavía algunos caracteres chinos):

조건 条件

Figura 3.3. Chokôn, tiáojiàn.

Además, esta lengua tiene préstamos de otras (unos 4.000 términos aproximadamente) con las siguientes proporciones aproximadas (Sohn, 1994: 528-529):

(2) Préstamos léxicos del coreano actual
   a. Inglés (80%)
   b. Japonés (7%)
   c. Alemán (5%)
   d. Francés (3%)
   e. Italiano (2%)
   f. Otros (3%)

La situación del japonés al respecto es similar a la del coreano.

La necesidad de tomar prestadas palabras de otras lenguas es universal en las comunidades lingüísticas del mundo y se debe a un conjunto de causas y finalidades entre las que se pueden señalar las siguientes:

(3) Causas y finalidades de la necesidad de préstamos lingüístico
- a. Necesidad de nombrar un nuevo objeto o fenómeno.
- b. Generalizar o especificar un concepto.
- c. Obtener un modo de expresión con determinadas connotaciones.
- d. Expresar una valoración.
- e. Crear una determinada asociación.
- f. Provocar un efecto determinado.
- g. Evitar la repetición o reiteración de palabras.
- h. Echar mano de una expresión más frecuente o habitual.
- i. Expresar identidad personal o grupal.
- j. Compensar determinados déficits en el léxico de quien habla o de quienes escuchan.
- k. Representar o referirse a una cultura extranjera.

Según H. Gottlieb, de la Universidad de Copenhague, los préstamos cumplen las siguientes funciones semánticas:

(4) Funciones semánticas de los préstamos
- a. *Adiciones*. Sirven para nombrar fenómenos nuevos. Por ejemplo, el SIDA, que es una adaptación del acrónimo inglés AIDS.
- b. *Sustituciones*. Se utiliza un préstamo para sustituir una expresión ya existente en la lengua que lo adopta. Por ejemplo, algunas personas hispanohablantes sustituyen el verbo español *coquetear* (palabra de origen francés) por el anglicismo *flirtear*.
- c. *Diferenciaciones*. Algunos préstamos pueden llevar a señalar una diferencia de significado respecto a la palabra correspondiente en la lengua receptora. Por ejemplo, a veces se usa el término inglés *share* para referirse a lo que en español se suele denominar *cuota de pantalla*, de modo que *share* se especializa en este significado concreto, sin sustituir al término castellano *cuota*.

Normalmente, se suele definir un préstamo léxico como una palabra tomada de otra lengua y adaptada al sistema lingüístico de la lengua receptora e integrada en ella. Sin embargo, esta definición es demasiado restrictiva, dado que solo se refiere a elementos léxicos, cuando es posible también tomar de otra lengua frases hechas o elementos morfológicos. Por otro lado, es demasiado simplista, porque no solo se producen adaptaciones del término que se toma prestado a la lengua receptora, sino que a veces se produce una adopción simple sin adaptación.

Por consiguiente es conveniente distinguir, según propone H. Gottlieb, los préstamos adaptados de los préstamos adoptados, según las siguientes definiciones:

(5) Dos tipos de préstamo
  a. *Adaptado*. Aquel préstamo que es integrado fonética, morfológica o semánticamente en la lengua receptora. Por ejemplo, en español *estándar* es un préstamo del inglés fonéticamente adaptado. Los denominados *calcos* son un tipo de adaptación semántica, de forma que *balompié* es una adaptación semántica por traducción de *football*, cuya adaptación fonética es *fútbol*. Otra adaptación por calco es la que da lugar a las formas de traducir *skyscraper* 'rascacielos' en distintas lenguas, que traducen la expresión siguiendo el modelo del inglés, tales como el español *rascacielos*, el catalán *gratacel*, italiano *grattacielo,* francés *gratte-ciel*, ruso *nebaskriób*, galés *cwmwlgrafwrk* 'rascanubes', húngaro *felhőkarcoló* 'rascanubes', checo *mrakodrap* 'rascanubes'.
  b. *Adoptado*. Aquel préstamo que se toma tal cual, sin ningún tipo de adaptación como, por ejemplo, *pub*, *marketing* o *share*, palabras inglesas que pueden usarse en la conversación en español.

Este autor propone también distinguir entre *anglicismos activos* y *anglicismos reactivos*. Los primeros son palabras o expresiones del inglés que se adaptan o adoptan en una lengua receptora. Los segundos son palabras o expresiones que se construyen en la lengua receptora sobre modelos del inglés. En general, parece acertado hablar de préstamos activos y préstamos reactivos, dado que estos dos casos se dan también en los préstamos de otras lenguas diferentes del inglés.

Vamos a ver algunos ejemplos de anglicismos activos, algunos de ellos aportados por H. Gottlieb.

En primer lugar, tenemos los préstamos léxicos manifiestos, tales como *marketing* o *pub* o el sufijo *-ing* con el que se forman palabras como *puenting*, *vueling*.

En segundo lugar, hay préstamos léxicos encubiertos o disimulados, como el esloveno *keks* procedente del inglés *cakes*.

En tercer lugar, hay préstamo por traducción, tal como se puede ver en el italiano *involtino primavera* o el español *rollo de primavera* como traducción del inglés *spring roll*. Incluso se pueden traducir expresiones enteras como en faroés *tað er at siga* del inglés *that is to say* 'es decir'.

En cuarto lugar, hay híbridos como el alemán *Computerkunst*, traducción de la expresión inglesa *computer art*. En quinto lugar, hay pseudoanglicismos, tales como el danés *butterfly* que se usa sobre la expresión *butterfly tie* 'pajarita', o contaminaciones, como el sueco *after-ski* basado en la formación pseudo-inglesa *after ski*, que en realidad es *après-ski* 'actividades lúdicas realizadas después de esquiar'.

También hay anglicismos reactivos, que se crean sobre modelos de la lengua inglesa. Veamos algunos ejemplos aportados por H. Gottlieb.

Primero tenemos los préstamos semánticos. Por ejemplo, en alemán el verbo *lernen* toma el valor del verbo *wissen* 'saber' por influencia del inglés *learn*. Otro ejemplo es el danés *overhøre* 'oír', en vez de 'ignorar' por el inglés *overhear*, pues 'oír' es *høre* en danés.

También hay pronunciaciones que imitan la pronunciación inglesa sin conseguir reproducirla correctamente. Por ejemplo, en español a veces *pub* se pronuncia *paf*, *country* se pronuncia [kauntri], o *hello* se pronuncia [xélo].

Dentro de los calcos morfosintácticos se puede mencionar el español *footing*, formado sobre el inglés, aunque no es palabra inglesa con el significado que tiene en español. El español *puenting*, como tal formación, es un anglicismo reactivo formado a partir del anglicismo activo de la terminación *–ing*. También se recurre a modelos sintácticos ingleses cuando se dice en español *es un maestro de escuela* en vez de *es maestro de escuela*, por influencia del inglés *he is a teacher*. Por influencia del inglés, el término *copia* se usa a veces en español para denotar a lo que nos referimos mediante *ejemplar*, por el término inglés *copy*.

En general existen muchos anglicismos activos en las diversas lenguas del mundo. En español, frases como las siguientes no se pueden considerar en modo alguno excepcionales:

(6) Ejemplos de expresiones españolas con anglicismos activos
   a. Como estaban haciendo un *casting*, fue todo el mundo en coche y el *parking* estaba lleno.
   b. Fuimos al *burger* y nos hicimos un *selfie*.
   c. Le he puesto un *e-mail* porque el *whatsapp* no me funciona, ni tampoco le puedo poner un *tweet*.
   d. Me encanta el *aerobic*, por eso en un par de *clicks* me *ripeé* el *CD* de los ejercicios y puse un *link* en mi *blog*.

La mayor parte de estos anglicismos activos no implican que la persona que los utilice sepa hablar inglés, pero no están lo suficientemente integrados para considerarse adopciones del español. De hecho, puede haber muchas personas que no entiendan en parte o en todo algunas de las expresiones anteriores.

El japonés es un idioma muy famoso por el número de anglicismos que se usan en la vida diaria; se calcula que entre el 5 y el 10 por ciento de las palabras que se usan en la vida diaria japonesa son préstamos del inglés. A diferencia de lo que ocurre en español, estos préstamos están adaptados totalmente a la fonética japonesa, aunque son fácilmente reconocibles en la escritura, como veremos en la sección de este capítulo dedicada al contacto de lenguas en la escritura. Veamos unos ejemplos en donde ponemos en cursiva la palabra japonesa y entre paréntesis la palabra o expresión inglesa de la que deriva (Stanlaw, 2004: 1):

> Nosotros, la familia Matsumoto, vivimos en una *manshon* [*mansion*]. Yo ahora estoy viendo en la *terebi* [television] el *beisu-booro* [*base-ball*]. Mi mujer se ha ido de compra al *depaato* [*department store*] y después se pasará por el *suupaa* [supermarket] para comprar *pooku choppu* [*pork chop*], *bataa* [*butter*], *jamu* [*jam*] y quizás *sooseiji* [*sausage*]. Mi hija se ha ido al *byuutii saron* [beauty salon].

Según Stanlaw, estos anglicismos no son activos, sino reactivos, y están integrados la lengua, de modo que muchas veces se usan además de las correspondientes palabras japonesas con una especialización de significado. Por ejemplo, el anglicismo *maketo* [*market*] se usa en japonés para un mercado cerrado, mientras que la palabra japonesa *ichi* se refiere a un mercado exterior protegido por una lona. De modo análogo, el préstamo *senta* [*center*] se refiere a un edificio con muebles modernos, espacioso y bien equipado, mientras que se usa el sufijo japonés *-sho* para indicar un sitio menos confortable, tal como en *keimusho* 'cárcel'.

Para Stanlaw los anglicismos del japonés no son meros préstamos integrados, sino palabras adaptadas a las necesidades de la lengua y de la sociedad y cultura japonesas. A continuación se enumeran los veinte anglicismos reactivos más frecuentes en los periódicos y en las revistas dirigidas a mujeres (Stanlaw, 2004: 13):

Periódicos	**Revistas femeninas**
biiru [beer]	*kappu* [cup]
terebi [television]	*bataa* [butter]
kiro [kilogram]	*sekkusu* [sex]
nyuusu [news]	*taipu* [type]
karaa [colour]	*terebi* [television]
supootsu [sports]	*bitamin* [vitamin]
basu [bus]	*peeji* [page]
rajio [radio]	*dezain* [design]
gasu [gas]	*pantsu* [pants]
hoteru [hotel]	*suupu* [soup]
meekaa [marker]	*Amerika* [America]
resutoran [restaurant]	*dorama* [drama]
keesu [case]	*mama* [mother]
chiimu [team]	*soosu* [sauce]
puro [pro(fessional)]	*burausu* [blouse]
saabisu [service]	*oobun* [oven]

reberu [level]
membaa [member]
ruuto [route]
peeji [page]
sutecchi [stitch]
boonasu [bonus]
kaado [card]
pointo [point]

Muchas de estas palabras inglesas, una vez adaptadas al japonés, pueden presentar significados especiales. Según hace notar Stanlaw, el término japonés *konpyuutaa* (*computer*) no se usa para referirse a ordenadores personales como los que solemos tener en casa, para lo cual se utiliza *waa puro* (*word processor*) o *paso-kon* (*personal computer*), sino para todo un sistema informático con su correspondiente infraestructura.

Hay también varias formas de adaptar *e-mail* en japonés. Stanlaw (2004: 21) menciona las siguientes:

(7) Adaptaciones japonesas de *e-mail*
a. 'e'-meeru / eメール
b. meeru / メール
c. denshi-meeru電子メール
d. e-mail
e. ii-meeru /イーメール

La forma más neutral es (7c), donde *denshi* es la palabra japonesa que traduce *electronic*. La forma (7a) se encuentra en anuncios de periódicos y revistas. La forma (7b) es muy popular y aparece a menudo en Internet. La forma (7d) suele aparecer en las tarjetas de visita profesionales. Y la última forma (7e), escrita solo en katakana, no está atestiguada.

3.3. Las palabras viajeras

El término alemán *Wandewort* denota aquella palabra que ha ido siendo adoptada o adaptada en muchas lenguas diferentes a lo largo de épocas distintas y, por tanto, está muy extendida en el mundo a través del contacto. Vamos a ver dos pares de estas palabras, que a su vez están relacionadas entre ellas.

• *Bodega, botica, boutique, apteka*

Todas las palabras enunciadas en el título de esta subsección provienen de la misma palabra griega clásica *apothéke* 'depósito, almacén, refugio, asilo'. Esta palabra pasó al latín como *apotheca*.

Del latín pasa al castellano como *bodega* palabra atestiguada desde el siglo XI. Del griego medieval *apothíki* procede la palabra castellana *botica* 'farmacia', atestiguada desde mediados del siglo XV. En catalán tenemos *botiga* 'tienda, taller, obrador' y *bodega* (de un barco). En catalán existe *apotecaria* 'farmacia' y *apotecari* 'boticario'.

En italiano tenemos *bottega* 'tienda, taller' y en francés *boutique* 'tienda', relacionada con *bouticle* 'taller', atestiguado en el siglo XIII, y el provenzal *botica*, procedentes todos de la palabra griega. La palabra francesa *boutique* ha sido tomada como préstamo activo en español para designar una tienda selecta de modas y, por extensión, una tienda selecta: *la boutique del pan*, por ejemplo.

El término griego *apothéke* ha pasado a las lenguas germánicas como en alemán *Apotheke*, atestiguada desde el siglo XIII, en el sentido de almacén de medicamentos, farmacia. La palabra alemana *boutique* fue tomada del francés con el significado de 'tienda de moda' desde el siglo XVII. En neerlandés tenemos *apotheek* 'botica, farmacia', en sueco y danés *apotek* 'farmacia'.

También pasa a las lenguas eslavas con este significado. De modo que tenemos el ruso *apteka* 'farmacia', atestiguada desde el siglo XVI; el ucraniano, el bielorruso y el búlgaro *apteka*; el serbio y el croata *apoteka*; el checo *apatyka*; el eslovaco *apatieka* (estas dos últimas palabras hoy en día en desuso); el polaco *apteka*. El esperanto toma la forma *apoteko* para 'farmacia'.

En húngaro tenemos *patika* 'botica, farmacia', y en finés se utiliza la forma germánico-eslava de la palabra, *apteekki* 'farmacia'.

Obtenemos, pues, el siguiente esquema:

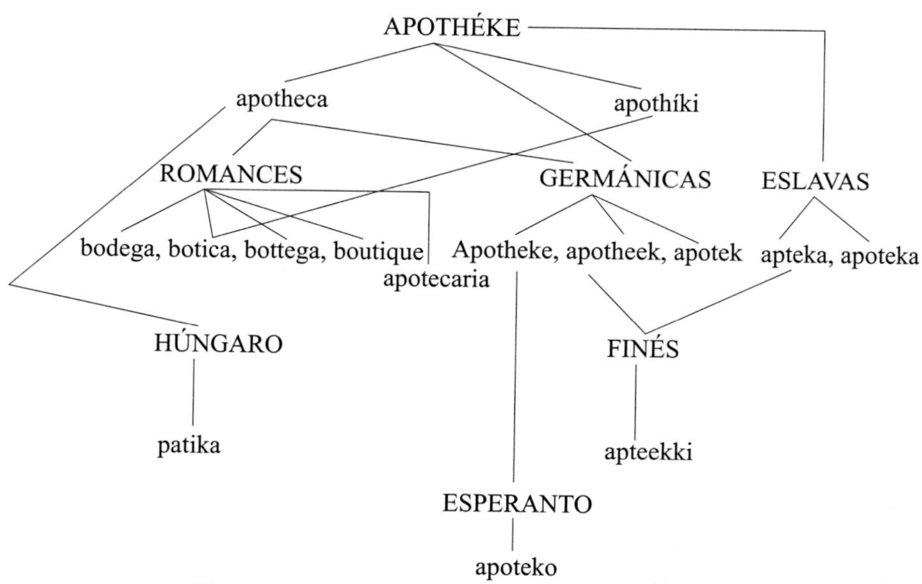

Figura 3.4. Bodega, botica, boutique, apteka.

- *Almacén, magazín*

La palabra castellana *almacén* y las palabras portuguesa *armazém* y catalana *magatzem*, proceden del árabe andalusí *almaxzan*, del árabe clásico *maxzan* 'almacén', derivado del verbo *xazana* 'almacenar, acumular, amasar'.

La palabra castellana *almacén* está atestiguada por escrito desde el siglo XIII. Desde el siglo XV está documentado el término francés *magasin* que procede de la palabra árabe *maxaazin* plural fracto de *maxzan* y el italiano *magazzino* 'depósito, almacén, tienda' procede de la misma palabra árabe.

Del italiano pasó al francés y al alemán, que tiene la palabra *Magazin*, documentada desde el siglo XVI. Del francés pasó al inglés *magazine*, atestiguada en el siglo XVI donde tiene el significado de 'polvorín, depósito de material militar' y el significado adicional de 'publicación periódica de contenidos diversos y variables', es decir, una especie de almacén de noticias o curiosidades: el primer magazine, con el título *The Gentleman's Magazine*, apareció en Londres en 1731.

En ruso aparece por escrito desde el siglo XVIII la palabra *magazin* 'tienda, almacén'; esta palabra aparece también en las demás lenguas eslavas con esta acepción.

He aquí un esquema muy simplificado de la historia de la esta palabra árabe:

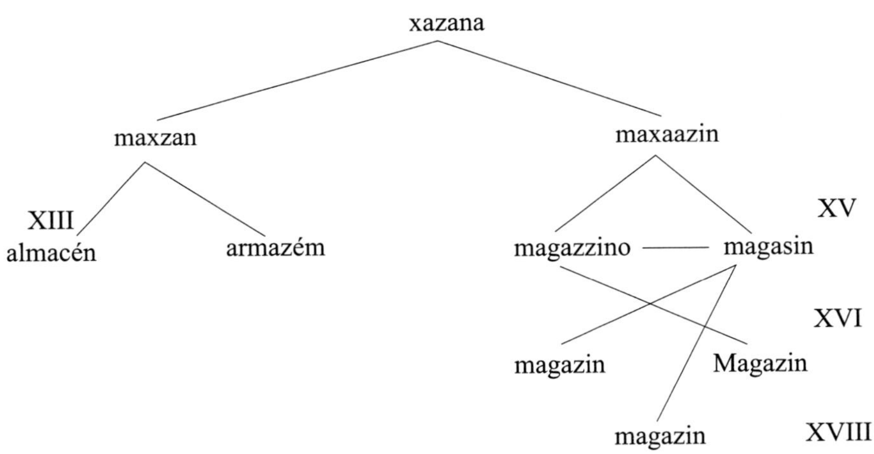

Figura 3.5. Almacén, magazín.

Como vemos por los dos ejemplos examinados anteriormente, hay determinadas palabras que se han ido expandiendo a través de diversas lenguas de forma muy amplia. Esta expansión ha ido paralela a la extensión de un nuevo objeto o concepto, que es adoptado o utilizado por diversas comunidades lingüísticas a lo largo y ancho del planeta.

Hay que distinguir los casos de las palabras viajeras, que se toman de una lengua a otra por contacto, de aquellas otras palabras que aparecen en diversas lenguas porque ya existían en las lenguas-madre de las que proceden. Estas palabras se denominan *cognados** y no se comparten por contacto, sino por herencia genética.

Una diferencia interesante que sirve para distinguir los *cognados** de los *préstamos* es que la semejanza entre los cognados puede ser mucho menor que en los préstamos, debido a la acción de las leyes del cambio lingüístico diacrónico. Veamos un ejemplo (Calvet, 1996: 74). Las palabras *cabeza, chef* ('jefe' en francés) y *head* ('cabeza' en inglés) son cognados, porque en el indoeuropeo, lengua madre de la mayor parte de las lenguas de Europa, había una raíz **kap* 'cabeza' que dio origen a la palabra griega *kephalé*, a la palabra latina *caput* y a la palabra gótica *haubit*, idiomas de los que derivan las tres palabras mencionadas. Calvet (Calvet, 1996: 74) propone el siguiente esquema que hemos modificado y adaptado a la presente exposición:

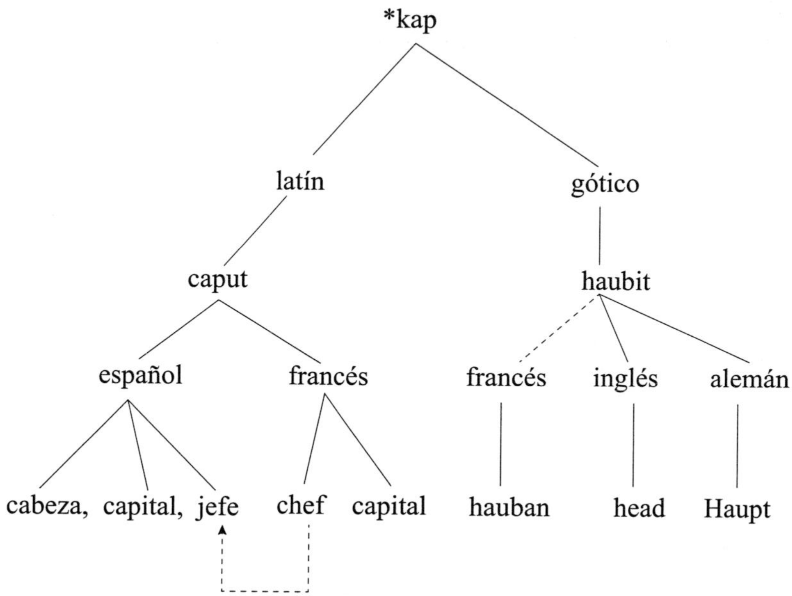

Figura 3.6. Caput, cabeza, head, chef.

Como no se conocen textos en germánico antiguo, se utiliza la lengua gótica, que sí está atestiguada mediante textos, para ilustrar la raíz germana procedente de la raíz indoeuropea **kap*.

En este esquema pueden verse casos de préstamo entre palabras que en última instancia son cognados.

Tanto el español *cabeza* como el francés *chef* proceden del latín *caput* y, por tanto, son cognados, no préstamos. Pero el español *jefe* no procede directamente del latín *caput*, sino del francés *chef* y, por tanto, es un préstamo, aunque en última instancia sea un cognado de *chef* visto desde el latín. De manera similar, el francés *hauban* 'obenque' procede de una raíz germánica del escandinavo antiguo, representada en el esquema anterior por la palabra correspondiente del gótico, pero no es un cognado, sino un préstamo de la familia germánica, dado que el francés pertenece a otra familia indoeuropea (la romance), pero como esas dos familias son indoeuropeas y comparten la raíz **kap*, en última instancia son cognados.

Por consiguiente, como vemos, una lengua A puede tomar prestada de una lengua B una palabra cognada con otra u otras de esa lengua A, con lo que estamos ante un préstamo que es un cognado lejano.

Los ejemplos vistos en la primera subsección de esta sección relativos a la expansión del término griego *apothéke* en diversas lenguas de las familias romance, germánica y eslava, que se han conceptuado como préstamos, en realidad son cognados lejanos, ya que todas estas familias tienen palabras basadas en la raíz indoeuropea **dhé* 'poner', 'colocar', que se manifiesta en la palabra griega, por más que el griego no sea la lengua madre de las lenguas romances, germánicas y eslavas, por lo que a pesar de la relación genética milenaria, hay que hablar de préstamos en este caso y no de cognados. En los casos del húngaro y del finés, que no son lenguas indoeuropeas, estamos ante un caso de préstamo léxico que ni siquiera es un cognado lejano.

En el caso del español *almacén* y *magacín*, las dos palabras son préstamos del árabe en última instancia, pero la segunda es préstamo inmediato del inglés *magazine* y no directamente del árabe; a su vez, el inglés *magazine* es préstamo del francés *magasin* y no directamente del árabe. En última instancia todas estas palabras son préstamos del árabe, pero su expansión se ha producido a través de varias lenguas intermedias entre el árabe y la lengua receptora.

3.4. Dinámica del contacto de lenguas

En su ya clásica obra sobre el contacto de lenguas, Thomason y Kaufman (1988) propusieron que este fenómeno no se puede estudiar desde el punto de vista lingüístico sin tener en cuenta determinadas condiciones sociohistóricas que determinan las relaciones entre las lenguas que entran en contacto. Para establecer una tipología de los cambios gramaticales y fónicos que experimenta una lengua en contacto con otra, es necesario tener en cuenta el tipo de relación que existe entre esas lenguas desde un punto de vista no solo geográfico, sino también cultural, político o ideológico. Estos factores pueden determinar el tipo de influencia lingüística estricta que unos idiomas pueden tener sobre otros.

Estos autores distinguen entre situaciones de préstamo y situaciones de interferencia.

Los préstamos de una lengua B por parte de las personas que hablan una lengua A se producen en situaciones en las que la comunidad de la lengua A mantiene su lengua, aunque experimenta una influencia de la lengua B. Los préstamos típicos de esta situación son de elementos léxicos, tal como los vistos en la sección primera del presente capítulo y muy a menudo son integrados en la morfología de la lengua receptora, la lengua A. Para que el número de préstamos sea extenso y continuado, es necesario que haya cierto grado de bilingüismo en la lengua B por parte de las personas que constituyen la comunidad lingüística de la lengua A. En este caso hablamos de una situación de *mantenimiento de la lengua A* (M-A), en inglés *language maintenance.*

Las situaciones de interferencia se producen cuando la comunidad que habla la lengua A está sufriendo un proceso mediante el cual su lengua se va viendo paulatinamente (en algunos casos bruscamente) desplazada por la lengua B que influye en ella, hasta llegar a substituirla completamente; en este caso, la influencia de la lengua original A en la adoptada, la B, se suele denominar como la influencia del *substrato* lingüístico en situaciones de desplazamiento. En este caso hablamos de una situación de *desplazamiento de la lengua A* (D-A), en inglés *language shift*.

En estas situaciones, la lengua B adoptada por la comunidad de lengua A puede experimentar cambios importantes debido a la influencia de la lengua original A que se ha visto desplazada y, en último término, sustituida. A veces este proceso se denomina *aprendizaje imperfecto*, pero esta expresión debe ser evitada porque no hace referencia en absoluto a las supuestas incapacidades o deficiencias de las personas de la comunidad de lengua A para aprender o adquirir la lengua B, sino a una serie de procesos perfectamente regulares y sistemáticos que dan cuenta de la variación de las lenguas por contacto en general.

La situación y el proceso D-A conlleva una serie de procesos que Thomason y Kaufman denominan *interferencia.* En esta situación no es el vocabulario lo que prima, como en el caso de la situación y el proceso M-A, sino la fonología y la sintaxis, junto con algunos aspectos de la morfología. Cuando se intenta aprender una lengua B para sustituir la lengua A de partida, no se toma prestado vocabulario de la lengua B a la lengua A, sino que se intenta aprender el vocabulario de la lengua B en su totalidad. Sin embargo, como la fonología y la sintaxis es menos evidente y más difícil de controlar, es en estos ámbitos donde se producen más interferencias, es decir, formas de hablar o construir frases en la lengua B muy influidas por las características de la lengua de partida, la lengua A.

Estos autores ponen el siguiente ejemplo de las diferencias entre préstamo léxico, típico de un proceso M-A e interferencia, típico de un proceso D-A. Se trata de las relaciones entre el yidis y el inglés hablados por un grupo de bilingües en los EE. UU., que presentan justamente los dos aspectos, dependiendo de la dirección de influencia que tengamos en cuenta. El yidis que hablan estas personas tiene muchos más préstamos léxicos que gramaticales. Pero el inglés que hablan presenta muchas más interferencias fónicas y gramaticales que léxicas, tal como puede apreciarse en el siguiente cuadro:

(8) Grados de interferencia en bilingües yidis/inglés en EE. UU.

	inglés ⇒ yidis (préstamo)	yidis ⇒ inglés (adstrato)
léxico	muy fuerte	moderado
fonología	débil	fuerte
gramática	moderado	fuerte

En la primera columna vemos la influencia que tiene el inglés sobre el yidis que hablan. En este caso, la influencia se localiza fundamentalmente en el vocabulario y mucho menos en la gramática y en la fonología. Esto es típico de las situaciones de M-A donde la lengua A, el yidis, se mantiene aunque bajo la fuerte influencia de una lengua B, el inglés, dado que la comunidad yidis está situada en un país donde esa lengua es dominante.

En la segunda columna vemos que el inglés hablado por las personas de la comunidad yidis está muy influido por la fonología y la gramática del yidis y menos por el vocabulario. En este caso, el yidis ejerce una influencia continuada sobre la lengua dominante como *adstrato*, es decir, como lengua adyacente a la lengua dominante, el inglés. Llegará el yidis a tener condición de sustrato cuando se produzca el desplazamiento del yidis por parte del inglés, que puede llevar a su sustitución completa.

En las situaciones de contacto lingüístico de tipo M-A, Thomason y Kaufman (1988: 74-76) han determinado la siguiente escala en el grado de influencia de la lengua B sobre la lengua A:

(9) Escala de influencia de una lengua B sobre una lengua A en el caso M-A:

a. *Contacto ocasional:* solo préstamos léxicos, principalmente del vocabulario no básico.

b. *Contacto moderadamente intenso:* influencia estructural débil. Ligera influencia gramatical de la lengua B, más probable para expresar explícitamente nuevas funciones o nuevas especificaciones para funciones existentes; posibilidad de tomar prestados de la lengua B palabras gramaticales como conjunciones o determinadas partículas adverbiales. B puede influir fonológicamente en A en algunos aspectos restringidos, sobre todo a partir de préstamos léxicos.

c. *Contacto intenso:* influencia estructural incrementada. Se incrementa la importación de palabras con función gramatical y pueden importarse también a la lengua A determinados afijos morfológicos, al principio solo vinculados a los préstamos léxicos. Se pueden importar también pronombres y demostrativos, así como algunos elementos del vocabulario básico. En fonología puede haber algunas fonologizaciones de fonemas no existentes en la lengua A, antes del contacto intenso. En la sintaxis también es posible algún cambio estructural de alcance, como, por ejemplo, el del orden básico de las palabras.
d. *Fuerte presión cultural:* influencia estructural moderada. Esto implica la reestructuración parcial del sistema fonológico de la lengua A por influencia de la lengua B, incluyendo nuevas condiciones de aceptabilidad sobre la estructura silábica. En la gramática pueden tener lugar cambios importantes en el ordenamiento de las partes de la oración. Por ejemplo, el paso de SOV a SVO. En morfología, determinados afijos importados de la lengua B pueden hacerse extensivos a los elementos léxicos de la lengua A o se pueden introducir nuevos casos nominales o flexiones verbales por influencia de la lengua B.
e. *Presión cultural intensa:* influencia estructural muy fuerte. Aparecen nuevas reglas fonéticas, fonológicas y morfológicas tomadas de la lengua B y se pierden o transforman otras de la lengua A. También aparecen nuevas reglas y generalizaciones en el nivel de la sintaxis, con la aparición de nuevas formas de asignación de funciones sintácticas o nuevos fenómenos de concordancia sintáctica, incluyendo el comportamiento, por ejemplo, de los clíticos y de otros elementos que desempeñan funciones gramaticales.

Los casos de contacto ocasional entre lenguas que se manifiestan de modo predominante en el léxico son muchos; de hecho, es lo más frecuente en las lenguas del mundo. De este modo, en español tenemos palabras italianas como *pizza, spaghetti* o *paparazzi*; o en inglés americano hay palabras del yidis (tomadas del hebreo) como *kosher* (que también empieza a verse en España), *Gesundheit* (del alemán, utilizado cuando alguien estornuda) o el propio *spaghetti.* Casos de contacto moderadamente intenso o intenso se pueden ver en las palabras que algunas lenguas indígenas de América han tomado del español, como por ejemplo (Thomason y

Kaufman 1988: 80) la conjunción del huasteco *por* 'pero', que proviene del español *pero*, o *kom* 'como', que procede del español *como*. Incluso existe también la conjunción *porke* en un dialecto del huasteco, lengua maya de México. Algunos dialectos del náhuatl (Thomason y Kaufman, 988: 80), a través de un contacto intenso, han adquirido palabras españolas como *otro*, sufijos nominales como *-ero*, un sufijo plural *-es* e incluso algunos fonemas como /b, d, g, f, r/.

El yidis (lengua germánica hablada habitualmente por personas judías) ha experimentado muchos préstamos de las lenguas eslavas por contacto intenso (Thomason y Kaufman, 1988: 82). Este contacto ha ocasionado que el sufijo flexivo *-in* del femenino haya sido parcialmente sustituido por el correspondiente sufijo femenino *-ka* de las lenguas eslavas. De esta manera, en yidis *shnaider* 'sastre' forma en femenino como *shnaiderke*. Para formar oraciones interrogativas el yidis presenta una partículo preoracional *tsi*, que proviene de la partícula interrogativa polaca *czy*.

Cuando pasamos al contacto muy intenso, en las situaciones (9d) y (9e), encontramos una importación estructural de moderada a muy notable. Un ejemplo muy famoso es el de la población de Kupwar, en el estado indio de Maharashtra. En este pueblo hay hablantes de dos lenguas indoarias, el marati y el urdu, y de una lengua drávida, el kanarés. El marati ha adquirido cuatro rasgos del kanarés; el kanarés de este pueblo ha tomado hasta seis rasgos lingüísticos del marati; y el urdu ha tomado del kanarés y/o del marati doce rasgos gramaticales. Esta situación se puede esquematizar en la siguiente tabla:

Cuadro 3.1. Lenguas de Kupwar

<table>
<tr><th></th><th>urdu</th><th>marati</th><th>kanarés</th></tr>
<tr><td>kanarés</td><td rowspan="2">12</td><td>4</td><td>X</td></tr>
<tr><td>marati</td><td>X</td><td>6</td></tr>
<tr><td>urdu</td><td>X</td><td></td><td></td></tr>
</table>

Todos estos rasgos son morfosintácticos: género, pronombre de primera persona de plural exclusivo e inclusivo, reglas de concordancia entre sujeto y verbo y entre nombre y modificador, orden de palabras, oraciones copulativas ecuativas, marcación de las interrogativas absolutas, uso de las formas demostrativas y posesivas en construcciones atributivas y predicativas, y las formas del pasado del verbo en dos construcciones determinadas (Thomason y Kaufman, 1988: 86-87). Solo hay un préstamo de una palabra funcional: se trata de la importancia en kanarés de la conjunción subordinante indoaria *ki*. Las demás influencias son claramente gramaticales.

De esta manera tenemos fenómenos como el uso del verbo copulativo en las estructuras ecuativas del kanarés de Kupwar o la restricción al verbo auxiliar de la concordancia sujeto-verbo en la secuencia de verbo + auxiliar en urdu y marati de Kupwar, por influencia del kanarés, ya que otras variedades del urdu y del marati presentan concordancia tanto en el verbo principal como en el auxiliar.

Además, los modificadores nominales del marati y del urdu de Kupwar han perdido la concordancia de género por influencia del kanarés. El kanarés de Kupwar ha eliminado una distinción entre las formas atributivas y predicativas de los demostrativos y posesivos por influencia de las otras dos lenguas. Por otro lado, el marcador interrogativo del urdu de Kupwar, que podía aparecer en varias posiciones de la oración, ahora solo aparece en posición final, por influencia del marati.

Pasamos ahora a ilustrar brevemente la fase de mayor influencia de una lengua sobre otra. Siguiendo a Thomason y Kaufman (1988: 215-223), se puede ejemplificar perfectamente esa fase de contacto muy intenso en el caso de los dialectos del griego de Asia menor (regiones de Silli, Capadocia y Pharasa), que tienen una fuerte influencia gramatical del turco. Todos estos dialectos muestran una notable influencia léxica, con algunos numerales tomados del turco, como *seksenia* 'ochenta', tomado del turco *seksen*; o *doksania* 'noventa', tomado del turco *doksan*. También hay muchas palabras funcionales o gramaticales que provienen del turco como *eyer 'si'*, del turco *eğer*; *pek* 'muy', del turco *pek*; *mí* 'partícula interrogativa' del turco *mi*; *madémki* 'porque', del turco *mademki* 'como quiera que'.

En el plano fonológico, las variedades griegas de Asia Menor han perdido las interdentales fricativas sorda y sonora, ausentes en turco, y las han sustituido por consonantes ya existentes, como podemos ver en *ártupus* 'ser humano', en vez del griego estándar *ánthropos*, o *yávolos* 'demonio', en vez de *dhiávolos*. Además, una palabra como *ártupus* 'ser humano' puede hacer su plural en *ártupuri*, en vez de *ártupiri*, por influencia de la armonía vocálica turca.

En el nivel de la morfología, algunas variedades griegas de Asia Menor, sobre todo de Capadocia, han perdido la distinción de género en el sustantivo por influencia turca, que no conoce la categoría gramatical de género. De esta manera, los pronombres y demostrativos de tercera persona del griego de Capadocia han perdido las diferencias de género. También las ha perdido el artículo.

El turco es una lengua SOV, por lo que los modificadores preceden al elemento modificado; de modo que el complemento del nombre (G) precede al nombre (N), mientras que el griego es una lengua SVO, que permite tanto que el complemento del nombre vaya antes como detrás del nombre (GN y NG); pero cuando hay dos complementos posesivos, solo se admite NG en el griego estándar. Sin embargo, en algunas variedades del griego de Asia Menor se observa la secuencia GGN, típica del turco. He aquí un ejemplo (Thomason y Kaufman, 1988: 221):

(10) Sintagma nominal con complementos posesivos: 'la habitación de la mujer del joyero'
   a. Griego de Silli: *quyumdzhí enékas oda*
   b. Griego estándar: *tó dhomátion tis yinékas tu xrisoxou*
   c. Turco: *kuyumdzhunun karısın odası*

En turco el núcleo *oda* 'habitación' aparece al final del sintagma nominal. Sin embargo, en griego estándar aparece al principio: *dhomátion* 'habitación'. Pero en el griego de Silli aparece el término *oda*, que se toma del turco, al final del sintagma nominal, como en esta lengua.

Lo mismo se da con las subordinadas adjetivas. En griego estándar, las subordinadas adjetivas se ponen después del antecedente, mientras que en turco ocurre lo contrario. En las variedades griegas de Silli se puede seguir el orden del turco, tal como vemos en los siguientes ejemplos:

(11) Subordinadas adjetivas: 'El chico queví'
   a. Griego de Silli: *kiát íra perí*
   b. Griego estándar: *tò pedhí pú to ídha*
   c. Turco: *gördüğüm oğlan*

Como puede apreciarse en los ejemplos anteriores, el griego estándar presenta una subordinación adjetiva en la que primero aparece el antecedente *tò pedhí* 'el chico', y después la subordinada adjetiva encabezada por el relativo *pu* 'que' seguida de la oración *to ídha* 'lo vi'. Sin embargo, en turco la estructura de la subordinación adjetiva es completamente diferente. Primero se pone el verbo en una forma adjetival *gördüğüm* 'que vi' y después el poscedente o núcleo del sintagma nominal *oğlan* 'chico'. Si observamos la oración (11a) del griego de Silli, podemos comprobar que el núcleo de la subordinada adjetiva aparece al final (*perí* 'chico') y la subordinada adjetiva aparece antes precedida de la partícula relativizadora *kiat* 'que' y el verbo de la subordinada *íra* 'vi'.

Pasamos ahora a los procesos de interferencia que hemos denominado aquí D-A. En este caso los hablantes de la lengua A influidos por la lengua B pretenden adoptar la lengua B dejando de lado, desplazando a su lengua A primigenia. En estas situaciones lo que más influye en la lengua B es la fonética y la sintaxis de la lengua A, sobre todo los aspectos de los que las personas hablantes son menos conscientes.

Existen, de todas formas, procesos D-A sin interferencia, cuando la forma de hablar B de los hablantes que abandonaron su lengua originaria A no conserva influencias importantes de esa lengua originaria. Esto se da cuando la comunidad de la lengua A es una comunidad pequeña, totalmente inmersa en una comunidad mayor de lengua B. Un ejemplo de esto es la adopción del inglés y olvido de su lengua nativa en el caso de los inmigrantes europeos en los EE. UU. y de sus descendientes directos. La segunda generación de esas personas suele adquirir el inglés como nativo sin que se pueda apreciar ninguna influencia importante de la lengua de sus padres. Por su parte, los pueblos indígenas de EE. UU. y Canadá abandonaron su lengua nativa A en favor del inglés, sin que sus lenguas indígenas ejercieran una influencia apreciable en el inglés de EE. UU.

Otro ejemplo es el proceso de D-A de los invasores germánicos del sur de Francia y de España, que abandonaron su lengua germánica nativa en favor de las variedades romances.

Hay ejemplos de situación D-A con una interferencia leve, como el caso del abandono de los invasores normandos de su lengua francesa para adoptar el inglés a partir de mediados del siglo XI. Esto tuvo una influencia apreciable en el inglés, sobre todo en el ámbito léxico, aunque también en el fonológico, ya que, por ejemplo, la oposición entre los fonemas /f/ y /v/ se debió a la influencia francesa. Se trata de un caso típico en el que una minoría hablante de francés estaba inmersa en una comunidad mucho mayor que hablaba inglés. Sin embargo, como esa minoría tenía una situación de poder considerable, su forma de hablar inglés, a resultas del proceso D-A, pudo ejercer una influencia mayor que si se hubiera tratado de una comunidad de poco o ningún prestigio social. Es lo que se denomina *superestrato*. De todas formas, la mayor influencia léxica se produjo entre 1200 y 1400, cuando prácticamente ya no había hablantes competentes del francés en Inglaterra (Thomason y Kaufman, 1988: 308).

Otro ejemplo de interferencia por contacto en casos de D-A es el de la influencia koisana en las lenguas bantúes meridionales (Thomason y Kaufman, 1988: 132-33). Algunas lenguas bantúes meridionales como el zulú integraron en sus sistemas fonológicos los fonemas con chasquido o clicks. Pueblos de habla koisana fueron absorbidos lingüísticamente por los pueblos de habla bantú, y como interferencia de la situación D-A de paso al bantú, por parte de los koisanos, habría quedado la integración fonológica de los clicks.

Un caso interesante de influencia mediante un proceso de D-A es el del inglés de Irlanda influido por el irlandés, una lengua celta (Hickey, 2010).

En Irlanda ha habido una situación de desplazamiento del irlandés por el inglés que se produjo a lo largo de varios siglos en los que hubo un considerable bilingüismo entre ambas lenguas. A partir de la gran hambruna de 1840 se aceleró de forma intensa el abandono del irlandés en favor del inglés. La muerte y la emigración redujeron drásticamente el número de personas hablantes del irlandés hasta un total de unos dos millones de almas.

Dentro del nivel morfológico, es típico del inglés de Irlanda la creación de una forma de pronombre de segunda persona del plural *youse* 'vosotros' en oposición a *you* 'tú'; esta forma de plural ha concurrido con otra forma simple, ye 'vosotros', y una forma que mezcla las dos anteriores, *yez* 'vosotros'. Según Hickey

(2010: 155) estas creaciones se basan en el modelo del irlandés, lengua que distingue entre un pronombre de segunda persona de singular y otro de plural. La siguiente tabla resume la situación.

Cuadro 3.2. Los pronombres de segunda persona en inglés de Irlanda

	tú	*vosotros*
Irlandés	tú	sibh
Inglés de Irlanda (hasta s. XIX)	you	ye
Inglés de Irlanda (XIX)	you	youse
Inglés de Irlanda (XIX)	you	yez

Un ejemplo de la influencia sintáctica del irlandés sobre el inglés de Irlanda es el uso de la preposición *after* para indicar el aspecto perfectivo como en:

(12) Perífrasis perfectiva: *han acabado el trabajo*
  a. Inglés irlandés: *they are after doing the work*
  b. Inglés estándar: *they have completed the work*
  c. Irlandés: *tá said tar éis an obair a dhéanamh*

Como vemos, la oración del inglés irlandés utiliza *after* como la expresión irlandesa *tar éis* 'después' para indicar perfectividad. De modo análogo, podemos ver la influencia de la sintaxis del irlandés sobre el inglés en el siguiente ejemplo:

(13) Perífrasis resultativa: *tienen el trabajo acabado*
  a. Inglés irlandés: *they have the work done*
  b. Inglés estándar: *the have finished the work*
  c. Irlandés: *tá an obair déanta acu*

Como podemos apreciar, la expresión del inglés irlandés es calcada de la forma sintáctica del irlandés que se podría transcribir de la siguiente manera: 'está (*tá*) el trabajo (*an obair*) hecho (*déanta*) en ellos (*acu*)'

En los casos de D-A la lengua originaria se pierde y se ve sustituida por una lengua B adoptada por la comunidad hablante de la lengua A. En la antigüedad se dieron muchos casos de desplazamiento lingüístico que dejaron rasgos extraños a las lenguas B adoptadas. Como las lenguas originarias A han desaparecido, a veces es muy difícil comprobar este tipo de influencia, denominada de *sustrato*. Vamos a ver un caso muy interesante para ilustrar este punto. En algunas lenguas indoeuropeas de Europa existe un sistema de numeración parcialmente vigesimal, que toma por base *veinte* y no *diez*. Como la lengua indoeuropea ancestral tenía un sistema decimal, se ha intentado explicar este fenómeno discordante recurriendo al sustrato lingüístico de lenguas no indoeuropeas desaparecidas que funcionaron como lengua A en los casos D-A.

Un ejemplo cercano es el francés. En el estándar moderno los números 70, 80 y 90 se expresan en base vigesimal. He aquí los ejemplos:

(14) Sistema vigesimal del francés moderno
  a. 70 = soixante dix = 60 + 10
  b. 80 = quatre-vingts = 4 × 20
  c. 90 = quatre-vingt-dix= (4 × 20) + 10

En francés antiguo hay más formas vigesimales atestiguadas:

(15) Sistema vigesimal del francés antiguo
  a. 30 = vint e dis = 20 + 10
  b. 40 = deus vins = 2 × 20
  c. 60 = trois vins = 3 × 20

Las lenguas celtas, lenguas indoeuropeas como el francés, también presentan un sistema vigesimal. He aquí unos ejemplos del galés:

(16) Sistema vigesimal del galés
  a. 30 = deg ar hugain = 10 + 20
  b. 40 = deugain = 2 × 20
  c. 50 = deg a deugain = 10 + (2 × 20)
  d. 60 = trigain = 3 × 20
  e. 80 = pedwar ugain = 4 × 20

Incluso aparece este sistema en danés, una lengua germánica, también de la familia indoeuropea. He aquí unos ejemplos:

(17) Sistema vigesimal del danés.
  a. 20 = *tyve*
  b. 50 = *halvtredsindstyve* (*halvtreds*) = 'la mitad de un tercio de veces veinte' 'dos veces y media veinte'
  c. 60 = *tresindstyve* (*tres*) = 'tres veces veinte'
  d. 70 = *halvfjerdsindstyve* (*halvfjerds*) = 'tres veces y media veinte'
  e. 80 = *firsindstyve* (*firs*) = 'cuatro veces veinte'
  f. 90 = *halvfemsindstyve* (*halvfems*) = 'cuatro veces y media veinte'

En Europa encontramos dos lenguas no indoeuropeas con sistema vigesimal. Una de ellas es el vasco. He aquí unos ejemplos:

(18) Sistema vigesimal del vasco
- a. 20 = *hogei*
- b. 30 = *hogeitahamar* = 20 + 10
- c. 40 = *berrogei* = 20 × 2
- d. 50 = *berrogeitahamar* = (20 × 2) +10
- e. 60 = *hirurogei* = 3 × 20
- f. 70 = *hirurogeitahamar* = (20 × 3) + 10
- g. 80 = *laurogei* = 4 × 20
- h. 90 = *laurogeitahamar* = (20 × 4) + 10

La otra es el georgiano, lengua del Cáucaso y de la familia kartúlica. He aquí unos ejemplos de su sistema de numeración:

(19) Sistema vigesimal del georgiano
- a. 20 = *otsi*
- b. 30 = *otsdaati* = 20 + 10
- c. 31 = *otsdatermet'i* = 20 + 11
- d. 40 = *ormotsi* = 20 × 2
- e. 50 = *ormotsdaati* = (20 × 2) + 10
- f. 60 = *sammotsi* = 20 × 3
- g. 70 = *sammotsdaati* = (20 × 3) + 10
- h. 80 = *otxmotsi* = 20 × 4
- i. 90 = *otxmotsdaati* = (20 × 4) + 10

Según Blažek (1999), los sistemas vigesimales no indoeuropeos pudieron influir en los que aparecen en las lenguas indoeuropeas. Por ejemplo, se ha constatado que hay restos de sistema vigesimal en algunas lenguas indoarias de la zona de Hindukush y de las montañas de Pamir, en la que hay un claro sustrato buruchasqui (lengua sin filiación genética conocida que tiene un sistema vigesimal).

En el área del Cáucaso se ha detectado que el abjaso, lengua de la familia caucásica noroccidental, ha sustituido en parte su sistema decimal por el vigesimal, que aparece también en esta zona, como hemos visto (se da en georgiano y en avar, por ejemplo).

La existencia del sistema vigesimal en francés ha sido achacada a la influencia del galo, lengua celta, aunque no existen testimonios de que dicha lengua tuviera ese sistema. Más probable parece la influencia del aquitano, lengua extinta del sur de Francia emparentada con el vasco.

La vigesimalidad de las lenguas celtas insulares podría haber sido adoptada de las lenguas indígenas no indoeuropeas de las Islas británicas que pudieran haber estado relacionadas con las lenguas preindoeuropeas del sur de Francia y de la Península Ibérica. Es más difícil de explicar el sistema vigesimal danés desde este punto de vista. Se ha especulado que pudiera venir de la influencia normanda, dado que se sabe que esa influencia fue la que llevó el sistema vigesimal a Sicilia y al sur de Italia, donde se encuentran restos de él. Por ejemplo, en los dialectos de Sicilia se dice *du vintini* 'cuarenta', *du vintini e ddèci* 'cincuenta', incluso aparece esporádicamente en el romance de la Península Ibérica; de Berceo es la expresión *tres vent medidas de farina* 'sesenta medidas de harina'.

Dado que las lenguas indoeuropeas han sido a lo largo de los milenios lenguas B de poblaciones de lengua A sometidas a un proceso D-A, la presencia de este rasgo estructural en algunas lenguas indoeuropeas podría ser un indicativo del tipo de cambio lingüístico por interferencia característico de este tipo de situaciones.

3.5. Convergencia lingüística por contacto: las áreas lingüísticas

Cuando varias comunidades lingüísticas, entre las cuales puede haber o no intercomprensión espontánea, permanecen durante algún tiempo en contacto más o menos permanente, suelen compartir una serie de rasgos fónicos, gramaticales y léxicos. Se trata de un caso de convergencia lingüística parcial. Estas poblaciones que comparten algunos rasgos lingüísticos a través del contacto continuado por proximidad espacial, se suelen adscribir a lo que se denomina *áreas lingüísticas*. El término alemán para este fenómeno es *Sprachbund*. Han sido descritas muchas de estas áreas lingüísticas. He aquí algunas enumeradas:

Cuadro 3.3. Algunas áreas lingüísticas

Nombre	*Área geográfica*	*Lenguas*
Los Balcanes	Europa sudoriental	griego, búlgaro, macedonio, rumano, albanés.
Circumbáltica	Europa septentrional	polaco, ruso, letón, lituano, finés, estonio, sueco, danés, alemán
Meso-América	México	mazateco, otomí, popoloca, chol, celtala, canjobalés, zozil, miskito, nahua
Asia meridional	India, Pakistán, Nepal	hindi, urdu, bengalí, malabar, telugu, kanarés
Asia sudoriental	Tailandia, Vietnam, China	chino, vietnamita, tai, camboyano

En un área lingüística conviven lenguas de diversas familias, no necesariamente genéticamente relacionadas entre sí, en las que se comparte una serie de rasgos fonéticos, léxicos y morfosintácticos característicos que en algunas ocasiones hacen diferir una lengua respecto de otras de la misma familia que no pertenecen a esa área. De hecho, se suele postular que si la lengua de una familia determinada tiene un rasgo lingüístico que no tienen los demás miembros de esa familia, y ese rasgo es compartido por otras lenguas de la misma o de otras familias que conviven en la misma área lingüística, entonces esa lengua ha adquirido dicho rasgo por contacto dentro de su área lingüística.

Vamos a ver las características de la primera área lingüística que se ha estudiado de forma sistemática: el área de los Balcanes. Las lenguas que se suelen incluir en esta área son las siguientes: macedonio (eslava, considerada por los búlgaros como dialecto de su lengua), búlgaro, rumano (romance), albanés (indoeuropea) y griego moderno (indoeuropea).

Una primera característica notable de esta área es la existencia de artículos pospuestos al sustantivo como sufijos. Este rasgo es compartido por el búlgaro, macedonio, rumano y albanés, pero no por el griego moderno, que tiene artículos prenominales. He aquí algunos ejemplos (Tomić, 2011: 310).

(20) Ejemplos de artículo sufijal:
   a. Macedonio: *devoika-ta* 'la chica'
   b. Rumano: *fat-a* 'la chica'
   c. Albanés: *vajz-a* 'la chica'

Una segunda característica es la formación del tiempo verbal futuro a través de una partícula –una forma gramaticalizada y reducida del verbo *querer*– que denominamos *futuro volitivo*. Esto se da en griego, albanés, rumano macedonio y búlgaro. Por ejemplo, en búlgaro se usa como indicador de futuro el elemento *shte*, que es una forma reducida del verbo *shta* 'quiere'. De esa manera en búlgaro *shta pisha* es 'escribiré'. En griego la partícula es *tha*, proveniente de *thélo* 'querer', de modo que *tha gráfo* es 'escribiré'. En rumano, *voi cânta* 'cantaré'.

Una tercera característica es la ausencia de caso morfológico y el uso de preposiciones en su lugar (Tomić, 2011: 311):

(21) Preposiciones para indicar caso
   a. Búlgaro: *na studenta* 'al estudiante'
   b. Arrumano: *a featiljei* ' a la chica'
   c. Griego moderno septentrional: *s+ti María* 'a+la María'

También encontramos en estas lenguas clíticos adnominales que indican posesión. He aquí algunos ejemplos (Tomić, 2011: 313-314)

(22) Clíticos posesivos adnominales
a. Griego: *o pateras su* [el+padre+tu] 'tu padre'
b. Macedonio: *sestra mi* [hermana+mi] 'mi hermana'
c. Arrumano: *sor-mea* [hermana+mía] 'mi hermana'

Un rasgo característico de esta área es la sustitución de la subordinación con infinitivo por una subordinación con conjunción (conjunción subjuntiva), a veces con la ausencia de modo verbal subjuntivo, como en griego *thélo na páo* 'quiero ir', literalmente 'quiero que voy' y *prepi na fighis* 'te tienes que ir', literalmente 'debes que te vas'.

Las lenguas balcánicas tienen una forma verbal evidencial que indica la relación subjetiva con lo narrado del participante en el acto locutivo. Por ejemplo, en albanés hay una forma verbal evidencial (EVID) que indica que lo narrado no está garantizado por quien lo dice (Tomić, 2011: 318)

(23) Thonë se lakam tesha çdo ditë
Dicen que lavo-EVID ropa cada día
'Dicen que lavo la ropa todos los días' (pero no es así)

He aquí un cuadro general de las características de las lenguas balcánicas (Tomić, 2011: 320)

Cuadro 3.4. Balcanismos gramaticales

	macedonio	*búlgaro*	*rumano*	*megleno-rumano*	*arrumano*	*albanés*	*griego moderno*
Artículo pospuesto	+	+	+	+	+	+	–
Futuro volitivo	+	+	+	+	+	+	+
Caso adposicional	+	+	(+)	+	(+)	(+)	(+)
Marcación clítica de objetos	+	+	+	+	+	+	+
Conjunción subjuntiva	+	+	+	+	+	+	+
Modo verbal subjuntivo	–	–	+	+	+	+	–
Forma evidencial	+	+	–	+	(+)	+	–

Las especificaciones entre paréntesis indican que es posible que esta característica exista, aunque no está confirmada.

El área lingüística circumbáltica comprende unas veinte lenguas y abarca las familias lingüísticas báltica (lituano, letón), finnica (finés y estonio), germánica (alemán, sueco, danés, noruego, yidis) y eslava (ruso, bielorruso, polaco, kasubo). Siguiendo la síntesis de Koptjevskaja-Tamm y Wächli (2001), podemos enumerar las siguientes características de esta área lingüística.

Una primera característica de las lenguas de esta área es su politonalidad. Muchas de estas lenguas muestran oposiciones tonales. Las lenguas bálticas, por ejemplo, presentan diferencias de tonos en sílabas cuyo núcleo es una vocal larga o un diptongo.

En algunos dialectos centrales del letón hay tres tonos distintivos: quebrado, mantenido y descendente. La longitud suele también ser distintiva en algunas lenguas, como el estonio, lengua en que se distingue, por ejemplo, *lina* 'línea' de *linna* 'pueblo (genitivo)', *linnna* 'pueblo (inlativo)'. En el último ejemplo se produce un tono marcadamente descendente.

La mayor parte de las lenguas circumbálticas llevan el acento en la primera sílaba de la palabra.

Una segunda característica típica de las lenguas de esta área es un número inusualmente alto de *pluralia tantum*, es decir, sustantivos plurales que no suelen aparecer en singular, como el español *tijeras* o *pantalones*. He aquí algunos ejemplos (Koptjevskaja-Tamm y Wächli, 2001: 630):

(24) Pluralia tantum
- a. Lituano: *putos* 'espuma'
- b. Sueco: *sopor* 'gachas'
- c. Ruso: *chasý* 'reloj'
- d. Alemán: *Weihnachten* 'navidades'
- e. Finés: *häät* 'boda'

Una tercera característica es la posibilidad de varias marcaciones morfológicas para los sujetos, objetos y atributos. Por ejemplo, un sustantivo en caso partitivo (genitivo) puede funcionar como sujeto u objeto directo en diferentes tipos de oración.

Por ejemplo, en finés (Koptjevskaja-Tamm y Wächli 2001: 647) podemos encontrar tres marcaciones diferentes para la palabra que desempeña la función de objeto directo:

(25) Marcación de objeto en finés
- a. *Söin omena-n* [comí manzana+acus.] 'Me he comido la manzana'
- b. *Söin omena-a* [comí manzana+parti.] 'Comía de la manzana'
- c. *Syö omena* [cóme manzana+nom.] 'Cómete la manzana'

En esta lengua el sujeto puede aparecer a veces en un caso diferente del nominativo (Koptjevskaja-Tamm y Wächli, 2001: 65):

(26) Sujeto en caso partitivo en finés
Sinu-a ei ollut siellä [tu+part. no estabas ahí] 'Tú no estabas ahí'

Una característica adicional del área circumbáltica es la existencia de una forma verbal evidencial, rasgo que también aparece en al área balcánica, como ya sabemos. El siguiente ejemplo (Koptjevskaja-Tamm y Wächli, 2001: 717) es del lituano:

(27) Modo evidencial en lituano
Girdėjau, jis gyvenąs mieste [escuché él vivía (evidencial) pueblo (locativo)] 'Me enteré de que vive en el pueblo'

En este caso, el modo evidencial se usa porque la persona que habla no conoce lo relatado por experiencia personal, sino porque lo ha oído o deducido.

En general, las lenguas de esta área son SVO con cierta flexibilidad, y el complemento del nombre (G) se antepone al nombre que modifica (N): GN.

El área lingüística mesoamericana abarca varios países de América del norte y central, como México, Guatemala, Belize, El Salvador y Costa Rica. Comprende sesenta lenguas de diversas familias. He aquí las principales:

(28) Familias y lenguas del área mesoamericana
a. Azteca
b. Mixe-Zoque
c. Maya
d. Oto-mangue
e. Tarasco, cuitlateco, tequistlateco, totonaca, huave

Esta área se caracteriza por los siguientes cuatro rasgos gramaticales:

(29) Rasgos lingüísticos del área mesoamericana
a. Expresión de la posesión mediante una estructura como *su-perro el hombre* 'el perro del hombre'
b. Nombres relacionales
c. Sistema numeral vigesimal
d. No presentan el orden de palabras OV

En cuanto al primer rasgo, se puede dar un ejemplo de la lengua azteca pipil, que se habla en El Salvador (Campbell, 1997: 344):

(30) Sintagma posesivo en pipil
I-peelu ne taakat
Su-perro el hombre
'el perro del hombre'

Los nombres relacionales se componen de un sustantivo más un afijo pronominal posesivo. Por ejemplo, en zutujil, lengua de la familia maya, se encuentran expresiones como las siguientes (Campbell 1997: 344):

(31) Expresiones relacionales en zutujil
a. Ch-r-iix [en+su+espalda] 'detrás de ello'
b. Ch-w-iix [en+mi+espalda] 'detrás de mí'

Las lenguas de esta área presentan un sistema numeral de base vigesimal. Por ejemplo, en chol, lengua maya, 40 se dice *cha'-k'al* [2 × 20], 60 se dice *ush-k'al* [3 × 20] (Campbell, 1997: 344).

Por último, las lenguas del área mesoamericana no presentan el orden SOV, aunque esta área está rodeada por lenguas que sí lo presentan. Todas las lenguas de esta área tienen un orden básico VOS, VSO o SVO, en cualquier caso VO.

El área de Asia meridional ha sido muy estudiada y está centrada en la India y países adyacentes (Nepal, Pakistán). Incluye lenguas de tres familias: indoaria, munda y drávida.

Tiene las siguientes características:

(32) Rasgos del área lingüística de Asia meridional
a. Consonantes retroflejas
b. Causativo morfológico
c. Orden de palabras OV
d. Coverbos
e. Verbos compuestos
f. Sujetos oblicuos

Las consonantes retroflejas se pronuncian elevando la punta de la lengua hasta el paladar medio. Por ejemplo, el hindi tiene consonantes apicales postalveolares con la lengua adoptando una forma cóncava; por ejemplo, la consonante inicial de *Taapuu* 'isla'. Por su parte, el tamil, lengua drávida, tiene una aproximante retrofleja, que es el sonido final de *tamiZ* 'tamil'.

El segundo rasgo es una forma verbal causativa; por ejemplo, en marati, lengua indoaria, tenemos *bas* 'sentarse'/ *basaw* 'sentar a alguien'; y en malabar, lengua drávida, encontramos *oTi* 'romperse'/ *oTikk* 'romper' (las consonantes en mayúsculas son retroflejas).

El tercer rasgo es el orden de palabras básico con el verbo al final. Por ejemplo, en marati, lengua indo-aria (Ebert 2009: 996):

(33) SagLe kaagad mi phaaRun Taakle
Todo papel yo rompiendo tiré
'Hice pedazos todos los papeles'

El cuarto rasgo es la presencia de coverbos, formas nominalizadas el verbo equivalentes a los participios, gerundios o infinitivos de las lenguas occidentales. He aquí dos ejemplos en los que se señala el afijo que hace a un verbo funcionar como coverbo (Ebert, 2009: 995):

(34) Coverbos (COV) en hindi y tamil
a. Hindi: *Vah dhauR-kar aaya* [él correr-COV vino] 'vino corriendo'
b. Tamil: *Avan ooT-i vantaan* [él correr-COV vino] 'vino corriendo'

Los verbos compuestos en las lenguas de Asia meridional se forman con el verbo principal en forma coverbal (V1) seguida de la forma conjugada de un verbo segundo (V2); este segundo verbo tiene menos contenido semántico aunque no está completamente gramaticalizado, es decir, desprovisto de todo contenido semántico. Los V2 más habituales son los siguientes (Ebert, 2009: 996):

(35) Tipos de verbo V2 en verbos compuestos
a. Verbos de movimiento: *ir,venir*
b. Verbos de separación: *arrojar*, *enviar*, *apartar*
c. Verbos que denotan un suceso repentino o inesperado : *caer*, *surgir*
d. Verbos de dación: *dar, tomar*

Un ejemplo de este patrón lo vemos en la oración (33) del marati, donde se usa como V2 un verbo que significa *tirar*. Veamos ahora dos nuevos ejemplos: uno del bengalí, lengua indoaria, y otro del kanarés, lengua drávida (Ebert, 2009: 996):

(36) Verbos compuestos
a. Bengalí: *se mar-e gela* [él morir-COV fue] 'se murió'
b. Kanarés: *avaru sattu-hoo-daru* [él/ella morir-COV+ir+3S] 'se murió'

La última característica de esta área que vamos a ilustrar es muy sobresaliente. Se trata de los denominados sujetos oblicuos, denominados también *sujetos dativos*. Con verbos que indican sensación o emoción, la persona que la experimenta suele aparecer en caso dativo u oblicuo, aunque en algunos aspectos se comporta como un sujeto sintáctico. Veamos un ejemplo del hindi, lengua indoaria, y del tamil, lengua drávida (Ebert, 2009: 997).

(37) Sujetos oblicuos
a. Hindi: *bacche-ko ThaND lag rahii hai* [niño-DAT frío sentir PROGRESIVO es] 'El niño tiene frío'
b. Tamil: *ena-kku kuLiraa irukkutu* [él/ella-DAT frio es] 'Tiene frío'

Vamos a ver, por último, el área lingüística más grande de todas las examinadas hasta ahora. Se trata del área de Asia sudoriental continental (ASOC).

Esta inmensa área lingüística abarca todo el sur de China más la Península Indochina e incluye las siguientes familias lingüísticas: mon-camboyana (camboyano), tai-kadai (tailandés), miao-yao, sinítica (chino, cantonés) y tibeto-birmana (tibetano, birmano).

La mayor parte de las lenguas de la ASOC tiene las siguientes características (Goddard, 2005: 40):

Cuadro 3.5. Caracterización de la ASOC

FAMILIA / *RASGO*	*mon-camboyana*	*tai-kadai*	*miao-yao*	*sinítica*	*tibeto-birmana*
Tono léxico	±	+	+	+	+
Flexión	–	–	–	–	–
Clasificadores	+	+	+	+	+
Polirremia	+	+	+	+	+
SVO	+	+	+	+	±
Preposiciones	+	+	+	±	–
N+ADJ	+	+	+	–	±

El singo ± indica que solo algunos miembros de la familia presentan el rasgo. Por ejemplo, la mayor parte de las lenguas mon-camboyanas no tienen tono léxico y, excepto el subrupo kareno, las lenguas tibeto-birmanas son de verbo final. Estas mismas lenguas no tienen preposiciones, sino posposiciones, y las lenguas sínicas tienen tanto preposiciones como posposiciones.

El tono léxico consiste en la utilización de variaciones tonales para distinguir palabras; excepto en el caso de la familia mon-camboyana, este procedimiento está absolutamente generalizado en las demás familias de la ASOC. Veamos unos ejemplos del tailandés (Goddard, 2005: 165).

(38) Tonos del tailandés:
a. *Khaa* (tono medio) 'estar alojado en'
b. *Khàa* (tono bajo) 'tipo de raíz aromática'
c. *Khâa* (tono descendente) 'sirviente, esclavo'
d. *Kháa* (tono alto) 'dedicarse a'
e. *Khăa* (tono ascendente) 'pierna'

Característico de estas lenguas es el *sandhi tonal*, consistente en modificaciones o adaptaciones de los tonos de las palabras cuando se unen a palabras de distinto tono. Por ejemplo, el dialecto del chino mandarín de Tianjin, que tiene cuatro tonos:

(39) Tonos del dialecto chino de Tianjin
a. Bajo descendente: 21
b. Alto ascendente: 45
c. Bajo ascendente: 13
d. Alto descendente: 53

Cuando dos palabras de diferente contorno tonal se encuentran tienen lugar los siguientes cambios (Goddard, 2005: 167)

(40) Sandhi tonal en el dialecto chino de Tianjin
a. $21 + 21 \Rightarrow 13 + 21$
b. $13 + 13 \Rightarrow 45 + 13$
c. $53 + 53 \Rightarrow 21 + 53$
d. $53 + 21 \Rightarrow 45 + 21$

Una característica de las lenguas de ASOC es la ausencia de flexión nominal y verbal para indicar caso, género o número, en el sustantivo; o tiempo, modo o aspecto, en el verbo. En chino o en tailandés no hay flexión verbal de número, persona o tiempo. El tiempo y el aspecto se indican mediante partículas adverbiales. Tampoco hay marcas de caso que indiquen la función de un nombre o pronombre en la oración.

La existencia de construcciones con clasificadores es típica de las lenguas de la ASOC. Cuando se cuantifica o determina un sustantivo es imprescindible expresarlo a través de una palabra clasificadora, tal como hacemos en español al decir: *dos copas de cava* frente a **dos cavas*. En las lenguas de la ASOC esta construcción es obligatoria. Veamos unos ejemplos (Goddard, 2005: 16):

(41) Clasificación nominal
a. Tailandés: *burìi soong múan* [cigarrillo dos CL] 'dos cigarrillos'
b. Cantonés: *géi gaan nguk* [varias CL casas] 'varias casas'

En tailandés *múan* es la palabra clasificadora (CL) para cigarrillos, y en cantonés *gaan* es la palabra clasificadora (CL) para edificios.

He aquí la lista de clasificadores del tailandés (Goddard, 2005: 100)

(42) Clasificadores del tailandés
- a. *Khon* (personas)
- b. *Ong* (monjes, objetos sagrados)
- c. *Phrá ong* (personas de la realeza)
- d. *Tua* (animales, camisetas, pantalones, cometas, mesas, sillas...)
- e. *Khan* (coches, bicicletas, arados, paraguas, cucharas...)
- f. *Lêm* (cuchillos, agujas, peines, libros, velas...)
- g. *Bay* (fruta, jarras, almohadas, sombreros, cestas, maletas, billetes)
- h. *Tôn* (árboles, postes, briznas de hierba)
- i. *Duang* (estrellas, linternas, sellos, ojos, espíritus)
- j. *An* (clasificador general para entidades sin clasificador)

La polirremia (denominada en inglés *serial verb construction*) es típica de las lenguas de la ASOC y consiste en la yuxtaposición de dos o más verbos que comparten el mismo sujeto y que no están unidos por conjunción alguna y además forman un significado unitario o cohesionado que, en ocasiones, se traduce por un solo verbo de las lenguas occidentales. Veamos unos ejemplos (Goddard, 2005: 122):

(43) Ejemplos de polirremia
- a. Lao: *Laaw nòòn lap* [3SG estar acostado dormir] 'Está durmiendo'
- b. Miao: *Nws mus txog tom khw lawm* [3SG ir llegar allí mercado PERF] 'Ha llegado al mercado'

El orden de palabras dominante en las lenguas de la ASOC es SVO. He aquí unos ejemplos ilustrativos (Goddard, 2005: 7)

(44) Orden SVO
- a. Vietnamita: *Tám yêu Hiên* 'Tam ama a Hien'
- b. Cantonés: *Ngóh jìdou go daapon* [yo saber CL respuesta] 'Sé la respuesta'
- c. Miao: *Tus dev tom tus npua* [CL perro moder CL cerdo] 'El perro ha mordido al cerdo'

Las lenguas de la ASOC conocen las preposiciones. Por ejemplo, en miao tenemos un sintagma como *ntawm qhov* 'cerca de la cocina', donde *ntawm* 'cerca' es una preposición. De modo análogo, en tailandés tenemos expresiones como *nay koomáay* 'en los arbustos', donde *nay* es una preposición.

En cuanto al ordenamiento N+ADJ, las lenguas tai-kadai posponen el adjetivo al nombre; esto se da también en lao. Sin embargo, en las lenguas de la familia sinítica los adjetivos, como los determinantes, preceden al nombre. En las lenguas miao-yao el adjetivo se coloca en general después del nombre. Lo mismo se da en la familia mon-camboyana; en estas lenguas los adjetivos y los demostrativos se colocan detrás del sustantivo.

3.6. Contacto lingüístico a través de la escritura

3.6.1. Introducción

La lengua escrita se puede considerar como una elaboración cultural basada en una lengua hablada. Por tanto, la lengua escrita es una lengua cultivada, frente a la hablada espontánea, que es una lengua natural (Moreno Cabrera, 2013: 163-200). Como la lengua escrita se sustenta y refiere continuamente a la hablada, las influencias de una sobre otra han de ser estudiadas dentro del ámbito del análisis del contacto de lenguas. La lengua hablada influye en la lengua escrita y, en menor medida, ésta influye también en aquélla. Por tanto, estamos ante fenómenos de contacto entre lenguas diferentes situadas en dos canales diferentes (el visual y el auditivo). En esta sección estudiaremos algunos fenómenos de contacto entre ambas.

Sin embargo, la cuestión del contacto referida a la lengua escrita es aún más compleja, porque una escritura pensada para una lengua puede ser tomada por una comunidad ágrafa para poner por escrito su propia lengua. Este fenómeno se puede denominar *xenografía** y se puede definir como el uso de un sistema de escritura diseñado para escribir una lengua A con el fin de escribir una lengua diferente B. Al hacer esto se produce un contacto de culturas y de lenguas, dado que las relaciones entre la escritura de A y la lengua A influyen en el establecimiento de las relaciones entre la escritura A y la lengua B que se quiere transcribir mediante dicha escritura.

La xenografía* se puede utilizar intralingüísticamente cuando un sistema de escritura diseñado para escribir una lengua A se utiliza para transcribir nombres de una lengua diferente B: es lo que se hace habitualmente cuando, por ejemplo, los rusos transcriben al alfabeto cirílico los antropónimos y topónimos de personas o lugares no eslavos. Estos usos son xenográficos internos y el fenómeno lo denominamos *xenografía interna*.

(45) Xenografía interna en ruso
- a. Rousseau → Руссо
- b. Boileau → Буало
- c. Shakespeare → Шекспир
- d. Newton → Ньютон

Los usos xenográficos externos se producen en el caso a que se ha aludido antes: cuando una comunidad ágrafa adopta un sistema de escritura hecho a la medida de la lengua A para transcribir su propia lengua B; este sería un caso de xenografía externa.

3.6.2. Contactos intra- e interlingüísticos entre la lengua escrita y la lengua hablada

Vamos a examinar en primer lugar un fenómeno de interacción entre la lengua escrita y la hablada a través de la *cacografía* (término opuesto a *caligrafía*), es decir, la no observancia de las reglas de ortografía que da lugar a las faltas de ortografía, un síntoma claro de esta interacción.

Primero conviene distinguir dos tipos de cacografía. Un primer tipo es el que surge cuando se está aprendido a escribir una lengua y se empiezan a memorizar las relaciones entre los grafemas y los sonidos. Un aprendizaje imperfecto o no totalmente concluido puede llevar a confundir determinadas letras o asociarlas con un sonido incorrecto. Por ejemplo, un niño que está aprendiendo a escribir puede escribir *bama* en vez de *dama*, simplemente porque confunde la letra *b* con la letra *d*, que solo difieren en la orientación.

El segundo tipo, que es el que aquí nos interesa, surge cuando ya se domina completamente la relación entre grafemas y fonemas, y la *ortoepía*, es decir, la pronunciación correcta, puede influir en la ortografía haciendo que se cometan faltas ortográficas. La *cacoepía*, es decir, lo que se considera culturalmente como pronunciación incorrecta, por vulgar, de determinadas palabras de una lengua también puede ocasionar *cacografía*, es decir, una escritura incorrecta. Por tanto, habrá cacografía por cacoepía, y cacografía por ortoepía. Este último es el caso más interesante, porque muestra la interacción entre la lengua escrita y la hablada.

Veamos un ejemplo de la ortografía española. A la distinción gráfica <b>/<v> no le corresponde en español actual ninguna diferencia en la lengua hablada; por tanto, dado que existe en esta lengua una correspondencia grafémica-fonológica <b>-/b/, escribir *vivir* como *bibir* se explica por influencia de la lengua hablada sobre la escrita. También se da esta influencia en las faltas de ortografía como las que se pueden apreciar en *bez* por *vez,* en *acavar* por *acabar* o en *volber* por *volver*. El caso de *absorver* por *absorber* tiene que ver con esta influencia de la fonética a la fonología, dado que existe el verbo *absolver*, pero también hay influencia de la propia ortografía. Hay que tener en cuenta que las sílabas finales de ambos verbos son fonéticamente idénticas; es decir, tanto *–ver* como *–ber* son idénticas fonéticamente, pero como *absolver* se escribe con *v*, entonces esa *v* se traslada a *absorber*, dado que no hay diferencia fonética alguna en la sílaba final de ambos verbos.

En forma de esquema:

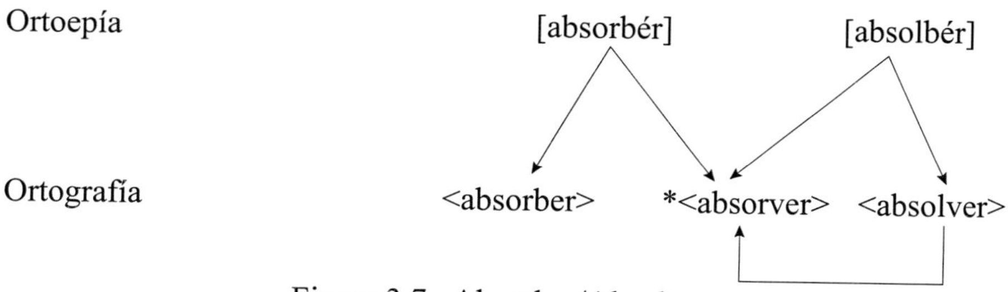

Figura 3.7. Absorber/Absolver.

La falta de ortografía de **absorver* está ocasionada por una inconsistencia ortográfica derivada de la utilización de dos grafemas diferentes para un mismo fonema.

Errores ortográficos en español como *sero* por *cero* o *sapato* por *zapato* se explican fácilmente por influencia de la lengua hablada, dado que en la inmensa mayoría de las variedades de español no existe diferencia fonética asociada alguna entre *s* y *z, ce* y *se* y *ci* y *si*. Por ejemplo, en la mayoría de las variedades del español las expresiones *se va a cazar* y *se va a casar* son fonéticamente idénticas.

La situación de influencia de la lengua hablada sobre la escrita y la de ésta sobre aquélla se hace mucho más complicada cuando entran en juego dos lenguas con sus dos sistemas ortográficos diferentes. En estos casos se produce una interacción entre cuatro lenguas: las lenguas habladas y escritas A y las lenguas habladas y escritas B. Veamos un ejemplo concreto de esto.

Es muy frecuente en los estudiantes hispanohablantes de inglés el fenómeno de la *pronunciación ortográfica*, que es una influencia de la escritura sobre el habla, de manera que la forma de escribir una palabra puede influir en la forma de pronunciar dicha palabra por parte de los extranjeros, sencillamente porque las convenciones ortográfico-fonéticas son diferentes en las lenguas y pueden no ser constantes dentro de una misma lengua, como es el caso del inglés y, en menor medida, del español.

Por ejemplo, sean los vocablos ingleses *country* 'país' y *county* 'condado, municipio'. La pronunciación en inglés de *county* se corresponde aproximadamente con la pronunciación en español de *caunti*, y la pronunciación inglesa de *country* se corresponde aproximadamente con la fonética española de *cantri*. Sin embargo, es muy frecuente por parte de los hispanohablantes que aprenden inglés asociar *countri* con una forma escrita con ortografía española *cauntri*. Esto se debe a lo siguiente: la relación grafema-sonido en español es mucho más constante que en inglés. De esta manera la secuencia gráfica *au* u *ou* siempre se interpreta igual fonéticamente. Sin embargo, como vemos, en inglés el diptongo *ou* corresponde unas veces al español *a* y otras al español *au*.

En el siguiente esquema vemos las complejas interacciones que se producen:

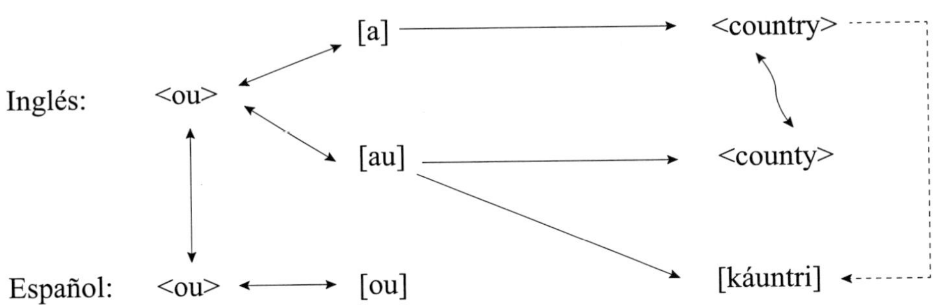

Figura 3.8. Country/County.

3.6.3. Xenografía externa: el caso del alfabeto romano

Cuando las lenguas europeas occidentales empezaron a escribirse utilizaron el alfabeto romano, ya que en él se escribía la lengua de prestigio cultural y científico: el latín. Sin embargo, el alfabeto romano estaba pensado para el latín y no para las lenguas romances, germánicas, celtas o eslavas. Como los sistemas fonológicos de todas estas lenguas son muy diferentes del sistema fonológico del latín, se produjo un proceso generalizado de adaptación por xenografía externa, en el que intervenían las lenguas vulgares habladas y el latín escrito. El resultado fue un gran número de modificaciones y adiciones en la ortografía romana para propiciar la adaptación necesaria del alfabeto romano a las diversas lenguas para las que el alfabeto no había sido pensado.

Tomemos como ejemplo de esta situación en fonema nasal palatal transcrito como <ñ> en español. El latín no conocía este sonido como fonema y, por tanto, las lenguas que necesitaban transcribirlo tuvieron que realizar alguna modificación. Para no tener que añadir nuevas letras al alfabeto romano se utilizó un medio: la poligrafía, es decir la concatenación de dos o más letras romanas para indicar el fonema. Entre las posibilidades que han usado o usan diversas lenguas están: <nn>, <gn>, <ni>, <in>, <nh>, <ny>, <nj>.

Otra posibilidad es la modificación de la letras utilizando elementos diacríticos como, por ejemplo, acentos o signos gráficos similares. En español utilizamos <ñ>, que es una <n> con una virgulilla encima, que en realidad era una <n> pequeña que se ponía encima de la <n> como abreviatura del dígrafo <nn>; en polaco se usa <ń>, una <n> con acento agudo.

Otro ejemplo es la fricativa palatal sorda transcrita en inglés mediante el dígrafo <sh>. Este fonema tampoco existía en latín y, por tanto, en el alfabeto romano no hay ninguna letra para él; sin embargo, es muy frecuente en los sistemas fonológicos de las lenguas europeas y, por tanto, era necesario encontrar una manera de transcribirlo. Existen varias formas según las lenguas: <ch>, <x>, <s>, <sh>, <sch>, <sj>, <sz>. También se pueden utilizar diacríticos, como <š> o <ş>.

Para transcribir la palatal africada sorda escrita en español <ch> también hubo que recurrir a estos procedimientos, ya que tal sonido tampoco era un fonema en latín y no existía ninguna letra en el alfabeto romano que lo transcribiera. Como hemos visto, en español se utiliza el dígrafo <ch> pero también existen las soluciones <tch>, <tsch>, <tj>,<cz>, <cs> o <č>. Como ejemplo de esto vamos a ver cómo se transcribe el nombre del escritor ruso Chéjov en diversas lenguas europeas:

(46) *Chéjov* (Чехов) en diversas lenguas europeas

a. Inglés: Chekhov
b. Catalán: Txékhov
c. Checo: Čechov
d. Danés: Tjekhov
e. Alemán: Tschechow
f. Francés: Tchekhov
g. Húngaro: Csehov
h. Neerlandés: Tsjechov
i. Turco: Çehov
j. Rumano: Cehov

Este apellido ruso sirve además para ilustrar las diversas soluciones que se le han dado a la transcripción del fonema fricativo velar sordo (en español <j>), que tampoco existía en latín. Entre las transcripciones que vemos en los ejemplos anteriores tenemos: <kh>, <ch>, <h>, <c>, <ç>.

3.6.4. Xenografía interna: el caso del japonés

El japonés es una lengua muy interesante desde muchos puntos de vista. Su escritura es una de las más interesantes. Los japoneses adoptaron la escritura china para escribir su lengua. Pero como el japonés es una lengua completamente distinta del chino, tanto fonética como morfológica y sintácticamente, se produjo una xenografía externa generalizada que tuvo como resultado una de las escrituras más originales y atractivas del mundo. En primer lugar, como los caracteres chinos se asocian con una sílaba, ocurre en muchas ocasiones que una palabra de una sílaba del chino se corresponde con una palabra de más de una sílaba del japonés. Por ejemplo, *montaña* en chino se dice *shan* y se escribe con un logograma, pero en japonés esa palabra tiene dos sílabas: *yama.* Al adoptar los japoneses el logograma chino de *montaña* para escribir su palabra de dos sílabas, se incumple un principio básico de la logosilabografía china: cada carácter se corresponde con una sílaba; y se crea por xenografía externa una *logografía pura*, desligada de la sílaba y asociada a la palabra independientemente del número de sílabas que contenga.

Otro ejemplo es *vehículo*, que en chino se dice *che* y se escribe con un único carácter, pero que en japonés se dice *kuruma*, que es una palabra de tres sílabas y se escribe con un solo *kanji* o carácter chino. Vemos ambos casos en el siguiente esquema:

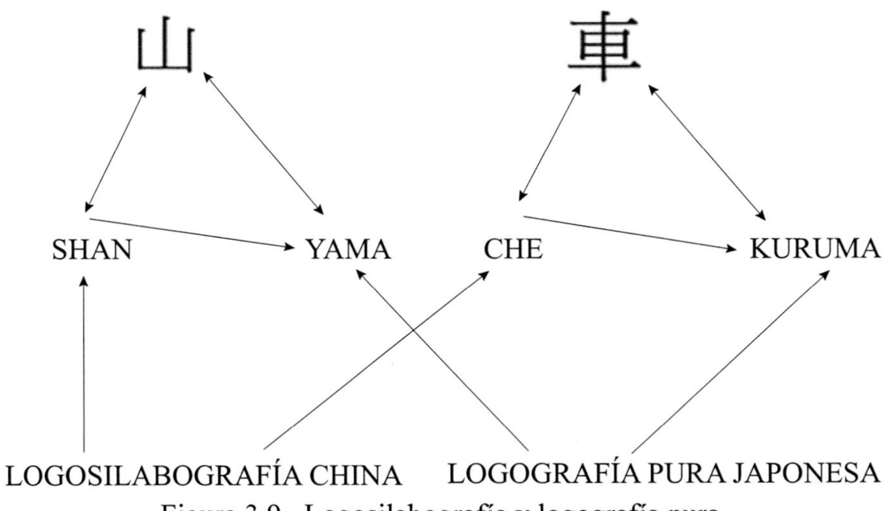

Figura 3.9. Logosilabografía y logografía pura.

Además, los japoneses tomaron prestadas muchas palabras del chino que, naturalmente, se escribían mediante los correspondientes logogramas chinos. Esto ha hecho que muchos *kanjis* (logosilabogramas chinos) japoneses tengan dos lecturas diferentes: la denominada lectura *on*, basada en el chino, y una lectura *kun* puramente japonesa. Veamos un ejemplo concreto de esto (Goddard, 2005: 201). La palabra japonesa *kimono* 'vestido' se escribe con los logogramas que significan 'llevar' (*ki*) y 'cosa, materia' (*mono*). Pero el primer logograma se puede utilizar con la pronunciación derivada del chino (*chaku*), en palabras como *chaku-shu* 'empezar' y el segundo logograma se puede utilizar también con la lectura china en palabras como *doo-butsu* 'animal'.

着 物
ki mono

着 手
chaku shu 'empezar'

動 物
doo butsu 'animal'

Figura 3.10. Lecturas *on* y *kun.*

Además de los kanji o logogramas chinos, los japoneses derivaron de éstos dos silabarios: uno basado en formas simplificadas de algunos caracteres chinos, denominado *katakana*, y otro basado en formas cursivas simplificadas de algunos logogramas chinos, denominado *hiragana*. El silabario *hiragana* se utiliza habitualmente para expresar morfemas y partículas gramaticales del japonés para las que no hay un equivalente en la escritura china, y el silabario katakana se utiliza, entre otros usos, para escribir palabras tomadas de otras lenguas (xenografía interna). Como además no es infrecuente que aparezcan palabras o expresiones en caracteres romanos, la escritura japonesa presenta a menudo una combinación de cuatro escrituras: una logográfica (los *kanji*), dos silábicas (los dos *kana*) y una alfabética (la escritura romana). He aquí un ejemplo de esto (Stanlaw 2004: 147):

JAL	の	フライトナンバー	は	何番	です	か
romanji	hiragana	katakana	hirag.	kanji	hiragana	
Jaru	no	furaito nambaa	wa	nan ban	desu ka	
LAJ	POS.	flight number	TOP	qué CL.	es INT	

¿Cuál es el número de vuelo de las Líneas Aéreas Japonesas (LAJ)?

En este ejemplo podemos ver cómo coexisten cuatro sistemas de escritura, cada uno con su correspondiente función. Los *kanji* corresponden a palabras japonesas, el hiragana se usa para indicar las partículas gramaticales del japonés, como por ejemplo la partícula relacionante *no* 'de' o la partícula de tópico *wa*, y el katakana, para expresar palabras inglesas, en este caso *flight number* (*furaito nambaa*).

3.7. Conclusión

En este capítulo hemos podido comprobar que la influencia de unas lenguas sobre otras es la tónica general entre las lenguas del mundo. El caso más evidente es el del léxico. La mayor parte de las lenguas del mundo presenta elementos léxicos que provienen de otras lenguas.

Hemos podido confirmar también que esta influencia de unas lenguas sobre otras no se limita ni mucho menos al léxico, sino que abarca prácticamente todos los aspectos de la gramática y que determinados rasgos lingüísticos pueden extenderse a lo largo y ancho de áreas geográficas muy grandes y afectar a muchas lenguas, algunas de las cuales no han estado nunca en contacto directo, sino a través de otras lenguas intermedias.

Se ha dedicado una sección especial a la escritura, a pesar de que no es frecuente en este tipo de manuales, porque la escritura es el caso más patente de la necesidad y la productividad del contacto entre lenguas y culturas. La mayor parte de las culturas que conocen la escritura, la han tomado de otra cultura por préstamo. Por ejemplo, la escritura romana ha sido adoptada y adaptada por muchas comunidades de todos los rincones del planeta. La utilización de una escritura ideada para escribir una lengua para transcribir una lengua diferente (que hemos denominado *xenografía*) no solo ha determinado la evolución de los propios sistemas de escritura, sino que también ha configurado una parte importante del desarrollo cultural de muchas comunidades lingüísticas. Un caso sobresaliente es el japonés, al que hemos dedicado la última sección de este capítulo.

Ejercicios

1. Intente trazar la historia del origen y expansión a través de las lenguas del mundo de las palabras *azúcar, tomate, té, naranja, cero, pistola, esclavo, patata, papel, tabú, tatuar, café*.

2. Relacione los préstamos japoneses con los correspondientes términos ingleses indicando las adaptaciones realizadas a la fonética japonesa:

- Japonés: kurisumasu, seetaa, autorain, herupu, risuto, rooraa koosutaa, oonaa, riarisutikku, herikoputaa, karuchaa, supekutakuru, kurasu, riberarisuto, reezaa, supein.
- Inglés: realistic, class, Spain, laser, owner, help, roller coaster, liberalist, helicopter, outline, culture, spectacle, sweater, list, Christmas.

3. A partir de los siguientes errores típicos de los estudiantes españoles de inglés, establezca una tipología de la influencia del español sobre el inglés basada en los aspectos gramaticales implicados:

(1) Errores típicos de los hispanohablantes que aprenden inglés
   a. **I have 20 years / I am 20 years old* 'Tengo 20 años'
   b. **Assist to the meeting/ attend the meeting* 'asistir a la reunión'
   c. *How is he? / What does he look like? '¿Cómo es él? (aspecto)
   d. *How is he? / What is he like? '¿Cómo es él?' (carácter)
   e. *She married with John / She married John 'Se casó con John'
   f. *Of who is this book? / Whose book is this? '¿De quién es este libro?'
   g. *Near of him / near him 'cerca de él'
   h. *He insisted in that / He insisted on that 'Insistió en ello'
   i. *She arrived to Madrid / She arrived in Madrid 'Llegó a Madrid'
   j. *The arm hurts me / My arm hurts 'Me duele el brazo'

4. Analice las causas de las siguientes faltas de ortografía a través de la interacción entre la lengua escrita y la lengua hablada: *tí, ésto, exámen, proteje, genjibre, ambigüo, exclavo, explendor, hermita.*

5. Analice las siguientes faltas de ortoepía del inglés a través de la interacción entre la lengua escrita y hablada españolas, y la lengua escrita y hablada inglesas:

(2) Faltas de ortoepía en inglés
   a. Chocolate / *[chókoleit] 'chocolate'
   b. As / *[as] 'como'
   c. Written / *[ráiten] 'escrito'
   d. Steak / *[estík] 'filete'
   e. Lead / *[lid] 'plomo'
   f. Son / *[son] 'hijo'
   g. Climb / *[klaimb] 'escalar, trepar'
   h. Debt / *[debt] 'deuda'
   i. Drawer/ *[drower] 'cajón'
   j. Gauge / *[gauch] 'medida, indicador, ancho de vía'

6. Relacione las palabras en katakana con los préstamos japoneses del inglés que aparecen en el ejercicio segundo de este capítulo:

   a. リアリステイック
   b. クリスマス
   c. ヘルプク
   d. セーター
   e. スペクタクル
   f. オーナー
   g. カルチャー
   h. スペイン
   i. リベラリスト
   j. ローラーコースター
   k. アウトライン
   l. リスト
   m. ヘリコプター
   n. クラス
   o. レーザー

7. El siguiente extracto pertenece a una canción japonesa pop moderna en la que se mezclan *kanji, katana, hiragana* y *romanji* (Stanlaw 2004: 134). Puede estudiarse la correlación entre las diversas lenguas y escrituras aplicando también los criterios que ya conocemos de la alternancia y mezcla de lenguas y de préstamo.

OPEN YOUR FILE
OPEN YOUR MIND
まだまにあうゴストがいるわ

OPEN YOUR FILE
OPEN YOUR MIND
かくさないでゴストがいるわ

Transcripción:

OPEN YOUR FILE
OPEN YOUR MIND
Mada ma-ni-au
goosuto ga iru wa

OPEN YOUR FILE
OPEN YOUR MIND
Kakusanaide
goosuto ga iru wa

Traducción al inglés:

OPEN YOUR FILE
OPEN YOUR MIND
I can still be in time
There is a ghost!

OPEN YOUR FILE
OPEN YOUR MIND
Don’t hide
There is a ghost!

4
Creación de lenguas por contacto

4.1. Introducción: las lenguas criollas y los sabires

Hasta ahora hemos visto dos situaciones en las que se produce cambio lingüístico por contacto entre dos o más lenguas. En la primera de ellas, una lengua A cambia por contacto con una lengua B, pero esa lengua A se mantiene como tal. En la segunda de ellas, la lengua B va desplazando paulatinamente la lengua A, hasta que la comunidad que habla A termina por abandonar esa lengua A y acaba adoptando la lengua B, con influencias por contacto de la lengua desplazada A, sobre todo en los niveles de la fonología y la sintaxis. Este proceso de desplazamiento puede ser más o menos lento y abarcar varias generaciones.

Sin embargo, en determinadas circunstancias socio-históricas se produce un desplazamiento abrupto y muy acelerado de una o varias lenguas A por una lengua B, habitualmente europea (sobre todo inglés, francés, portugués, entre otras), lo que produce una versión nueva de esa lengua B reestructurada e influida por las lenguas A desplazadas. A estas lenguas europeas reestructuradas de forma brusca se las denomina *lenguas criollas*, y las circunstancias históricas que las han hecho surgir de forma más o menos generalizada tienen que ver con las explotaciones económicas basadas en la esclavitud, sobre todo en el área de África, el Caribe y el océano Índico. Por ejemplo, en la Isla de Mauricio, en el Océano Índico, se situaron comunidades que hablaban dos lenguas africanas occidentales, el malgache, lenguas bantúes y lenguas de la India. Esta población acabó abandonando sus lenguas y creando una forma de francés coloquial reestructurado denominado *criollo de la Isla de Mauricio* o *mauriciano*. En el Caribe ocurrió algo similar con el francés y el inglés coloquiales que fue creado por poblaciones de esclavos que hablaban lenguas africanas occidentales y lenguas bantúes.

Cuadro 4.1. Lenguas habladas en el archipiélago de Mauricio

Lengua	*Familia*	*Hablantes*
boipurí	indoaria	330.000
inglés	germánica	200.000
francés	romance	140.000
lengua señada	?	?
mauriciano	criollo francés	800.000
tamil	drávida	31.000
urdu	indoaria	64.000

Las lenguas criollas son, sin lugar a dudas, una de las muestras más espectaculares de la facultad humana del lenguaje. Incluso en situaciones tan extremas, crueles e inhumanas como las derivadas de la trata y explotación de esclavos, el ser humano es capaz de crear en un tiempo brevísimo nuevas lenguas naturales con todas las características fundamentales de las lenguas humanas. Las lenguas criollas son excepcionales, no porque tengan características lingüísticas que lo sean (tal como veremos en este capítulo), sino por las graves situaciones sociales de explotación y miseria en las que han surgido. Incluso el racismo ha afectado a muchas visiones de estas lenguas que han sido durante mucho tiempo consideradas como lenguas inferiores, imperfectas, degradadas, primitivas o impuras. Como veremos en este capítulo, ninguna de estas apreciaciones se corresponde con la realidad, si se realiza un análisis lingüístico objetivo basado en los instrumentos conceptuales de la lingüística moderna.

Los sabires (en inglés *pidgins*) son minilenguas con un vocabulario y sintaxis reducidos y simplificados y provenientes de la interacción de dos o más lenguas de comunidades que han mantenido durante cierto tiempo y periódicamente algún tipo de contacto parcial, normalmente de carácter comercial. Estas lenguas mínimas son útiles para comunicarse solo en esas circunstancias que propician el contacto y constan de elementos de las lenguas implicadas, que no son mutuamente inteligibles. Son lenguas usadas por las personas adultas y no transmitidas mediante la adquisición en la infancia, sino en la edad adulta.

No son en puridad lenguas primitivas, sino minilenguas mixtas intencionadamente simplificadas para facilitar un aprendizaje rápido en la edad adulta y una intercomprensión rápida y fácil entre los grupos implicados. El hecho de que se usen solamente en determinadas ocasiones y para determinados fines, hace que su vocabulario sea reducido y que no sean utilizables para hablar de cualquier cosa, como ocurre con las lenguas criollas, que son lenguas naturales completas de pleno derecho. En este sentido no serían lenguas naturales como las criollas, sino lenguas cultivadas (Moreno Cabrera, 2013), que se basan en dos o más lenguas naturales sobre las que se ha realizado un proceso más o menos consciente de reducción o simplificación con el objeto de propiciar una comunicación rápida y eficiente en contextos ocasionales en los que tienen que interactuar personas cuyas lenguas no son mutuamente inteligibles.

La idea de que las lenguas criollas proceden de sabires (es muy frecuente en los manuales de lingüística) ha sido abandonada en gran medida en la investigación actual especializada, dado que carece de suficiente apoyo empírico.

4.2. Las lenguas criollas

En las situaciones de desplazamiento de una lengua (D-A), las personas que empiezan a usar una lengua B en vez de su lengua nativa A, realizan una serie de hipótesis o suposiciones sobre la gramática de la lengua B que están empezando a utilizar con mayor frecuencia que la lengua desplazada A. En muchos casos, como ocurre habitualmente en el aprendizaje de una lengua segunda, pueden hacer asunciones *erróneas* dirigidas directamente por su lengua nativa A. Sin embargo, estas asunciones pueden verse corregidas total o parcialmente si la comunidad de la lengua A tiene un contacto continuado e intenso con la comunidad de la lengua B por la que están sustituyendo dicha lengua A, lo que no necesariamente indica que algunas de ellas no acaben cuajando en la forma que tienen los hablantes de A de hablar la lengua B.

En una comunidad multilingüe de esclavos no hay en general un acceso directo a los hablantes nativos de la lengua B que va a sustituir sus lenguas nativas y, por tanto, no existen modelos lingüísticos nativos que seguir o imitar; la única pista es la inteligibilidad. Las palabras de la lengua B, normalmente una lengua occidental, se aprenderán y utilizarán tomando como modelo la lengua A de partida más que la lengua B de llegada. De este modo, por ejemplo, en el criollo de Santo Tomé la palabra portuguesa *pé* 'pie' aparece como *o'pé* 'pie y espinilla', y el portugués *mão* aparece como *mõ* 'mano y brazo', pues se reflejan las acepciones de las palabras correspondientes de las lenguas bantúes y kwa nativas de los esclavos (Thomason y Kaufman, 1988: 153).

En general, cuanto mayor sea el acceso a personas hablantes nativas de la lengua B, mayor será el parecido de la lengua B hablada por los esclavos con la lengua B nativa; y al contrario, cuanto menor sea ese acceso o intensidad de contacto, mayores diferencias habrá entre la lengua occidental y su forma criollizada, la utilizada por las personas esclavas hablantes de A que han aprendido B sin un modelo de referencia nativo. Las diferencias entre el francés criollo de la Isla de Mauricio y de Reunión, en el Océano Índico, parecen deberse precisamente a esta circunstancia (Thomason y Kaufman, 1988: 155). En la Isla de Reunión había más personas hablantes nativas de francés que personas esclavas, y el francés criollo desarrollado allí presenta muchas características y procesos del francés coloquial nativo. Sin embargo, en la Isla de Mauricio la proporción de personas hablantes nativas de francés fue mucho menor, como ocurrió en el caso de Haití; el resultado ha sido que el francés criollo tanto de Mauricio (mauriciano) como de Haití se diferencia más del francés nativo coloquial que el criollo de la Isla de Reunión (reunionés).

Cuadro 4.2. Las lenguas de la Isla de Reunión

Lengua	*Familia*	*Hablantes*
francés	romance	619.000
reunionés	criollo francés	550.000
tamil	drávida	?

Las semejanzas que se observan entre criollos que han surgido en lugares muy alejados, como, por ejemplo, Haití, en el Mar Caribe, y la Isla de Mauricio, en el Océano Índico, han ocasionado la hipótesis ideada por D. Bickerton denominada *hipótesis del bioprograma*.

Según esta hipótesis hay una serie de características compartidas por todas las lenguas criollas, que están provocadas por un conjunto de habilidades genéticamente programadas que entran en funcionamiento cuando se produce una situación excepcional como la que ha dado lugar a las lenguas criollas, en las que no existe un conjunto coherente de datos de partida que posibiliten construir la competencia gramatical de una lengua concreta. Esta hipótesis consta de las siguientes suposiciones (Thomason y Kaufman, 1998: 158):

(1) Suposiciones que justifican la hipótesis del *bioprograma*
  a. Todos los rasgos comunes en las lenguas criollas aparecen en los criollos más tempranos.
  b. Estos rasgos no se pueden explicar sobre la base de las propiedades lingüísticas estructurales basadas en el vocabulario de las lenguas B (que tendrían que ser las mismas en todos los criollos surgidos a partir del vocabulario de lenguas europeas, si la primera premisa es correcta).
  c. No se pueden explicar a través de estructuras lingüísticas compartidas por todas las lenguas A.

d. No se pueden explicar mediante procesos de difusión lingüística, dado que no todos los lugares donde se han criollizado lenguas B europeas han estado históricamente conectados.

De estas premisas, la segunda es la más sólidamente establecida, pero las demás han estado sometidas a diversas críticas y objeciones. Según Thomason y Kaufman, la tercera suposición es especialmente improbable, dado que la ausencia de modelos nativos de la lengua B tiene que dar mucho más peso a la influencia de las lenguas A nativas de los esclavos en su forma de hablar la lengua B de los amos europeos. Dado que esas lenguas A pueden tener diversas propiedades, es posible que los rasgos comunes a todas ellas o los menos marcados de algunas tuvieran un peso relevante en el proceso de criollización de la lengua europea B. De hecho, se ha demostrado que las lenguas criollas atlánticas y del Océano Índico presentan una influencia apreciable de lenguas A africanas. Por tanto, solo cuando las lenguas A estén muy alejadas tipológica y estructuralmente, se tendría que acudir a un principio similar al bioprograma de Bickerton.

En general, se observa que las lenguas criollas tienen un vocabulario que proviene de las lenguas B (denominadas lexificadores) y una gramática influida fundamentalmente por las lenguas nativas A desplazadas. El vocabulario se utiliza para clasificar las lenguas criollas, dependiendo de la lengua europea del que lo hayan tomado. De manera que hay criollos basados en el inglés, como el jamaicano, y criollos basados en el francés, como el haitiano. En otras lenguas criollas se halla una composición léxica más variada. Por ejemplo, en saramacano, lengua criolla de Guyana, encontramos la siguiente distribución (Romaine, 2009: 858):

(2) Distribución del léxico del saramacano
   a. Inglés: 50% ; ejemplo: *waka* 'caminar' (ing. *walk*)
   b. Neerlandés: 10%; ejemplo: *strei* 'lucha' (neer. *strijd*)
   c. Portugués: 35%; ejemplo: *disá* 'dejar' (port. *deixar*)
   d. Lenguas africanas: 5%; ejemplo: *totómbotí* 'pájaro carpintero'

Como ya hemos observado, las lenguas criollas comparten algunos rasgos lingüísticos sobre la base de los cuales D. Bickerton realizó su propuesta del bioprograma cuya motivación acabamos de mencionar. Este programa consta de los trece rasgos que se enumeran a continuación (Romaine, 2009: 861):

(3) Rasgos comunes entre las diferentes lenguas criollas motivados por el bioprograma
   a. Los elementos focalizados se colocan al principio de la oración. Por ejemplo, en haitiano *se mache Jan mache al lekol* 'Juan marchó al colegio'

b. Se usa el artículo definido para sintagmas nominales identificados, el artículo indefinido para sintagmas nominales introducidos y la ausencia de artículo para sintagmas nominales indefinidos. Por ejemplo, en criollo hawaiano *she wen go with da teacher* 'ella fue con el profesor'; *he get one white truck* 'tiene un camión blanco'; *young guys they no get job* 'los jóvenes no tienen trabajo'.
c. Tres morfemas preverbales expresan tiempo, modo y aspecto. Por ejemplo, en haitiano *li te mache* 'caminó'; *l'ava mache* 'caminará'; *l'ap mache* 'está caminando'.
d. Las subordinadas que denotan un suceso verificado, o no se marcan o se marcan de diferente forma respecto de las que denotan un suceso no verificado. En mauriciano *il desid al met posoh ladah* 'decidió meter un pez en ello', frente a *li ti pe ale aswar pu al bril lakaz sa garsoh-la me lor sime ban dayin lin ataque li* 'habría ido esa tarde a quemar la casa del chico, pero en el camino fue atacado por brujas'.
e. Se marcan las cláusulas relativas cuando el antecedente es el sujeto de la relativa. Por ejemplo, criollo hawaiano *some they drink make trouble* 'algunos de los que beben arman líos'.
f. En las oraciones negativas han de llevar negación los sujetos no definidos, los constituyentes indefinidos del sintagma verbal y el verbo. Por ejemplo, en guyanés *non dag na bait non kyat* 'ningún perro ha mordido a ningún gato'.
g. La posesión y la existencialidad se expresan de la misma manera. Por ejemplo, en criollo hawaiano *get one wahine she get one daughter* 'hay una mujer que tiene una hija'.
h. Hay una expresión distinta para cada una de las funciones de la cópula. Por ejemplo, en surinamés *ben de na ini a kamra* 'ella estaba en la habitación', frente a *mi na botoman* 'soy un barquero'.
i. Los adjetivos funcionan como verbos. Por ejemplo, en jamaicano *di pikni sik* 'el niño está enfermo'. No hay verbo copulativo en esta oración copulativa.
j. No hay diferencia en el orden de palabras en las oraciones declarativas e interrogativas. Por ejemplo, en guyanés *i bai di eg dem* 'él compró los huevos' o '¿compró él los huevos?, dependiendo de la entonación.
k. Las partículas interrogativas son opcionales y se colocan al final de la oración. Por ejemplo, en neomelanesio *you tok wanem?* '¿qué has dicho?'. La expresión *wanem* 'qué, cuál' se deriva del inglés *what name* 'qué nombre'.

l. No hay una forma sintáctica para la voz pasiva. Por ejemplo, en jamaicano *dem plaan di tree* 'plantaron el árbol', frente a *di tree plaan* 'el árbol fue plantado'.
m. Hay construcciones polirremáticas en las que se encadenan dos o más verbos con el mismo sujeto. Por ejemplo, en inglés nigeriano *dem come take night carry di wife, go give di man* 'vinieron de noche y llevaron la mujer a su marido'.

4.3. La morfología de las lenguas criollas

Uno de los tópicos que circulan sobre las lenguas criollas es que son lenguas aislantes, con poca o ninguna morfología. Sin embargo, los estudios actuales sobre las lenguas criollas han demostrado que esta suposición apenas tiene base empírica. Se van a dar algunos datos al respecto en esta sección siguiendo el compendio de Farquharson (2007).

En el ámbito de la derivación nominal, encontramos en diversas lenguas criollas procedimientos de esta naturaleza. Por ejemplo, en haitiano existe un prefijo diminutivo *–ti* con el que se pueden obtener diversas palabras:

(4) Prefijo diminutivo en haitiano
a. *ti-chat* 'gatito', de *chat* 'gato'
b. *ti-mounn* 'niño', de *mounn* 'persona'
c. *ti-dlo* 'estanque', de *dlo* 'agua'

En el criollo neerlandés de Berbice existe un sufijo nominalizador que se aplica de modo sistemático a adjetivos:

(5) Sufijo nominalizador en el criollo neerlandés de Berbice
a. *fete* 'gordo' ⇒ *feteye* 'el gordo'
b. *eshti* 'primero' ⇒ *eshtiye* 'el primero'
c. *yerma* 'umjer' ⇒ *yermaye* 'el tipo femenino'

El jamaicano conoce un sufijo derivativo que crea sustantivos deverbales y denominales:

(6) Afijo derivativo nominal en jamaicano
a. *beg* 'pedir' ⇒ *begiisha* ' (mujer) pedigüeña'
b. *laaf* 'reír' ⇒ *laafiisha* '(mujer) risueña'
c. *man* 'hombre' ⇒ *maniisha* '(mujer) fácil'

En las lenguas criollas se han observado muchos procesos de composición nominal para crear nuevas palabras a partir de palabras simples. Los ejemplos siguientes son también del jamaicano:

(7) Composición nominal en jamaicano con las correspondencias en [inglés]
a. *chat-mout* [cat-mouth] 'cotilleo'
b. *fala-lain* [follow-line] 'extranjero
c. *waak-fut* [walk-foot] 'peatón'
d. *sok-fingga* [suck-finger] 'chupadedo'

Además de la morfología derivativa, algunos de cuyos ejemplos acabamos de ver, las lenguas criollas también muestran morfología flexiva. En el siguiente ejemplo podemos apreciar un morfema verbal de aspecto que se sufija al verbo:

(8) Flexión aspectual en jamaicano
a. *deki* 'tomar' imperfectivo' / *dekte-* 'tomar'perfectivo'
b. *baal* 'gritar' / *debaal* 'estar gritando'
c. *bad* 'malo'/ *bada* 'peor'/ *badis* 'el peor'

En el sintagma nominal determinadas categorías morfológicas como el número se pueden expresar en determinantes o cuantificadores, aunque los sustantivos no se flexionen para número. Por ejemplo, Crowley (2008: 79) nos da el siguiente ejemplo del bislamá:

(9) Flexión de número en bislamá
a. *Tufala gel ia i stap singsing* [dos chica esta Marcador Predicativo Aspecto cantar] 'Estas dos chicas están cantando'
b. *Gel ia i stap singsing* 'esta chica está cantando'

Ciertamente se pierde la flexión nominal y verbal en el proceso de criollización, pero esto no significa que dejen de expresarse las categorías gramaticales expresadas por dicha flexión. En el siguiente ejemplo aportado por Crowley (2008: 79) se puede comprobar este fenómeno:

(10) Conservación de categorías de exponente flexivo en hirimotu
a. Motu: (Lau) na-ita-mu [(yo) 1S ver 2S] 'Te veo'
b. Hirimotu: oi laua itaia [2S 1S ver] 'Te veo'

En hirimotu (una forma criollizada de motu) el verbo no tiene afijos flexivos de persona, pero se usan los pronombres como exponentes de las categorías que dejan de expresarse mediante los afijos personales del motu.

Además, en las lenguas criollas se desarrollan procesos de gramaticalización que convierten determinados elementos léxicos en exponentes de categorías morfológicas. De esta manera, el lexema del bislamá *long*, procedente del inglés, se utiliza como preposición, y a resultas de ello puede verse convertido en un clítico *l-* que funciona como un prefijo de caso (Crowley 2008: 89):

(11) Prefijo locativo en bislamá
   a. *Lo(ng) neki aftenun* [PREP próxima tarde] 'La próxima tarde'
   b. *L-aftenun* 'por la tarde'
   c. *L-evri aftenun* [PREP- toda tarde] 'Todas las tardes'

Está atestiguado que en la historia del bislamá existió una expresión *baembae* que servía para indicar tiempo futuro a partir de la expresión inglesa *by and by*; esta locución del bislamá se vio reducida a *bae*, que es el marcador actual de futuro de esta lengua. A su vez, dicho marcador se está viendo reducido a un prefijo *b-* (Crowley, 2008: 90):

(12) Prefijo flexivo de futuro en bislamá
   a. Bae mi go [FUT yo ir] 'Iré'
   b. B-oli go [FUT-3P ir] 'Irán'

Como vemos, aunque es en general escasa, las lenguas criollas también presentan fenómenos de flexión.

4.4. La sintaxis de las lenguas criollas

Vamos a recoger algunos aspectos de la sintaxis de las lenguas criollas mediante ejemplos extraídos del resumen de la sintaxis de los criollos atlánticos hecho por D. Winford (2008)

Una característica típica de las lenguas criollas es el orden oracional SVO. Las siguientes oraciones del belizés muestran este rasgo común a las oraciones aseverativas, interrogativas e imperativas:

(13) SVO en belizés:
   a. *Jan mi iit di mango* [Jan PASADO comer el mango] 'Jan se ha comido el mango'
   b. *Jan mi iit di mango?* '¿Se ha comido Jan el mango?'
   c. *(Yu) iit di mango* '¡Cómete el mango!'

Estas lenguas expresan las diversas categorías de tiempo, aspecto mediante auxiliares preverbales:

(14) Auxiliares preverbales en belizés:
Jan mi wa di iit wen wi get de [Jan PASADO FUTURO PROGRESIVO comer cuando nosotros llegar allí] 'Jan habría estado comiendo cuando llegamos'

Las oraciones pasivas en los criollos atlánticos no presentan el verbo *ser*, ni tampoco una morfología verbal marcada para diátesis. He aquí un ejemplo:

(15) Pasiva en criollo de Santa Lucía
kay-la kay pentiwé simen prochen [casa-DET FUTURO pintar semana próxima] 'La casa será pintada la semana próxima'

En estas lenguas encontramos también construcciones focales en las que un elemento de la oración se coloca al principio de ella para focalizarlo. En los ejemplos siguientes del criollo inglés caribeño vemos las diversas posibilidades de las construcciones focalizadoras, en las que se utiliza la partícula focalizadora *a*:

(16) Construcciones focalizadoras en criollo inglés caribeño
a. *Jan fain di moni ina di yaad yeside* 'Jan encontró el dinero en el patio ayer'
b. *A Jan fain di moni ina di yaad yeside* ' Fue Jan quien encontró el dinero ayer en el patio'
c. *A di moni Jan fain ina di yaad yeside* 'Fue el dinero lo que encontró Jan ayer en el patio'
d. *A yeside Jan fain di moni ina di yaad* 'Fue ayer cuando Jan encontró el dinero en el patio'
e. *A ina di yaad Jan fain di moni yeside* 'Fue en el patio donde Jan encontró ayer el dinero'

El elemento focalizador suele ser el verbo copulativo en la mayor parte de las lenguas criollas atlánticas, con alguna excepción.

En algunas lenguas criollas el lugar canónico del elemento focalizado antepuesto se señala mediante un marcador. Es el caso del haitiano, que utiliza para ello un pronombre relativo *ki*:

(17) Focalización con marcación en posición canónica en haitiano
Se lougawou ki manje timoun nan [FOC hombre lobo REL comer niño DET] 'Es un hombre lobo quien se comió al niño'

Las interrogativas parciales no exigen la inversión del sujeto:

(18) Interrogativa parcial en criollo de Santa Lucía
Ki manié u ka fè farin [Qué manera tú ASP hacer harina] 'Cómo haces la harina'

A veces en estas oraciones puede también aparecer un elemento focalizador:

(19) Interrogativa focalizada en haitiano
Se ki moun ki ap mini [FOC qué persona REL ASP venir] '¿Quién viene?'

La construcción polirremática* (en inglés *serial verb construction*), típica de muchas lenguas naturales no criollas, se da con frecuencia en éstas, tal como hemos mencionado anteriormente. En esta construcción dos o más verbos que comparten un argumento, normalmente el sujeto, se encadenan para conformar un único significado. He aquí un ejemplo:

(20) Construcción polirremática del inglés criollo caribeño:
Di pikni-dem waak go a riva [DET niño-PL caminar ir LOC río] 'Los niños caminaron al río'

Se distinguen dos tipos de polirremia. La polirremia paratáctica y la polirremia hipotáctica, que se pueden definir de la siguiente manera:

(21) Tipos de polirremia
a. Paratáctica: los sucesos denotados por los verbos de la construcción polirremática son independientes entre sí.
b. Hipotáctica: los sucesos denotados por los verbos de la construcción polirremática muestran una relación de dependencia.

Un ejemplo de polirremia (dirremia*, es decir, polirremia que consta de dos verbos concatenados) paratáctica es el siguiente:

(22) Dirremia* paratáctica en surinamés
Amba go na wowoyo bai nyan [Amba ir LOC mercado comprar comida] 'Amba fue al mercado y compró comida'

Otro ejemplo de dirremia paratáctica es el siguiente:

(23) Dirremia* paratáctica en jamaicano

Im tek naif kot di kien [Él tomar cuchillo cortar la caña] 'Usó un cuchillo para cortar la caña'

En los dos casos anteriores los verbos *go* 'ir' y *tek* 'tomar' denotan tipos de suceso independientes de los verbos con los que se construyen en la dirremia, es decir, *bai* 'comprar' y *kot* 'cortar'.

En la polirremia paratáctica existe una relación más estrecha entre los tipos de suceso denotados por los verbos que aparecen en la construcción.

Un primer tipo es el de la polirremia hipotáctica direccional, en la que hay un verbo de movimiento y otro que señala la dirección de ese movimiento. He aquí dos ejemplos:

(24) Dirremia* hipotáctica direccional
  a. Surinamés: *Kofi hari a pikin komoto na ini a olo* [K. tiró DET niño salir LOC en DET agujero] 'Kofi sacó al niño del agujero'
  b. Haitiano: *Bouki voye timoun yo ale (lekol)* [B. enviar niños PL ir (escuela)] 'Bouki envió a los niños al colegio'

En la dirremia* hipotáctica comparativa se usa un verbo para expresar el segundo término de una comparación:

(25) Dirremia* hipotáctica comparativa en inglés criollo caribeño
  Jan smaat paas aal a dem [J. listo pasa todos de ellos] 'Juan es más listo que los demás'

En la dirremia* hipotáctica dativa, uno de los verbos sirve para expresar el beneficiario o destinatario de una determinada acción:

(26) Dirremia* hipotáctica dativa
  a. Surinamés: *Mi seri a oso gi en* [yo vender la casa dar él/ella] 'Le vendí la casa'
  b. Haitiano: *Malis te pran yon flè bay Boukinèt* [M. PASADO tomar DET flor dar B.] 'Malis dio una flor a Boukinèt'

En alguna lengua criolla se han encontrado casos de ascenso de sujeto a objeto en las subordinadas con verbo principal de percepción o volitivo:

(27) Ascenso de objeto en guyanés
  a. *Mi hia am a baal* [Yo oír lo ASP gritar] 'Le he oído gritar'

b. *Jan waan fu i go a maakit* [J. querer para él ir LOC mercado' 'Jan quiere que él vaya al mercado' / *'Jan quiere ir al mercado'

En la oración (27b) el sujeto de la subordinada y el de la principal no pueden ser idénticos, pero en otras leguas criollas se pueden dar las dos posibilidades:

(28) Estructuras subordinadas de control en haitiano
Jack vle pou li vini [J. querer por él venir] 'Jack quiere que él/ella venga' y 'Jack quiere venir'

En las lenguas criollas también aparece subordinación adjetiva que suele aparecer marcada mediante una conjunción subordinante invariable y con la indicación en la subordinada de la función sintáctica desempeñada por el antecedente o núcleo de la subordinada adjetiva. He aquí un ejemplo ilustrativo:

(29) Subordinada adjetiva en surinamés
Dan a man di mi nanga en e taki... [Entonces el hombre que yo con él ASP hablar] "Entonces el hombre con el que estaba hablando..."

Observamos en esta oración la partícula subordinante adjetival *di* y el sintagma *nanga e* 'con él', que expresa la función sintáctica del antecedente o núcleo de la relativa *a man* 'el hombre' en la subordinada adjetiva.

4.5. Los sabires

Los sabires, conocidos en el mundo anglosajón como *pidgins*, surgen mediante un proceso de negociación lingüística a través del cual miembros de un grupo creado por contacto entre diversos grupos con lenguas ininteligibles encuentran una forma rápida y sencilla de comunicarse entre sí. El motor que pone en marcha la creación de los sabires es la simplificación de las diversas lenguas en contacto, tanto a nivel léxico como a nivel gramatical. El resultado de la simplificación total está mediatizado por la interacción entre las cuestiones relativas al carácter marcado o no marcado de las estructuras de los idiomas implicados y la distancia tipológica de cada uno de ellos.

El término *sabir* procede del nombre de una de las primeras minilenguas conocidas de este tipo, que surgió en el ámbito del Mediterráneo, donde a partir del siglo XI los marineros y mercaderes utilizaron un habla mixta en la que se utilizaban palabras de lenguas romances (italiano, castellano, occitano y portugués) y de otras lenguas mediterráneas como el árabe, el turco o el griego. Esta forma de hablar se originó de forma espontánea para facilitar los intercambios comerciales entre pueblos mediterráneos que hablaban lenguas diferentes.

Fue denominada *lingua franca* 'lengua de los francos', donde el adjetivo *franco* se utilizaba en árabe para referirse a los europeos en general. Otro sustantivo por el que se la conoce es *sabir*, que parece derivar de la pregunta *Sabir parlar?* '¿Sabes hablar? Este sabir fue utilizado durante la Edad Media entre europeos, turcos, árabes y otras poblaciones levantinas. Se tienen noticias de él desde antes de la primera cruzada, en 1096. Originariamente su léxico se derivaba del italiano y del provenzal, aunque en las formas habladas en las costas del norte de África se nota una mayor influencia del léxico español y portugués. He aquí las primeras palabras del *Padrenuestro* en sabir (Holm, 1989: 608-609):

> Padri di noi, ki star in syelo, moi volir ki nomi di ti star saluti. Noi volir ki il paisi di ti star kon noi, i ki ti lashar ki tuto il populo fazer volo di ti na tera, syemi syemi ki nel syelo.
>
> Padre nuestro, que estás en los cielos, santificado sea tu nombre. Venga a nosotros tu reino. Hágase tu voluntad, así en la tierra como en el cielo.

El siguiente es otro breve texto en esta lengua mixta (Holm, 1989: 608):

> Peregrin taybo critian, si querer andar Jordan, pilla per tis jornis pan, que no trobar pan ne vin.
>
> Peregrino, buen cristiano, si quieres ir al Jordán, toma pan para el viaje, que no encontrarás (allí) pan ni vino.

Lo sabires en general comparten varias características:

(30) Características de los sabires
- a. No son completamente inteligibles por parte de las personas que hablan las lenguas de cuyo contacto han surgido.
- b. Están convencionalizados en un determinado grado y, por tanto, han de ser aprendidos para poder ser entendidos y utilizados activamente.
- c. No son lenguas nativas de nadie, dado que se aprenden como segunda lengua en la edad adulta.

A diferencia de las situaciones de desplazamiento de lengua A (D-A), en la creación de los sabires no ocupa un lugar central el intento de las personas que entran en contacto por hablar la lengua del otro o por hablar una lengua concreta presente en el contacto, sino por expresarse de una forma sencilla que los demás puedan entender. Por ejemplo, las personas hablantes chinas de inglés sabirizado, un inglés simplificado, en ningún momento consideraban en general que tendrían que aprender inglés estándar, dado que con su forma simplificada de inglés podían obtener los resultados de inteligibilidad que pretendían.

Otro ejemplo interesante de esto (Thomason y Kaufman, 1998: 173) se da en el ruso sabirizado de algunas comunidades chinas, que presenta un orden de palabras SOV, a pesar de que el ruso tiene como orden de palabras no marcado SVO y de que el chino también tiene ese orden SVO. La razón parece estar en la implicación de hablantes de lenguas altaicas en el sabir, ya que estas lenguas son SOV (Thomason y Kaufman, 1998: 180).

La creación de un sabir surge de los intentos de acercar y acomodar la forma de hablar de personas de lenguas diferentes que tienen que comunicarse en una situación determinada. Estos intentos están guiados por suposiciones sobre qué palabras y formas gramaticales van a ser las que más favorecen la intercomprensión. Es una situación parecida a la de la generación de las lenguas criollas, pero con dos diferencias importantes (Thomason y Kaufman, 1998: 174).

En primer lugar, como en las comunidades que dan origen a las lenguas criollas se necesita una lengua de intercomunicación como primera lengua de toda la comunidad, y esa necesidad es muy urgente, es explicable que las lenguas criollas surjan de modo más rápido y cristalicen o se convencionalicen antes que los sabires, que solo se utilizan para ciertas ocasiones. Esto puede conllevar que las preferencias relativas a la marcación universal de estructuras tengan más peso en las lenguas criollas que en los sabires.

En segundo lugar, la participación significativa de personas hablantes de la lengua lexificadora, que provee la mayor parte de los elementos léxicos, no tendrá necesariamente mucho peso en la gramática del sabir. Esto se debe a que la situación de la que surge un sabir no es una situación D-A en la que tenga que haber una lengua meta que se intenta aprender. Ello puede derivar del hecho de que en la gran mayoría de los casos en los que por relaciones comerciales se desarrolla un sabir, los grupos que entran en contacto poseen un status social o cultural similar y, por consiguiente, uno de los grupos no busca la identificación o la integración con el otro.

En estas situaciones, las personas hablantes de una posible lengua meta en realidad someten su lengua a una simplificación con el objetivo de propiciar la comunicación, sin intentar en ningún momento presentarla tal como es para proporcionar un modelo que haya de ser imitado o aprendido.

Veamos con más detalle cómo surgió el sabir inglés chino, tal como lo presentan Thomason y Kaufman (1998: 187). Surgió este sabir a finales del siglo XVII, cuando los ingleses establecieron un puesto comercial en Cantón a través de una serie de contactos entre hablantes de inglés que visitaban el puesto y una comunidad permanente de siervos que hablaban cantonés. En este sabir hay una fuerte influencia del cantonés que se manifiesta en rasgos como los siguientes:

(31) Rasgos del sabir inglés chino provenientes del cantonés
- a. Pronunciación de [v] como [b] y mantenimiento de [f].
- b. Uso obligatorio de *piece* como clasificador en construcciones cuantificadoras.
- c. Uso de la cópula en los atributos nominales pero no en los adjetivales.
- d. Uso de la estructura cantonesa para las interrogativas absolutas.
- e. Eliminación en el discurso de un sintagma conectado con el tópico en el comentario.

Además, se ha constatado que no hay rasgos estructurales en este sabir que puedan explicarse únicamente sobre la base del inglés.

Otro sabir interesante (Thomason y Kaufman, 1998: 189) es el sabir ruso-chino que surgió en la ciudad fronteriza de Kiaxta, al sur del lago Baikal, a partir de principios de la segunda década del siglo XVIII y cuyo lexificador es el ruso. Lo más interesante de este sabir es que algunos de sus rasgos estructurales no proceden ni del chino ni del ruso. Al parecer, hablantes de lenguas altaicas tuvieron una cierta influencia en el desarrollo de este sabir. He aquí algunas características de este sabir:

(32) Características del sabir ruso-chino
- a. Estructura silábica abierta: CV (típica de las lenguas altaicas) con pocas cabezas compuestas, que sí son frecuentes en ruso.
- b. Solo hay tres sufijos: uno reflexivo de origen ruso, un sufijo de aspecto imperfectivo derivado del mongol y un sufijo de gerundio.
- c. Las pocas partículas que expresan tiempo y aspecto aparecen después del verbo, como en las lenguas altaicas y no como en ruso.
- d. Una preposición derivada del ruso *za* con múltiples usos. Las preposiciones multifunción son típicas de los sabires.
- e. Presencia de posposiciones, típicas de las lenguas altaicas, como lenguas SOV que son.
- f. La negación suele ir después del verbo: V NEG, con algún caso esporádico de NEG V, que es el orden típico del chino y del ruso.

Como vemos, los sabires, a diferencia de las lenguas criollas, tienen unas características muy específicas y determinadas por su uso limitado.

4.6. Relación entre la criollización y la sabirización

En esta sección se va a tratar sobre la relación entre las lenguas criollas, los sabires y sus lexificadores* europeos.

Siguiendo en parte a Bakker (2008), vamos a definir los siguientes tipos de lenguas obtenidas a través de procesos de criollización y sabirización:

(33) Productos de los procesos de criollización y sabirización
  a. *Presabires**: formas no sistemáticas y muy variables de una lengua segunda utilizada para la comunicación interétnica.
  b. *Sabires*: sistemas normativos de comunicación que han de ser aprendidos, pero no son lenguas nativas.
  c. Lenguas *criollas*: lenguas nativas de una comunidad lingüística.

Una manera de relacionar estos productos es la siguiente:

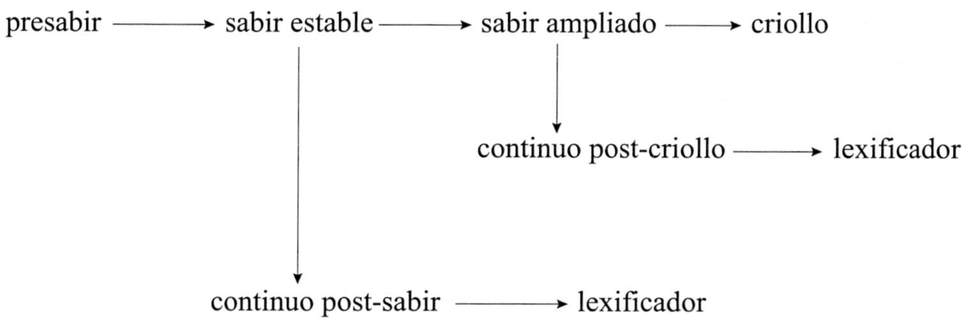

Figura 4.1. Relaciones entre sabires y criollos.

Un sabir estable (S) puede llegar a utilizarse en muchas más circunstancias que las que lo originaron, y entonces pasa a ser un sabir ampliado (SA). Si además se ve fuertemente influido por su lexificador* (LX) la lengua occidental que provee la mayor parte de su vocabulario, puede convertirse en un continuo post-sabir (PS) en el que hay formas lingüísticas que van desde las propias del S como del LX, pasando por formas intermedias que se pueden situar en algún lugar entre los dos polos S y LX.

Un SA puede convertirse en una lengua nativa y transformarse en una lengua criolla (C) o evolucionar hacia un continuo post-criollo (PC) con un LX como uno de los extremos.

El esquema de evolución anterior es de carácter teórico y no necesariamente expresa la idea de que todos los S evolucionan a un SA o que todo SA evoluciona a una C, o que todas las C provienen de un SA o, en resumidas cuentas, que toda C proviene de un S, o que todo S da lugar a una C.

La diferencia más importante entre S y C es el proceso de nativización, mediante el cual la lengua es adquirida de modo natural en la infancia. Mientras que las C son lenguas nativas, los S no lo son, ya que se aprenden en la edad adulta de forma explícita.

Existen diversos tipos de S, dependiendo de las situaciones en las que surgen:

(34) Algunos tipos de sabires (S)

a. Comerciales (SC): surgen para transacciones comerciales.
b. Marítimos (SMA): surgen para la comunicación dentro y entre tripulaciones multilingües.
c. Laborales (SL): surgen en situaciones en las que la fuerza de trabajo es multilingüe.
d. Militares (SMI): surgen en las milicias multilingües.
e. Turísticos (ST): surgen de las necesidades de personas que tratan con turistas, como guías, hoteleros, camareros, policías, abogados, médicos y, en general, personas que tienen que interaccionar con extranjeros.

Un SA, según Bakker (2008: 139), es un caso intermedio entre un S y una C, y se puede definir como una lengua reestructurada que sirve como medio de comunicación general en una comunidad lingüística y que puede tener algunos hablantes nativos, como aquellos niños cuyos padres no tienen lengua común y utilizan un S para comunicarse. Como ejemplos de SA se pueden citar: el sabir de las islas Salomón, el sango, hablado en la República centro-africana, el neomelanesio (Tok Pisin) de Nueva Guinea Papúa o el bislamá de Vanuatu.

Los S y las C difieren marcadamente en sus rasgos estructurales.

En cuanto al orden de palabras, las C presentan de forma mayoritaria el orden básico SVO. Sin embargo, los S presentan una variedad mayor de órdenes posibles de las partes de la oración, similar a la que caracteriza las lenguas en general. La prevalencia del orden SVO en las C podría deberse a su morfología flexiva reducida que hace necesario recurrir al orden de palabras para señalar las posiciones sintácticas básicas, tales como la de sujeto y objeto directo. Es lo que ocurre en el caso de las lenguas naturales que han perdido la mayor parte de su morfología flexiva, como ocurre en el caso del inglés, que es una lengua SVO.

Otra característica universal de las C es la existencia de marcadores preverbales de tiempo (T), modo (M) y aspecto (A), referida habitualmente mediante el acrónimo TMA. Sin embargo, los S no presentan esa uniformidad en lo respectivo a la expresión de los marcadores de TMA, que se realizan de maneras diferentes de las típicas de las C.

Se ha observado también que la morfología flexiva es más frecuente en los S que en las C. Según Bakker (2008: 143), esto se debe a un hecho puramente accidental: muchas C se han originado en situaciones de contacto en las que están implicadas lenguas con poca o ninguna morfología flexiva (por ejemplo, el inglés, el francés hablado o el malayo).

Dentro también de la morfología, las C se caracterizan por un uso sistemático y extendido de la reduplicación, que está virtualmente ausente en los S. Por ejemplo, en la C surinamés de *yere* 'oír' se obtiene por derivación reduplicativa *yere-yere* 'escuchar un poquito o a veces'. Existen diversos usos gramaticales de la reduplicación en las lenguas criollas, tales como los ilustrados a continuación (Parkvall, 2003):

(35) Usos de la reduplicación en las lenguas criollas

a. *Intensivo.* Anobonés: *ngo-ngo* 'querer mucho'; negrolandés: *fru-fru* 'muy temprano'; kinubí: *guwóm-guwóm* 'muy rápido'.
b. *Aspecto iterativo o continuativo.* Criollo inglés nigeriano: *kràj-kràj* 'llorar sin parar'; santotomés: *pega-pega* 'pescar regularmente'; papiamento: *bula-bula* 'ir por ahí saltando'.
c. *Cuantificación distributiva.* Mauriciano: *kat kat* 'cada cuatro'; criollo francés de Costa de Marfil: *sen fran sen fran* 'cinco francos cada uno'.
d. *Pluralización.* Anobonés: *loso-loso* 'grupo de pueblos'; papia kristán: *fem-femi* 'mujeres'.
e. *Atenuación.* Jamaicano: *redi-redi* 'rojizo'; haitiano: *du-du* 'algo dulce'; mauriciano: *fu-fu* 'un poco loco'.

En el caso de los S hay formas reduplicativas, pero en general no contrastan lingüísticamente con las correspondientes formas no reduplicadas.

Otro rasgo en el que difieren S y C es la existencia generalizada en C de ideófonos*, expresiones adverbiales de carácter imitativo u onomatopéyico que no están totalmente integradas en la oración en la que aparecen. He aquí unos ejemplos de lenguas criollas atlánticas (Bartens, 2000):

(36) Ideófonos de las lenguas criollas atlánticas

a. Saramacano: *kakaka* 'muy duro'.
b. Santotomés: *kokoko* 'muy frío', *petepete* 'muy tierno'.
c. Jamaicano: *kulu-kulu* 'abundantemente'.
d. Angolar: *pinini* 'muy pequeño'.

e. Haitiano: *floup* 'rápidamente' (dicho especialmente de tragar), *kenheng-kenheng* 'tosiendo'.
f. Surinamés: *brabra* 'repentino'.
g. Palenquero: *kakrí* 'inmediatamente, rápidamente, inesperadamente'.
h. Krío: *batabata* 'sin sentido'.
i. Caboverdiano: *meñimeñi* 'al amanecer'.
j. Papiamento: *fofó* 'mal olor'.

Los ideófonos* no se dan en los S ni en los SA, incluyendo aquellos con base en lenguas africanas que los conocen. No se han encontrado ideófonos*, por ejemplo, en fanakalo o en sango.

En general, los S tienen menos palabras interrogativas y preposiciones que las C.

Estas son algunas de las diferencias más llamativas que se han podido observar entre los S y las C.

4.7. ¿Son más simples las gramáticas de las lenguas criollas?

Un autor (McWhorter, 2001) ha mantenido que la gramática de las lenguas criollas es la más sencilla o simple de las lenguas del mundo. Esta opinión ha de remitirse a una larga tradición según la cual las lenguas criollas son lenguas simples, primitivas, lenguas europeas degradadas, rotas, descompuestas, etc. En este caso, la diferencia es que el autor mencionado parece remitirse a criterios puramente lingüísticos y aparentemente científicos y objetivos que permitirían confirmar ideas anteriores basadas en meros prejuicios o análisis subjetivos o superficiales. Antes de examinar los argumentos de McWhorter es conveniente establecer los siguientes puntos que hay que tener en cuenta cuando se estudian las lenguas criollas. Para hacer referencia a ellas a lo largo de esta sección se provee una abreviatura:

(37) Criterios para evaluar la gramática de las lenguas criollas
a. Las lenguas criollas son fundamentalmente lenguas naturales orales espontáneas, algunas de las cuales presentan también elaboraciones literarias (LCC).
b. Las lenguas criollas se basan en realidad en versiones aproximativas de las variedades coloquiales e informales de determinadas lenguas europeas (inglés, francés, portugués...) (LAP).
c. Para establecer las posibles diferencias entre las lenguas criollas y las lenguas occidentales en las que se basan, es imprescindible compararlas no con las versiones escritas de éstas, sino con las versiones orales o coloquiales de las que proceden (LCO).
d. La comparación de la gramática de una lengua criolla con la de la lengua occidental en la que se basa no es justificable hacerla a tra-

vés de la gramática estándar de la lengua escrita de ésta, sino solo a través de lo que se podría denominar la gramática dialectal, que puede contener reglas y generalizaciones diferentes de las admitidas en las gramática estándar escrita (GRD).

e. Las gramáticas de las lenguas criollas, debido a la baja consideración que han tenido a lo largo de muchas décadas, han sido mucho menos estudiadas que las gramáticas de las lenguas europeas en las que se basan. Por consiguiente, se dispone de muchos menos datos fiables sobre ellas (GMD).

McWhorter establece además una serie de criterios para mediar la complejidad de la gramática de una lengua. Son los siguientes:

(38) Criterios de McWhorter para determinar la complejidad gramatical de una lengua

a. Inventario fonológico: la complejidad gramatical de una lengua será tanto mayor cuantos más fonemas marcados tenga.
b. Reglas gramaticales: la complejidad gramatical de una lengua será mayor que la de otra si tiene más reglas gramaticales.
c. Explicitud: la complejidad gramatical de una lengua será mayor que la de otra en la medida en que indique de forma expresa distinciones semánticas y pragmáticas más pormenorizadas o sutiles.
d. Flexión: la complejidad de una lengua es mayor que la de otra si presenta morfología flexiva.

A estos criterios McWhorter (2001: 132) añade una hipótesis adicional relativa a la evolución de la complejidad de la gramática:

(39) Hipótesis sobre la evolución de la complejidad gramatical

El transcurso del tiempo hace que las gramáticas de las lenguas que se han hablado durante milenios vean aumentado su grado de complejidad, de modo que todas ellas sean de complejidad similar. Las lenguas de reciente nacimiento no llegan a ese grado de complejidad porque no ha transcurrido el tiempo suficiente para ello. Las lenguas criollas serían un ejemplo de esta situación.

Vamos a examinar los criterios que utiliza este autor para determinar la complejidad de las gramáticas de las lenguas.

Primero, hay que decir que la medida de la complejidad de una gramática no se puede obtener mediante la suma de las complejidades de sus niveles constituyentes. Por ejemplo, si estimamos que el grado de complejidad de una lengua es 3 sobre 10 en fonología, 4 sobre 10 en morfología, 5 sobre 10 en sintaxis, 6 sobre diez en léxico y 7 sobre diez en semántica, no podemos simplemente sumar los resultados, hallar la media y decir que la complejidad gramatical de esa lengua es de 5, es decir, 3 + 4 + 5 + 6 + 7 = 25/5 = 5.

La razón es que los distintos componentes de una gramática están interrelacionados entre sí de muchas maneras, algunas de ellas bastante intrincadas y difíciles de percibir sin un análisis muy profundo, y esas interrelaciones deben ser tenidas en cuenta a la hora de establecer una medición de la complejidad.

Tomemos el caso del inventario fonológico. Según ese criterio, cuantos más fonemas marcados tenga una lengua, más compleja será la fonología de esa lengua. El autor se limita a contar los fonemas de cada lengua comparada para asignar un valor de complejidad a cada una de ellas. Pero esta cuenta deja de lado cuestiones cruciales. Una esencial es que no todos los fonemas de una lengua tienen el mismo uso distintivo: unos se utilizan para diferenciar más morfemas o palabras que otros. Esto se denomina *rendimiento funcional* de los fonemas. Por tanto, no basta con contar fonemas, sino que hay que establecer mediciones del rendimiento funcional de cada uno de ellos.

Pero no solo esto. Consideremos las variedades del español que conocen la fricativa interdental sorda (escrita <z>) con aquellas que no la tienen (en las que a la letra <z> le corresponde siempre el fonema /s/ y que son la inmensa mayoría de las variedades del español). En las primeras se distinguen fonéticamente *cazar* y *casar*, pero en las segundas solo hay una palabra, fonológicamente hablando, que es [kasár]. La interdental fricativa sorda (escrita como <z>) es un fonema claramente marcado frente a la sibilante fricativa sorda [s] y, según el criterio de McWhorter, el sistema fonológico del castellano central es más complejo que el de las diversas variedades americanas.

Pero aquí entra en juego un factor: la interrelación entre los niveles de la gramática, fonología y léxico de una lengua. En las variedades presuntamente menos complejas, que no tienen la interdental fricativa sorda, se da una complejidad mayor en el léxico, dado que la palabra oral [kasár] tiene las acepciones del verbo escrito como *casar* más las del verbo escrito como *cazar*. Por consiguiente, el conjunto de acepciones de la palabra de la lengua hablada /kasár/ de las variedades americanas del español es más complejo, tiene más elementos, que el de la variedad castellana central, en la que [kasár] no tiene las acepciones que se asocian a la palabra que se escribe *cazar*. Por tanto, no se puede deducir en modo alguno que porque una lengua tenga menos fonemas marcados que otra, la gramática o el léxico de esa lengua es menos compleja que la que tiene más fonemas marcados. En efecto, la sintaxis de [kasár] es más compleja que la sintaxis de *casar* y *cazar*, ya que en castellano central *casar* es un verbo de régimen que exige la preposición *con*, pero *cazar* no es un verbo de régimen preposicional. Sin embargo, el verbo [kasár] hispanoamericano tiene todos los regímenes gramaticales asociados con los dos verbos del castellano peninsular estándar y, por tanto, su sintaxis es mucho más complicada que la de *casar*, por una parte, y *cazar*, por otra.

Si, en vez del análisis anterior, optamos por proponer que hay dos verbos [kasár] diferentes homófonos en español hispanoamericano, entonces obtenemos una complicación adicional en la materialización de sus significantes, que no aparece en el español central peninsular.

El número de reglas gramaticales necesarias para describir la gramática de una lengua tampoco es fiable ni utilizable, precisamente porque, como no podemos observar directamente las reglas gramaticales que hay en la mente de las personas que hablan una lengua, quienes estudian esas lenguas han de proponer sus propias formulaciones de esas reglas gramaticales naturales siguiendo determinadas hipótesis y, aquí viene lo importante, dependiendo de esas hipótesis se pueden formular para un mismo fenómeno lingüístico diverso número de reglas gramaticales, dependiendo de dichas hipótesis.

Veamos un ejemplo muy sencillo. Tomemos la oración española *llegaré tarde*. Según algunas gramáticas del español, esta oración se obtiene mediante la elisión del pronombre *yo*; ante ello habría que proponer dicha regla de elisión de sujeto (ESUJ) y añadirla a las reglas de la gramática del español. Además, esa regla de elisión actuaría después de haberse aplicado la regla de concordancia sujeto-verbo; de lo contrario, dicha regla no podría emplearse, al no haber ningún elemento que provoque dicha concordancia.

Existe, sin embargo, otro análisis diferente, según el cual no se aplica regla de elisión alguna, porque lo que hay en la posición de sujeto es un elemento pronominal vacío fonéticamente que, por tanto, no se articula en la forma fonética de la oración, aunque sí está presente en la forma sintáctica de ella. En este caso no hay una regla de elisión, sino presencia de un pronombre silente. La regla de concordancia sujeto-verbo (CONC) actuaría aquí sin problemas.

Un tercer análisis de esta oración considera que no hay ningún pronombre que haya de ser elidido, ni ningún pronombre silente o vacío de contenido fonético, sino una estructura completa en la cual la terminación personal del verbo *llegar-é* es el elemento referencial que sirve para indicar la persona que llega. En esta versión, la expresión *yo llegaré tarde* se obtiene de la primera mediante la adición de un pronombre personal de primera persona que aparece por motivos de énfasis o insistencia. En este caso, hay una regla de adición de un pronombre sujeto (ASUJ) que hace posible derivar *yo llegaré tarde* de *llegaré tarde*, que es justamente el análisis inverso al primero. En este análisis la regla de concordancia (que podemos denominar CONG por *congruencia*) actúa al revés que la anteriormente vista: la flexión verbal impone la persona del elemento añadido por ASUJ.

En resumidas cuentas, tenemos tres análisis posibles:

(40) Tres análisis posibles de *llegaré tarde*
  a. Regla de elisión del pronombre: *yo llegaré tarde* ⇒ *llegaré tarde.* Reglas gramaticales: CONC+ESUJ.
  b. Presencia pronombre silente: [pro^{1sg}] llegaré tarde ⇒ *llegaré tarde.* Reglas gramaticales: CONC.
  c. Regla de adición de pronombre: *llegaré tarde* ⇒ *yo llegaré tarde.* Reglas: ASUJ+CONG.

Hay al menos tres gramáticas distintas que contienen distinto número de reglas y diferentes reglas para una oración tan sencilla como *llegaré tarde.* ¿Cuál es la más compleja?

Es muy difícil determinarlo. A primera vista, podríamos aducir que la gramática de (40b) es la más simple porque solo actúa en este caso la regla CONC, pero esto se hace a costa de introducir un nuevo elemento en la gramática que no se manifiesta fonéticamente: un pronombre silente que hay que añadir a los pronombres fonéticamente realizados, lo cual complica el sistema pronominal del español.

Las otras dos gramáticas contienen dos reglas cada una. Cuáles son las más complejas: es muy difícil establecerlo sin criterios claros. ¿Es más sencillo eliminar un elemento o añadirlo? ¿Es más simple la concordancia flexiva de persona y número entre nombre y verbo, o la congruencia entre una flexión verbal de persona y un pronombre? En estos dos casos el orden de las reglas es diferente: CONC va necesariamente antes que ESUJ, pero CONG solo puede aplicarse después de ASUJ.

Estos sencillos ejemplos nos muestran que el segundo criterio de McWhorter no es en modo alguno seguro para establecer la complejidad de la gramática de una lengua.

El criterio de la explicitud dice que una gramática será más compleja cuanto más pormenorizada o sutil sea la expresión de una distinción semántica o pragmática. McWhorter recurre a este criterio para demostrar que una gramática es más compleja si en ella se expresa de forma patente una distinción muy sutil o pormenorizada. Por ejemplo, McWhorter cita la diferencia en inglés para indicar futuro entre *will* y *going to* y afirma que la diferencia entre ambas es muy sutil o precisa, y eso da a la gramática del inglés un grado de complejidad superior a muchas otras lenguas del mundo. Lo mismo podría aplicarse al español, dado que en nuestra lengua tenemos tres formas de expresar el futuro:

(41) Tres formas de expresar el futuro en español
  a. Futuro inmediato: *(ya) voy*
  b. Futuro cercano: *voy a ir (mañana)*
  c. Futuro lejano: *iré* (*cuando pueda*)

Es evidente que para percibir estas sutilezas o pormenores gramaticales es necesario realizar una investigación detenida y detallada de la lengua que se analiza, y no se puede obtener un conocimiento superficial, fragmentario y no detallado de una lengua cualquiera. Y aquí precisamente el autor que propone este criterio cae en la falacia GMD. Mientras que las gramáticas de lenguas como el inglés estándar o el español estándar llevan siendo estudiadas intensamente por multitud de personas desde hace muchos decenios, las gramáticas de las lenguas criollas han sido menos estudiadas y analizadas y muchas veces se basan en datos fragmentarios y parciales, claramente insuficientes para obtener una visión lo suficientemente amplia; además, apenas hay textos (orales o escritos) en estas lenguas que puedan ser analizados por la comunidad científica.

El resultado de todo esto es que siempre se encontrarán distinciones sutiles y pormenorizadas en las lenguas que han sido analizadas exhaustivamente durante muchos años y será mucho más difícil hacerlo en el caso de lenguas que se conocen y ha estudiado menos. Este criterio está, pues, claramente sesgado por las condiciones bibliográficas existentes.

El último criterio que utiliza McWhorter tiene que ver con la existencia de flexión. Se considera que las lenguas que presentan flexión en su gramática son más complejas que las que no la presentan. Este criterio es muy antiguo en la lingüística moderna y se puede remontar a W. von Humboldt, según el cual la morfología flexiva es la forma más perfecta posible de expresión de las categorías gramaticales. Esto hace que lenguas como el chino o el inglés, que presentan muy poca morfología flexiva, tengan que ser consideradas como menos complejas gramaticalmente que el griego, el ruso o el catalán, que tienen mucha más morfología flexiva. La lingüística moderna ha puesto de manifiesto que esta idea es totalmente falsa: la gramática del inglés o del chino puede ser tan compleja como la del griego, el ruso o el catalán.

Precisamente para salvar al inglés de esta presunta simplicidad gramatical, McWhorter recurre al criterio de la explicitud en el sentido de que aunque el inglés tenga poca morfología flexiva, esa poca expresa unas distinciones gramaticales más pormenorizadas o sutiles que otras lenguas que habrían de considerarse más simples que el inglés, como las lenguas criollas, según este autor.

Por consiguiente, los cuatro criterios utilizados por McWhorter no son en absoluto fiables lingüísticamente para demostrar que las lenguas criollas tienen una gramática más simple que las demás lenguas del mundo.

Además, la hipótesis sobre la evaluación de la complejidad gramatical enunciada por McWhorter y mostrada en el punto (39) carece de toda legitimidad. Se parte de la idea falsa de que las lenguas criollas son lenguas creadas *ex novo*, es decir, de que son lenguas nuevas y, por tanto, no ha habido tiempo suficiente para que desarrollen las complejidades de aquellas lenguas que se llevan hablando durante milenios.

Este punto de vista es totalmente falso. Las lenguas criollas no son invenciones nuevas, como si se trataran de lenguas artificiales inventadas, sino que se basan en variedades orales de lenguas europeas como el inglés o el francés; por tanto, el punto de partida de las lenguas criollas son idiomas que llevan hablándose desde hace siglos y heredan muchas propiedades ancestrales de ellos. Por ejemplo, el verbo haitiano *vini* 'venir' tiene una historia milenaria que se remonta nada menos que a la lengua indoeuropea, madre de la mayor parte de las lenguas de Europa que supuestamente se habló hace varios miles de años. Ese verbo ha ido evolucionando a través del latín vulgar y del francés oral, que se hereda directamente en haitiano. Desde este punto de vista, el haitiano es tan antiguo como el francés moderno.

La diferencia entre el haitiano y el francés coloquial moderno es que quienes desarrollaron aquél lo hicieron en un contexto en el que había pocos hablantes nativos del francés que tomar como modelo y en el que sus lenguas nativas, muy diferentes tipológicamente del francés, ejercieron una influencia en los diversos niveles gramaticales. Por tanto, las lenguas criollas, lejos de ser nuevas, heredan no solo muchos de los rasgos ancestrales de lenguas europeas como el inglés, el francés o el portugués, también heredan, por ejemplo, de lenguas africanas, que se hablan desde hace muchos siglos.

Por consiguiente, los criterios propuestos por McWhorter son claramente inadecuados para establecer o comprobar la presunta simplicidad de las gramáticas de las lenguas criollas.

En la sección siguiente vamos a examinar una lengua criolla para ver si desde algún punto de vista se puede caracterizar su gramática como más simple o sencilla que la de la lengua coloquial occidental de la que procede.

4.8. La gramática del papiamento

El papiamento es una lengua criolla hispánica surgida en la segunda mitad del siglo XVII en la Isla de Curazao y hablada también en Aruba y Bonaire, islas situadas frente a las costas de Venezuela. Se originó por la confluencia del español, portugués, holandés y algunas lenguas africanas. Los datos que se incluyen en el presente resumen provienen de Munteanu, 1996.

De un repertorio de 2.420 palabras de esta lengua criolla se han obtenido los siguientes datos respecto de la procedencia de dichas palabras:

(42) Muestra de la composición léxica del papiamento sobre 2.420 palabras
- a. Español, portugués, gallego: 52
- b. Español: 501
- c. Español/portugués: 660
- d. Español, portugués, gallego: 20

e. Portugués: 89
f. Portugués/gallego: 78
g. Gallego: 83
h. Americanismos: 107
i. Holandés: 683
j. Inglés: 40
k. Francés: 31
l. Otros idiomas europeos: 53
m. Africano, antillano: 23

El sistema fonético del papiamento es tonal. Esto significa que se diferencian palabras a través de los tonos que presentan. Hay dos tonos: uno alto o agudo (pá) y otro bajo o grave (pà). He aquí algunos ejemplos de pares mínimos:

(43) Diferencias léxicas indicadas por el tono
a. *tàpá* 'taparse' / *tápà* 'tapa'
b. *bèntá* 'arrojar' / *béntà* 'venta'
c. *pàrá* 'pararse' / *párà* 'pájaro'
d. *pàpá* 'papá' / *pápà* 'papilla'
e. *rèdá* 'delatar' / *rédà* 'red de pescar'

Además de ello, en papiamento también se pueden distinguir palabras por la posición del acento:

(44) Diferencias léxicas indicadas por el acento
a. *píska* 'pescar' / *piská* 'pez'
b. *pása* 'pasar' / *pasá* 'retrasado'
c. *bári* 'barrer' / *barí* 'barril'
d. *tríbi* 'atreverse' / *tribí* 'atrevido'
e. *hári* 'reírse' / *harí* 'risa'

El sistema fonológico del papiamento consta de diez vocales y de 21 consonantes, es decir, es más complejo en términos puramente cuantitativos que el del español coloquial.

(45) Sistema vocálico del papiamento

i u
ü
e ù ə o
è ò
a

(46) Sistema consonántico del papiamento

	bilabial	labiodental	dental	palatal	velar	glotal
oclusiva	p b		t d		k g	
fricativa		f v	s z	sh zh	x	h
africada				tsh dzh		
líquida			l r			
nasal	m	n		ñ		

Por consiguiente, desde el punto de vista fonológico, el papiamento es más complejo que el español coloquial, si simplemente tenemos en cuenta el número de vocales y consonantes que hay en una y otra lengua. De todas formas, ya hemos dicho que un simple recuento cuantitativo no es suficiente para obtener conclusiones sobre el grado de complejidad de las lenguas. Por tanto, podemos concluir que el papiamento y el español tienen un grado de complejidad similar.

En el ámbito de la morfología del sustantivo, esta categoría presenta diferencias de género solo en los nombres que denotan entidades animadas. La realización de la categoría morfológica de género se puede expresar mediante tres métodos:

(47) Marcación de género en el sustantivo animado

a. Suplencia: *hòmber* / *muhé*, *toro*/ *baka*
b. Morfema de género: *rei*/ *reina*, *konde* / *kondesa*, *amigu*/ *amiga*, *esposo* / *esposa*
c. Composición: *ruman hòmber* 'hermano' / *ruman muhé* 'hermana', *yu hòmber* 'hijo' / *yu muhé* 'hija', *mucha hòmber* 'muchacho' / *mucha muhé* 'muchacha', *buriku machu* 'burro'/ *buriku muhè* 'burra', *palomba* 'paloma' / *palomba gai* 'palomo'

Para expresar el plural, se usa el sufijo *–nan* de origen africano: *kas* 'casa'/ *kasnan* 'casas', *stul* 'silla'/ *stulnan* 'sillas', *buki* 'libro' / *bukinan* 'libros', *amigu* 'amigo'/ *amigunan* 'amigos'. Las reglas de concordancia de número en el sintagma nominal y verbal son diferentes de las del español coloquial. Por ejemplo, con determinantes numerales o cuantificadores plurales se usa el singular: *tres stul* 'tres sillas', *tur buki* 'todos los libros', *tur amigu* 'todos los amigos', aunque también es posible oír en el habla cotidiana *dos amigunan*. Cuando en el sintagma nominal hay un adjetivo, se puede poner la terminación de plural en el nombre o en el adjetivo: *e kasnan bunita* o *e kas bunitan* 'las casas bonitas'; en caso de anteposición del adjetivo, solo se admite la primera opción: *e bunita kasnan*.

Hay dos artículos: uno definido y otro indefinido. El artículo definido tiene una única forma para los dos géneros y los dos números, como ocurre en inglés estándar, así: *e hòmber* 'el honbre', *e muhé* 'la mujer', *e hòmbernan* 'los hombres', *e muhénan* 'las mujeres'.

El artículo indefinido tiene una sola forma para el masculino y el femenino: *un*; para el plural se usa *algun*, que no distingue género: *algun buki* 'unos libros', *algun muhé* 'unas mujeres'.

El verbo no se flexiona para persona pero sí para tiempo, aspecto y modo. He aquí una correspondencia de las formas temporales y aspectuales del papiamento y del español:

(48) Conjugación del verbo

a. Presente de indicativo: *(mi) ta kanta* / (yo) canto
b. Pretérito indefinido: *(mi) a kanta* / (yo) canté, he cantado
c. Pretérito imperfecto: *(mi) tabata kanta*/ (yo) cantaba
d. Futuro imperfecto de indicativo: *lo (mi) kanta* / (yo) cantaré
e. Futuro imperfecto posterior: *lo (mi) ta kanta* / (yo) estaré cantando
f. Potencial imperfecto: *lo (mi) tabata kanta* / (yo) estaría cantando
g. Futuro perfecto posterior: *lo (mi)a kanta* / (yo) habré cantado
h. Potencial simple: *(si mi) kanta* / si (yo) canto / cantaría
i. Subjuntivo presente: *(pa mi) kanta* / [(para) que yo] cante
j. Imperativo: *kanta* / canta, cantad
k. Gerundio: *kantando* / cantando
l. Infinitivo: *kanta* / cantar

El papiamento tiene tres voces: activa, pasiva y reflexiva. Para la pasiva se pueden usar tres auxiliares: *wòrdu, ser* y *keda*:

(49) Ejemplos de oraciones pasivas

a. *E kas ta keda kumprá pa mi tata* 'La casa es comprada por mi padre' / *Mi tata ta kumpra e kas* 'Mi padre compra la casa'
b. *E kas a ser kumprá pa mi tata* 'La casa fue comprada por mi padre' / *Mi tata a kumpra e kas* 'Mi padre ha comprado la casa'
c. *E porta wòrdu iferf kòrá* 'La puerta ha sido pintada de rojo' / *El a ferf e porta* 'Él ha pintado la puerta'

Veamos ahora algunos ejemplos de voz reflexiva:

(50) Ejemplos de oraciones reflexivas

a. Mi ta sinti mi malu 'Me siento mal'
b. Mi ta feita 'Me afeito'
c. El a laba su kurpa 'Se lavó'

La forma con *kurpa* 'cuerpo' precedida de pronombre posesivo aparece con algunos verbos tales como *horka su kurpa* 'ahorcarse', *kansa su kurpa* 'cansarse', *kuida su kurpa* 'cuidarse', *yuda su kurpa* 'ayudarse', *mata su kurpa* 'matarse'. Este mismo procedimiento se ha observado en lenguas europeas como el vasco o el georgiano.

Como otras lenguas criollas y muchas lenguas no criollas, este idioma conoce la polirremia con diversos usos aspectuales o modales; en los siguientes ejemplos veremos casos de uso de dos verbos concatenados (dirremia*):

(51) Ejemplos de dirremia* aspectual
- a. *Dòlfi a kuminsá kanta* 'Dolfi comenzó a cantar'
- b. *El a kab' i kome* ' Acaba de comer'
- c. *El a bolve hari* 'Volvió a reír'
- d. *El a kore bai* 'Se fue corriendo'

En los ejemplos siguientes la construcción dirrémica es eventiva: sirve para introducir una nueva acción:

(52) Ejemplos de dirremia* eventiva
- a. M'a mira bo (ta) Sali 'Te vi salir'
- b. M'a mir'é krusa kaya 'Le vi cruzar la calle
- c. Mi ke (pa) bo bai Punda 'Quiero que vayas a la ciudad'
- d. M'a fia e buki pa lesa e kuenta 'Tomé prestado el libro para leer el cuento'

En los siguientes ejemplos vemos un caso de trirremia* y otro de tetrarremia*:

(53) Ejemplos de polirremia múltiple
- a. Trirremia*: *El a hap, frega su wowonan, rèk su kurpa* 'Bostezó, restregó los ojos y estiró su cuerpo'
- b. Tetrarremia*: *El a kore pasa drenta bira sali den un fregá di wowo* 'Pasó corriendo, entró, dio la vuelta y salió en un abrir y cerrar de ojos'

En papiamento también existe la subordinación adjetiva. Para construirla se usan los pronombres *ku, ken(de), kua(l), loke, lokua(l)*. He aquí algunos ejemplos:

(54) Ejemplos de subordinación relativa
- a. *E kas den kua nos ta biba ta nobo* 'La casa en que vivimos es nueva'

b. *Un mama ku no ta stima su yu no ta un bon mama* 'Una madre que no quiera a su hijo no es una buena madre'
c. *E muhé bieu, ku ta bini awor, ta mi wela* 'La anciana, que viene ahora, es mi abuela'
d. *E kosnan ku mi ta papia di dje* 'Las cosas de las que estoy hablando'
e. *Un hende ku su kurason ta limpi* 'Una persona cuyo corazón está limpio'

Respecto de las últimas de las oraciones, cabe reseñar que el pronombre *cuyo* es muy poco frecuente en el habla coloquial del español moderno, en el que se utiliza de forma generalizada una construcción similar a la del papiamento: *el niño que su padre es médico…* es mucho más frecuente en el español coloquial que *el niño cuyo padre es médico…* Lo mismo puede decirse de una oración como *E homber ku mi ta traha p'e* 'El hombre que trabajo para él', cuya traducción no es gramatical en español estándar pero que aparece frecuentemente en la lengua española coloquial.

Por esta razón y para no caer en las falacias LCO y GRD, no se debería decir que el papiamento ha simplificado en este punto la estructura sintáctica del español, dado que adopta simplemente un mecanismo mucho más usado y extendido que el propio de la lengua estándar escrita.

También existen en papiamento relativas libres, tal como podemos comprobar en los siguientes ejemplos:

(55) Ejemplos de relativas libres
a. *Mi ta gusta loke bo a dunami* 'Me gusta lo que me has regalado'
b. *Mi ta gusta loke ta bunita* 'Me gusta lo que es hermoso'
c. *Mi ta gusta esun ku a kantak* 'Me gusta el que cantó'

Después de ver esta pequeña muestra de la morfología y de la sintaxis del papiamento, es fácil colegir que esta lengua no es un idioma simplificado o empobrecido en modo alguno, sino una lengua normal que posee un grado de complejidad gramatical similar a otras muchas lenguas espontáneas coloquiales que no se consideran criollas.

4.9. Conclusión

En este capítulo se han analizado los sabires y las lenguas criollas. Los primeros son versiones minimizadas de dos o más lenguas que se usan para encuentros breves más o menos periódicos que persiguen unos fines determinados. Se trata de formas de expresión simplificadas de manera más o menos consciente que son útiles en circunstancias particulares. Una muestra inequívoca de la capacidad del ser humano para conseguir la comunicación en un grupo de personas que hablan lenguas ininteligibles. Lejos de mostrar primitivismo o insuficiencia en quienes la usan, pone de manifiesto todo lo contrario: la enorme capacidad del ser humano para superar las barreras que suponen las lenguas que no son mutuamente inteligibles.

Las lenguas criollas son idiomas que surgieron de forma espontánea en determinadas circunstancias que tienen que ver con la explotación esclavista y que normalmente se basan en una versión coloquial de una o varias lenguas europeas con influencias de otras lenguas, muy a menudo africanas. Estas lenguas son manifestación directa de la facultad humana del lenguaje y, por tanto, no pueden dejar de presentar propiedades comunes a todas las demás lenguas del mundo. Todos los rasgos fonológicos y gramaticales que se han detectado en estas lenguas aparecen también en las no consideradas criollas, y puede decirse que ninguna lengua criolla tiene ningún rasgo gramatical, fonológico o léxico que sea exclusivo de este tipo de lenguas, por lo que no pueden ser puestas en un tipo aparte.

A veces se dice que las lenguas criollas son especiales lingüísticamente porque el conjunto de rasgos gramaticales que presentan es característico de ellas y no se da en las lenguas no consideradas criollas. Sin embargo, esto tampoco está demostrado en absoluto. Lenguas no consideradas criollas como el inglés o el chino mandarín (lengua milenaria que se lleva escribiendo desde hace muchos siglos) presentan la mayoría o la totalidad de los rasgos gramaticales que se consideran característicos de las lenguas criollas. Por otro lado, los criterios utilizados para demostrar que las gramáticas de las lenguas criollas son más simples o pobres que las de las demás lenguas no solo carecen de una base sólida, sino que no se pueden aplicar ni siquiera para comparar las lenguas no criollas entre sí, tal como se ha visto en este capítulo.

Las lenguas criollas surgen de la mezcla más o menos rápida de lenguas, y lo único que ponen de manifiesto son las tendencias generales que rigen la combinación o mezcla de dos o más lenguas en general de una forma quizás más explícita o acentuada por las especiales circunstancias sociales en que surgen. Pero no hay ni una sola generalización relativa a la mezcla o combinación de dos lenguas cualesquiera que sea exclusiva de las lenguas criollas, que no se dé en la influencia de una lengua sobre otra en general. Por tanto, hay que concluir que las lenguas criollas son lenguas naturales, coloquiales espontáneas de la misma naturaleza que las demás lenguas orales coloquiales que no se conceptúan como criollas, y no existe un tipo lingüístico criollo que haya que añadir a los tipos lingüísticos reconocidos tradicionalmente por la investigación lingüística tipológica y universalista.

Ejercicio

Sobre la base de los textos de lenguas criollas que se incluyen a continuación, pueden comprobarse de forma práctica las características de estas lenguas.

Textos

I
PAPIAMENTO

El siguiente es un texto papiamento publicado en 1991 en un folleto especial editado por el Servicio Postal de las Antillas Neerlandesas, Curazao, 1991. Está extraído de Munteanu, 1996: 470-474.

WEGANAN OLÍMPIKO

"*Weganan Olímpiko original*. Hitoria de Weganan Olímpiko, ku ta organisá kada kuater aña, ta remontá según algun historiador te na mas o menos 1350 aña promé ku Kristu. Parse ku ta Hercules tabata fundador die e Weganan akí.

Nan tabata wega públiko popular, na kua no tabata kompetí solamente pa mihó prestashon riba tereno di deporte, sino tambe riba tereno di arte poétiko, muzik, deklamashon etc. Tabata tene e weganan akí na Olimpia – p'esei nan yama olimpiada o weganan olímpiko- na honor di Zeus, Dios supremo di griegonan, i di Pélope, un rei mítiko. Olimpia ta un lugá sagrado na Gresia, kaminda graf i altar di Pélope ta.

A organisá e weganan akí te 394 aña despues di Kristu. Despues di e aña ei e emperador romano Teodosio a abolí nan.

Weganan Olímpiko modèrno. Na 1896 a introdusí aktual Weganan Olímpiko. Esakinan ta eksklusivamente dediká na prestashonnan riba tereno di deporte. A tene e promé Weganan Olímpiko modèrno na Gresia, orígen di Weganan Olímpiko.

E medayanan ku ta otorgá pa e diferente ramonan di deporte ta: unu di oro (e medaya máksimo), unu di plata i, komo di tres «premio», un medaya di bròns.

Meskos ku tabata e kaso ku e olimpiadanan original, ta tene Weganan Olímpiko modèrno kada kuater aña, pero awor na diferente siudat na mundu. Ademas, na e weganan aktual deportista di mayoria di pais na mundu ta partisipá.

E pensamentu olímpiko ta (a lo ménos mester ta): gana no ta importante, ma partisipá, no e viktoria ku ta logra, sino e lucha ku ta hiba. E partisipantenan ta prepará nan durante hopi aña pa mehorá nan prestashon.

Un lès importante ku nos por siña di Weganan Olímpiko ta sinti i mustra atmirashon no solamente pa esnan ku gana un medaya, ma tambe pa tur esnan ku a hasi esfuerso pa yega na e prestashonnan mas altu riba tereno di deporte.

Antianan Hulandes i Weganan Olímpiko. Antianan Hulandes a partisipá na diferente Wega Olímpiko modèrno ku un o vários partisipante. E aña olímpiko akñi Servisio Postal di Antianan Hulandes ta emití tres stampia spesial, partikularmente pa rindi homenahe na e Weganan akñi i na tur e persona i oragnisashonnan ku a dediká nan na e olimpiadanan. Tur e tres stampianan akñi, yen di kolorido, por tribi yama nan stampia tropical, tin e sinku sírkulonan ku Komité Olímpiko Internashonal tini den su logo, además di nos globo"

Traducción:

JUEGOS OLÍMPICOS

"*Los Juegos Olímpicos originales.* La historia de los Juegos Olímpicos, que se celebran cada cuatro años, remonta según algunos historiadores, aproximadamente, al año 1350 a.C. Según parece, Hércules fue el fundador de esos Juegos.

Eran juegos públicos populares, en los que no se competía para (obtener) los mejores resultados sólo en el terreno del deporte, sino también en los del arte poético, la música, la declamación, etc. Estos juegos se celebraban en Olimpia —de aquí el nombre de Olimpiada o Juegos Olímpicos— en honor a Zeus, dios supremo de los griegos, y de Pélope, un rey mítico. Olimpia es una ciudad sagrada en Grecia, donde se halla la tumba y el altar de Pélope.

Estos juegos se celebraron hasta el año 394, cuando fueron abolidos por el emperador romano Teodosio.

Los Juegos Olímpicos modernos. En 1896 se iniciaron los Juegos Olímpicos actuales. Éstos están dedicados exclusivamente a las competiciones deportivas. Los primeros Juegos Olímpicos se celebraron en Grecia (lugar de) origen de los Juegos Olímpicos.

Las medallas que se conceden en las diferentes ramas deportivas son: una de oro (máxima distinción), una de plata y, como tercer «premio», una medalla de bronce.

Al igual que en el caso de las Olimpiadas originales, los Juegos Olímpicos modernos se celebran cada cuatro años, pero ahora en distintas ciudades del mundo. Además, en los juegos actuales participan deportistas de la mayoría de los países del mundo.

El pensamiento olímpico es (o al menos tiene que ser): lo que importa no es ganar, sino participar, no la victoria que se logre, sino la lucha que se libra. Los participantes se preparan durante muchos años para mejorar sus resultados.

Una importante lección que podemos aprender en los Juegos Olímpicos es sentir y mostrar admiración no sólo por los que ganan una medalla, sino también por todos los que se esfuerzan por lograr mejores resultados en el campo del deporte.

Las Antillas Neerlandesas y los Juegos Olímpicos. Las Antillas Neerlandesas han participado en varios Juegos Olímpicos modernos, con uno o más participantes. Este año olímpico el Servicio Postal de las Antillas Neerlandesas emite tres sellos especiales, particularmente para rendir homenaje a estos Juegos y a todas las personas y organismos que han venido dedicándose a las Olimpiadas. Los tres sellos, (tan) llenos de colorido, que se pudieran llamar sellos tropicales, tienen en común los cinco círculos que luce el logotipo del Comité Olímpico Internacional, además de nuestro globo."

II
TOK PISIN

El siguiente texto es del sabir estabilizado de base inglesa *tok pisin*, conocido también como neomelanesio, que se habla en Papua Nueva Guinea (Bajao y Dicks, 1991: 75-76, 86-89):

1. Cletus bin wasim ol glas na ol plet. Mary bin klinim haus na Noel i katim gras. Noel na Cletus i wok long pilai volibol. Cletus i stap pilai volibol na Noel i stap pilai jes.
   [Cletus washed the glasses and the plates. Mary cleaned the house and Noel cut the grasses. Noel and Cletus are playing volleyball. Cletus is playing volleyball and Noel is playing chess]
2. Cletus i wok long pilai volibol tasol Mary i wok long klinim haus. Papa bilong mi bin go long gaden tasol mama bilong mi bin stap long haus. Em i bin go long Goroka tasol mi bin go long Rabaul. Edith laik long kaikai banana tasol Mary laik long kaikai popo. Bai mipela go long Port Moresby tasol bai mipela no nap go pilai ragbi.
   [Cletus is playing volleyball but Mary is cleaning the house. My father went to the farm but my mother stayed ath the house. He went to Goroka but I went to Rabaul. Edith wants to eat banana but Mary wants to eat papaya. We will go Port Moresby but we will not go to the rugby game.]
3. Em stap pinis hia wanpela yiar tasol em i no save yet long Tokpisin. Em i stap pinis paipela krismas tasol em i ni go yet log Misium. Em bin holim buk long tupela mun nau tasol em i no ridim yet. Cletus bin go long ples bilong en tasol em i no bin visitim papamama bilong en. Mary bin go long maket tasol em i no bin baim kumu.
   [He has been here for one year but he could not speak Pidgin yet. He has been five years but he has not been to the museum yet. He has the book for two months now but he has not read it yet. Cletus went home to his village but he did not visit his parents. Mary went to the market but she didn't buy greens.]

4. Em i kaikai pinis tasol em angre yet. Em save kaikai planti tasol yet, em bun nating.
   [He has already eaten, but he is still hungry. He eats a lot but he is still thin.]
5. Man we i wok long wokabaut i go daun long rot, em I papa bilong mi. Meri we I wok long wasim ol klos long wara, em i mama bilong mi. Lilik boi i wok long pilai tambolo wara, em I pikinini bilong mi.
   [The man walking down the street is my father. The woman washing clothes in the river is my mother. The little boy playing down the river is my son.]
6. Pik bilong husat I bin kaikai kaukau long gaden bilong mi? Dog bilong husat i stap singaut na raun nabaut?
   [Who owns the pig that ate the sweet potato in my field? Who owns the dog that is barking and running around?].

5

Multilingüismo, sociedad, política e ideología

5.1. Orígenes y desarrollo de la diversidad lingüística y del multilingüismo: evolución, mitología e ideología

La existencia del multilingüismo en el mundo ha sido vista en muchas ocasiones como una situación originada por el mal comportamiento de la humanidad que, disponiendo de una única lengua original o primigenia, fue creando una diversidad lingüística que entorpece y dificulta la comunicación y la comprensión entre los seres humanos. Estamos ante el mito retrospectivo de la lengua primigenia universal que unía y hermanaba a toda la humanidad y que fue desvirtuada, diversificada y deshilachada por la ambición y la soberbia humanas. Ese mito es complementado con otro de carácter prospectivo según el cual la humanidad conseguirá en un futuro no muy lejano unificar su medio de comunicación mediante el surgimiento de una lengua global o universal. Estos son los aspectos esenciales el mito del multilingüismo:

(1) Los dos mitos del monolingüismo global
   a. *Mito retrospectivo:* en una época muy lejana la humanidad disponía de una única lengua con la que comunicarse con sus semejantes.
   b. *Mito prospectivo:* en un futuro no muy lejano la humanidad dispondrá de una lengua global o mundial con la que podrá comunicarse con sus semejantes.

En el capítulo 11 del Génesis, en el episodio que trata sobre la construcción de la Torre de Babel, se empieza diciendo que la humanidad disponía de una lengua única que permitía coordinarse para ejecutar grandes obras como la de una torre que llegara al cielo. La intervención divina generadora de la diversidad lingüística se ve como un castigo ante la soberbia humana, que ocasionó que las diversas naciones no pudieran colaborar entre sí para llevar a cabo grandes obras conjuntas. La división en lenguas y naciones imposibilita acciones conjuntas de la humanidad entera hacia un determinado fin y es fuente de rivalidades, envidias, conflictos y guerras. La diversidad de naciones y lenguas se presenta como un obstáculo para la colaboración en hermandad de la humanidad.

Es interesante el episodio del libro de los Jueces (capítulo 12) del Antiguo Testamento referente a la palabra *shibboleth*, utilizada en la guerra entre efraimitas y galaditas.

> Los galaditas se apoderaron de los vados del Jordán, enfrente de Efraím; y cuando llegaba alguno de los fugitivos de Efraím, diciendo "dejadme pasar", le preguntaban: "¿Eres efraimita?". Respondía: "No". Entonces ellos le decían: "A ver, di: *shibboleth*", y él decía *sibbolet*, pues no podían pronunciar así. Los hombres de Galad le cogían y le degollaban junto a los vados del Jordán. Murieron entonces cuarenta y dos mil hombres de Efraím.

En este pasaje se utiliza una pequeña diferencia en la pronunciación para delatar la pertenencia de una persona a una determina etnia y, en este caso, a una determinada comunidad lingüística. La lengua y, en este caso, la pronunciación funcionan, por tanto, como un indicativo seguro de pertenencia a una comunidad. Y así suele ocurrir a través del fenómeno del acento extranjero. Una persona puede aprender a hablar fluidamente una lengua de una comunidad a la que no pertenece, pero en la mayoría de casos su acento extranjero, más o menos marcado, le delatará sin remedio.

Desde este punto de vista, la lengua como marca de una identidad social se puede considerar como parte integrada de las capacidades lingüísticas humanas. Según recoge Nettle (1999: 57), hay muchos datos experimentales que muestran que las personas están más dispuestas a cooperar con quienes tienen su mismo dialecto que con quienes tienen diferentes dialectos, incluso cuando las diferencias dialectales son lo suficientemente pequeñas para no impedir la intercomprensión. Las sociedades han sido, durante la mayor parte del tiempo que la humanidad lleva sobre el planeta, conjuntos más o menos nebulosos de alianzas sociales basadas en la interacción cara a cara entre individuos. Incluso en las sociedades industrializadas, esta interacción sigue teniendo una gran importancia, tal como pucdc comprobarse en las reuniones, congresos, convenciones, entrevistas de trabajo, audiencias y actos de todo tipo en los que hay interacción cara a cara entre personas.

Las sociedades tradicionales, y en buena medida también las contemporáneas, son impresionantes sistemas de ayuda mutua que permiten a las personas resolver problemas sociales que no podrían afrontar y solventar en solitario.

La cooperación será mucho más estable si los grupos desarrollan una forma característica de hablar e insisten en la observancia de esa forma de habla como criterio para acceder al grupo social.

Esto se debe a que aprender una forma de hablar concreta, un dialecto o una variedad local es un proceso difícil y bastante largo. Por tanto, cualquier persona que lo consiga será porque ha tenido una larga, continuada e intensa relación con los miembros de ese grupo social y, por tanto, se puede sentir ya miembro del grupo. Además, este lento y dificultoso aprendizaje hace mucho más difícil que una persona deje el grupo, dado que en cualquier otro grupo sería reconocido inmediatamente como un extranjero y tendría que comenzar de nuevo el largo y costoso aprendizaje de una nueva variedad lingüística o lengua.

Por consiguiente, el dialecto social es una señal de afiliación a un grupo determinado, y en su origen, la selección social fue un mecanismo para señalar y reforzar la pertenencia a un grupo cooperativo.

A grandes y extensas redes sociales le habría de corresponder cierta uniformidad lingüística, y a redes sociales pequeñas y más autocontenidas le corresponderá una diferenciación lingüística mayor.

La posibilidad de cambiar de grupo, de pasar de un grupo a otro, debió de ser muy importante para propiciar la supervivencia en unos contextos tradicionales de determinas personas o de grupos pequeños. Eso significa que se debió de desarrollar una capacidad para entender y usar formas de hablar diferentes a las propias.

De aquí se desprenden dos hechos importantes:

(2) Hechos que dan cuenta de la diversidad lingüística
- a. Toda comunidad tiende a desarrollar formas de hablar peculiares a esa comunidad.
- b. Todas las personas o grupos dentro de una comunidad tienen la capacidad o habilidad de aprender a entender o a hablar la lengua de otra comunidad lingüística diferente.

El primer aspecto da cuenta de la diversidad lingüística; y el segundo aspecto, de la capacidad de todos los seres humanos para entender y/o hablar lenguas diferentes a las propias, que atenúa los efectos negativos de dicha diversidad.

Por otro lado, la cooperación o encuentro entre comunidades diferentes es también un acicate importante para la asimilación y promoción del multilingüismo. El multilingüismo es el mecanismo que ha desarrollado la humanidad a lo largo de su dilatada historia para, preservando la lengua como medio de cohesión e identificación grupal y social, conseguir la cooperación entre comunidades de lenguas diferentes.

2.2. Dos concepciones del papel de la lengua en la comunicación humana

Vamos a examinar en esta sección dos enfoques muy diferentes, en muchos aspectos contradictorios aunque pueden hacerse compatibles, del papel de la lengua en la comunicación humana, que tienen una poderosa influencia en la evaluación y estudio, tanto de la diversidad lingüística como del multilingüismo. Se pueden enunciar de la siguiente manera:

(3) Dos enfoques del papel fundamental de la lengua en la comunicación humana
   a. *Enfoque instrumental-referencial* (IR): La lengua es un instrumento de transmisión de información.
   b. *Enfoque representacional-social* (RS): La lengua es un medio de expresión de las visiones y concepciones individuales y sociales sobre el mundo.

Los enfoques IR y RS son puntos de vista, es decir, resaltan un determinado aspecto de la función de la lengua en la comunicación humana como originario, primordial o básico. En el IR se considera que el papel fundamental, básico o primitivo de la lengua en la comunicación humana es la transmisión de información útil para la supervivencia. En el enfoque RS se considera que el papel fundamental, básico, originario o primitivo de la lengua en la comunicación humana es la expresión material de las representaciones mentales de las personas, a través de las cuales se puede construir un entramado cooperativo y cohesivo que da lugar a comunidades humanas que tienen la posibilidad de sobrevivir. La lengua hace posible que podamos *leer* la mente de los demás, lo cual es imprescindible para entablar, reforzar y desarrollar la cooperación y la colaboración entre los seres humanos.

El enfoque IR no excluye el uso de la lengua como forma de expresión de las representaciones, ni el enfoque RS excluye que las lenguas se usen para transmitir información. En IR el uso de las lenguas como expresión de representaciones individuales y sociales es derivado o secundario; mientras que en RS el uso de las lenguas como medio de transmisión de la información es el que es derivado o secundario.

Los mitos prospectivo y retrospectivo de la supuesta única lengua común de la humanidad, vistos en la sección anterior, se basan en la ideología de la lengua como sistema de comunicación, como un instrumento de transmisión de información, en la concepción IR. Las ideas fundamentales del enfoque comunicativo o instrumental-referencial de las lenguas humanas se basan en los siguientes supuestos:

(4) Elementos fundamentales del enfoque IR
   a. Las lenguas humanas son instrumentos para transmitir información.
   b. La información transmitida por las lenguas es autónoma e independiente de ellas; es totalmente objetiva.
   c. La comunicación lingüística se limita a expresar de forma material una información preexistente.
   d. Las lenguas que se utilicen no afectan en nada esencial al contenido de los mensajes transmitidos.

Veamos ahora las ideas básicas del otro enfoque:

(5) Elementos fundamentales del enfoque RS
   a. Las lenguas humanas son formas de materialización de las representaciones individuales y sociales.
   b. La información transmitida por las lenguas humanas depende de esas representaciones, no es totalmente objetiva.
   c. Cada lengua humana como materialización particular o única de unas determinadas representaciones individuales y sociales es señal o síntoma de ellas.
   d. Como ninguna lengua materializa de forma biunívoca o total todos los elementos o características de las representaciones humanas, cada lengua es una ventana o indicio explícito y único de las características o aspectos diferentes de dichas representaciones.

No es fácil explicar desde el enfoque IR la diversidad lingüística, dado que si las lenguas se han desarrollado para transmitir información humana esencial para la supervivencia, no se ve la razón por la cual existe esa diversidad, que supone una barrera importante para la transmisión de esa información entre comunidades humanas diferentes. Por otro lado, si la información transmitida por las lenguas es objetiva e independiente de ellas, se deduce que la traducción entre lenguas será perfectamente posible porque los contenidos deducibles a partir de cada una de ellas son independientes de su estructura y configuración, por tanto, pueden tener un carácter mucho más universal que el de las propias lenguas.

Desde el punto de vista del enfoque RS, la diversidad lingüística se explica porque cada comunidad utiliza su lengua para expresar materialmente de modo parcial (las representaciones materiales de las entidades mentales no pueden ser totalmente explícitas) sus representaciones y concepciones individuales y sociales. Por tanto, queda explicada la diversidad lingüística. Ahora bien, si cada lengua expresa las representaciones o concepciones típicas de cada comunidad lingüística, entonces no parece fácil ni inmediato explicar la posibilidad de traducir de una lengua a otra, ni tampoco los aspectos universales de las lenguas en tanto que instrumentos de comunicación de verdades o concepciones objetivas, independientes de los individuos y de las sociedades.

Sin embargo, este enfoque SR no lleva al aislamiento ni a la incomprensión entre comunidades, dado que las representaciones mentales individuales y sociales de los seres humanos tienen un sustrato biológico universal, común a todos los seres humanos, y las mismas comunidades humanas comparten muchos condicionantes biológicos, evolutivos, ambientales, genéticos, que hacen que las representaciones individuales y colectivas de las comunidades humanas tengan muchos rasgos en común, sean homogéneas, como característica de una única especie animal.

5.3. La diversidad lingüística y el multilingüismo desde las dos concepciones del papel de la lengua en la comunicación humana

Cada uno de los dos enfoques sobre el papel de la lengua en la comunicación humana esbozados en la sección anterior produce una concepción diferente de la diversidad lingüística y del multilingüismo. La forma en que se ve la diversidad lingüística desde el enfoque IR se puede resumir en los siguientes postulados:

(6) La diversidad lingüística vista desde el enfoque IR
- a. La diversidad lingüística es un obstáculo para la transmisión universal de la información.
- b. La diversidad lingüística puede desvirtuar o deformar la información transmitida.
- c. La diversidad lingüística dificulta o impide la comunicación generalizada.
- d. La diversidad lingüística es un obstáculo para la cooperación y la cohesión y, en general, para el avance de las sociedades.

De estas ideas que ponen en cuestión las ventajas de la diversidad lingüística se derivan otras tantas relativas a las desventajas del multilingüismo sobre el monolingüismo:

(7) El multilingüismo visto desde el enfoque IR
- a. El multilingüismo dificulta la transmisión de información.
- b. El multilingüismo es origen de malos entendidos y fallos en la comunicación.
- c. El multilingüismo puede ocasionar desacuerdos y fallos en la coordinación.
- d. El multilingüismo puede originar conflictos y desavenencias en las sociedades y dificulta su desarrollo.

Frente al multilingüismo, el monolingüismo se concibe como facilitador de la comunicación y potenciador de la cooperación y del desarrollo:

(8) El monolingüismo visto desde el enfoque IR
  a. El monolingüismo facilita la transmisión de información.
  b. El monolingüismo facilita la comprensión.
  c. El monolingüismo potencia la cooperación y la competencia.
  d. El monolingüismo contribuye a potenciar la cooperación y la cohesión y, por consiguiente, facilita el desarrollo y avance de las sociedades.

Desde el punto de vista del enfoque SR, tanto la diversidad lingüística como el multilingüismo se conciben de una forma muy distinta.

(9) La diversidad lingüística vista desde el enfoque SR
  a. La diversidad lingüística contribuye a la riqueza referencial y cultural de la humanidad.
  b. La diversidad lingüística incrementa tanto la cantidad como la calidad de la información cognitiva y cultural humana.
  c. La diversidad lingüística enriquece y potencia la comunicación humana.
  d. La diversidad lingüística estimula, desarrolla y potencia la colaboración y cohesión entre las comunidades humanas.

Veamos ahora la forma en la que se ve el multilingüismo desde este enfoque:

(10) El multilingüismo visto desde el enfoque SR
  a. El multilingüismo potencia la riqueza comunicativa humana.
  b. El multilingüismo estimula la adaptación y comprensión entre las diferentes comunidades humanas.
  c. El multilingüismo puede ayudar a una comprensión y colaboración de mayor calidad entre las comunidades.
  d. El multilingüismo puede ayudar a evitar desavenencias y conflictos entre las comunidades humanas.

El monolingüismo desde la perspectiva SR puede caracterizarse de manera negativa en los siguientes términos:

(11) El monolingüismo visto desde el enfoque SR
  a. El monolingüismo dificulta la transmisión de información entre comunidades humanas.

b. El monolingüismo dificulta la comprensión y el entendimiento entre comunidades humanas.
c. El monolingüismo dificulta la cooperación y la cohesión.
d. El monolingüismo dificulta o entorpece el desarrollo y el avance de las sociedades.

Si examinamos la historia de la humanidad, podremos caer en la cuenta de que por más que se ha intentado hacer homogéneas lingüísticamente las comunidades humanas a lo largo de diferentes períodos de la historia, en los que se ha promovido la generalización de una lengua en un territorio amplio, la lengua del imperio (como veremos en la sección 6), dicha universalización o generalización de una única lengua, no solo no ha acabado con la diversidad lingüística, sino que ha convivido con ella y en muchas casos ha sido vencida por ella. Es lo que ha ocurrido con el latín: de ser lengua universal de un imperio quedó convertida o transformada a través de los mecanismos naturales de cambio lingüístico en una gran multiplicidad lingüística que incluye todas las lenguas romances actuales: gallego-portugués, español, catalán, francés, occitano, franco-provenzal, italiano, sardo, romance y rumano, entre otras.

Esto significa que la humanidad no está preparada para el monolingüismo y sí para el multilingüismo. La capacidad lingüística humana es esencialmente plurilingüe, tal como hemos tenido ocasión de comprobar en el capítulo primero del presente libro. Por otro lado, la humanidad se ha caracterizado desde sus más tempranos inicios por la movilidad y la emigración. Grupos humanos han ido ocupando progresivamente diversas regiones del planeta a partir de la cuna africana, y las sucesivas migraciones han ido poniendo en contacto unos grupos humanos con otros de forma continuada a lo largo de la historia. Esto ha ocasionado que el encuentro entre comunidades lingüísticas diferentes haya sido la norma, más que la excepción, en nuestra historia como especie. Por ello, la naturaleza humana, tanto biológica como social y cultural, está marcada por la impronta del multilingüismo.

5.4. Aspectos familiares y sociales del multilingüismo

Las lenguas se usan en comunidades lingüísticas. La comunidad lingüística más pequeña es la familia y dentro de ella no solo es posible el bilingüismo y el multilingüismo*, sino que también se pueden dar situaciones muy diferentes. De hecho, la lingüista S. Romaine, en su libro sobre el bilingüismo (Romaine, 1995: 183-185) estableció la siguiente tipología de la transmisión del bilingüismo dentro de la unidad familiar. En ella no solo se tienen en cuenta las lenguas de los padres y madres, sino las de la sociedad en la que la familia está inserta.

(12) Tipología del bilingüismo adquirido en edad temprana

a. Tipo 1: monolingüe (MON). Padres y madres: tienen diferentes lenguas nativas, con algún grado de conocimiento de las no nativas usadas en la familia. Comunidad: una de las lenguas de la familia es la lengua dominante de la comunidad. Estrategia: cada uno de los padres y de las madres hablan a sus hijos en su propia lengua nativa o habitual.

b. Tipo 2: multilingüe diglósica (MULDI). Padres y madres: tienen diferentes lenguas nativas. Comunidad: una de las lenguas de la familia es la lengua dominante de la comunidad. Estrategia: en la familia se hablan lenguas no dominantes, de modo que los hijos están expuestos a la lengua dominante solo cuando están fuera del ámbito familiar.

c. Tipo 3: monolingüe no dominante (MONDO). Padres y madres: tienen la misma lengua nativa. Comunidad: la lengua dominante no es la familiar. Estrategia: los padres y madres hablan su propia lengua a sus hijos.

d. Tipo 4: multilingüe no dominante (MULNDO). Padres y madres: tienen diferentes lenguas nativas. Comunidad: la lengua dominante no es ninguna de las usadas en la familia. Estrategia: los padres y madres hablan su propia lengua a sus hijos.

e. Tipo 5: monolingüe no nativa (MONNA). Padres y madres: tienen la misma lengua nativa. Comunidad: la lengua familiar es la dominante en la comunidad. Estrategia: uno de los padres o madres siempre habla a sus hijos en una lengua que no es su lengua nativa.

f. Tipo 6: multilingüe (MUL). Padres y madres: son bilingües. Comunidad: parte de la comunidad puede ser también bilingüe. Estrategia: en la familia se alternan y mezclan las lenguas.

Según esta tipología, cada una de las personas que ha adquirido dos o más lenguas en cada una de estas situaciones presentará un bilingüismo cualitativamente diferente, con diferentes representaciones mentales y diferente comportamiento bilingüe.

En este punto conviene distinguir entre el bilingüismo* o plurilingüismo* individual, descrito en los dos primeros capítulos del presente libro, y el bilingüismo o multilingüismo social.

El plurilingüismo individual se refiere al número de lenguas en las que una persona tiene competencias sintéticas y analíticas. El multilingüismo social hace referencia al número de lenguas que se hablan dentro de una comunidad lingüística en la que puede haber personas plurilingües y personas no plurilingües. En general, tenemos la siguiente casuística:

(13) Interacción entre plurilingüismo individual y multilingüismo social

a. *Plurilingüismo individual y social.* Por ejemplo, el caso de Cataluña, donde hay dos lenguas oficiales y una mayoría de la población tiene competencia analítica y/o sintética en esas dos lenguas.

b. *Plurilingüismo individual y monolingüismo social.* Por ejemplo, en España solo hay una lengua oficial en todo el Estado, el español, por lo que hay monolingüismo oficial; sin embargo, hay importantes comunidades donde abundan las personas plurilingües (sobre todo en Galicia, Asturias, País vasco, Navarra, Cataluña, Valencia o Baleares).

c. *Monolingüismo individual y multilingüismo social.* Es el caso de Suiza, un país donde hay cuatro lenguas oficiales: alemán, francés, italiano y romanche, pero se estima que solo un 6 por ciento de la población tiene conocimientos de esas cuatro lenguas. Cada uno de los cantones que componen la federación son predominantemente monolingües; de los 26 catones, 22 son oficialmente monolingües. Otro ejemplo es Bélgica, que tiene tres lenguas oficiales: neerlandés, francés y alemán, pero solo una pequeña parte de la población conoce suficientemente las tres lenguas, menos del 20 por ciento.

d. Monolingüismo individual y social. Se da en países pequeños que tienen una sola lengua oficial, que coincide con la de la comunidad que las habita, por ejemplo, Cuba o Islandia.

Una comunidad lingüística no es simplemente un conjunto de personas que habla la misma lengua, sino un complejo entramado de relaciones de solidaridad y de identificación entre personas que se conciben como pertenecientes a la misma comunidad. Por eso, una comunidad lingüística es una comunidad de prácticas comunicativas, más que un conjunto de personas que comparte la misma lengua.

En el caso de las comunidades lingüísticas multilingües, hay relaciones comunicativas que tienen que ver no necesariamente con el uso activo de las lenguas, sino con su uso pasivo, es decir, con competencias bilingües analíticas. Por ejemplo, en el País Vasco no es infrecuente encontrar personas que no hablan euskera pero que lo entienden bien o muy bien y, por tanto, pertenecen a la comunidad bilingüe vasca. De hecho, muchas de estas personas pueden ser conceptuadas como bilingües activos por personas euskaldunes que interactúan con ellas en euskera de forma fluida y sin problemas.

En general, cuando se habla de comunidades bilingües o multilingües se piensa en un estado-nación. Estas comunidades nacionales no se basan en la interacción de las personas a través de la comunicación individual cara a cara, dado que pueden constar de miles o cientos de miles de personas, sino en la difusión y aceptación colectiva de una serie de creencias, referencias, valores, opiniones, lealtades e identificaciones que constituyen lo que Anderson denomina *comunidades imaginadas*. De esta forma existe, por ejemplo, una ideología basada en una lengua estandarizada escrita y en una serie de valores culturales, ideológicos y políticos de cariz internacional que presenta a cientos de millones de personas como pertenecientes a una única comunidad lingüística homogénea. Se trata de la ideología del panhispanismo, que conforma una comunidad imaginada fundamentada en un idioma, el español, que en este caso trasciende las fronteras de un estado concreto. Algo similar puede decirse de la francofonía, que une a todos los países en los que el francés desempeña un lugar importante en la sociedad o en la anglofonía, que cohesiona cultural e ideológicamente a cientos de millones de personas que tienen una serie de referencias lingüísticas y culturales comunes.

Volviendo al ámbito estatal, dado que hay unos doscientos estados políticamente independientes y varios miles de lenguas habladas y señadas en todo el mundo, queda claro que todos los estados del mundo son multilingües en mayor o menor grado. Hay estados en cuyo territorio se hablan cientos de lenguas. He aquí una pequeña lista con un número aproximado de lenguas:

(14) Algunos estados multilingües
- a. Nueva Guinea-Papúa: más de 800 lenguas
- b. Indonesia: más de 700 lenguas
- c. Nigeria: más de 500 lenguas
- d. India: más de 400 lenguas
- e. EE. UU.: más de 360 lenguas
- f. México, China: algo menos de 300 lenguas

Es habitual que en los estados-nación europeos, la lengua dominante, la adoptada por el Estado como lengua oficial (español en España, francés en Francia...), sea impuesta a toda la ciudadanía por medios más o menos coercitivos, con lo cual aquellas comunidades que tienen una lengua diferente dentro de ese Estado se ven obligadas a bilingüizarse, mientras que las que tienen como nativa la lengua del Estado permanecen unilingües. Es el caso que se ha producido en España, donde las comunidades catalana, gallega y vasca son comunidades bilingüizadas, mientras que otras comunidades que tienen el español como lengua nativa permanecen en general monolingües o son difícilmente bilingüizables en las lenguas no oficiales en todo el Estado.

En general, el proceso mediante el cual una lengua dominante se ve mayorizada en un determinado estado tiene como consecuencia la minorización de otras lenguas usadas en el territorio de ese estado, la bilingüización de la población en esa lengua dominante y en última instancia un proceso de desplazamiento y sustitución lingüística de la lengua minorizada* por la mayorizada*. Podemos definir estos conceptos de la siguiente manera:

(15) Dos tipos de lengua en los estados-nación

a. *Lengua mayorizada* (LMAY): aquella que se extiende más allá de su territorio originario a territorios originarios de otras lenguas que pertenecen a la misma entidad política (Estado, federación, imperio) mediante un proceso, normalmente impuesto, de bilingüización* de la población de esos otros territorios.

b. *Lengua minorizada* (LMIN): la lengua de una población que ha sido bilingüizada, de forma habitualmente forzosa o imperativa, en una lengua mayorizada adoptada como oficial dentro de una entidad política a la que pertenece dicha población y que ha experimentado un proceso de retracción territorial y social que la ha menguado tanto en número de hablantes como en la amplitud, frecuencia e intensidad de su uso.

Es claro que una LMIN adquiere su estatus a través de una LMAY cuya extensión induce dicho estatus.

En general, los procesos de desplazamiento lingüístico (DL) implican una LMAY y varias LMIN. Este proceso tiene tres etapas más o menos definidas (May, 2001: 1-2).

(16) El proceso de desplazamiento lingüístico (DL)

a. Etapa 1: Se caracteriza por una presión creciente sobre los hablantes de una LMIN para aprender y usar una LMAY. Origina una progresiva mengua del uso de la LMIN en diversos ámbitos de la sociedad y da lugar a situaciones de diglosia.

b. Etapa 2: Se caracteriza por un periodo de bilingüismo entre la LMAY y la LMIN, en el que se utilizan ambas lenguas aunque con una disminución continuada del número de hablantes de LMIN y un aumento continuado de hablantes de LMAY.

c. Etapa 3: Puede darse en un período de solo dos o tres generaciones y se caracteriza por el refuerzo de la LMAY y el abandono de la LMIN, que acaba siendo solo recordada por un grupo residual de personas, aunque ya no es un vehículo generalizado de comunicación.

En general unas pocas lenguas, normalmente europeas, son oficiales en muchos estados. Por ejemplo, el inglés es oficial o lengua dominante en más de 98 estados; el francés, en más de 50; el español es oficial o lengua dominante en más de 20 países del mundo. Estas lenguas dominan en el sistema educativo de los países del orbe. De hecho, solo un 10 por ciento de las lenguas del mundo se emplea en este momento en los diversos sistemas educativos existentes. Esto se debe a que la mayor parte de las lenguas del planeta no se escriben, no se reconocen oficialmente, están restringidas a un uso local o familiar y son habladas por comunidades muy pequeñas. Todo ello es reflejo de las posiciones de dominio dentro del mercado lingüístico mundial.

Para tener en cuenta la diversidad lingüística real de un estado, territorio o ciudad es necesario no solo registrar sus lenguas autóctonas, sino también las lenguas que aportan los inmigrantes. En general, las comunidades lingüísticas inmigrantes son poco o nada tenidas en cuenta en la gestión social del multilingüismo, a pesar de que en algunos casos son muy numerosas: por ejemplo, la comunidad arabófona en Francia o la turcófona en Alemania, por no hablar de las comunidades chinas o indias, que son también muy numerosas en diferentes países europeos.

Desde el punto de vista de las lenguas autóctonas minorizadas, se pueden distinguir tres tipos de lenguas: las que se hablan en un único estado (uniestatales), las que se hablan en varios estados (pluriestatales) pero están minorizadas, y las de ámbito local. Las comunidades lingüísticas minorizadas pueden ser cohesivas y/o adyacentes, según exista una conciencia unitaria entre ellas y/o estén situadas en estados contiguos.

(17) Tipología de las comunidades lingüísticas minorizadas

a. *Uniestatales y cohesivas:* friulana (Italia), sarda (Italia), galesa (Reino Unido de Gran Bretaña)
b. *Pluriestatales, adyacentes y cohesivas:* vasca (España y Francia), catalana (España, Francia, Italia y Andorra).
c. *Pluriestatal, no adyacente y no cohesiva:* romaní (diversos estados de Europa).

Un fenómeno que tiene que ver con la gestión social del multilingüismo fue bautizado por el lingüista Charles Ferguson con el nombre de *diglosia**. He aquí la definición que da este autor (Fasold, 1996: 78):

(18) Definición de diglosia

Es una situación lingüística relativamente estable en la que además de los dialectos primarios de una lengua (que pueden incluir un estándar o estándares regionales), hay una variedad superpuesta muy divergente fuertemente codificada (a menudo más compleja gramaticalmente) que es el vehículo de un prestigioso repertorio de literatura escrita, y es estudiada y aprendida mediante una educación reglada y se usa en los ámbitos formales y escritos, pero no se usa en la conversación diaria.

Esta definición tiene que ver con la diferencia entre lengua natural y lengua cultivada (Moreno Cabrera, 2013: capítulos 2 y 5). Una lengua cultivada escrita se basa en una serie de elaboraciones gramaticales de una variedad lingüística natural cuyo resultado suele ser una lengua fijada, totalmente homogénea, con reglas gramaticales fijas y a veces muy desarrolladas o complejas, con una gran regularidad en los paradigmas y con un vocabulario perfectamente establecido y fijado semánticamente. Todas estas características hacen de las lenguas cultivadas escritas, lenguas artificiales que gozan además de un prestigio social muy grande en detrimento de las variedades dialectales que no son la que se utilizó para obtener esa lengua artificial por elaboración de una lengua natural. La variedad dialectal o coloquial que sirve de base a esa lengua cultivada suele tener un prestigio sobrevenido por su mayor parecido con la lengua cultivada correspondiente.

Un ejemplo muy claro de esta situación es el árabe culto o elevado, frente al árabe vulgar. La lengua árabe culta, basada en la lengua de El Corán, es un idioma muy fijado en todos los aspectos (ortografía y ortoepía, morfología, sintaxis, léxico) que goza de un enorme prestigio como lengua religiosa del Islam y es el medio de expresión en la lengua formal, escrita y de comunicación internacional entre los países árabes. Además de esta lengua cultivada, artificial, que ha de ser enseñada y aprendida en las escuelas, existen multitud de variedades árabes regionales que difieren en mayor o menor grado de esa lengua cultivada y que carecen de prestigio cultural y político. Muchas veces el árabe vulgar no es considerados ni siquiera por sus propios hablantes como la lengua natural que es, sino como dialecto o habla corrupta e imperfecta.

Existe una diglosia* generalizada en los países árabes: la variedad árabe regional, que no se escribe, se usa en los niveles familiares y locales de la vida cotidiana, y el árabe culto escrito se utiliza en todos los medios oficiales nacionales e internacionales y en el ámbito religioso.

En todos los países que adoptan una lengua escrita estándar con tradición literaria existe la diglosia entre esa variedad y las variedades lingüísticas cotidianas que se usan en la vida diaria de forma espontánea. Existe, por ejemplo, el alemán estándar, el *Hochdeutsch*, una forma de alemán usada en la lengua escrita y en situaciones formales, que se enseña en las escuelas alemanas y también a los extranjeros y que tiene una tradición escrita literaria, científica y cultural que le da un enorme prestigio. El término *Hochdeutsch* se traduce como *alto alemán*, y el adjetivo *alto* no es valorativo en este caso, sino que se refiere a las variedades germánicas que se sitúan en las tierras altas, frente a las que se sitúan más cerca del mar (el bajo alemán), y que constituyen la base de la lengua estándar adoptada como lengua cultivada. Por tanto, en Alemania, Suiza y Austria todo el mundo que ha ido a la escuela conoce bien el alemán estándar, lo entiende y lo habla en determinadas situaciones, pero en su vida familiar, local y cotidiana usan su dialecto regional o local que, en algunas ocasiones, difiere marcadamente del *Hochdeutsch*.

En el caso del español peninsular tenemos otro ejemplo de diglosia muy claro. La lengua estándar española escrita se basa en los dialectos castellanos centrales-septentrionales. Las variedades meridionales, que son muy diferentes de éstas, quedan como variedades coloquiales, vulgares y están desprovistas de prestigio. Las variedades dialectales castellanas centrales, como están mucho más próximas a la lengua escrita estándar, tienen un prestigio mucho mayor. Eso hace que las personas que usan habitualmente variedades lingüísticas españolas diferentes de las castellanas centrales en determinados ámbitos formales, por ejemplo, en la enseñanza reglada, renuncien a la fonética, gramática y léxico típicos de su variedad local, que carecen de prestigio, para utilizar los de la lengua estándar escrita, que tienen ese prestigio. Es poco frecuente, por ejemplo, que un conferenciante de Cádiz utilice su habla gaditana en una conferencia formal en vez de imitar o intentar imitar la pronunciación, gramática y léxico de la lengua cultivada estándar, realizada a partir de una serie de elaboraciones de las variedades castellanas centrales. Estamos ante un caso de diglosia, aunque no tan radical como el que se da en el mundo árabe.

En español, la lengua de las comunicaciones públicas es la lengua cultivada estándar, y dicha lengua difiere tanto en el léxico como en la sintaxis de la lengua coloquial diaria. Veamos un ejemplo referido a las comunicaciones públicas que se suelen hacer a los pasajeros en un medio de transporte como el ferrocarril. Al lado ponemos una expresión coloquial que se puede utilizar para indicar la misma información:

(19) Comunicaciones ferroviarias públicas y sus versiones coloquiales

a. El tren con destino a Bilbao se encuentra estacionado en vía cuatro / El tren de Bilbao está en la vía cuatro

b. El tren próximo a estacionarse en vía cuatro no admite viajeros / No se puede subir al tren que viene por la cuatro

c. El tren estacionado en vía cuatro no presta servicio debido a una avería / El tren de la cuatro está estropeado

d. El tren procedente de Madrid va a efectuar su entrada por vía cuatro / Ya viene el tren de Madrid por la vía cuatro

Para comprobar lo poco adecuadas que son las expresiones públicas, de la lengua cultivada, en la interacción coloquial podremos preguntarnos nuestra reacción si alguien nos pregunta en una estación: *¿Cuándo va a efectuar su entrada el tren procedente de Madrid?* en vez de algo como *¿Cuándo llega el tren de Madrid?* o *¿Dónde se encuentra estacionado el tren con destino a Bilbao?* en vez de algo como *¿De dónde sale el tren a Bilbao?* Por otro lado, muchas de las expresiones vulgares no serían apropiadas en los anuncios públicos. Nos quedaríamos muy extrañados si oyéramos por la megafonía de una estación de tren cosas como *Ya viene el tren de Madrid por la cuatro* o *El tren de la cuatro está estropeado*.

Por otro lado, conviene distinguir entre una diglosia* intralingüística y una diglosia interlingüística, que podemos definir del siguiente modo:

(20) Dos tipos de diglosia
   a. *Intralingüística:* una variedad cultivada de una lengua ocupa un lugar de privilegio frente a otras variedades naturales no cultivadas de esa lengua. Ejemplo: español estándar escrito frente a las diversas variedades dialectales del español.
   b. *Interlingüística:* una lengua tiene un lugar de privilegio en una determinada sociedad, y las demás lenguas, normalmente no relacionadas con ella, se usan en los ámbitos cotidianos. Un ejemplo es el inglés en Nigeria, que solo es hablado como lengua segunda por unos 60 millones de personas de los 170 millones de ciudadanos nigerianos, pero es el idioma oficial del país.

Por otro lado, el sociolingüista J. Fishman ha establecido una tipología de las situaciones de interacción entre diglosia y bilingüismo social. Es la siguiente:

(21) Interacción entre diglosia y bilingüismo
   a. Diglosia con bilingüismo (DCB)
   b. Bilingüismo sin diglosia (BSD)
   c. Diglosia sin bilingüismo (DSB)
   d. Ni diglosia ni bilingüismo (SDSB)

Un ejemplo de DCB es Paraguay con sus dos lenguas: guaraní y español. El guaraní es lengua nacional, pero el español se usa predominantemente en todos los ámbitos formales, incluidos los políticos. Algo similar ocurre con el suizo alemán y el alemán estándar; aunque en ámbitos familiares y locales predomina el suizo alemán, la población es capaz de entender y expresarse en alemán estándar en situaciones formales o que trascienden los ámbitos locales.

El caso de DSB se puede ver en varios países en su situación anterior a la Primera Guerra Mundial. No era infrecuente que los estamentos privilegiados o gobernantes utilizaran una lengua muy diferente de la del pueblo llano. Es el caso del francés en la Rusia zarista o, en la Edad Media, el francés en la Inglaterra ocupada por los normandos a partir del siglo XI. También durante la Edad Media se produjo una situación generalizada de DSB entre el latín, usado en la universidad y en instituciones culturales y religiosas, y las lenguas vulgares, usadas por el pueblo.

Veamos el caso BSD. Una situación de este tipo puede darse en parte en aquellos casos en los que una lengua minorizada es estandarizada y reconocida oficialmente como lengua modelo estándar y convive con una lengua dominante que la ha minorizado. Es el caso del catalán en Cataluña y del euskera en el País Vasco. Las dos lenguas han dejado de ser lenguas desprestigiadas y familiares y han pasado a ser lenguas oficiales, de prestigio y, por tanto, en principio utilizables en todas las funciones de la lengua dominante, aunque hay todavía muchos ámbitos en los que se dan situaciones de diglosia entre la lengua dominante (el español) y la dominada (el catalán o el vasco), por ejemplo, en el ámbito judicial. Por otro lado, tanto en vasco como en catalán hay a la vez diglosia intralingüística, puesto que existe una lengua estándar oficialmente reconocida y variedades habladas coloquiales con diversos grados de diferencia respecto del estándar.

El último caso, el SDSB en el que no hay ni diglosia ni bilingüismo se puede dar en comunidades lingüísticas muy pequeñas en las que no hay estándar alguno ni hay apenas variación dialectal. La mayor parte de las comunidades lingüísticas de países como Papúa, Nueva Guinea, son de este tipo.

5.5. Mercados lingüísticos y violencia simbólica

En esta sección vamos a exponer algunas de las ideas del sociólogo francés Pierre Bourdieu (1930-2002) relativas a las relaciones entre las lenguas en las sociedades capitalistas, según el resumen que de ellas se hace en May (2001: 44-48 y 153-156).

Un concepto capital en los análisis de Bourdieu es el *habitus* relacionado de modo directo con la realidad de las clases sociales. Este autor define el *habitus* como "un sistema de disposiciones comunes a todos los productos que tienen los mismos condicionantes". El *habitus* comprende todas las experiencias sociales y culturales que nos configuran como personas. Así hay que interpretar el término *disposiciones*. Los *habitus* tienen varios aspectos de importancia: la incorporación, la agentividad, la interacción entre el pasado y el presente y las interrelaciones entre las trayectorias individuales y colectivas.

El *habitus* no es simplemente cuestión de ideología, actitud o percepción, sino una forma material de la existencia incorporada y convertida en una segunda naturaleza. Se trata de una forma de orientación a la acción social que se incorpora en el individuo a través de sus formas de concebir el mundo y de vivir e interactuar en él. Por tanto, el *habitus* no solo está determinado por las condiciones sociales objetivas que envuelven al individuo, sino que también determina dichas condiciones objetivas. El *habitus* está determinado por la estructura de la sociedad pero también influye en ella y la configura de una determinada manera. Las actitudes étnicas y lingüísticas son un ejemplo concreto de este fenómeno.

El concepto de *habitus* está también pensado para dar cuenta de las interrelaciones entre la actividad de las personas y la estructura. El *habitus* no determina el comportamiento individual, dado que se le ofrecen a la persona en su interiorización del *habitus*, una serie de posibilidades y prácticas estratégicas. Por consiguiente, la posibilidad de elección es un elemento esencial del *habitus*, aunque no todas las posibilidades tienen el mismo peso o probabilidad de ser llevadas a cabo, por lo que la elección está constreñida o limitada por condicionantes históricos y sociales.

El *habitus* refleja las características sociales y culturales en las que se constituyó. Y aunque permite también la adaptación a las circunstancias de cada momento, predomina la reproducción de los límites por el grupo social sobre su transformación. Esto se debe a que el *habitus*, como producto histórico, asegura la presencia activa de las experiencias pasadas que tienden a generalizar y hacer estables determinadas prácticas culturales y lingüísticas.

El concepto de *habitus* es empleado por Bourdieu para analizar el poder desigual de los grupos dominantes y subordinados. Los *habitus* individuales y colectivos de los grupos dominantes se constituyen como un *capital cultural*, reconocido como socialmente valioso, mientras que los *habitus* de los grupos subordinados no se consideran de esa manera. Los *habitus* de las personas y grupos de las minorías dominadas son frecuentemente marginados y devaluados no solo como medios legítimos de identidad, sino también por su supuesta falta de relevancia para el mundo moderno.

P. Bourdieu introduce además el concepto de *capital lingüístico*. Este término hace referencia al valor que se le confiere a los *habitus* lingüísticos personales en los mercados lingüísticos. En los estados-nación modernos algunos *habitus* lingüísticos tienen un mayor valor de mercado que otros. Por ejemplo, los *habitus* lingüísticos relacionados con el inglés en el Estado español tienen un mayor valor que los relacionados con el catalán, el gallego o el vasco. La distribución del capital lingüístico está directamente relacionada con la de otras formas del capital, tales como la económica y la cultural. Ello explica que esos *habitus* lingüísticos relacionados con el inglés sean valorados de una forma desmesurada en un país donde dichos *habitus* han tenido, y siguen teniendo, un arraigo minoritario y ocasional.

Para Bourdieu la *violencia simbólica* se produce cuando un *habitus* lingüístico particular, junto con las relaciones jerárquicas de poder en las que se inserta, es falsamente reconocido como legítimo y tácitamente aceptado como *natural* más que como un fenómeno social y políticamente construido incluso por las personas que no tienen acceso a él. Es lo que ocurre, por ejemplo, con el inglés en España, generalizadamente aceptado como lengua naturalmente necesaria para progresar en la sociedad, incluso por aquellas personas que saben poco o nada de inglés y nunca llegarán a dominar esa lengua.

La violencia simbólica tiene un importante componente de complicidad activa o de consentimiento implícito por parte de quienes están sometidos a ella, y hace que quienes conocen una lengua dominada colaboren en la destrucción de sus propios instrumentos de expresión. Esto se ha producido en el Estado español con las lenguas dominadas, como el gallego, euskera o catalán, donde la mayoría de sus hablantes han colaborado por dejadez o por falta de combatividad en la minorización de sus propias lenguas, que se han visto devaluadas por la lengua dominante, el español.

El propio Bourdieu pone como ejemplo de su concepto de violencia simbólica, asociada a la construcción de los estados-nación europeos modernos, la implantación del francés en Francia como una lengua de valor en el mercado lingüístico a partir del Revolución Francesa, que puso en marcha un proceso de mayorización del dialecto franciano (base del francés estándar), ocasionando una minorización progresiva de la población que usaba otros dialectos y lenguas a través de una bilingüización en francés y un progresivo abandono de la lengua o dialecto propios, desprovistos, mediante este proceso, de todo valor cultural, político o económico.

5.6. Multilingüismo y plurilingüismo en la India

La India es uno de los ejemplos más interesantes de país multilingüe. Este inmenso país tiene en estos momentos unos 1.200 millones de habitantes que hablan en unas 440 lenguas, siendo el hindi y el inglés las dos lenguas principales; además, 63 de estas lenguas tienen un cierto reconocimiento oficial. He aquí las principales lenguas de la India con su número aproximado de hablantes:

Cuadro 5.1. Las lenguas de la India

Nombre	*Estado*	*Número de hablantes*
Hindi	Norte de la India	258 millones
Bengalí	Bengala occidental	82 millones
Telugu	Andhra Pradesh	74 millones
Marathi	Andhra Pradesh	71 millones
Tamil	Tamil Nadu	60 millones
Urdu	Jammu y Kachemira	52 millones
Guyarati	Gujarat	46 millones
Kanarés	Karnataka	37 millones
Malabar	Kerala	33 millones
Oriya	Orissa	32 millones
Penyabí	Punjab	29 millones
Inglés	Todo el país	350.000 (L1), 200 millones (L2)
Lengua señada india	Todo el país	6 millones

Además del hindi, oficial en toda la India, y el inglés, utilizado ampliamente en algunos estamentos, cada uno de los estados tiene una lengua adicional regional como oficial. Un caso único en el mundo es que cada lengua oficial tiene su propio alfabeto característico. Para mostrar esto, he aquí un mapa de la India con el nombre de cada uno de los estados en su lengua y escritura originales:

Figura 5.1. Los estados de la India con el nombre de cada uno de ellos en su lengua propia.

Se observa en este mapa una decena de escrituras diferentes, que se corresponden con cada una de las lenguas oficiales de los diferentes estados de la India. En el sur encontramos, en el estado de Tamil Nadu, la lengua tamil, con su correspondiente escritura y un número de hablantes en torno a sesenta millones de personas que tienen esta lengua como nativa. En el lado occidental tenemos el estado de Kerala, cuya lengua oficial es el malabar, que cuenta con una escritura propia y con unos treinta millones de hablantes.

Más hacia el norte tenemos el estado de Karnataka, cuya lengua oficial es el kanarés, con unos treinta y siete millones de hablantes nativos y también con una escritura característica, relacionada con la lengua oficial de Andhra Desamu, el telugu, lengua nativa de unos setenta y cuatro millones de personas.

Hacia la parte nororiental se encuentra el estado de Orissa, cuya lengua oficial, el oriya, tiene en torno a treinta y dos millones de hablantes nativos y además una escritura propia, tal como puede apreciarse en el mapa. Justo en la correspondiente vertiente occidental se halla el estado de Gujarat, que tiene su lengua propia, el guyarati, con en torno a cuarenta y seis millones de hablantes nativos y con una escritura también característica, como también puede comprobarse en el mapa.

Al norte encontramos el Punyab, estado en el que la lengua oficial es el punyabí, con unos veintinueve millones de hablantes nativos y en el que se usa un sistema de escritura característico denominado *gurmukhi.*

En el extremo oriental de la India encontramos el estado de Bengala Occidental, con el bengalí como lengua oficial, unos ochenta y dos millones de hablantes nativos y una escritura propia característica.

En el extremo noroccidental de la India encontramos el estado de Kachemira, en el que tenemos como lengua oficial el cachemir, que presenta unos cinco millones de hablantes y se escribe, tal como se puede comprobar en el mapa, en escritura árabo-persa.

Los demás estados de la India, situados en la parte norte y central del país, tienen como idioma una serie de variedades locales que conforman una cadena de solidaridad lingüística sobre uno de cuyos eslabones se basa la lengua más extendida de la India, el hindi, con unos doscientos sesenta millones de hablantes como lengua primera. Tanto esta variedad, la oficial, como las demás variedades se escriben en el alfabeto nagari, que se utilizó y utiliza para el sánscrito, lengua sagrada y literaria clásica.

Mientras que todos los alfabetos usados en la India están genéticamente emparentados entre sí, pues proceden de la escritura alfabética brahmi, una escritura derivada de escrituras semíticas que apareció en la India antes del siglo VI a.C, las lenguas anteriormente mencionadas pertenecen a dos familias lingüísticas diferentes: la indoaria (hindi, bengalí, penyabí, marati, oriya), que es una familia del filo indoeuropeo, y la drávida (telugu, tamil, malabar), que no está genéticamente emparentada con él.

Todo esto se refiere a las lenguas más habladas de la India, pero además existen muchos más idiomas en este país, uno de los de mayor riqueza lingüística y cultural del mundo. En total, se han contabilizado 440 lenguas, la mayor parte de las cuales tiene menos de 100.000 hablantes.

Con una población cercana a los mil doscientos millones de personas, el número de hablantes de inglés en la India se es estima en unos 200 millones, es decir, aproximadamente un 16 por ciento del total; pero, ante ello, hay que señalar que solamente unas 350.000 personas en este país tienen el inglés como lengua primera, el resto lo conocen y usan solo como lengua segunda o tercera.

A la vista de estos datos, la predicción de algunos analistas de que para el año 2050 el inglés predominará en este país, no solo parece desproporcionada, sino totalmente infundada. Parece muy difícil alcanzar el objetivo que algunos consideran casi inevitable, es decir, que más de 1.000 millones de indios utilicen el inglés como su lengua habitual de comunicación diaria. El fundamento de esta aspiración y de otras similares referidas a otros países del mundo actual no se puede encontrar en el conocimiento de la situación lingüística real de los países implicados, sino en la ideología del imperialismo cultural y lingüístico, que se fundamenta en el imperialismo de la globalización capitalista.

De todas formas, el inglés es lengua de comunicación entre los sectores de la India con mayor grado de educación; junto con el hindi, constituyen las dos lenguas más ubicuas de la India. Toda persona india que haya recibido una educación superior casi con toda seguridad conocerá ambas lenguas, independientemente de cuál sea su lengua nativa. Por ello, entre las personas con un nivel educativo alto, el plurilingüismo* es moneda común.

Según Bhatia y Ritchie (2013: 849), para evaluar el nivel de plurilingüismo individual a través de encuestas en la India es necesario distinguir cuatro actitudes en las personas encuestadas:

(22) Cuatro actitudes ante el multilingüismo en la India
   a. Disociativa (DIS): lengua X $\Rightarrow$ lengua X y lengua Y
   b. Asociativa (ASO): lengua X y lengua Y $\Rightarrow$ lengua X/Y
   c. Diferenciadora (DIF): dialecto/variedad $\Rightarrow$ lengua X
   d. Generativa (GEN): $\varnothing \Rightarrow$ lengua X

La situación DIS se da entre el urdu y el hindi. Desde el punto de vista de la lengua hablada se pueden considerar dos variedades de la misma lengua, pero desde el punto de vista de la lengua escrita parecen lenguas muy diferentes, ya que el urdu se escribe en el alfabeto árabo-persa, y el hindi se escribe en el alfabeto nagari, un alfabeto originario de la India. Por ello, es posible que un hablante de hindi diga que es bilingüe porque entiende y es capaz de hablar el urdu. De hecho, Mahatma Gandhi prefería el término *hindustani* 'indostánico' para evitar las asociaciones religiosas del término *hindi* (religión hinduista) y *urdu* (asociado al Islam).

हिन्दी हिन्दुस्तानी

ہندوستانی اردو

Figura 5.2. *Hindi* e *hindustani* (arriba) y *urdu* e *hindustani* (abajo) escritos en sus correspondientes escrituras.

La situación ASO se dio justo después de la independencia del país, cuando el hindi y el penyabi se consideraron una misma lengua. A partir de 1997 se computaron como lenguas diferentes.

La situación DIF se da, por ejemplo, entre el konkani y el marati, dado que los hablantes del marati consideran que el konkani es un dialecto de su lengua.

La situación GEN expresa el hecho de que muchas personas manifiestan sus afiliaciones, ocupaciones o lealtades a través de la lengua. No es extraño que un herrero hindi diga que habla la lengua de los herreros, por ejemplo.

El concepto de lengua nativa es también problemático en la India, ya que según la persona a la que se le pregunte su lengua nativa, puede ser la lengua primera, la lengua habitual, la lengua de los padres o la lengua de prestigio. En un censo de finales del siglo pasado más de cincuenta mil personas dijeron que su lengua nativa era el sánscrito, que sería el equivalente al latín clásico en Europa y, por tanto, es poco creíble.

En el sistema educativo de la India existe un claro objetivo de formar a personas trilingües o cuatrilingües. Además del hindi y del inglés, se espera que los alumnos aprendan al menos una tercera lengua de la India (por ejemplo, tamil, telugu, kanarés…). No es nada excepcional en la India que una persona que vaya a la escuela aprenda tres idiomas además de la lengua nativa local, por ejemplo, tamil, hindi, inglés y tres sistemas de escritura: la escritura tamil, la escritura nagari y la escritura romana para el inglés.

Hasta 1937 se usó en la India el inglés como lengua de instrucción, pero esto dio paso al uso del hindi y de la lengua oficial de cada uno de los estados, aunque el inglés sigue siendo obligatorio en el sistema educativo y preferido sobre las lenguas de la India como lengua segunda, aunque hay voces críticas al respecto, dado que el inglés está ejerciendo una presión importante sobre las lenguas tradicionales de la India en ámbitos decisivos de la sociedad, como los económicos, educativos y oficiales.

Esto se siente especialmente en los estados del sur de la India, de lengua drávida, en los que en cierta forma se usa el inglés para contrarrestar la influencia del hindi, lengua oficial de la India y dominante en la parte norte y central del país.

De hecho, a partir de 1964 (Mohanty, 2006: 274) el hindi dejó de ser lengua obligatoria en los estados en los que no predomina esta lengua, y el modelo de educación trilingüe se basó en: a) lengua nativa o regional, b) hindi o inglés, c) una lengua de la India o extranjera distinta de las anteriores y que no es usada como medio de instrucción.

A pesar de ello, la tendencia es que las lenguas nativas o locales diferentes de las oficiales de cada uno de los estados indios tenga cada vez menos presencia en el sistema educativo desde el punto de vista práctico. Todo ello, frente al uso del inglés como lengua vehicular de forma universal en el sistema educativo indio a todos los niveles.

Esto además está originando una estratificación de la población en un estamento de educación realizada en colegios privados, muy caros, en los que domina el inglés como lengua vehicular, y otro estamento educado en escuelas públicas con mayor presencia de las lenguas vehiculares de la India. Esto se intenta paliar con escuelas a nivel local más económicas y de peor calidad en las que el inglés es lengua vehicular. Sin embargo, estas escuelas no consiguen de los alumnos un rendimiento suficientemente satisfactorio, dado que la lengua inglesa no es utilizada en absoluto fuera de esas escuelas, en el entorno familiar y local; además, dichas escuelas no proporcionan educación en la lengua nativa o local dominante en su entorno (Mohanty, 2006: 276).

Esta desigualdad social relativa a modelos de educación más costosos, en los que se produce una educación en inglés con un entorno en el que esta lengua se usa efectivamente en mayor o medida, y los modelos más baratos, en los que se utilizan las lenguas de la India junto con el inglés o en los que hay escuelas accesibles económicamente donde se da educación en inglés en un entorno totalmente ajeno a esta lengua, ha dado lugar a diversos mitos relativos al inglés como medio valioso en la educación en la sociedad india. El más dañino está en la creencia, ampliamente extendida en ese país, de que el inglés es una lengua intrínsecamente ventajosa para la educación, y que la educación en inglés es de mejor calidad que la educación en una lengua de la India (Mohanty, 2006: 279-281).

Sin embargo, las investigaciones realizadas al respecto no confirman esta idea de la superioridad del inglés sobre otras lenguas en el sistema educativo. Varios estudios refutan la idea de que el uso del inglés es en sí mismo ventajoso para la formación de los alumnos, pero son otros factores los que determinan que quienes estudian en escuelas privadas en inglés puedan obtener mejores resultados que quienes lo hacen en escuelas en los que se usan lenguas indias nativas, como, por ejemplo, las mejores condiciones materiales de esas escuelas privadas, los criterios de admisión y selección, los métodos de enseñanza y el uso de mejores materiales pedagógicos (Mohanty, 2006: 280).

Además, en otro estudio llevado a cabo entre un grupo de estudiantes de lengua oriya educados a través de su lengua nativa, y otro grupo de la misma lengua nativa pero educados en inglés, seleccionando a personas de ambos grupos con coeficiente intelectual, estatus socioeconómico y entorno escolar similares, se llegó a la conclusión de que el grupo educado en su lengua nativa presentaba mejor rendimiento que el educado en inglés (Mohanty, 2006: 280). Estos estudios y otros que se han realizado muestran que la idea de que el inglés es una lengua superior en el ámbito educativo a las lenguas de la India es claramente falsa.

Es evidente que la política educativa trilingüe o cuatrilingüe de la India es una política que debe realizarse desde el principio, empezando por la lengua nativa, a la que progresivamente se ha de ir añadiendo la lengua oficial del estado y la del país más el inglés. El mito de que hay que privilegiar la enseñanza del inglés desde las etapas más tempranas de la educación, basado en la falsedad de que el inglés es superior educativamente a las demás lenguas, puede propiciar el arrinconamiento y minorización de las lenguas locales y el desprecio por las lenguas nacionales de la India. Es decir, la creencia en este mito puede socavar de forma importante el mantenimiento del multilingüismo en el sistema educativo.

Los conflictos en la India surgidos por motivos estrictamente lingüísticos, similares a los que se pueden detectar en Bélgica, son pocos y poco profundos. En general, existe en la India una integración multilingüe que lleva a situaciones más o menos armónicas. Esto se debe a la existencia de una serie de actitudes de tolerancia y aceptación lingüísticas que han hecho posible la interacción y la asimilación de rasgos que provienen de las culturas indoeuropea, drávida, islámica, cristiana y europea.

El plurilingüismo indio y el multilingüismo social que de él se deriva se caracteriza sobre todo por el fenómeno de la acomodación, mediante el cual las personas que interactúan comunicativamente y tienen diferentes lenguas o variedades lingüísticas intentan ajustar o adaptar su forma de hablar a la de sus interlocutores para propiciar la comunicación. Por ejemplo, existen diferentes formas de salutación que sirven para acomodarse a las creencias religiosas de la persona a la que se está saludando. De esta forma, la expresión *namaste* o *namaskaar* es hinduista y procede del sánscrito, *saalam* es islámica y procede del árabe a través del persa, y *sar sri akal* es sij y procede del penyabí.

La alternancia y la mezcla de lenguas son habituales en la sociedad india. De hecho, no existe ninguna lengua en la India que se pueda considerar válida en absolutamente todas las circunstancias comunicativas. Por ejemplo, una familia penyabí en Delhi puede usar saraiki, un dialecto del penyabí para hablar entre los miembros de la familia, el penyabí con amigos de la familia o familiares de segundo o tercer grado, el hindi en el trabajo o con personas indias no penyabíes, y el inglés para hablar con los jefes en el trabajo o en contextos educativos, administrativos y otros de carácter más formal.

También hay contextos muy marcados de diglosia. Los casos del tamil, del telugu y del bengalí son característicos, porque tienen una variedad literaria culta, que es la variedad prestigiosa, y una serie de variedades coloquiales o vulgares que gozan de poco o ningún prestigio.

Un rasgo muy interesante de la India es la fidelidad a la lengua familiar o local, aunque pueda variar en función de la región. Por ejemplo, una familia penyabí en Calcuta puede abandonar su lengua en favor del bengalí, pero una familia bengalí en el Penyab no suele abandonar su lengua familiar. Los hablantes de tamil en las regiones donde domina el hindi suelen mantener su lengua con un cierto sentimiento de oposición o reivindicación ante el dominio del hindi.

También hay muchas lenguas de familias pequeñas como la munda o la tibeto-birmana que están en peligro de desaparición. La Constitución de la India contiene dos disposiciones para proteger las lenguas minorizadas en peligro.

Desde el punto de vista lingüístico, es un país que muestra que es posible una sociedad en la que el plurilingüismo individual y el multilingüismo social sean la tónica general y no la excepción; también muestra que la diversidad lingüística se puede gestionar en una sociedad sin que dé lugar a una situación conflictiva y tormentosa. Por supuesto, la India no es un paraíso lingüístico: existen relaciones de desigualdad entre las lenguas y de dominio de unas sobre otras, y muchas lenguas se han visto minorizadas hasta situarse en una situación de peligro. Pero todo ello no impide que sea un modelo de convivencia lingüística y de multilingüismo* para otros países del mundo.

5.7. El imperialismo lingüístico

El imperialismo lingüístico es un fenómeno que normalmente tiene lugar en el caso de los grandes imperios político-económicos, que suelen conllevar la imposición de una lengua concreta en todos los territorios pertenecientes a ese imperio.

El imperio chino extendió la lengua china de la etnia Han a lo largo de una gran cantidad de territorios que conforman la actual China; el imperio macedonio expandió el griego; el imperio romano, el latín; el imperio árabe, la lengua árabe; el imperio azteca, la lengua náhuatl; el imperio inca, la lengua quechua; el imperio británico, el inglés; el imperio español, el español; el imperio portugués, el portugués..., entre otros que se podrían citar.

Las lenguas más extendidas del mundo, como el inglés, el español, el francés o el portugués, han llegado a serlo precisamente mediante la imposición de la lengua de la nación que dirigió y administró ese imperio, lo que ha conllevado en muchos casos el arrinconamiento, minorización, cuando no desaparición, de las lenguas de las comunidades sometidas o administradas por los poderes centrales de cada uno de los imperios.

Los resultados negativos de esos imperios para la preservación de la diversidad lingüística de la humanidad, un aspecto muy importante de su diversidad cultural, se están dejando sentir en la actualidad y seguirán haciéndolo en un futuro cercano. Según estimaciones de la UNESCO, más de la mitad de las más de seis mil lenguas orales que se hablan en el mundo están condenadas a la desaparición en el presente siglo. De hecho, según otras estimaciones, cerca de un 90 por ciento de las lenguas del mundo actuales pueden desaparecer o estar en grave peligro en los próximos cien años, un período muy corto si consideramos la dilata historia de la humanidad.

Según el lingüista inglés Robert Phillipson (1992, 2010), el imperialismo lingüístico se puede caracterizar mediante los siguientes puntos:

(23) Caracterización del imperialismo lingüístico según Phillipson.

a. Se interconecta con la estructura imperialista en los niveles cultural, educacional, comunicativo, político, económico y militar.
b. Tiene que ver con la explotación, la injusticia, la desigualdad y la jerarquización que privilegia a quienes usan la lengua dominante.
c. Tiene carácter estructural: la lengua dominante disfruta de muchos más recursos y apoyos que las lenguas dominadas.
d. Es ideológica: las creencias, actitudes y las concepciones glorifican la lengua dominante, estigmatizan las dominadas y justifican la jerarquía entre una y otras.
e. Su dominio es hegemónico: la lengua dominante se naturaliza e interioriza como la lengua normal, de manera que la oferta y demanda de la lengua imperial se refuerzan mutuamente.
f. Supone desigualdad de derechos para hablantes o señantes de lenguas dominadas.
g. El aprendizaje y uso de la lengua dominante es sustractivo: la consolidación del aprendizaje y uso de la lengua imperial se hace a expensas de las lenguas dominadas.
h. Es una forma de lingüicismo*, consistente en la discriminación de las personas por la forma en la que hablan, pues quedan privilegiados quienes dominan la forma estándar de la lengua dominante, que representa un capital lingüístico de gran valor.
i. El imperialismo lingüístico es y será irremediablemente criticado y sometido a resistencia.

Nos cuenta Phillipson que cuando el francés se convirtió en la *lingua franca* para funciones seglares en Europa, se extendió la creencia de que era una lengua superior por sus propiedades intrínsecas. La academia de Berlín, en 1782, convocó un concurso de trabajos que explicaran del mejor modo posible por qué el francés había de considerarse como una lengua universal. El trabajo ganador arguyó que las lenguas que no siguen la sintaxis del francés son ilógicas o inadecuadas.

Hoy en día muchas personas creen que este tipo de opiniones disparatadas sobre la lengua ya no son moneda común; pero se equivocan. Existen en la actualidad discursos muy extendidos acerca de lenguas, como el inglés o el español, que las presentan como lenguas globales, interculturales, de comunicación, universales o universalizables, más fáciles de aprender, mejor dotadas para la vida actual, más cultas, más útiles, más dignas de ser aprendidas como lenguas segundas, etc.

Estos discursos laudatorios glorifican las lenguas imperiales con el fin de seguir justificando su posición dominante (véase por ejemplo Phillipson, 1992 y 2010 para el caso del inglés, y Moreno Cabrera, 2008, 2014 y 2015, para el caso del español) y la situación de marginación y degradación de la mayor parte de las lenguas del mundo que, dados los actuales medios de comunicación y las nuevas tecnologías de la comunicación y de la información, hoy en día tienen más medios que nunca para poder oponerse y resistir con eficacia la opresión de las lenguas de los imperios actuales. Es precisamente esta amenaza potencial lo que ocasiona la pujanza e insistencia de los discursos que nos presentan el inglés o el español como las únicas lenguas de la globalización, del mundo moderno, del futuro de la humanidad, despreciando y marginando el inmenso patrimonio lingüístico de la humanidad.

En el caso del inglés, Phillipson (1992: 282) nos resume en la siguiente tabla cómo la glorificación de las denominadas *lenguas globales* o *lenguas de comunicación internacional* está directamente relacionada con la devaluación de las demás lenguas; de hecho, la segunda valoración es inseparable de la primera. Ambas valoraciones se manifiestan mediante determinadas expresiones, muy habituales en los medios de comunicación y en los discursos institucionales, que sirven para caracterizar y ensalzar de forma rápida y contundente la lengua global frente a las leguas locales, que quedan claramente devaluadas.

Cuadro 5.2. Calificación del inglés frente a las demás lenguas

Valoración del inglés	*Devaluación de las demás lenguas*
lengua mundial	lengua local
lengua internacional	lengua nacional
lengua de comunicación amplia	lengua de comunicación restringida
lengua útil	lengua inútil
lengua complementaria	lengua deficitaria
lengua vehicular	lengua limitadora
lengua integradora	lengua excluyente
lengua neutral	lengua comprometida

La idea de que hay que aprender inglés en vez de otras lenguas, porque es una lengua mundial, internacional, porque posibilita la comunicación amplia, porque es más útil, porque complementa la educación y no es un déficit o rémora de ella, porque es lengua que amplía nuestro horizonte, porque nos integra en el mundo y porque es neutral y nos compromete mucho menos que otras lenguas, está ampliamente generalizada en nuestra sociedad actual.

La manipulación que hay en estas valoraciones no está en que sea falso lo que se afirma, por ejemplo, que el inglés es útil como lengua internacional o laboral, sino en que estas propiedades se asignan directamente a la lengua, como una propiedad objetiva de esta, cuando en realidad ninguna de estas propiedades pertenece a la lengua inglesa en sí misma, sino a las estructuras de poder imperialista de carácter económico y cultural que hacen posibles estas características. De esta manera, todos los condicionantes coercitivos, impositivos, imperialistas y opresivos de la generalización del inglés quedan automáticamente oscurecidos u ocultados por presuntas propiedades *objetivas* de una lengua que, como tales, no parece posible poner en cuestión.

Por otro lado, esta cosificación de las estructuras imperialistas y de opresión lingüística que se *objetivan*, desideologizan y disimulan, haciéndolas pasar como propiedades intrínsecas de una lengua, sirve para realizar una calificación negativa de las demás lenguas como idiomas que no presentan esas propiedades concebidas falsamente como objetivas, intrínsecas o naturales del inglés.

Las demás lenguas se presentan como limitadoras, empobrecedoras, deficitarias, locales, marginales, restringidas en sí mismas, en vez de poner de manifiesto que han sido marginadas, minorizadas, devaluadas y arrinconadas mediante una actividad continuada e intensa de carácter imperialista, impositivo y opresivo. De esta manera, la violencia, la injusticia y el etnocidio quedan ocultos o en un discreto segundo plano a través de unas presuntas características intrínsecas de esas lenguas perdedoras.

5.8. La erosión, el abandono y la recuperación de las lenguas

En esta sección vamos a estudiar los fenómenos que tienen que ver con la mengua y desaparición de las lenguas. Debemos distinguir en primer lugar los aspectos individuales de los aspectos sociales, según el siguiente esquema:

(24) Mengua y desaparición de las lenguas
   a. Individual: patológica: disfasia, afasia; en personas sanas: erosión, pérdida.
   b. Social: desplazamiento y abandono.

En el nivel individual, una persona puede tener dificultades lingüísticas derivadas de procesos patológicos o traumáticos que afecten a su capacidad de hablar o señar. En la disfasia se observan dificultades para utilizar la lengua, y en la afasia tenemos una pérdida de la capacidad lingüística. Cuando la competencia lingüística analítica y/o sintética se ve disminuida por factores que tienen que ver sobre todo con la falta de uso de la lengua o con una conjunción de factores ideológicos, culturales o sociales que lleva a una persona a renunciar al uso habitual de su lengua, tenemos lo que se denomina *erosión lingüística** (*language attrition*). Esta circunstancia puede llevar al olvido o pérdida de una lengua.

En el nivel social, una comunidad puede relegar su lengua nativa a un segundo plano para poner en primer plano una lengua no nativa, y esto puede hacerse desde dentro de la comunidad, por convencimiento; desde fuera de la comunidad, por imposición; o, lo que es más frecuente, mediante una combinación de ambos factores: es el desplazamiento lingüístico* (*language shift*). Esta situación puede llevar al abandono de la lengua nativa por parte de una comunidad, cuando dicha comunidad es la única que usaba esa lengua que ahora se abandona; entonces se habla de muerte de la lengua (*language death*).

Cuando solo quedan unas pocas personas que conocen una determinada lengua, los procesos de erosión y pérdida coinciden con el de desplazamiento y abandono.

En muchas ocasiones se utiliza una metáfora biológica para enfocar el desplazamiento de una lengua por otra, y la desaparición y abandono de las lenguas como un fenómeno natural. La metáfora consiste en decir que las lenguas son como seres vivos, que nacen, se reproducen (dan lugar a nuevas lenguas a través de los cambios históricos) y acaban muriendo, como todo en esta vida. De manera que se habla de la *muerte* de las lenguas para, mediante esta metáfora, no hablar de asesinato de las lenguas, que sería un término mucho más ajustado a la realidad. De hecho, Skutnabb-Kangas (2000: 371) caracteriza dos paradigmas diferentes al respecto: el paradigma del *imperialismo y genocidio lingüísticos*, frente al paradigma de la *muerte y modernización liberalista*. En el esquema siguiente presentamos el segundo de estos dos paradigmas:

(25) Paradigma de la muerte y modernización liberalista de las lenguas
   a. No tiene en cuenta las relaciones de poder entre las comunidades lingüísticas y critica a quienes sí las tienen en cuenta.
   b. Ve las lenguas como organismos con un período de vida limitado.
   c. Estudia las lenguas dominantes y, respecto de las dominadas y minorizadas, se sitúa dentro de la tradición variacionista, dialectológica o de documentación de las lenguas en peligro de desaparición.
   d. No estudia la relación entre las lenguas, o lo hace solo en términos lingüísticos estrictamente descriptivos.

e. Se realiza un estudio empírico de carácter técnico sin atender a los aspectos teóricos, o utilizando aspectos teóricos exclusivamente lingüísticos.
f. Tiene un carácter poco multidisciplinar e instrumentalmente orientado.
g. Atiende a las diferencias cuantitativas entre la lengua nativa y las que se adquieren de adulto, y no distingue entre aprendizaje aditivo y sustractivo.
h. Ve el aprendizaje sustractivo de una lengua segunda como un instrumento necesario para la modernización.
i. Ve el desplazamiento lingüístico como algo voluntario, basado en el análisis de costes y beneficios por parte de la persona interesada.

Este paradigma es el predominante en los ámbitos académicos oficiales de la mayoría de los países industrializados. Las lenguas se describen en sí mismas y por sí mismas, haciendo énfasis en los aspectos puramente lingüísticos. Predomina en el estudio las lenguas europeas estandarizadas, y la variedad de lenguas y dialectos que esconde la estandarización se ve relegada a subdisciplinas no tan altamente valoradas, como el estudio de la variación lingüística, la dialectología, la tipología lingüística y el trabajo de campo.

Este paradigma tiene que ver con la concepción IR de la diversidad lingüística, que concibe los idiomas como instrumentos de comunicación que se pueden y deben estudiar independientemente de las comunidades que se sirven de ellos. Este estudio abstracto y formal se considera de mayor peso teórico y científico que el de la realidad lingüística empírica, donde la variación, el cambio y las relaciones sociales desempeñan un papel central.

La actitud típica ante las lenguas minorizadas o en peligro de desaparición es que es necesario documentarlas antes de que desaparezcan para no perder datos empíricos. El estudio de las causas de ese estado minorizado o moribundo y de los medios de frenarlo o revertirlo se considera una investigación aplicada, que tiene un estatus científico subordinado o menor, respecto de las investigaciones teóricas puramente formales.

El paradigma del imperialismo y genocidio lingüísticos es caracterizado por Skutnabb-Kangas de la siguiente manera, que se contrapone directamente al paradigma anterior.

(26) Paradigma del genocidio e imperialismo lingüísticos
a. Se estudian las relaciones de poder entre las comunidades lingüísticas.
b. Ve las lenguas como creadas por la gente y, por tanto, susceptibles de ser influidas por las personas.

c. Estudia tanto las lenguas dominantes como las dominadas en todos los planos relevantes. Se preocupa por la recuperación de las lenguas minorizadas o moribundas y por la superación de las desigualdades entre las lenguas.
d. Estudia las relaciones entre las lenguas, incluida su influencia mutua.
e. La descripción está determinada por la teoría y no es suficiente en sí misma, sino un punto de partida para un análisis de más amplio alcance.
f. Es multidisciplinar y recurre a análisis históricos, sociales y políticos, sin limitarse a los estrictamente (socio)lingüísticos, en los que se tienen en cuenta las relaciones entre las comunidades lingüísticas.
g. Ve una diferencia cualitativa entre la función de las lenguas nativas y las lenguas que se adquieren más tarde.
h. Pone énfasis en la diferencia entre el aprendizaje sustractivo y aditivo de las lenguas segundas.
i. Apoya el aprendizaje aditivo de las lenguas segundas y el multilingüismo.
j. Ve el desplazamiento lingüístico como impuesto por la fuerza, en la mayoría de los casos.

Este segundo paradigma se puede poner en consonancia con el enfoque RS de la diversidad lingüística visto en la sección segunda del presente capítulo.

En este paradigma, mucho menos frecuente entre las personas estudiosas de las lenguas humanas, todas las lenguas y variedades lingüísticas tienen igual peso en el estudio científico. Las variedades escritas estándar no desempeñan un papel de referencia básica fundamental, como en el anterior paradigma, sino que constituyen una variedad más de las lenguas cuya relación con las demás variedades y lenguas ha de ser estudiada y explicada atendiendo a condicionantes históricos, ideológicos y políticos.

Las lenguas no son meros instrumentos de comunicación objetivables y aislables científicamente, sino que constituyen un objeto complejo basado en conjuntos de interacciones lingüísticas que se llevan a cabo en un contexto social determinado. Las lenguas son, en este paradigma, acciones comunicativas sociales que tienen aspectos individuales (entre los que está la competencia lingüística, denominada en gramática generativa *lengua interna*) y aspectos sociales (entre los que está lo que se denomina en gramática generativa *lengua externa*) que es necesario tener en cuenta para explicar la actividad lingüística humana.

Además, este es un paradigma comprometido, en el sentido de que la persona que lo adopta cuando describe situaciones de desigualdad o desequilibrio entre comunidades lingüísticas y analiza sus causas, está en condiciones de proponer medidas para eliminar o paliar esas situaciones de injusticia o lesión de los derechos de las comunidades lingüísticas injustamente minorizadas.

El paradigma de la muerte y de la modernización liberal de las lenguas también está comprometido, de una manera muchas veces inconsciente por parte de quienes lo siguen, en el ocultamiento y justificación de las situaciones de desigualdad e injusticia lingüísticas a través de propiedades estrictamente lingüísticas, como ciertas características pretendidamente intrínsecas que se adjudican a los idiomas, supuestamente objetivas e independientes de los factores sociales e ideológicos.

Como vemos, ambos paradigmas suponen un compromiso, pero en sentidos completamente opuestos.

Volvamos ahora a los procesos de pérdida y abandono de las lenguas. Empecemos por una definición del concepto de *erosión lingüística* (Schmid, 2011):

(27) Erosión lingüística (*language attrition*)
Es el fenómeno de la disminución o mengua del conocimiento lingüístico de un determinado idioma por parte de una persona, causado por el poco uso de una lengua y por la influencia o interferencia de una lengua dominante en proceso de desplazamiento lingüístico.

La erosión lingüística de un idioma A se caracteriza por un uso generalizado de términos prestados de una lengua dominante B sin integración lingüística en A, por una reestructuración gramatical generalizada de la lengua A siguiendo los patrones de una lengua dominante B y por una reestructuración del sistema fonológico de la lengua A hacia los de la lengua B, entre otros aspectos. Además, la erosión lingüística se ve acompañada por una pérdida de la complejidad léxica, morfológica y sintáctica de una lengua, de manera que la persona se ve severamente limitada para expresar todo lo que necesita decir, y se asemeja más a alguien que está en los primeros estadios de aprendizaje de una lengua extranjera.

Cuando una persona ha sufrido una erosión importante de su competencia lingüística estamos ante un semihablante. Sasse (1992: 61) distingue dos tipos: el tipo que aquí denominamos *analítico*, que tiene una perfecta competencia analítica* y cierta competencia sintética*, aunque con severas insuficiencias léxicas y deficiencias en las estructuras gramaticales más complejas. El tipo denominado aquí *sintético* es un semihablante incapaz de producir enunciados gramaticales en la lengua cuya competencia ha sido erosionada gravemente; en general, el término *semihablante* suele aplicarse exclusivamente a este tipo.

En el ámbito del léxico y de la estructura, hay una serie de mecanismos de interferencia de una lengua sobre otra por contacto que podemos denominar *préstamo positivo*, en el que dos lenguas se influyen entre sí sin que una ponga en peligro la integridad de la otra; y otro tipo de influencia, de carácter *negativo*, en la que sí se puede poner en peligro la integridad y continuidad de una de las lenguas implicadas. Esta influencia consiste en que la lengua dominada va perdiendo todos aquellos rasgos que son distintivos respecto de los de la lengua dominante erosionadora.

De este modo (Sasse, 1992: 68) la lengua túrquica salar, al entrar en contacto con el chino, perdió una parte muy considerable de su morfología. Los dialectos árabes de Turquía sudoriental tienden a eliminar la morfología del plural fracto, típica del árabe, sustituyéndola por la generalización del sufijo femenino plural –*at* sobre el modelo turco. Además estas dos lenguas han desarrollado un nuevo sistema de categorías verbales siguiendo también el modelo del turco. En estos casos hay una influencia unidireccional de una lengua sobre otra que puede llegar a la creación de semihablantes de la lengua afectada y, en última instancia, a la pérdida individual y abandono social de ella.

Sasse (1992: 68-75) ha estudiado a fondo el caso del dialecto albanés de Grecia conocido como *arvanitika*. Al producirse un bilingüismo generalizado entre el albanés y el griego a partir de mediados del siglo XIX, el albanés de esas personas bilingües perdió dos categorías verbales (el modo admirativo y el modo optativo) que no tiene el griego, y empezó a diferenciar entre un aspecto perfectivo y otro imperfectivo en cláusulas subordinadas. Los cinco casos del albanés fueron reducidos a tres, siguiendo el modelo del griego. Pero a comienzos del siglo XX se produjo una situación que se puede caracterizar como pérdida lingüística: una desmembración generalizada de la morfología derivativa de la lengua, que dejó de ser derivativa en un corto plazo de tiempo. Esto se vio compensado con una entrada masiva de vocabulario griego, que empezó a ser considerado como vocabulario nativo. Poco después de este proceso tuvo lugar el abandono definitivo del arvanitika a través del cese de su transmisión intergeneracional, que produjo un conjunto amplio de semihablantes cuya habla era muy distinta de la que presentaban las personas bilingües arvanitika/griego. Todo el sistema lingüístico se desmembró y empezó a perder distinciones gramaticales que sí existen en griego, la lengua erosionadora. Los semihablantes solo emplean unas pocas formas verbales, que se usan con los mismos fines. Solo se utilizan formas verbales perfectivas, la conjugación verbal personal se utiliza de forma más o menos arbitraria y asistemática, y son los pronombres los que indican la persona implicada en cada caso. Los artículos desaparecen o se usan de modo incorrecto. Se confunden modos y tiempos verbales. Se reducen radicalmente las estructuras sintácticas de subordinación.

En general, los semihablantes del arvanitika presentan una competencia gramatical desmembrada con numerosas confusiones e indiferenciaciones fonológicas, morfológicas, sintácticas, léxicas y semánticas.

En general, podemos caracterizar de la siguiente manera los procesos de erosión lingüística:

(28) Caracterización de los procesos de erosión lingüística
a. En ellos actúan en general las mismas fuerzas que regulan y canalizan el contacto de lenguas.
b. Todos los fenómenos de contacto de lenguas se dan de forma más intensa y generalizada.
c. Hay muchos fenómenos de cambio y simplificación en la lengua erosionada que no se deben directamente a la influencia de la lengua erosionadora.
d. La lengua erosionada tiene un predominio de semihablantes: personas que tienen un conocimiento fragmentario, limitado e inseguro y vacilante de la lengua erosionada, que les impide expresare eficazmente en la mayor parte de las situaciones comunicativas.
e. La lengua erosionada está en una posición de fuerte inferioridad frente a la lengua erosionadora.
f. Cuando los semihablantes son conscientes de las deficiencias de su forma de hablar, ya es normalmente demasiado tarde para restaurar la situación de partida.

En general, el proceso de erosión se caracteriza por la reducción funcional, agramaticalidad, reducción de los mecanismos de subordinación sintáctica, reducción del léxico y de la morfología, entre otros aspectos.

En el año 2001 J. Fishman publicó una *Escala Graduada de Dislocación Intergeneracional* (EGDI), conocida internacionalmente por GIDS (*Graded Intergenerational Dislocation Scale*) que sirve para estimar el grado de peligro de abandono de una lengua por parte de una comunidad lingüística. Esta escala va de G1 a G8, siendo G1 el grado en el que se puede considerar que una comunidad lingüística mantiene su lengua de forma segura, hasta el grado G8, en el que se habla de dislocación lingüística completa de una comunidad, que lleva a la pérdida y abandono de su lengua característica (Fishman, 2013: 485).

(29) Escala Graduada de Dislocación Intergeneracional (EGDI)
a. G1: Uso de la LMIN al nivel más generalizado e intenso en los ámbitos educativo, laboral, gubernamental, oficial, económico, académico, informativo, institucional, político y social.
b. G2: Uso de la LMIN en los medios de comunicación y oficiales locales, regionales y oficiales o semioficiales.
c. G3: Uso de la LMIN en la esfera laboral local/regional, tanto en quienes tienen la lengua como nativa como en quienes la tienen como lengua segunda.
d. G4b: Uso de la LMIN en las escuelas públicas, en parte como lengua vehicular, aunque la lengua vehicular generalizada sea otra lengua.

e. G4a: Uso de la LMIN en escuelas alternativas a las de escolarización obligatoria en la LMAY, en las que es la lengua dominante.
f. G5: Escuelas para niños y adultos para aprender a leer y escribir la LMIN que no suplen la función de las escuelas de educación obligatoria en otra lengua.
g. G6: La LMIN es enseñada y transmitida a través de iniciativas familiares, vecinales y locales demográficamente concentradas.
h. G7: El uso de la LMIN implica casi exclusivamente a personas mayores que ya no están en edad fértil.
i. G8: Intentos de recuperación de la LMIN y su aprendizaje por adultos.

Esta escala tiene dos puntos de inflexión. El primero se da entre G4a y G5. En este punto los esfuerzos han de ir dirigidos a superar la diglosia* a la que está sometida la lengua, relegada a los niveles inferiores de la sociedad. El segundo punto de inflexión se sitúa en el grado G8; en él se dan fenómenos de erosión grave y de pérdida y abandono, y solo las personas adultas intentan adquirir, mediante su esfuerzo, la lengua en peligro de desaparición definitiva. Para Fishman, la lucha en este nivel debe ser para conseguir la diglosia de la lengua en desaparición, característica de los grados G5 a G8.

La EGDI no es una escala de pasos necesarios; se puede pasar, por ejemplo, del grado G7 al G5 sin tener que pasar necesariamente por el grado G6. Esto significa que, por ejemplo, una lengua que solo es hablada por personas mayores y no es aprendida por los niños puede llegar a institucionalizarse mediante un medio escolar adicional que enseña la lengua a los niños, sin necesidad de que haya iniciativas familiares, vecinales y locales previas que asuman primero esa enseñanza. Es evidente que las situaciones posibles son muy diversas y que no todos los grados expresan necesariamente situaciones imprescindibles o inevitables.

Según Fishman, a veces puede ser contraproducente, para recuperar una lengua en peligro, concentrarse exclusivamente en los grados superiores en la escala EGDI en vez de conseguir primero grados menos exigentes. El caso del irlandés es un ejemplo de intento de paso del grado G6 directamente al grado G4, lo que supuso una institucionalización del irlandés como lengua segunda ocasional centrada en la clase media escolarizada (G4) en vez de como una lengua nativa que sirviera como medio de comunicación informal entre los miembros de la sociedad irlandesa en general (G6). El resultado de ello es que el irlandés no consigue implantarse en la sociedad irlandesa como medio de comunicación generalizado, a pesar de ser lengua obligatoria en la escuela. De hecho, hoy en día se puede decir sin exagerar que el irlandés, a pesar de ser lengua nacional en Irlanda y de la UE, sigue estando en peligro cada vez mayor de desaparición, dado que el número de personas que lo usan diariamente como medio de comunicación es muy bajo: en torno a las sesenta mil.

En el siguiente cuadro podemos ver cómo se sitúan en la EGDI algunos casos de intento de recuperación del desplazamiento lingüístico de trece lenguas minorizadas (Fishman, 2013: 490):

Cuadro 5.3. Puntuación EGDI de los intentos de revitalización de trece lenguas amenazadas

EGDI	*AA*	*AI*	*EU*	*C*	*FQ*	*FR*	*H*	*I*	*M*	*NV*	*EPR*	*YO*	*YS*
1			X	X	X		X						
2		X	X	X		X		X					
3			X	X								X	
4b						X			X		X		
4a	X	X	X					X		X		X	
5									X				X
6	±	–	–	+	+	–	+	–	–	±	±	+	–
7	X	X				X		X	X	X	X		X
8	X		X					X	X				X
CI	±	+	+	+	+	+	+	±	±	±	±	±	±
PT	19	13	18	6	1	13	1	21	24	11	11	7	20

AA: lenguas aborígenes australianas; AI= Lenguas inmigrantes australianas (posteriores a la Segunda Guerra Mundial); EU= euskera; C = catalán; FQ = francés en Quebec; FR = frisón; H= hebreo; I = irlandés; M = maorí; NV= navajo; EPR = español de Puerto Rico; YO= yidis ultraortodoxo (Nueva York); YS= yidis seglar (Nueva York).
CI = clarificación ideológica; X = grado que recibe una mayor atención en el proceso de recuperación lingüística; PT = puntuación total.

Las puntuaciones más altas señalan los esfuerzos de recuperación que están centrados en los estadios sociales de mayor dislocación lingüística. En este sentido, las lenguas más amenazadas según el cuadro anterior son el maorí, el irlandés y el yidis en los círculos seglares en Nueva York, además de las lenguas indígenas australianas. La puntuación más baja es la del hebreo en Israel, el francés en Quebec, el catalán en Cataluña, y el yidis en los círculos ultraortodoxos de la ciudad de Nueva York.

5.9. Conclusión

Hemos visto en este capítulo que la diversidad lingüística y el multilingüismo han dado origen a multitud de mitos e ideas más o menos peregrinas basadas en una ideología según la cual el monolingüismo es la única vía aceptable para el desarrollo de la humanidad.

Es claro, por lo visto en los capítulos primero y segundo del presente libro, que la facultad humana del lenguaje está orientada de manera biológica, y también social y cultural, a la diversidad lingüística, al plurilingüismo y al multilingüismo.

De lo anterior se sigue que abogar por el monolingüismo va contra la propia naturaleza tanto biológica como cultural del ser humano.

Hemos tenido ocasión de ver en este capítulo algunas de las ideas y mecanismos ideológicos que se ponen en funcionamiento para desacreditar y menguar la diversidad lingüística de la humanidad, que hemos contrapuesto a otros que pretenden justamente lo contrario. Los primeros tienen que ver con una visión utilitarista de las lenguas, según la cual éstas son meros instrumentos materiales para trasladar información; los segundos mantienen que las lenguas son mucho más que meros instrumentos que vehiculan información, puesto que son elementos que ayudan a conformar a las personas y a la cultura en la que estas personas se forman y desarrollan emocional e intelectualmente.

Hemos visto que el imperialismo lingüístico y la erosión, abandono y desaparición de las lenguas son dos caras del mismo fenómeno que, por lo que se mantiene en el presente libro, van a contracorriente de un desarrollo armónico y justo de las sociedades humanas.

Ejercicios

1. Investigue los diversos modelos de multilingüismo que se dan en distintos países diferentes de los analizados en el presente capítulo.
2. A través de los textos incluidos al final de este capítulo se pueden comentar algunos de los conceptos vistos en él.
3. Reúna textos que presenten lenguas como el inglés o el español de una forma glorificadora y laudatoria y haga una crítica de ellos.
4. Investigue la evolución del multilingüismo en los medios digitales, especialmente en Internet. Haga un estudio sobre el multilingüismo en algunos medios de Internet, tales como Wikipedia, YouTube, etc.
5. Analice en multilingüismo que haya observado en las redes sociales.

Textos

I
El triunfo de las lenguas vulgares

"El impulso revolucionario de las lenguas vernáculas se vio reforzado por tres factores externos, dos de los cuales contribuyeron directamente al surgimiento de la conciencia nacional. El primero, y en última instancia el menos importante, fue el cambio en el carácter del latín mismo. [...] El latín que entonces aspiraban a escribir se volvió cada vez más ciceroniano y, por la misma razón, cada vez más alejado de la vida eclesiástica y cotidiana. En esta forma, el latín adquirió un carácter esotérico muy diferente del que tenía el latín eclesiástico de la época medieval. [...] El segundo factor fue la repercusión de la Reforma, que al mismo tiempo debía gran parte de su éxito al capitalismo impreso. [...] La coalición creada entre el protestantismo y el capitalismo impreso, que explotaba las ediciones populares baratas, creó rápidamente grandes grupos de lectores nuevos. [...] El tercer factor fue la difusión lenta, geográficamente dispareja, de lenguas vernáculas particulares como instrumentos de la centralización administrativa, realizada por ciertos aspirantes a monarcas absolutistas privilegiados. [...] El nacimiento de las lenguas vernáculas administrativas antecedió a las revoluciones de la imprenta y la religión del siglo XVI, y por lo tanto debe considerarse (por lo menos inicialmente) como un factor independiente en la erosión de la sacra comunidad imaginada." (Anderson, 1993: 65-68).

II
El capitalismo impreso

"Estas lenguas impresas echaron las bases de la conciencia nacional en tres formas distintas. En primer lugar, y sobre todo, crearon campos unificados de intercambio y comunicaciones por debajo del latín y por encima de las lenguas vernáculas habladas. [...] En segundo lugar, el capitalismo impreso dio una nueva fijeza al lenguaje, lo que a largo plazo ayudó a forjar esa imagen de antigüedad tan fundamental para la idea subjetiva de la nación. [...] Tercero, el capitalismo impreso creó lenguajes de poder de una clase diferente a la de las antiguas lenguas vernáculas administrativas. Ciertos dialectos estaban inevitablemente 'más cerca' de cada lengua impresa y dominaban sus formas finales. Sus primos, en condiciones menos ventajosas todavía asimilables a la lengua impresa que surgía, perdieron terreno, sobre todo porque fracasaban (o sólo triunfaban relativamente) en el esfuerzo por imponer su propia forma impresa." (Anderson, 1993: 73-74)

III
Panhispanismo

"El movimiento que inspiró las iniciativas de la diplomacia cultural comenzó poco después del nacimiento, en los años veinte, de las repúblicas latinoamericanas. Nos referimos, por supuesto al *hispanismo*, también llamado *hispanoamericanismo* o *panhispanismo*. Aunque resulta extremadamente difícil definirlo con precisión, se puede afirmar [...] que el hispanismo abraza al menos las siguientes ideas: la existencia de una singular cultura, forma de vida, características, tradiciones y valores, *todas ellas encarnadas por la lengua*; la idea de que la cultura hispanoamericana es simplemente cultura española trasplantada al Nuevo Mundo; y la noción de que la cultura hispánica posee una jerarquía interna en la que España ocupa una posición hegemónica." (Del Valle y Gabriel-Stheeman, 2004: 24)

IV
La unificación del mercado y la dominación simbólica

"Así, los efectos correlativos a la unificación del mercado sólo se ejercen a través de un conjunto de instituciones y mecanismos específicos entre los cuales la política propiamente lingüística e incluso las intervenciones expresas de los grupos de presión sólo representan el aspecto más superficial. Y el hecho de que presupongan la unificación política o económica que contribuyen de rechazo a reforzar no implica en absoluto que el progreso de la lengua oficial haya que imputarlo a la eficacia directa de coerciones jurídicas o cuasi jurídicas (que en el mejor de los casos pueden imponer la adquisición, pero no la utilización generalizada ni, por tanto, la reproducción autónoma de una lengua legítima). Sobre todo por parte de quienes la sufren, toda dominación simbólica implica una forma de complicidad que no es ni sumisión pasiva a una coerción exterior, ni adhesión libre a los valores. El reconocimiento de la legitimidad de la lengua oficial no tiene nada que ver con una creencia expresamente profesada, deliberada y revocable, ni con un acto intencional de aceptación de una «norma»; en la práctica, se inscribe en las disposiciones que se inculcan insensiblemente, a través de un largo y lento proceso de adquisición, por medio de las acciones del mercado lingüístico. Disposiciones que se ajustan, pues, independientemente de todo cálculo cínico y de toda coerción conscientemente sentida, a las oportunidades de beneficio material y simbólico que las leyes características de formación de precios en un cierto mercado brindan objetivamente a los poseedores de un cierto capital lingüístico.

Lo propio de la dominación simbólica consiste precisamente en que, por parte de quien la sufre, implica una actitud que desafía la alternativa corriente de libertad-coerción: las «elecciones» de habitus (por ejemplo, la que consiste en corregir la R en presencia de locutores legítimos) se realizan, inconscientemente y sin ninguna coerción, en virtud de disposiciones que, aunque sean indiscutiblemente producto de determinismos sociales, se constituyen al margen de toda intención consciente o coacción." (P. Bourdieu, 1985: 24-25)

6
La Europa multilingüe: aspectos lingüísticos, históricos, sociales y políticos

6.1. Panorama de las lenguas europeas

Vamos a estudiar en este capítulo la gestión del multilingüismo en Europa. Primero ofrecemos un panorama de las lenguas de Europa.

Para comenzar con la caracterización de la Europa multilingüe, veamos una panorámica de la localización de las lenguas de Europa.

Figura 6.1. Las lenguas de Europa.

LENGUAS GERMÁNICAS:

ISL = islandés	ALM = alemán	SUE = sueco
ING = inglés	NOR = noruego	D = danés
NRD = neerlandés	FRI = frisón	

LENGUAS ROMANCES:

ESP = español	GLG = gallego	AST = asturiano	CAT = catalán
PRT = portugués	RUM = rumano	ITA = italiano	OCT = occitano
SRD = sardo	FP = franco-provenzal		

LENGUAS CELTAS:

Goidélicas: IRL = gaélico irlandés	GAE = gaélico escocés
Britónicas: BRT = bretón	GLS = galés

LENGUAS ESLAVAS:

CRT = croata	SRB = serbio	MCD = macedonio
BLG = búlgaro	RUS = ruso	SLV = esloveno
POL = polaco	CHC = checo	SVK = eslovaco
UKR = ucraniano	BLR = bielorruso	

LENGUAS BÁLTICAS:

LIT = lituano	LET = letón

OTRAS LENGUAS INDOEUROPEAS:

ALB = albanés	GRG = griego
KRD = curdo	

LENGUAS DE OTROS FILOS LINGÜÍSTICOS:

EUS = euskera

LENGUAS UGROFINESAS:

FIN = finés	SAM= sami	HNG = húngaro
TRK = turco	EST = estonio	

6.2. Las lenguas oficiales

Las lenguas oficiales de los estados europeos políticamente reconocidos son aquellas que ocupan una posición privilegiada dentro de cada de uno de esos estados. Una versión de esas lenguas, la lengua estándar, es la adoptada en la Administración, en la educación y en el dominio público en general. Por lo común, se sigue la idea de que a cada estado le corresponde una lengua, de tal modo que a España le corresponde el español; a Francia, el francés; a Alemania, el alemán; y así sucesivamente.

Hay algunos estados europeos que tienen más de una lengua oficial. He aquí una tabla indicativa:

Cuadro 6.1. Estados europeos y lenguas oficiales

Bélgica	neerlandés (flamenco) y francés (valón)
Bielorrusia	bielorruso y ruso
Bosnia y Herzegovina	bosnio, serbio y croata
Finlandia	finés y sueco
Irlanda	irlandés e inglés
Malta	maltés e inglés
Suiza	alemán, francés, italiano, romanche
Chipre	griego y turco
España	castellano, gallego, catalán, euskera

El caso de Bosnia-Herzegovina es particular, dado que las tres lenguas oficiales en realidad están muy próximas lingüísticamente entre sí y son mutuamente inteligibles. Tanto es así que en la época de la antigua Yugoslavia se denominaban con un solo nombre: serbo-croata.

Algo similar ocurre con Bielorrusia, ya que el bielorruso y el ruso son lenguas muy próximas y mutuamente inteligibles, aunque difieren de forma apreciable en la ortografía (más fonética en bielorruso que en ruso).

En cuanto a Finlandia, los hablantes de sueco forman solo aproximadamente un 10 por ciento de la población y el sami es también lengua oficial en la región lapona.

El caso de Irlanda es también notable, dado que la primera lengua oficial del país, el gaélico irlandés, tiene menos de 50.000 hablantes nativos y solo aproximadamente un 10 por ciento de la población tiene algún tipo de competencia activa en esa lengua. De hecho, puede decirse que el irlandés sigue siendo hoy en día una lengua en peligro de desaparición.

En el caso de Malta, el inglés es utilizado para las relaciones con otros países, y el maltés es oficial de puertas adentro. De todas formas, aproximadamente solo un 5 por ciento de la población maltesa sabe inglés.

En Suiza hay una mayoría de hablantes de suizo-alemán (unos cinco millones), seguidos de hablantes de francés (unos dos millones) y de italiano (un millón). El romanche es hablado por unas 50.000 personas. Suiza es un país multilingüe, pero no plurilingüe, dado que son pocas las personas que dominan las cuatro lenguas oficiales o tres de ellas.

FRN = francés (familia romance)
ITA = italiano (familia romance)
ROM = romanche (familia romance)
ALA = alamánico (suizo-alemán) (familia germánica)

Figura 6.2. Lenguas de Suiza.

En el caso de España, la única lengua con reconocimiento oficial en todo el territorio del estado es el castellano; las demás lenguas son oficiales, junto con el castellano, en las correspondientes comunidades autónomas. El aragonés y el asturiano carecen de reconocimiento oficial incluso dentro de su propia comunidad autónoma.

Un fenómeno que se da en todas las lenguas oficiales de Europa es la distancia entre la lengua estándar oficial y las variedades realmente habladas por la población. Mientras que la lengua oficial estándar es fija, las variedades que habla la gente corriente son diversas y en algunos casos muy diferenciadas. Un ejemplo es el alemán: en los países germanohablantes se dan diversas variedades de alemán que difieren en mayor o menor medida del alemán estándar. He aquí una enumeración de los principales dialectos alemanes:

(1) Dialectos alemanes

a. *Alto alemán:* bávaro (*Bairisch*), fráncico renano (*Rheinisches Fränkisch*), fráncico del Mosela (*Moselfränkisch*), fráncico (*Fränkisch*), alto sajón (*Sächsisch*), alamánico (*Allemanisch*).

b. *Bajo alemán:* bajo sajón (*Niedersächsisch*) o bajo alemán (*Plattdeutsch*), bajo fráncico (*Niederfränkisch*), Suizoalemán.

Cuadro 6.2. Ich liebe dich 'Te amo' en distintos dialectos alemanes, según aparecen en un número del Süddeutsche Zeitung

Alemán del Sarre (alemán medio)	Du gfallscht mir awa arisch gudd!
Sajón (alemán medio)	Ich gnuddl disch!
Sajón de Siebenbürger (alemán medio)	Ech hun dech lähv, men Schatzgen!
Alemán del Rhin (alemán medio)	Bist e legga Mädsche, isch leev disch
Bávaro (alto alemán)	I mog di!
Alemán de Baden (alto alemán)	liisch, hab düüsch lüb!
Bajo alemán	Komma bei müsch bei!
Aleman de Graz (alto alemán)	Du bist awa fesch!
Hamburgués (bajo alemán)	Ich känn dich gut laidn!
Suabo (alto alemán)	Lieb hanni di!
Fráncico (alto alemán)	Ich mog dich, Du Bredd!

Fuente: www.sueddeutsche.de/leben

Un situación parecida a la de Alemania se da en Italia, donde hay una lengua estándar oficial, el italiano, basada en el toscano literario, y un buen número de variedades lingüísticas, consideradas dialectos, que difieren de forma más o menos radical del estándar: lombardo, emiliano-romañol, romanesco, campano, siciliano, salentino o calabrés, entre otros.

Normalmente, como base del estándar se toma la variedad o dialecto de más prestigio, identificada habitualmente con la de aquellas regiones en que se sitúan los centros de poder político, cultural o económico. De esta manera, el francés estándar se basa en el franciano, y el español estándar en el castellano centro-septentrional. Este proceso de selección de una variedad concreta puede alargarse durante mucho tiempo y no siempre concluye con unos resultados completamente definidos.

Un caso de este tipo es el de Noruega. Existen dos tipos de variedades fundamentales de noruego: la denominada *bokmål* y la denominada *nynorsk*. La segunda agrupa variedades fundamentalmente habladas por la gente corriente, pero la primera es una forma más culta que sigue el modelo lingüístico del danés. Durante mucho tiempo la lengua escrita ha sido en exclusiva la variedad cultivada *bokmål*; en el siglo XX predomina el *nynorsk* en la zona sudoccidental de Noruega, y el *bokmål* en el oeste y en el norte.

Otro ejemplo interesante respecto de la distancia entre la lengua oficial escrita y la lengua hablada lo proporciona Grecia. El griego es una de las lenguas más antiguas de Europa, que se sigue hablando desde hace al menos unos tres mil quinientos años en diversas variedades o dialectos desde la más remota antigüedad histórica. El griego actual procede de la koiné que se formó a partir de los siglos IV y III a.C. sobre la base del dialecto ático. La lengua escrita siguió durante siglos el modelo de la koiné, pero, como ocurre con todas las lenguas, la lengua del pueblo, la hablada por la gente corriente, fue experimentando una serie de cambios y se diferenció notablemente de las variedades koinéticas originarias. Se produjo así una dualidad entre la variedad conocida como *dimotikí* ('popular') y la variedad escrita culta, conocida como *kazarévousa* ('depurada') y apegada al modelo lingüístico griego clásico; esto es un caso claro de diglosia. A partir de 1976 se decidió utilizar como lengua oficial la primera variedad, la popular, aunque desde el punto de vista ortográfico se conservan la mayor parte de las convenciones de la lengua escrita culta *kazarévousa*, por lo que existe una distancia más o menos grande entre la escritura y la pronunciación.

6.3. Las lenguas oficiales como lenguas minoritarias

En algunos países europeos existen minorías que hablan lenguas que gozan de oficialidad en otros países de Europa y que por lo general no gozan de los mismos derechos lingüísticos que las mayorías que hablan la lengua oficial de esos países o una de sus variedades. Veamos algunos casos.

Un caso reciente es el de las antiguas repúblicas soviéticas, que accedieron a su independencia después de la disolución de la Unión Soviética. En Estonia más o menos la mitad de la población es rusohablante, pero el ruso no tiene un reconocimiento oficial en ese país báltico. En Letonia, de una población cercana a los dos millones y medio de personas, un millón habla ruso, que no es lengua oficial. En Lituania hay alrededor de medio millón de rusohablantes y un número similar de hablantes de polaco. En Ucrania hay unos catorce millones de hablantes de ruso, aunque hasta hace poco el ruso era oficial junto con el ucraniano. En Moldavia hay hasta un millón de hablantes de ruso y de ucraniano. En Azerbaiyán hay minorías rusas y armenias bastante numerosas.

La historia de los Balcanes ha sido extremadamente dinámica a lo largo de los siglos y ello ha propiciado que se den importantes minorías lingüísticas en los diversos países actuales de esta zona de Europa. Hay importantes comunidades albanesas en varios países balcánicos. En Grecia hay unos doscientos mil hablantes de albanés; en Yugoslavia, unos dos millones (concentrados en Kosovo); en Macedonia, medio millón; en Bosnia-Herzegovina, doscientos mil; y fuera de los Balcanes, en Italia, hay unos cien mil.

En Rumanía hay una importante minoría hungarohablante que llega a los dos millones de personas. También hay una minoría hungarohablante importante en Eslovaquia, y otras menos numerosas en Austria, República Checa y Eslovenia.

En Italia hay una población germanohablante cercana al medio millón de personas. En Dinamarca existe una minoría germanohablante de unas cincuenta mil personas. En Francia hay una minoría de habla alemana de unos dos millones de personas (alsaciano y alemánico). En Polonia hay alrededor de un millón de hablantes de alemán, y en Rumania, unos cien mil.

En Alemania hay minorías numéricamente significativas de hablantes de italiano, albanés (un millón de personas) y de griego, polaco, serbio y croata (medio millón de personas cada una). En Bélgica hay una minoría italohablante de aproximadamente medio millón de personas.

6.4. Las lenguas europeas minorizadas

En Europa encontramos numerosas lenguas denominadas "minoritarias", "regionales" o "locales" que, al no ser lenguas oficiales de un estado, no gozan de ningún tipo de reconocimiento oficial. Se trata de lenguas minorizadas (no necesariamente minoritarias, pues, por ejemplo, el catalán tiene más hablantes que algunas lenguas europeas oficiales, como el danés) porque todas ellas han visto cómo, mediante procesos históricos de dominio político, han ido disminuyendo su uso, su vitalidad y el número de sus hablantes. En general, la situación de estas lenguas europeas es aceptable, mala, muy mala o desesperada, según los casos.

Como hemos visto en el capítulo precedente, el proceso de minorización de una lengua está ligado de forma íntima al proceso de mayorización de otras lenguas que han sido adoptadas como medio de comunicación oficial, administrativa y de instrucción y educación públicas en un estado-nación.

Ese proceso de mayorización ha hecho que la lengua adoptada como oficial haya visto ampliamente incrementado el territorio de su uso originario a través de un proceso de bilingüización* obligada de las comunidades que tienen una lengua o variedad lingüística diferente que no se ha visto compensado con un proceso similar de bilingüización de la comunidad que usa la lengua mayorizada. Esto supone, como ya hemos visto en el capítulo anterior, que las personas hablantes de la lengua minorizada ven reducida de forma progresiva la amplitud de uso de su propia lengua, diferente de la oficial, mientras que el uso de ésta se va ampliando de forma continua y efectiva. Por tanto, en realidad no se trata de dos procesos independientes, sino de las dos caras del mismo proceso.

Podemos caracterizar las dos caras de este proceso, tal como se da en las lenguas de Europa, de la forma siguiente:

(2) Proceso de mayorización/ minorización lingüística

a. Una lengua local se usa como lengua oficial en un determinado estado-nación / las lenguas en proceso de minorización quedan reducidas a un ámbito incluido en ese estado-nación.
b. La lengua local en proceso de mayorización se adopta como lengua de las instituciones políticas y culturales y como medio de comunicación obligatorio dentro de los ámbitos oficiales / las lenguas en proceso de minorización quedan fuera de todos esos ámbitos.
c. La lengua en proceso de mayorización se convierte en lengua única en la enseñanza obligatoria financiada o apoyada por el Estado /las lenguas en proceso de minorización quedan fuera del ámbito educativo.
d. La lengua en proceso de mayorización es aprendida masivamente por comunidades que usan las lenguas en proceso de minorización a través de una bilingüización* de éstas de carácter explícita o implícitamente obligado.
e. Las comunidades que usan la lengua en proceso de mayorización no experimentan ningún proceso implícita o explícitamente obligado de bilingüización* en las lenguas minorizadas que haga posible que éstas vean aumentado su ámbito de uso, lo que ocasiona una limitación insuperable.

A continuación vamos a pasar una breve revista a la situación de minorización de una serie de lenguas europeas.

Las lenguas celtas, que tuvieron una amplia extensión en la Europa Occidental antigua, en la actualidad han visto sensiblemente mermadas su vitalidad y extensión. Las dos familias celtas (la britónica y la goidélica), aunque están claramente emparentadas, no son mutuamente inteligibles. El gaélico irlandés y escocés son lenguas muy parecidas, y el bretón y el galés divergen algo más entre sí, aunque es fácilmente reconocible su relación. Las lenguas celtas en general presentan características gramaticales singulares comparadas con las de las lenguas que las rodean (mutaciones consonánticas, predominio de la construcción impersonal, predominio de la nominalización, flexión de persona para los pronombres, oraciones con verbo inicial, entre otras muchas propiedades) y se escriben en alfabeto latino.

El *bretón* cuenta con medio millón de hablantes nativos localizados en la Bretaña occidental, Francia. El *galés* tiene algo menos de seiscientos mil hablantes localizados en el norte y oeste del País de Gales, Reino Unido de Gran Bretaña. El *gaélico escocés* tiene algo menos de sesenta mil hablantes localizados en la parte norte y central de los condados de Ross y en las Islas Hébridas y Skye. Ninguna de estas lenguas es oficial en sus respectivos estados. El *gaélico irlandés* tiene unos pocos miles de hablantes localizados en las costas noroccidentales y sudoccidentales de las islas occidentales Galway, parte de Mayo, Kerry y Donegal, en el centro y norte de Irlanda occidental. En la actualidad se calcula que solo, como mucho, unos 50.000 hablantes lo usan predominantemente en su vida cotidiana. Esta es la única lengua celta que es oficial, aunque esto no la ha salvado de estar en una situación muy difícil.

En la familia eslava hay dos lenguas de pocos hablantes que pertenecen al grupo lejítico: el casubo y el sorabo.

El *casubo* tiene unos cien mil hablantes localizados por el banco izquierdo de la parte baja del Vístula, en la parte norte de la Polonia central, cerca de la costa báltica, al oeste de la Bahía de Gdańsk. El *sorabo* tiene unos veinticinco mil hablantes localizados en la zona de la Sajonia superior de Alemania oriental, en las ciudades de Bautzen y Cottbus. Se trata de lenguas europeas en peligro de extinción.

En la familia romance hay varias lenguas que están también en una situación desfavorable.

El *sardo* pertenece al grupo italo-romance y se habla en Cerdeña en tres variedades: la meridional, el campidanés, la noroccidental, el logudorés y la nororiental, el nuorés. En total tiene un millón de hablantes.

El *friuliano* es hablado por unas 800.000 personas en la región italiana de Friuli. El *ladino* se habla en el Tirol meridional en el Alto Adige y en los valles dolomíticos. Hay aproximadamente unas 38.000 personas que lo conocen. El *romanche* se habla en Suiza y tiene unos 35.000 hablantes, en el cantón de los Grisones. De occidente a oriente, dentro de este cantón, encontramos las siguientes variedades: sobreselvano, sotoselvano, surmeirano y engadino superior (Puter) e inferior (Vallader). Estas dos lenguas pertenecen al grupo reto-romance.

El *franco-provenzal* consta de una serie de variedades que se hablan en la frontera de Francia con Italia. Hay unos cien mil hablantes en Italia, en la región del Valle de Aosta con pequeños núcleos en Faeto y Celle San Vito, en la región de Foggia del sudeste de Italia, y unos 60.000 en Francia. Se habla también en la Suiza romance, en Ginebra, Vaude (vaudés), Neuchâtel (neuchatelés). En Francia se habla en los departamentos de Doubs, Jura, Loira, Rhône, Ain, Isère, Savoya (savoyardo) y Alta-Savoya y en el sur de Burgundia. El *occitano* se habla en el mediodía francés en diversas variedades: provenzal, auvernés, lemosín o gascón, entre otras. Ambas lenguas pertenecen al grupo galo-romance.

El *catalán* tiene unos 10 millones de hablantes en España (y unos pocos en Francia). En España se habla en Cataluña, Valencia (valenciano) e Islas Baleares (balear). Esta lengua es oficial en Cataluña, El País Valenciano, Las Islas Baleares y en Andorra. De las lenguas minorizadas de Europa es la que está en una situación más favorable aunque siga en muchos ámbitos presionada por el castellano.

El *aragonés* podría tener hasta once mil hablantes situados en la parte norte de Aragón, en el Alto Aragón. No tiene ningún tipo de reconocimiento oficial y además se le ha llegado a negar académicamente incluso la condición de dialecto, reduciéndolo a un conjunto de hablas más o menos inconexas. En efecto, se puede decir de forma segura que el aragonés no es un dialecto, pero la razón que se suele dar para justificar esa idea nos debería llevar a una conclusión muy diferente. El aragonés no es un dialecto sencillamente porque es una lengua y, como es sabido, las lenguas no son otra cosa que conjuntos de variedades lingüísticas más o menos homogéneas o heterogéneas denominadas habitualmente *dialectos*. Por eso no se puede hablar de dialecto aragonés, igual que no se puede hablar de dialecto español, a no ser que sea desde el punto de vista histórico, desde el cual, tanto el aragonés como el castellano son dialectos del latín.

El *asturiano*, denominado tradicionalmente *bable*, un término despectivo, es una lengua romance que podría tener unos trescientos mil hablantes situados en Asturias. Tampoco tiene ningún reconocimiento oficial y, también como en el caso del aragonés, se niega en el ámbito académico que sea una lengua, reduciéndolo a una serie de hablas poco homogéneas. Como en el caso anterior, se vuelve a insistir en la fragmentación para negar la condición de lengua al asturiano, una lengua romance tan antigua y digna como el castellano.

Pero sabemos que una lengua natural no es más que un conjunto de variedades denominadas *hablas* o *dialectos* que comparten una serie de rasgos comunes. Por consiguiente, desde el punto de vista lingüístico el asturiano es una lengua. Desde el punto de vista ideológico se descarta que lo sea para impedir su reconocimiento oficial, su promoción y potenciación y, de ese modo, asegurar el predominio del castellano, lengua históricamente extraña a las poblaciones de la antigua lengua leonesa, cuya existencia se niega para quitar legitimidad histórica a las reivindicaciones de quienes luchan por el reconocimiento y la dignidad de su lengua minorizada por la imposición de una lengua más poderosa, como el castellano.

El *gallego* es una lengua romance hablada en Galicia por más de tres millones de personas y es oficial en Galicia. Teniendo en cuenta que el portugués, una lengua con estado, y el gallego son variedades de la misma lengua, denominada habitualmente gallego-portugués, se puede decir que esta lengua es oficial en un estado (Portugal) y cooficial en parte de otro (España).

Dentro de la familia germánica hay lenguas sin estado que poseen poco o ningún reconocimiento oficial. Entre ellas podemos mencionar al frisón, una lengua europea en peligro de desaparición. El frisón oriental tiene unos dos mil hablantes localizados en Alemania septentrional, área de Schleswig-Holstein, Ostfriesland, alrededor de los pueblos de Emden, Oldemburgo, en la Baja Sajonia y Saterland, Jeverland, y Butjadingen. El *frisón occidental* tiene unos cuatrocientos mil hablantes en los Países Bajos. El *frisón septentrional* tenía unos diez mil hablantes en los años 70 del siglo pasado situados en la franja costera entre los ríos Eider, en el sur, y Wiedau, en el norte y en islas adyacentes.

El *faroés* tiene unos cuarenta y ocho mil hablantes localizados en las Islas Faroe, donde es lengua regional reconocida por Dinamarca.

El *yidis* (término procedente del alemán *jüdisch* 'judío'), idioma de los judíos askenazíes, es una lengua germánica cercana al alemán y de origen claramente europeo cuyos hablantes fueron brutalmente diezmados durante la Segunda Guerra Mundial, aunque hoy en día está extendida por el mundo. Hay comunidades pequeñas que hablan esta lengua en Ucrania, Bielorrusia, Alsacia, Países Bajos y Suiza. La mayoría de sus hablantes viven hoy en día en América del Norte y en Israel. Se escribe en alefato hebreo. Es una lengua europea en claro peligro de extinción.

El *romaní* es la lengua de los gitanos, cuyas comunidades se hallan presentes al menos desde la época medieval en buena parte de Europa. Hay unos tres millones y medio de gitanos en Europa y su lengua conoce diversas variedades: válaco (Albania, Bosnia-Herzegovina, Hungría, Moldavia, Rumanía, Ucrania y Yugoslavia), balcánico (Bulgaria, Grecia, Moldavia, Macedonia, Rumanía, Turquía, Ucrania y Yugoslavia), sinte (Austria, Croacia, República Checa, Francia, Alemania, Italia, Países Bajos, Polonia, Eslovenia, Suiza y Yugoslavia), cárpato (República Checa, Hungría, Polonia, Rumanía, Eslovaquia y Ucrania), báltico (Estonia, Letonia, Lituania, Polonia y Rusia), entre otras. La etnia romaní suele ocupar en muchos países los estratos menos favorecidos de la población y su lengua carece de reconocimiento alguno en los países europeos, en los que hay un número de hablantes apreciable. Además, la lengua experimenta a menudo procesos de influencia de las lenguas oficiales de tal calado que acaban por desintegrarla y diluirla, como ha pasado, por ejemplo, en la Península Ibérica. El caló es una lengua mixta de base castellana y vocabulario romaní.

En la familia ugrofinesa encontramos una rama lingüística minorizada: la rama *lapona* o *sami*, compuesta por una serie de lenguas de pocos hablantes repartidos por el norte de Escandinavia. En Noruega hay unos veinte mil hablantes de sami, unos nueve mil en Suecia y unos tres mil en Finlandia y Rusia. La situación de estas lenguas es muy mala y la supervivencia de la mayoría de ellas no está en absoluto garantizada.

Una lengua europea minorizada con unas características únicas es el euskera. El único idioma europeo que no pertenece ni a la familia indoeuropea, ni a la familia ugrofinesa. Se trata de una lengua europea internacional (como el catalán, que se habla también en Francia, y el gallego-portugués, que se habla también en Portugal), que se habla en el sur de Francia y en el norte de España. En el estado español es oficial en la Comunidad Autónoma Vasca y parcialmente en la Comunidad Navarra y carece de todo reconocimiento oficial en Francia. El número de hablantes de esta lengua podría ascender a unos 800.000, lo cual es un logro muy considerable, teniendo en cuenta la historia de marginación e incluso persecución que han experimentado sus hablantes a lo largo de la historia.

Esta lengua conoce una serie de dialectos históricos que son los siguientes: guipuzcoano, vizcaíno, labortano, suletino, bajo navarro y alto navarro. A ellos hay que añadir el *euskera batua*, la lengua estándar unificada que se adopta oficialmente y se enseña en las escuelas.

Según la V Encuesta Sociolingüística, dada a conocer por el gobierno vasco en marzo de 2012, en el año 2011 dentro de la Comunidad Autónoma Vasca había 600.000 euskaldunes (hablantes de euskera), cifra a la que se puede añadir 322.000 que no lo hablan pero lo entienden; en ambos casos se trata de personas de 16 o más años. Esos más de trescientos mil bilingües analíticos* (entienden euskera aunque no lo hablen) desempeñan un papel importantísimo para el afianzamiento del uso del euskera en el País Vasco. En la Comunidad Autónoma Vasca hay más de 950.000 personas que no saben euskera (ni siquiera analíticamente). Es claro que la supervivencia del vasco a largo plazo depende de que aumente el número de personas que al menos entiendan euskera, lo que propiciaría el uso mucho más amplio y extenso de esta singular lengua europea. La situación en Navarra y en el País Vasco francés es infinitamente peor, tanto por el número de hablantes como por las medidas impulsoras del uso del euskera en esas regiones europeas.

A continuación damos un cuadro en el que se relacionan algunas lenguas minorizadas europeas con las correspondientes lenguas mayorizadas que han ocasionado en gran medida su minorización:

Cuadro 6.3. Algunas lenguas mayorizadas europeas y sus correspondiente minorizadas

Lenguas minorizadas	*Lenguas mayorizadas*
Irlandés	Inglés
Bretón	Francés
Sardo	Italiano
Occitano	Francés
Catalán	Español, francés
Vasco	Español, francés
Asturiano	Español
Aragonés	Español
Frisón	Neerlandés, alemán

6.5. Las lenguas de los inmigrantes en Europa

Además de las lenguas europeas minorizadas, que a menudo no tienen ningún reconocimiento oficial, también hay cantidades importantes de personas que trabajan en Europa pero que han venido de fuera y siguen usando sus lenguas de origen en mayor o menor medida, algunas de ellas no europeas. Se trata de las lenguas de los inmigrantes.

El árabe marroquí tiene comunidades de hablantes significativas de unas 200.000 personas en Bélgica, Países Bajos y Alemania. En Francia hay una comunidad arabohablante marroquí y argelina que se puede situar en torno a los dos millones de personas.

El turco tiene unos 200.000 hablantes en los Países Bajos, 100.000 hablantes en Bélgica, Dinamarca y Suiza, y 2,5 millones en Alemania.

A estas cifras habría que añadir el millón de hablantes de turco en Bulgaria, los cien mil en Macedonia y los aproximadamente doscientos mil de Chipre. Por ello, y también porque se habla en la Turquía europea y también por consideraciones históricas, puede considerarse el turco como lengua europea.

En Gran Bretaña hay un millón de hablantes de hindi, lengua indoaria (y, por tanto, indoeuropea) de la India y medio millón de pasto (lengua irania de Afganistán), a los que habría que añadir unos doscientos mil de bengalí, guyarati, penyabí (también lenguas indoarias de la India) y también unos doscientos mil de cantonés (lengua sino-tibetana de China).

En Alemania hay comunidades importantes de habla griega, rumana, española, neerlandesa, polaca, serbia, croata, portuguesa, cingalesa, húngara y vietnamita.

En los Países Bajos hay comunidades de habla china, indonesia, hindi, kurda, malaya, surinamesa, javanesa, tamil y vietnamita.

Ninguna de estas lenguas, ni otras no mencionadas en esta breve referencia, goza de reconocimiento oficial alguno en los países europeos correspondientes.

6.6. Las lenguas señadas de Europa

Las lenguas señadas que habitualmente usan los sordos para comunicarse entre sí son lenguas naturales completamente desarrolladas gramaticalmente y no son meras representaciones visuales de las lenguas habladas de los países correspondientes (Moreno Cabrera, 2013, capítulo 4). De este modo, la lengua de signos española (LSE) no es una representación del español mediante gestos, sino una lengua completa con su propia gramática, léxico y semántica.

Las lenguas señadas (se ha demostrado sin lugar a dudas que tienen un grado de desarrollo gramatical similar al de las lenguas habladas y una naturaleza fisiológica también equiparable al de éstas) son, por tanto, lenguas de pleno derecho que habrían de ser tratadas como las lenguas habladas. Sin embargo, es claro que estas lenguas se encuentran en general marginadas y olvidadas en las sociedades en las que se usan, aunque gocen en algunos casos de cierto reconocimiento oficial.

La falta de atención a las lenguas señadas está fundamentada en una serie de prejuicios que vienen de muy antiguo y se han demostrado falsos. Las lenguas señadas se asocian al déficit de la sordera y, por tanto, se relacionan con un defecto o deficiencia. Pero no son lenguas que hayan de relacionarse con deficiencia alguna. El hecho de que en general solo las personas sordas las usen no se debe a que no puedan ser usadas por las personas oyentes, sino a que éstas no han tenido en general interés por aprenderlas para comunicarse con las personas sordas. Las personas sordas no pueden habitualmente utilizar las lenguas orales, por sus características fisiológicas, pero las personas oyentes sí pueden utilizar las lenguas señadas.

Es más, las personas oyentes pueden usar las lenguas señadas para comunicarse en silencio entre sí, con la misma facilidad y efectividad que usan las lenguas orales, siempre y cuando dominen esas lenguas señadas suficientemente. Por consiguiente, el hecho de que las lenguas señadas se usen casi exclusivamente por parte de las personas sordas no significa que estas lenguas hayan de asociarse a un déficit auditivo. Se debe a un hecho social: la sociedad ha tenido poco o ningún interés en aprender las lenguas señadas que usan las personas sordas, porque se ha considerado erróneamente que estas lenguas incumben exclusivamente a las personas sordas.

Como señalábamos antes, las diversas lenguas que usan los sordos en Europa no son transcripciones visuales de las correspondientes lenguas orales y, por tanto, de igual modo que la LSE no es una transcripción gestual del español, la lengua de señas alemana no es una transcripción visual del alemán. Otra característica de las lenguas señadas es que son tan diferentes entre sí como las lenguas orales: la LSE es muy distinta de las otras lenguas señadas europeas que se incluyen en la lista siguiente, y una persona que sepa señar LSE no sabe señar ni entiende la lengua señada alemana, a no ser que la estudie, tal como ocurre con las lenguas orales.

A continuación se da una lista de las lenguas señadas más conocidas de Europa con indicación de su número estimado de señantes en millones (M).

(3) Lista de algunas lenguas señadas europeas
- a. alemana [AL, Alemania, 0’05M], austríaca [AUS, Austria, R]
- b. británica [BRIT, Reino Unido de Gran Bretaña, R, 0’04M], búlgara [BUL, Bulgaria]
- c. catalana [CAT, Cataluña, R, 0’018M], checa [CH, República checa, R], croata [CR, Croacia]

d. danesa [DA, Dinamarca, R, 0'005M]
e. eslovaca [SLK, Eslovaquia], española [ESP, España, R, 0'1M], estonia [EST, Estonia, 0'0045M]
f. finesa [FIN, Finlandia, R, 0'005M], fino-sueca [FINSUE, Finlandia, 0'00015M], flamenca [FLAM, Bélgica, R, 0,006M], francesa [FR, Francia, R, 0'1M], franco-belga [FRBLG, Bélgica, R], franco-suiza [FRSU, Suiza, R, 0'001M]
g. germano-suiza [GERSUI, Suiza, R, 0'006M], griega (GR, Grecia, 0'042M)
h. húngara [HUN, Hungría, 0'06M]
i. irlandesa [IRL, Irlanda], islandesa [ISL, Islandia], italiana [ITA, Italia], italo-suiza [Suiza, 0'0002M]
j. letona [LET Letonia], lituana [LIT, Lituania]
k. maltesa [MAL, Malta], moldava [MOLD, Moldavia]
l. neerlandesa [NEE, Países Bajos, 0'02M], noruega [NOR, Noruega, R, 0'004M]
m. polaca [POL, Polonia, 0'05M], portuguesa [POR, Portugal, R, 0'008M]
n. rumana [RUM, Rumanía], rusa [RUS, Rusia]
o. sueca [SUE, Suecia, R, 0'008M]
p. turca [TURC, Turquía]
q. ucraniana [UKR, Ucrania, R]
r. yugoslava [YUG, Serbia, Eslovenia 0'03M]

R = la lengua tiene algún tipo de reconocimiento oficial, según Storch de Gracia y Asensio, G. (coord.) 2005.

Algunas de estas lenguas señadas pueden agruparse según su afinidad, tal como ocurre en el caso de las lenguas orales. El grupo más amplio lo constituyen todas aquellas lenguas señadas que son parcialmente inteligibles con la FR, pues muestran algún tipo de relación más o menos definida o cercana a ella. Se trata de las siguientes lenguas:

AUS, BLG, CH, AL, GR, IRL, ITA, NEE, FRSU

Por su parte, las lenguas de señas nórdicas, excepto la finesa, son parcialmente inteligibles entre sí. En este grupo puede incluirse la lengua señada portuguesa, relacionada con la sueca:

DA, ISL, NOR, SUE, POR

Las lenguas señadas española y catalana también tienen claras afinidades. Por último, la estonia y finesa presentan también afinidades, como ocurre con las lenguas orales correspondientes.

6.7. Las raíces lingüísticas de Europa

Las lenguas de Europa se pueden clasificar en dos familias genéticas: la indoeuropea, a la que pertenecen la mayor parte de las lenguas europeas, la urálica, en la que están el húngaro y el finés, el estonio y el sami y, por otro lado, el vasco, que constituye en sí misma una familia aparte.

Hace unos seis mil años... pueblos de habla indoeuropea se desplazaron hacia Europa Central.

Los pueblos de habla indoeuropea podrían ser originarios del este de Europa (las estepas rusas) o incluso de fuera de Europa, según algunas de las teorías propuestas. Las lenguas indoeuropeas no solo ocupan desde tiempos ancestrales la mayor parte de Europa, sino también parte de Asia Occidental (Persia, Afganistán) y gran parte del subcontinente indio: India, Pakistán, Bangladesh. Además, se han extendido por todo el mundo a través de los procesos de colonización encarnados lingüísticamente en idiomas como el inglés, el español, el portugués, el francés o el ruso.

A pesar de la gran cantidad de siglos transcurridos desde que estas lenguas se empezaron a hablar, todavía pueden encontrarse elementos léxicos y gramaticales en los idiomas indoeuropeos actuales conservados directamente de la lengua ancestral. Vamos a continuación a enumerar las principales familias lingüísticas indoeuropeas de Europa, precisamente a través de dos palabras que tienen esta naturaleza ancestral.

Sabemos que las lenguas romances (español, italiano, francés, gallego-portugués, catalán y rumano, entre otras) proceden del latín vulgar hablado en diversas partes del amplio territorio del Imperio Romano. Conforme varios grupos de hablantes de una misma lengua se van distanciando geográficamente, su forma de hablar se va diferenciando y se produce una nueva lengua, pasado un tiempo de acumulación de diferencias específicas de ese grupo. Consideremos, por ejemplo, las palabras latinas *mater* 'madre' y *lupus* 'lobo' y examinemos cómo se reflejan en algunas lenguas romances:

Cuadro 6.4. Madre y lobo en diversas lenguas romances

Idioma	*Madre*	*Lobo*
Latín	mater	lupus
Español	madre	lobo
Portugués	madre	lobo
Catalán	mare	llop
Francés	mère	loup
Italiano	madre	lupo
Rumano	mamă	lup

Puede comprobarse fácilmente que las dos palabras latinas que hemos seleccionado se conservan en las diversas lenguas romances con algunos cambios característicos de cada una de las diferentes comunidades de hablantes que usaban una variedad concreta de latín vulgar. En el caso del español y portugués, aunque ambas palabras se escriben igual, la pronunciación es diferente, dado que el sistema fonético portugués es muy distinto del sistema fonético español.

Hace unos tres mil años... poblaciones indoeuropeas se asientan en la Península italiana, en la que se desarrolla la rama itálica del indoeuropeo, a la que pertenece el latín.

Como estas concordancias no solo se producen en estas dos palabras sino en muchas otras, y además se observan claras coincidencias en la forma de las palabras y en la morfología y sintaxis de todas estas lenguas, podemos estar seguros de que todas ellas están relacionadas genéticamente. En este caso conocemos además la lengua madre de la que proceden: el latín vulgar. Pero, como vamos a ver a continuación, en otros casos sabemos que diversas lenguas están genéticamente relacionadas aunque no hayan quedado testimonios escritos de la lengua ancestral de la que provienen.

En el siguiente cuadro vemos algunas de las lenguas romances más conocidas con información referente al número aproximado de hablantes en millones (M) y los países donde más se hablan.

Cuadro 6.5. La familia lingüística romance

Subfamilia Oriental: rumano [23'3M, Rumanía]
Subfamilia Occidental:
Grupo Italo-Romance
Subgrupo italiano: italiano estándar (toscano literario) [61'6M, Italia]
Subgrupo sardo: sardo [1'04M, Italia]
Grupo Reto-romance:
friuliano [0'79M, Italia], ladino [0'038M, Italia], romanche [0'035M, Suiza]
Grupo Galo-Íbero-Romance
Subgrupo Galo-Romance: francés [67'8M, Francia], franco-provenzal [0'14M, Francia], occitano [0'2M],
Subgrupo Ibero-Romance: catalán [11'5M, España], español [328'5M, España, México, Argentina], aragonés [0'011M, España], asturiano [0'5M, España], gallego [3'1M, España], portugués [177'9M, Portugal, Brasil]

El latín ha seguido perviviendo en las diferentes lenguas romances, aunque ya no existe como lengua hablada.

Hay otra lengua culturalmente muy importante en Europa, antiguamente más atestiguada aún que el latín, y que se sigue hablando hoy en día. Se trata del griego. Uno de los descubrimientos más importantes de la filología europea es que el latín y el griego son lenguas genéticamente emparentadas. Esto significa que proceden como variedades geográficamente separadas de una lengua ancestral mucho más antigua que el propio latín y griego, y de la que no hay testimonios escritos. A esa lengua se la denomina *indoeuropeo* y es la lengua madre de la mayor parte de las lenguas de Europa. A diferencia del latín, el griego, que ha conocido a lo largo de su historia diversas variedades o dialectos, no ha dado lugar a diferentes lenguas, sino que ha seguido hablándose más o menos en el mismo territorio donde se asentaron las comunidades lingüísticas ancestrales que usaban una variedad lingüística griega concreta.

Hace unos tres mil doscientos años... se atestigua la presencia de los griegos en Grecia y en Creta. Se documentan los primeros testimonios escritos en micénico, una forma antigua de griego.

Comparemos ahora las dos palabras seleccionadas en griego y en latín (véase cuadro 6.6 en la página siguiente).

Cuadro 6.6. Madre y lobo en griego y en latín

Latín	*Griego*
mater	μήτηρ 'méter'
lupus	λύκος 'lýkos'

Podemos comprobar la similitud de la palabra *madre*. La palabra *lobo* es más difícil de relacionar, puesto que lo que aparece en latín como *p*, en griego es una *k*. Para explicar esta correspondencia se supone que, en indoeuropeo, la palabra para *lobo* contenía la consonante labiovelar $-k^w$, como la *qu* del latín que aparece en el latín *aqua* (que da en español *agua*). La transformación de k^w en *p* es frecuente en las lenguas y se da, por ejemplo, en el rumano *apă* 'agua', que procede de la palabra latina citada.

Además del griego, existe otra lengua europea que está emparentada con el latín de forma lejana, a través de la lengua madre indoeuropea ancestral. Se trata del albanés. En esta lengua tenemos las palabras *mótër* 'hermana' y *ulk* 'lobo'. Observamos un cambio en el significado de la palabra que corresponde al latín *mater* desde "madre" a "hermana", y en el caso de *lupus* 'lobo' se comprueba un cambio de la posición de la vocal respecto de la consonante inicial de la palabra.

Las lenguas de la familia germánica (alemán, neerlandés, inglés, sueco, noruego, danés) pertenecen también a la macrofamilia indoeuropea, es decir, son hijas de la lengua ancestral de la que provienen las demás lenguas mencionadas.

Cuadro 6.7. La familia lingüística germánica

Subfamilia septentrional
Grupo escandinavo:
- *Subgrupo oriental:* danés [5'5M], sueco [8'31M], noruego [4'6M]
- *Subgrupo occidental:* faroés [0'048M], islandés [0'238M]

Subfamilia occidental
- *Grupo continental*
  - *Subgrupo superior:* alemán [90'2M], luxemburgués [0'32M], suizo-alemán [6'4M], yidis [11M]
  - *Subgrupo inferior:* neerlandés [21'7M].
- *Grupo Insular:*
  - *Subgrupo inglés:* inglés [328M],
  - *Subgrupo frisón:* frisón [0'47].

Hace unos tres mil años... se documenta la presencia de pueblos de habla germánica al sur de Jutlandia (actual Dinamarca).

Hace unos dos mil cuatrocientos años... los pueblos germánicos se desplazan hacia Alemania Central y Polonia.

Veamos, por ejemplo, cómo se dice en inglés y alemán las dos palabras que estamos examinando:

Cuadro 6.8. Madre y lobo en inglés y alemán

Inglés	*Alemán*
mother	Mutter
wolf	Wolf

En el caso de *madre* observamos la semejanza entre las palabras inglesa y alemana y la palabra latina *mater*. En el caso de *lobo*, comprobamos una forma parecida a la del albanés que acabamos de ver, con la diferencia de que en vez de *u* tenemos *w* (esto es evidente en inglés, donde la letra <w> se pronuncia [w], menos en alemán, donde <w> se pronuncia [v]). Las lenguas germánicas añaden una vocal entre la [w] y la *l*, y la consonante final no es *k*, sino *f*, a través de un proceso característico de las lenguas germánicas.

Todo esto ha llevado a los especialistas a considerar que la palabra de la lengua ancestral indoeuropea, de la que proceden también las lenguas germánicas, contenía la semiconsonante [w], que se vocaliza como [u] en albanés, pero que se conserva en los idiomas germánicos. Esto supone una reconstrucción de la palabra indoeuropea en los siguientes términos: *[wlk^w]. El asterisco indica que esta palabra ha sido reconstruida mediante la lingüística histórico-comparativa y no ha sido atestiguada a través de documentos escritos. Como se ve, esta palabra no contiene vocales; el sonido lateral sonorante *l* es el que hace esas funciones en la sílaba. Un poco más adelante veremos que hay una lengua actual que presenta precisamente esta peculiaridad en la palabra para "lobo". Precisamente, las posibles dificultades fonéticas para pronunciar esta palabra de lengua ancestral, madre de casi todas las lenguas de Europa, son las que han llevado a diversas lenguas de esta familia a adoptar soluciones diferentes. El griego y el latín han optado por colocar la [w] detrás de la [l], es decir, por realizar una metátesis y vocalizar esta semiconsonante como [u], de ahí el latín *lupus*. El albanés ha recurrido a la vocalización de esa semiconsonante [w] en [u], sin metátesis. Las lenguas germánicas han optado por introducir una vocal entre la [w] y la [l] para facilitar la pronunciación.

Una consecuencia curiosa de toda esta exposición es que la palabra española *lobo* y la inglesa *wolf* proceden de una misma palabra perteneciente a una lengua ancestral de la que no tenemos ningún testimonio escrito, el indoeuropeo. Ello muestra que el inglés y el español, dos de las lenguas europeas más extendidas en el mundo, están lingüísticamente emparentados. Hace varios milenios las lenguas ancestrales correspondientes (germánico en el primer caso, y latín en el segundo) eran dos variedades de la misma lengua.

Veamos ahora otras dos familias lingüísticas que pertenecen a la macro-familia indoeuropea y que comprenden varias lenguas de Europa del Este. Se trata de las familias báltica y eslava.

El lituano y el letón pertenecen a la familia báltica y se hablan respectivamente en Lituania y Letonia. Veamos las dos palabras que estamos utilizando en estas dos lenguas en el cuadro 6.9 de la página siguiente.

Cuadro 6.9. Madre y lobo en dos lenguas bálticas

Idioma	*Madre*	*Lobo*
letón	māte	vilks
lituano	motina	vilkas

Podemos comprobar cómo en el caso de *madre* tenemos la misma raíz indoeuropea que hemos observado hasta ahora. El caso de *lobo* nos da una solución a la forma reconstruida *[wlk^{w}], en la que se opta por convertir la semiconsonante [w] en la consonante [v] y por introducir una vocal de apoyo.

Cuadro 6.10. La familia lingüística eslava

Subfamilia Oriental: bielorruso [6'72M, Bielorrusia], ruso [143'55M, Rusia], ucraniano [37'02M, Ucrania].
Subfamilia Meridional:
Grupo oriental: búlgaro [9'09M, Bulgaria]; macedonio [2'11M, Macedonia]
Grupo occidental: serbio [7'02M, Yugoslavia], croata [5'54M, Croacia]; esloveno [1'90M, Eslovenia]
Subfamilia Occidental:
Grupo polaco: polaco [40M, Polonia]
Grupo checo-eslovaco: checo [9'49M, Chequia], eslovaco [5'01M, Eslovaquia]

La familia lingüística eslava es dominante en todo el este de Europa e incluye lenguas como el ruso o el polaco. En el siguiente cuadro se incluyen las principales lenguas eslavas con el número de personas que las hablan y con el país de mayor población hablante.

Veamos las dos palabras, *madre* y *lobo*, en dos lenguas eslavas occidentales: checo y polaco.

Cuadro 6.11. Madre y lobo en dos lenguas eslavas

Idioma	*Madre*	*Lobo*
polaco	matka	wilk
checo	matka	vlk

Podemos comprobar cómo, de nuevo, tenemos la misma raíz indoeuropea *mat-* para *madre* con la añadidura en este caso de un sufijo *-ka* cariñativo, y uso análogo a nuestro diminutivo cuando se usa para expresar un sentimiento de cariño o amor por nuestros seres queridos. En el caso de *lobo*, observamos que en polaco se recurre a la misma estrategia que en lituano y en letón, mediante la consonantización de [w] en [v], que se escribe como <w> en la ortografía polaca, y la adición de una vocal de apoyo. Pero en checo podemos comprobar que se prescinde de esa vocal de apoyo y es el sonido lateral [l] el que hace las veces de vocal. De este modo, en el checo actual encontramos la forma más similar a la que se supone que existió en la lengua ancestral indoeuropea: *[wlk^{w}] en la que solo se observa la consonantización en [v] de la semiconsonante inicial [w] y la deslabialización de [k^{w}] en [k].

Hace unos mil quinientos años... se documentan las primeras menciones de pueblos eslavos, que ocupaban por entonces grandes porciones de la Europa del Este. El origen de estos pueblos parece que puede localizarse en la cuenca superior del río Vístula (Polonia) y en los valles de los ríos Dniéster y Dniéper de Ucrania. A principios del siglo VI de nuestra era pueblos eslavos cruzaron el Danubio y ocuparon parte de la Península Balcánica.

Además de estas familias lingüísticas, existe una familia, también de filiación indoeuropea, que en los orígenes más remotos de Europa ocupó buena parte del continente. Se trata de la familia celta, que hoy sobrevive en unas pocas lenguas minorizadas habladas en Gran Bretaña, Irlanda y Francia, tal como hemos tenido ocasión de comprobar.

Cuadro 6.12. La familia lingüística celta

Lenguas continentales (extintas)
Galo (antigua Galia), gálata (Galatia), celtíbero (antigua Celtiberia), lepóntico (Galia cisalpina)
Lenguas insulares
Grupo britónico:
bretón (0'50M, Francia), galés (0'50M, Gran Bretaña), córnico (extinto, Gran Bretaña)
Grupo goidélico:
gaélico irlandés (0'26M, Irlanda), gaélico escocés (0'058M, Gran Bretaña), manés (extinto, Gran Bretaña).

Las lenguas celtas fueron habladas en la antigüedad no solo en la Península Ibérica, Francia e Italia, sino también en buena parte de Europa Central y Sudoriental. El celtíbero está atestiguado en la Península Ibérica a partir de un buen número de inscripciones. Hay datos arqueológicos que indican que las poblaciones de habla celtibérica estaban presentes en la Península Ibérica ya en el siglo VIII a.C. Fueron sojuzgadas por los romanos a partir de la caída de su plaza fuerte, Numancia, en el año 133 a.C. Parece que la escritura la tomaron prestada de la de los iberos. Hay inscripciones celtibéricas a partir del siglo II a.C. La inscripción más famosa en lengua celtibérica es el Bronce de Botorrita (cerca de Zaragoza) que contiene más de doscientas palabras.

Hace unos cuatro mil quinientos años... se detecta la presencia de pueblos celtas en la cuenca del Danubio. Unos mil quinientos años después, los celtas se desplazaron hacia el Oeste y al Sur, y hace unos dos mil seiscientos años se instalan en la Península Ibérica. Unos trescientos años después los celtas se extienden por toda Europa y llegan hasta Turquía, después de haber saqueado Roma a principios del siglo IV a.C.

El galo era una lengua celta hablada en la antigüedad en el territorio de la actual Francia y partes de la Italia y Suiza actuales, probablemente desde el siglo V a.C. La conocemos por diversas inscripciones en escritura griega y latina. La famosa serie de historietas de Astérix y Obélix (publicadas con dibujos de Albert Uderzo desde 1959) relatan la resistencia de la población gala ante la dominación romana que llevó a cabo César en el año 52 a.C.

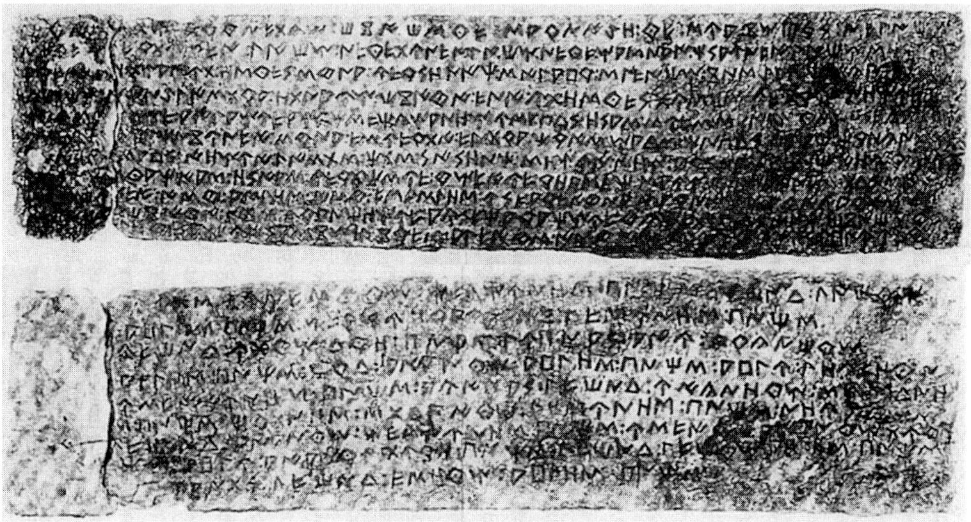

Figura 6.3. El Bronce de Botorrita (http://es.wikipedia.org/wiki/Bronces_de_Botorrita).

Mucho más reciente es otra familia lingüística europea, también de filiación indoeuropea, hablada por poblaciones procedentes de la India que probablemente se asentaron en Bizancio hacia el siglo XI de nuestra era.

Se trata del romaní, la lengua de los gitanos. A partir del siglo XIV los gitanos se dispersaron desde los Balcanes hacia el norte y occidente de Europa, donde llegaron en el siglo XV. Las primeras documentaciones de su lengua se dan en forma de listas de palabras a partir de principios del siglo XVI. El romaní del sur de los Balcanes es la variedad europea originaria de esta lengua y se localiza en Turquía, Grecia, Macedonia, Albania y Kosovo. Hay otra rama, la válaca (Vlax o Vlach), que surgió en territorio de lengua rumana y que presenta una gran influencia de esta lengua romance. La rama central del romaní está constituida por los hablas de Eslovaquia, Hungría, Eslovenia y Austria. La rama septentrional incluye el romaní sinti, con una fuerte influencia del alemán y que tiene hablantes en Alemania, Países Bajos, Hungría, Bohemia, Eslovaquia, Rusia y antigua Yugoslavia. También hay algunas variedades de romaní sinti en el norte de Italia. Hay otra variedad del romaní nororiental con hablantes en Polonia, Lituania y Letonia. Hubo variedades de la lengua de los gitanos en Gran Bretaña, con una variedad gala, y en la Península Ibérica, donde apenas sobrevive el caló, una forma de español con vocabulario romaní. También se encuentran otras variedades del romaní en el sur de Italia (el romaní de Abruzzi, Calabria y Molise), en Eslovenia y en el norte de Italia con fuerte influencia del croata y del esloveno.

Como ya hemos visto en la sección anterior dedicada a las lenguas europeas minorizadas, a pesar de que el pueblo gitano no ha gozado nunca en Europa de una buena posición social en ninguno de los países donde se ha asentado, se puede decir que la lengua romaní es uno de los idiomas de Europa más imbricados en la identidad lingüística europea. Esta lengua es necesaria para caracterizar la personalidad lingüística europea aunque no goce del prestigio y la consideración que se merece.

En Europa encontramos representantes de una familia lingüística diferente de la indoeuropea y quizás tan antigua como ella (dada que es una rama de la macrofamilia urálica), que tiene unos pocos representantes: se trata de la familia lingüística fino-úgrica, también conocida como *ugrofinesa*, cuyos dos idiomas más conocidos son el finés y el húngaro, tal como puede apreciarse en el cuadro 6.13.

Cuadro 6.13. La familia fino-úgrica

Subfamilia fínnica: estonio [1M], finés [5M], sami [0'029 M]
Subfamilia úgrica: húngaro [12'5M].

Estas lenguas, en su estructura y configuración fonológica, morfológica, sintáctica y léxica, son muy distintas de las lenguas indoeuropeas, que forman la mayoría de las lenguas de Europa. Los pueblos que hablaban estos idiomas parece que provienen de la zona de los Urales y su antigüedad mínima puede estimarse en más de cinco mil años. Hay pruebas de contactos lingüísticos muy antiguos entre las lenguas fino-úgricas y las lenguas indoeuropeas

El vasco es la única lengua no indoeuropea de Europa que no parece proceder de los márgenes exteriores de Europa y que continúa usándose en la actualidad. Es una lengua muy diferente de las indoeuropeas y de las fino-úgricas.

Se ha hablado mucho sobre el origen de la lengua vasca y su posible relación con distintas familias lingüísticas. Es frecuente la idea de que se trata de una especie de fósil prehistórico, una lengua ancestral que se remontaría a decenas de miles de años en el pasado más remoto. Sin embargo, las más recientes investigaciones no avalan estas tesis, en las que interviene más la fantasía y los mitos que la realidad.

Según F. Villar (2005: 512-513), la secuencia de hechos más compatible con los datos antroponímicos y toponímicos es la siguiente. Los primeros testimonios étnico-lingüísticos atestiguados en la zona de la lengua vasca con la densidad suficiente como para crear una tupida red de topónimos (nombres de lugar) y posibilitar su transmisión a las poblaciones subsiguientes fue de filiación indoeuropea. Le siguieron poblaciones celtas, sobre todo en la parte occidental del territorio euskaldún. Los testimonios lingüísticos de las dos poblaciones restantes, la euskaldún y la gala, son escasos y presentan signos de ser más recientes. Parecen ser el resultado de una infiltración reciente de gentes procedentes del Norte hacia el sur de los Pirineos: los aquitanos, de lengua euskérica, y los galos, de lengua celta. Los aquitanos, que conservaron su lengua, incrementaron su presencia al sur de los Pirineos, sobre todo hacia los siglos VI y VII.

Esto es compatible con la idea de que los dialectos vascos son recientes; ha de situarse su origen en la Edad Media. Su momento cumbre se da entre los siglos XI y XII, al producirse la fractura del Reino de Navarra. La parte occidental parece haberse distanciado del resto en una época anterior, quizás hacia el siglo VIII.

No parece mantenerse, entonces, la idea de que los dialectos vascos actuales tienen su origen en una época muy remota (en la Edad de Piedra) muy anterior a la llegada de los romanos, y que sea una reminiscencia del área que ocupaban las antiguas tribus vascas. Esto se apoya en cinco razones fundamentales:

- La unidad de la lengua es muy grande, especialmente en los dialectos centrales.
- Hay muchas innovaciones que son comunes a todos los dialectos y se han producido después de la época romana.
- Los dialectos realmente divergentes son únicamente los dos laterales: suletino y occidental.
- Las innovaciones no son muy significativas. Se trata de elecciones diversas que parten del fondo común de la lengua.
- Exceptuando el área occidental, los límites de los restantes dialectos no coinciden con el ámbito que se ha solido asignar a las antiguas tribus, ni tampoco con el que ocupaban las primitivas diócesis eclesiásticas.

Por tanto, los vascos parecen proceder del sur de Francia y su lengua no parece ser más antigua que las lenguas indoeuropeas o celtas. No se confirma la idea de que se trata de una lengua prehistórica que ha sobrevivido como una especie de fósil viviente, tal como se dice a menudo.

6.8. Contacto de lenguas y multilingüismo en Europa a través de la escritura

6.8.1. Introducción

Europa es la cuna del sistema de escritura más extendido hoy en día en el mundo: el alfabeto romano. El alfabeto es un sistema de escritura en el que se pretende que a cada letra le corresponda un fonema. Esto no siempre ocurre así. A veces a un fonema le corresponden dos letras, como ocurre en español con la <rr> o la <gu>, formadas por dos letras (dígrafos) que se corresponden con un sonido y un fonema: [r]-/r/y [g]-/g/, respectivamente. Los corchetes angulados indican letras, los corchetes cuadrados indican sonidos, y las barras oblicuas, fonemas. Es muy importante hacer estas diferenciaciones porque en las diversas lenguas que utilizan el alfabeto romano se pueden comprobar asociaciones muy diferentes entre letras, sonidos y fonemas. Para ser conscientes de ello, veamos el apellido de un famoso músico ruso transcrito en diversas lenguas europeas que usan el alfabeto romano.

(4) El nombre del compositor ruso *Дмитрий Шостакович* en diversas escrituras europeas

a. Catalán: Dmitri Xostakòvitx
b. Francés: Dmitri Chostakovitch
c. Rumano: Dmitri Şostakovici
d. Danés: Dmitrij Sjostakovitj
e. Neerlandés: Dmitri Sjostakovitsj
f. Alemán: Dmitri Schostakovitsch
g. Polaco: Dymitir Szostakowicz
h. Checo: Dmitrij Šostakovič
i. Húngaro: Dmitrij Sosztakovics

D. Shostakovich (1906-1975) fue un músico soviético que tuvo innumerables problemas con sus obras en la Unión Soviética de Stalin. Su primera ópera, *La Nariz*, fuertemente satírica, fue criticada y erradicada de los escenarios. Su otra gran ópera, *Lady Macbeth de Mtsensk*, fue duramente criticada por el diario Pravda y disgustó sobremanera a Stalin. El 10 de febrero de 1948 el Comité Central del Partido Comunista promulgó un decreto por el que se prohibían varias obras musicales, entre ellas, las sinfonías sexta, octava y novena de Shostakovich. A pesar de todo ello, Shostakovich no perdió su fe en la Unión Soviética y siguió haciendo críticas al estalinismo a través de su música, de forma más o menos oculta e indirecta. Es uno de los músicos fundamentales del siglo XX europeo.

Podemos concentrarnos en dos consonantes que aparecen en el apellido del famoso músico ruso: Shostakovich. La primera, escrita en inglés <sh>, es una fricativa palatal sorda notada como [ʃ] en el AFI. Como podemos apreciar en el ejemplo de arriba, este sonido se expresa de diversas maneras en diferentes lenguas europeas: el catalán utiliza <x>; el francés utiliza el dígrafo <ch>; el rumano opta por la letra <s> con una coma como en subíndice: <ş>; el inglés utiliza el dígrafo <sh>; el danés y el neerlandés optan por el dígrafo <sj>; en alemán hay un trígrafo, es decir, tres letras: <sch>; el polaco recurre al dígrafo <sz>; y el checo, a una <s> con un acento anti-circunflejo: <š>; por último, el húngaro es la única lengua, junto con el catalán, que usa una letra simple sin diacríticos: <s>. Curiosamente, en esta lengua, el sonido [s] se expresa mediante el dígrafo <sz>, tal como se puede comprobar en la segunda consonante del apellido.

El otro fonema problemático es el que en español se escribe mediante el dígrafo <ch>, que corresponde a una africada palatal sorda [ʧ] en el alfabeto fonético internacional.

En catalán se usa el dígrado <tx>; en francés se usa el trígrafo <tch>; en rumano, el dígrafo <ci>; en inglés, como en español, se recurre al dígrafo <ch>; el danés utiliza el dígrafo <tj>; y el neerlandés, el trígrafo <tsj>; el alemán utiliza un tetrágrafo, <tsch>; el polaco recurre el dígrafo <cz>; y el checo, al diacrítico del acento anticircunflejo añadido a la <c>: <č>; por último, el húngaro echa mano del dígrafo <cs>.

¿A qué se debe esta anarquía en la transcripción de fonemas como los dos vistos? La razón hay que buscarla en el alfabeto romano. Este alfabeto fue ideado para transcribir el latín clásico y esta lengua carece de algunos de los fonemas fricativos y africados característicos de varias lenguas romances, germánicas, bálticas o eslavas. El resultado es que el alfabeto romano no disponía de letras para transcribir estos sonidos. Por tanto, a la hora de escribir las lenguas vulgares diferentes del latín, hubo que recurrir a dos tipos de solución: una de ellas consiste en utilizar la combinación de dos letras del alfabeto romano, lo que da como resultado la existencia de dígrafos como <sh> o <ch>. Otra consiste en añadir un diacrítico a una letra del alfabeto romano: es la solución adoptada, por ejemplo, por rumanos y checos. La primera solución es sintagmática y conservadora, dado que no introduce ninguna modificación de las letras romanas; simplemente las combina. La segunda solución es paradigmática, pues introduce una serie de oposiciones gráficas entre una letra romana determinada y otra derivada de ella mediante un signo diacrítico. Las diversas adaptaciones del alfabeto romano para transcribir lenguas romances, germánicas o eslavas adoptan una combinación de estas dos estrategias con una proporción característica de cada una de esas adaptaciones. Por otro lado, las fórmulas que han acabado por imponerse en cada una de estas adaptaciones tienen una característica notable: sirven para diferenciar las diversas lenguas nacionales en el medio escrito independientemente de la cercanía lingüística y genética de esas lenguas nacionales. De hecho, lenguas vecinas y muy relacionadas genéticamente entre sí (como el polaco y el checo en el ejemplo que acabamos de ver) suelen elegir las soluciones más dispares posibles de cara a la función identitaria de los respectivos sistemas de escritura.

Cuadro 6.14. El alfabeto fenicio

alef	𐤀	laringal oclusiva sorda
bet	𐤁	bilabial oclusiva sorda
gimel	𐤂	velar oclusiva sorda
dalet	𐤃	dental oclusiva sorda
he	𐤄	laringal fricativa sorda
waw	𐤅	semivocal bilabial
zajin	𐤆	alveolar fricativa sonora
Het	𐤇	faringal fricativa sorda
Tet	𐤈	dental oclusiva sorda velarizada
yod	𐤉	semivocal prepalatal
kaf	𐤊	velar oclusiva sorda
lamed	𐤋	lateral dental
mem	𐤌	bilabial nasal
nun	𐤍	nasal dental
samek	𐤎	dental fricativa sorda
‘ayin	𐤏	faringal fricativa sonora
pe	𐤐	bilabial oclusiva sorda
Sade	𐤑	alveolar fricativa sorda
qof	𐤒	uvular oclusiva sorda
res	𐤓	vibrante dental
shin	𐤔	prepalatal fricativa sorda
taw	𐤕	dental oclusiva sorda

6.8.2. El origen del alfabeto griego a través del contacto lingüístico

El alfabeto griego está atestiguado desde 750 a.C. Este alfabeto fue una adaptación del alfabeto fenicio para escribir griego y al principio tuvo diversas variedades.

Los griegos, al adoptar el alfabeto fenicio, que era un consonantario (es decir, cada letra representa una consonante y no hay letras para las vocales), asignaron a las vocales letras que designaban consonantes que no existían en griego. Así, la *'alef* se usó para la /a/, la *he* para la epsilón, la *'ayin* para la *o micrón* ('o pequeña') y la *yod* para la iota. A partir del siglo VI a.C. el alfabeto griego añadió dos signos más: para la vocal *eta* se usó la *het* fenicia, que ya había sido usada para denotar una fricativa glotal sorda en algunos alfabetos griegos occidentales (de ahí el valor de nuestra <h>); en etrusco denotaba ya esa fricativa faringal sorda, puesto que el alfabeto etrusco es una variedad del alfabeto griego occidental, el de los eubeos. Se introdujo además una *o mega* ('o grande') para distinguirla de la *o micrón* (*o* breve).

Cuadro 6.15. El alfabeto griego

Αα	alfa	Ββ	beta
Γγ	gamma	Δδ	delta
Εε	epsilon	Ζζ	zeta
Ηη	eta	Θθ	theta
Ιι	iota	Κκ	kappa
Λλ	lambda	Μν	mu
Νν	nu	Ξξ	ksi
Οο	omikron	Ππ	pi
Ρρ	rho	Σσς	sigma
Ττ	tau	Υυ	ypsilon
Φφ	phi	Χχ	khi
Ψψ	psi	Ωω	omega

No es exacto decir que los griegos inventaron las letras para las vocales. Según algunos autores, queda fuera de toda duda que la adaptación inicial del alfabeto fenicio para escribir griego fue obra de una persona concreta de habla griega. La razón más probable por la que el primer signo del alfabeto fenicio *alfa*, que denota una consonante (la oclusión glotal, [ʔ]), pasara a representar en griego la vocal /a/ está en la más que probable dificultad por parte de esa persona de concebir la oclusión glotal como un fonema que pueda ser representado. Algo similar puede decirse de la interpretación vocálica de las otras tres consonantes fenicias. Esto no supone en modo alguno quitar mérito a la persona que adaptó al griego el alfabeto fenicio. La prueba de que los griegos tenían conciencia de la importancia de asignar letras a las vocales está en que añadieron un símbolo especial para la /o/ larga, la *omega*, es decir, *o* grande.

El alfabeto latino se deriva del griego occidental por medio del etrusco. Por ello, <h> tuvo el valor de la fricativa glotal y no de *e* larga, como en griego clásico. Por otro lado, los etruscos no distinguían la oclusiva sorda de la sonora; por ello no necesitaban un símbolo especial para la oclusiva velar sonora [g] y la <Γ>, que pasa a notarse como <c> denotada la oclusiva velar sorda. En la adaptación latina se añadió un grafema para la velar sonora [g] gracias a la innovación de Spurius Carvilius Rufa, quien a principios del siglo III a.C. añadió un pequeño trazo horizontal. La <g>, la nueva letra creada, ocupó el lugar de la <z>, que no se utilizaba entonces, aunque luego se reintrodujo (en el siglo I a.C.), pasando a ocupar el último lugar del alfabeto. La letra griega <y> (u/y) en la forma de <v> (como en etrusco) se usaba tanto para [u] / [y] como para [v], e <i> valía tanto para [i] como para [j]. Cuando <y> se introduce en el siglo I a.C. fue puesta al final del alfabeto antes de la <z>. El último signo que se añadió fue <x> con el valor [ks] de los alfabetos griegos occidentales y no con el valor de [k^h] de los alfabetos griegos orientales. Hasta el Renacimiento no se distingue entre <u> y <v>, y <j> e <i>. La <f> (sin h) para denotar [f] se usa desde el siglo IV a.C., siguiendo el uso etrusco (*fh*).

6.8.3. Alfabeto romano, multilingüismo y sociedad

La escisión del Imperio Romano a finales del siglo IV en el Imperio de Oriente y Occidente tuvo una repercusión muy importante para la extensión del alfabeto romano. Éste se impuso en la parte occidental del imperio, y el alfabeto griego, en la parte oriental.

Hay hechos religiosos, políticos, administrativos y nacionales que influyeron en el alcance y extensión de la escritura romana. La introducción de esta escritura se realiza con la cristianización escrituraria de Europa. En el cuadro 6.16 de la página siguiente se señalan los siglos de la adopción de la escritura romana en Europa.

Como vemos, entre los siglos VIII y XII se usa la escritura romana para escribir en las lenguas *vulgares* europeas. Este paso fue decisivo porque precisamente las potencias coloniales de los siglos posteriores (Francia, Inglaterra, España y Portugal) se encargaron de llevar el alfabeto romano a los rincones más escondidos del mundo. En efecto, la extensión de la escritura romana a América, África, Asia y Oceanía está determinada por la expansión colonial.

Cuadro 6.16. Siglos de adopción de la escritura romana

Alemán, inglés antiguo, galés, irlandés	siglo VIII
Francés	siglo IX
Provenzal, catalán, español, portugués, islandés, noruego	siglo XII
Húngaro, checo, italiano, sueco, danés	siglo XIII
Prusiano antiguo	siglo XIV
Polaco, croata	siglo XV
Finés, lituano, letón, estonio, vasco, bretón	siglo XVI
Maltés	siglo XVIII
Rumano, albanés	siglo XIX

Dentro de la propia Europa se desarrollaron desde el principio formas gráficas idiosincrásicas del alfabeto romano. Fueron las reformas de Carlomagno, a finales del siglo VIII y principios del IX, las que propiciaron una unificación de las diversas formas de escritura romana incluyendo un tipo minúsculo derivado de la escritura romana semiuncial de principios del siglo IV: la minúscula carolina, que ha tenido una influencia decisiva en la historia de la caligrafía occidental.

La historia de la caligrafía romana en Europa es compleja y presenta muchos aspectos interesantes. Uno de ellos, lleno de condicionantes religiosos y políticos, es el caso del tipo gótico. A finales del siglo XI, en el reino anglonormando y en Francia septentrional, aparece una variante de la minúscula carolina en la que se observan algunos trazos quebrados y algunos tipos de ligadura característicos. A partir del siglo XII este estilo se difunde por Francia, Alemania e Inglaterra. El calificativo de *gótica* le fue dado en tono despreciativo por los humanistas. A lo largo de los siglos XV y XVI conviven en Europa tres escrituras: la gótica, característica de los libros litúrgicos, la humanística, característica de las obras de los clásicos, y la bastarda, para los textos autóctonos.

Existieron diversos tipos de escritura gótica, entre los que hay una de tipo cuadrado frente a otro redondeado, que fue utilizado en España. En Alemania, Gutenberg utilizó la escritura gótica cuadrada en la primera Biblia impresa (hacia 1456).

En el siglo XVI, la escritura minúscula humanista se expandió por Europa, pero en los países de lengua alemana se desarrolló la escritura *Fraktur*, como una modificación de una escritura angular gótica llamada *textura*. Entre los siglos XVI y XX hubo, consiguientemente, dos escrituras en Alemania. Eran los textos extranjeros los que se escribían en escritura latina denominada *Antiqua*, incluidas las palabras y nombres extranjeros. Posteriormente, sólo la literatura alemana se publicó en *Fraktur*, ya que las publicaciones científicas y técnicas aparecían en escritura romana. En los siglos XVIII y XIX, la escritura *Fraktur* era todavía habitual en las publicaciones. Parece ser que el desarrollo e implantación de este tipo de escritura se debe a la influencia del protestantismo. Al final se acabó renunciando a la escritura *Fraktur*, aunque se retuvo la letra capital inicial de los sustantivos (adoptada en el siglo XVI, siguiendo el modelo de los nombres propios). En el siglo XIX, la escritura *Fraktur* se asoció al orgullo nacional alemán. En la Alemania nazi esta escritura pasó a ser un símbolo de un movimiento nacionalista, lo que hizo que el número de libros impresos en *Fraktur* aumentara espectacularmente (de un 42% en 1932 a un 60% en 1936). En marzo de 1940 tuvo lugar un cambio radical cuando Joseph Goebbels ordenó que toda la propaganda que apareciese fuera de Alemania debía dejar de estar escrita en la escritura alemana. El 3 de enero de 1941 el uso de la escritura alemana fue prohibido con la excusa de que en realidad se componía de letras judías. El problema era que la escritura *Fraktur* era ilegible en los países conquistados por los nazis. Desde 1945 ya no se enseña en las escuelas la escritura *Fraktur*. Ahora sólo se utiliza para ocasiones especiales (anuncios, certificados). Se asocia con lo ornamental, antiguo, tradicional o conservador.

Veamos un ejemplo de este tipo de escritura:

„Der weitgehende Verlust der Frakturschriften ist nicht aus rein typographischen, künstlerischen Gründen im höchsten Masse bedauerlich, sondern auch, weil damit ein langes Stück deutscher Geschichte und vor allem Kulturgeshichte endet. Der Ausdruck „Fraktur" (lateinisch „Bruch") besagte ursprünglich nur, dass sie aus der klassischen Altertum stammenden runden Linien der Buchstaben Brechungen erfuhren. Dieser Vorgang begann schon um 12000 n. Chr., als in der Baukunst die romanischen Rundbögen gotisch gebrochen wurden. Als erste Schriftgruppe entstand so in den Schreibstuben Nordfrankreichs die gotische Form. Diese hohe, schmale Schrift bildete Johannes Gutenberg noch in dem ersten Druckwerk des Abenlandes, der 42zeiligen Bibel von 1455, nach. Um 1470 erscheint dann auf deutschen Boden die zweite gebrochene Schriftgruppe: die „Schwabacher", so genannt vielleicht nach dem Ort Schwabach bei Nürnberg (oder nach einer Offizin bei Nürnberg). Als Martin Luther mit seiner Bibelübersetzung zur Entstehung einer eintheitlichen deutschen Sprache beitrug, gab die Schwabacher Schrift dieser Sprache ihre verbindliche Gestalt."

Figura 6.4. Ejemplo de letra *Fraktur*.

He aquí una transliteración del texto en ortografía habitual:

> "Der weitgehende Verlust der Frakturschriften ist nicht aus rein typographischen, künstlerischen Gründen im höchsten Masse bedauerlich, sondern auch, weil damit ein langes Stück deutscher Geschichte und vor allem Kulturgeshichte endet. Der Ausdruck „Fraktur" (lateinisch „Bruch") besagte ursprünglich nur, dass sie aus der klassischen Altertum stammenden runden Linien der Buchstaben Brechungen erfuhren. Dieser Vorgang begann schon um 12000 n. Chr., als in der Baukunst die romanischen Rundbögen gotisch gebrochen wurden. Als erste Schriftgruppe entstand so in den Schreibstuben Nordfrankreichs die gotische Form. Diese hohe, schmale Schrift bildete Johannes Gutenberg noch in dem ersten Druckwerk des Abenlandes, der 42zeiligen Bibel von 1455, nach. Um 1470 erscheint dann auf deutschen Boden die zweite gebrochene Schriftgruppe: die „Schwabacher", so genannt vielleicht nach dem Ort Schwabach bei Nürnberg (oder nach einer Offizin bei Nürnberg). Als Martin Luther mit seiner Bibelübersetzung zur Entstehung einer eintheitlichen deutschen Sprache beitrug, gab die Schwabacher Schrift dieser Sprache ihre verbindliche Gestalt".

6.8.4. El alfabeto cirílico: multilingüismo, religión, política y sociedad

La invención y extensión del alfabeto cirílico tiene mucho que ver con la religión, tal como vamos a ver a continuación.

La escritura cirílica tiene su origen en Bulgaria, en la primera mitad del siglo X, alrededor de 940, según los primeros datos. Coexistió con una escritura anterior denominada glagolítica. Hacia 863, el griego Constantino Cirilo, apóstol de los eslavos, tuvo la ambición de dotarlos de una lengua sagrada propia, una lengua y un alfabeto que no fuese ni el griego, ni el hebreo, ni el romano, ninguno de los tres alfabetos sagrados. Inventó el alfabeto glagolítico, muy distinto en apariencia al latín, griego y hebreo, con muchos círculos y líneas curvas. Los eslavos de Bulgaria conservaron el glagolítico como alfabeto fonético, pero lo *helenizaron* hacia 940, convirtiendo los signos glagolíticos en signos griegos o en signos sencillos adicionales a los del alfabeto griego.

A partir de Bulgaria, se fue extendiendo, aunque, por ejemplo, en Macedonia se siguió usando la escritura glagolítica hasta mediados del siglo XI. Desde Macedonia se va transmitiendo el cirílico a Serbia en el siglo XII y a Bosnia. En Rusia sólo se encuentra la escritura cirílica, ya que la conversión de los rusos fue en el 988 (frente al 864 de los búlgaros). Esta conversión la hicieron en Rusia misioneros y sacerdotes búlgaros.

La escritura glagolítica quedó arrinconada en el oeste (Moravia, Panonia y Dalmacia). La conservación del glagolítico en Occidente tiene que ver con los cismas religiosos. A partir de 1054 fue rotunda la ruptura entre el cristianismo occidental y el oriental. Los católicos no podían aceptar la escritura cirílica y ésta se usó para los ritos ortodoxos.

En este caso hay una práctica identidad entre escritura, religión y sentimiento nacional, porque el sentimiento religioso ha estado entre los pueblos eslavos estrechamente unido al nacional. Con todo, en Yugoslavia han convivido tres religiones y dos alfabetos (romano y cirílico). Los rumanos aceptaron el alfabeto cirílico porque sus provincias meridionales, Valaquia y Moldavia, adoptaron la religión ortodoxa. El rumano empezó a escribirse en el siglo XVI en cirílico (antes se escribía en eslavo búlgaro o serbio). Pero cuando en el siglo XIX cayeron en la cuenta de que no eran eslavos, se pasaron al alfabeto romano.

Cuadro 6.17. Alfabeto cirílico en versión rusa

I

Аа	Бб	Вв	Гг	Дд	Ее	Ёё	Жж	Зз	Ии	Йй	Кк	Лл	Мм	Нн	Оо
a	b	v	g	d	je	jo	ʒ	z	i	j	k	l	m	n	o

II

Пп	Рр	Сс	Тт	Уу	Фф	Хх	Цц	Чч	Шш	Щщ	Ъъ	Ыы	Ьь	Ээ	Юю	Яя
p	r	s	t	u	f	x	ts	ʧ	ʃ	ʃʲ	*	ɨ	ʲ	e	ju	ja

* Esta letra, conocida como *signo duro*, indica por lo general que la consonante anterior no está palatalizada.

Comienzo del Artículo 2 de la Declaración Universal de Derechos Humanos en ruso:

Каждый человек должен обладать всеми правами и всеми свободами, провозглашенными настоящей Декларацией, без какого бы то ни было различия, как-то в отношении расы, цвета кожи, пола, языка, религии, политических или иных убеждений, национального или социального происхождения, имущественного, сословного или иного положения.

En la Rusia prerrevolucionaria el ruso era lengua oficial del Imperio y se arrinconó e incluso prohibió el uso de otras lenguas, como el ucraniano, que estuvo vedado entre 1876 y 1905. Después de la Revolución, la política lingüística del partido bolchevique fue completamente distinta: se proclamó la igualdad de todos los pueblos y lenguas. El nuevo Estado no tendría lengua oficial y todo el mundo tendría derecho a usar su lengua, tanto para uso público como privado, y a la educación en su propia lengua.

Pero hubo muchas dificultades para llevar esto a cabo. La centralización del estado soviético exigía una única lengua de comunicación, y la elección obvia era el ruso, por lo cual se intentó facilitar su uso mediante la simplificación de la ortografía rusa en 1918 y de otras ortografías ya existentes para que fueran más fáciles de aprender. Los pueblos islámicos de la URSS usaban el alfabeto árabe y se intentó también simplificar este alfabeto; pero se abandonó el proyecto a favor del alfabeto romano. Por otro lado, se consideró el alfabeto romano para todas las lenguas sin escritura de la URSS, con el fin de contrarrestar la idea de que se estaba llevando a cabo una rusificación generalizada. En resumidas cuentas, se proporcionó una escritura incluso a las comunidades de los lugares más remotos de la URSS, ya que el desarrollo de sistemas de escritura para todas las lenguas fue considerado un asunto de gran importancia.

Antes de los años 30 casi todas las lenguas de la URSS usaban el alfabeto romano. Pero la labor de alfabetización se hacía difícil, ya que los estudiantes no rusos tenían que aprender dos alfabetos: el de su propia lengua y el cirílico. Además de esta dificultad práctica, había un factor político: la autarquía de la URSS en aquella época, favorecida por la idea de que la revolución socialista mundial no era inminente. Esto llevó a una consolidación de la unidad interna y a una acentuación de su singularidad. Para ambas cosas se recurrió al alfabeto cirílico. Se argumentó, por ejemplo, que este alfabeto tenía más letras que el romano y por eso era más apto para transcribir otras lenguas. Una fecha importante en este período es la del decreto del 13 de marzo de 1938, aprobado por el gobierno central soviético, que instauró el ruso como lengua escolar obligatoria en todas las repúblicas de la unión. Todo esto llevó a cambios casi siempre artificiosos. Un ejemplo extremo es el abjasio, lengua caucásica noroccidental que utilizaba el cirílico antes de la Revolución; después se cambió al alfabeto romano, después al georgiano y, posteriormente, a un cirílico modificado.

En la adaptación del alfabeto cirílico para escribir serbio se utilizan letras adicionales para transcribir sonidos no existentes en ruso, como la letra <ћ>, que transcribe una africada palatalizada postalveolar sorda, tomada del antiguo alfabeto cirílico del eslavo eclesiástico, y la letra <ђ>, que transcribe la correspondiente consonante sonora; también se introduce la letra <џ> para transcribir una africada palatal sonora. Vemos también que se adopta del alfabeto latino la letra <j>, caso único dentro de las diversas variedades del alfabeto cirílico.

Comienzo del Artículo 2 de la Declaración Universal de Derechos Humanos en serbio:

Свaком припадају сва права и слободе проглашене у овој Декларацији без икаквих разлика у погледу расе, боје, пола, језика, вероисповести, политичког или другог мишљења, националног или друштвеног порекла, имовине, рођења или других околности.

Cuadro 6.18. El alfabeto cirílico en versión serbia

I

Аа	Бб	Вв	Гг	Дд	Ђђ	Ее	Жж	Зз	Ии	Jj	Кк	Лл	Љљ	Мм	Нн	Њњ	Оо
a	b	v	g	d	ʥ	e	ʒ	z	i	j	k	l	ʎ	m	n	ɲ	o

II

Пп	Рр	Сс	Тт	Ћћ	Уу	Фф	Хх	Цц	Чч	Џџ	Шш
p	r	s	t	ʨ	u	f	x/h	ts	ʧ	ʤ	ʃ

Cuadro 6.19. Alfabeto cirílico en versión búlgara

I

Аа	Бб	Вв	Гг	Дд	Ее	Жж	Зз	Ии	Йй	Кк	Лл	Мм	Нн	Оо
a	b	v	g	d	e	ʒ	z	i	j	k	l	m	n	o

II

Пп	Рр	Сс	Тт	Уу	Фф	Хх	Цц	Чч	Шш	Щщ	Ъъ	Ьь	Юю	Яя
p	r	s	t	u	f	x	ts	ʧ	ʃ	ʃt	ə	^{j}	ju	ja

6.9. Breve caracterización lingüística de la Europa multilingüe

En este apartado vamos a caracterizar lingüísticamente los idiomas de Europa. Como la mayoría de las lenguas europeas son indoeuropeas, no es difícil enumerar una serie de rasgos lingüísticos que diferencian fonética y gramaticalmente las lenguas europeas de las de otros continentes. Sin embargo, el hecho de que haya también lenguas europeas como el húngaro, el finés o el vasco, hace que la homogeneidad lingüística de Europa no sea total y que encontremos también en Europa patrones lingüísticos típicos de lenguas originarias de otras partes del mundo.

Vamos a enumerar y ejemplificar diez rasgos lingüísticos típicos de las lenguas europeas entre los muchos que podrían darse.

6.9.1. Existencia de consonantes palatales fricativas y africadas

Las lenguas de las familias celta, eslava, báltica, romance y albanesa presentan de modo típico consonantes fricativas palatales, como la que se transcribe mediante el dígrafo <sh> de la ortografía inglesa. Este sonido lo tienen en general las lenguas eslavas, germánicas, bálticas y romances (en español se da dialectalmente, por ejemplo, en las variedades peninsulares meridionales). También se da en albanés, en húngaro y en euskera. Otro fonema muy extendido en Europa es la africada palatal sorda transcrita en el alfabeto español como <ch>. Se da en la mayor parte de las familias lingüísticas citadas antes, especialmente en las romances y en las bálticas y eslavas. Aparece también en albanés, en húngaro y en euskera.

6.9.2. La palatalización

La palatalización consiste en la aproximación de la lengua hacia el paladar anterior o medio al pronunciar determinado sonido labial, dental, alveolar o velar. En contacto con vocales o semiconsonantes palatales, las consonantes se palatalizan: de este modo, la [p] de *piano* está palatalizada, frente a la [p] de *pueblo*; de modo similar, la [t] de *ti* está palatalizada, frente a la de *tú*.

En la historia de las lenguas romances, celtas, bálticas y eslavas, la palatalización ha tenido una enorme importancia y es lo que ha propiciado la aparición de fonemas como los que hemos visto en el punto anterior. El latín clásico carecía de palatales fricativas como la <sh> del inglés o la <ch> del español, pero diversos procesos de palatalización hicieron posible la aparición de estos sonidos.

La palatalización es un factor sistemático y recurrente sobre todo en las lenguas celtas y eslavas. Por ejemplo, en ruso *mat* significa 'mate' (en el ajedrez), pero *mat'* (con la [t^j], es decir, una [t] palatalizada) significa 'madre'. En gaélico irlandés *lámh* pronunciado [lav] significa 'brazo', pero *leamh* pronunciado [l^jav] significa 'insípido'.

En euskera la palatalización tiene una función expresiva: por ejemplo, *samur* 'tierno', frente a *xamur* 'tiernecito', donde mediante <x> se transcribe una [s] palatalizada, notada como [s^j].

6.9.3. Distinción de género gramatical en el sustantivo

Esta propiedad morfológica es típica de las lenguas celtas, romances, eslavas, germánicas, el albanés y el griego, y no es muy frecuente encontrarla fuera de Europa. Los géneros oscilan entre tres: masculino, femenino y neutro (en lenguas eslavas, germánicas y el griego), y dos: masculino y femenino (en lenguas romances, lenguas celtas y lenguas bálticas); o neutro y no neutro (en neerlandés, bajo alemán, danés, sueco y en algunas variedades del noruego). En inglés ha desaparecido el género morfológico, aunque se conserva en los pronombres. Las lenguas ugrofinesas no presentan género gramatical alguno incluso en los pronombres de tercera persona. Por ejemplo, en finés *hän* puede significar tanto 'él' como 'ella', algo similar pasa en húngaro y en euskera.

6.9.4. Distinción de número en el sustantivo

Esta propiedad es totalmente universal dentro de Europa: todas las lenguas europeas hacen distinción de número en el sustantivo y casi siempre también en el verbo. Tanto las lenguas indoeuropeas como las lenguas fino-úgricas y el euskera presentan morfemas de número en el sustantivo. Hay dos números: singular y plural. Quedan restos del dual, que se usó en griego antiguo y procede del indoeuropeo; dentro de la familia eslava se conserva este número en esloveno.

Frente a las lenguas europeas, hay familias lingüísticas extraeuropeas que no hacen en general distinciones de número en el sustantivo, tales como la malayo-polinesia o la sino-tibetana.

6.9.5. Existencia de artículos

Esta característica es típica de las lenguas europeas y bastante rara en las familias lingüísticas extraeuropeas. La presentan las familias celta, romance, germánica, albanesa y griega. Está ausente en las lenguas bálticas y en la mayor parte de las lenguas eslavas, excepto en búlgaro y macedonio, que como el danés y el albanés, presentan un artículo definido pospuesto al sustantivo. El euskera tiene también un artículo definido pospuesto integrado en el sustantivo. Las lenguas urálicas, como el finés, no presentan artículo, pero el húngaro sí lo ha adquirido, seguramente por influencia del alemán.

Cuadro 6.20. El artículo en las lenguas europeas

Lengua	*Familia*	*Ejemplo*	*Glosa*
albanés	albanesa	*shok-u*	amigo-el
bretón	celta britónica	*ar baotred*	los chicos
gaélico escocés	celta goidélica	*an tòran*	la canción
neerlandés	germánica	*het boek*	el libro
griego	griega	*i fitités*	los estudiantes
búlgaro	eslava	*chanti-te*	bolsos-los
húngaro	urálica	*az egyetem*	la universidad
euskera	euskérica	*etxe-a*	casa-la

6.9.6. *El sistema vigesimal de numeración*

El sistema de numeración de base vigesimal, ya analizado en el capítulo cuarto como posible rasgo de área, no está muy extendido en Europa, pero se da en las lenguas celtas, en francés, en euskera y en georgiano. Dado que se encuentra en los dos extremos de Europa, podría pensarse que en la antigüedad estuvo mucho más extendido, quizás por influencia de las lenguas celtas que, como sabemos, ocuparon en la antigüedad gran parte de la Europa actual.

Veamos cómo se dice *ochenta* en algunas de estas lenguas:

Cuadro 6.21. Ochenta en varias lenguas europeas

Lengua	*Ochenta*	*Traducción literal*
francés	*quatre-vingts*	cuatro-veintes
gaélico	*cheithre fichid*	cuatro veintes
euskera	*laurogei*	cuatroveinte
georgiano	*otxmotsi*	cuatroveinte

6.9.7. *Sistemas de casos*

Las lenguas indoeuropeas han heredado del idioma indoeuropeo ancestral un sistema de casos morfológicos en el sustantivo, que indican sus diferentes funciones en la oración (sujeto, objeto directo, objeto indirecto...). Es típico de las lenguas indoeuropeas que haya diferentes tipos de declinación casual según el género (masculino, femenino y neutro). Esto se ha conservado en las lenguas bálticas, eslavas, algunas de las germánicas y en griego y albanés. Las lenguas fino-úgricas presentan además unos sistemas de casos aún más amplios, en los que se señalan también muchas funciones locativas (lugar en donde, de donde, a donde, desde donde, desde dentro, desde cerca...). Sin embargo, las declinaciones de casos nominales de estas lenguas no hacen distinción alguna de género nominal (masculino, femenino o neutro), dado que es una categoría ajena a estas familias. Ello hace que en estas lenguas solo haya un modelo de declinación nominal, frente a los diferentes modelos de las lenguas indoeuropeas determinados según el género del sustantivo. Esto mismo se aplica al euskera, que tampoco tiene género.

El latín y el griego clásicos tenían un sistema de seis y cinco casos respectivamente (nominativo, vocativo, acusativo, genitivo, dativo en latín y en griego, más ablativo en latín), pero las lenguas romances han perdido los casos morfológicos en el sustantivo, aunque se conservan en parte en los pronombres (por ejemplo, en español *yo, me, a mí, sin mí, conmigo…*).

La lengua germánica ancestral tenía cuatro casos en el sustantivo (nominativo, acusativo, genitivo y dativo). El islandés y el alemán han conservado estos cuatro casos; el inglés y el sueco han conservado solo el genitivo en *-s* (denominado *genitivo sajón* en inglés); el danés los ha perdido, con restos en el pronombre; y el neerlandés conserva solo algunos restos de estos casos.

El albanés tiene seis casos nominales (nominativo, vocativo, acusativo, genitivo, dativo y ablativo).

Las lenguas bálticas y eslavas son las que mejor han conservado los sistemas de casos nominales indoeuropeos. El lituano, lengua báltica, tiene al menos siete casos nominales (nominativo, vocativo, acusativo, genitivo, dativo, instrumental y locativo), y el letón tiene todos los mencionados menos el instrumental.

Por su parte, todas las lenguas eslavas (excepto el búlgaro y el macedonio) mantienen unos sistemas de casos nominales similares a los de las lenguas bálticas. Veamos la declinación de la palabra polaca de género neutro *drzewo* 'árbol' (Presa, 2008: 119).

Cuadro 6.22. Declinación de drzewo en polaco

Caso	*Singular*	*Plural*
nominativo	*drzew-o*	*drzew-a*
genitivo	*drzew-a*	*drzew*
dativo	*drzew-u*	*drzew-om*
acusativo	*drzew-o*	*drzew-a*
instrumental	*drzew-em*	*drzew-ami*
locativo	*drzewi-e*	*drzew-ach*
vocativo	*drzew-o*	*drzew-a*

En finés, lengua urálica del grupo fino-úgrico, el número de casos es aún mayor, debido a que se distinguen varios casos locativos y predicativos. He aquí la declinación del sustantivo *talo* 'casa' (Karlsson, 1991: 86):

Cuadro 6.23. Declinación de talo en finés

Caso	*Forma flexionada*	*Significado*
nominativo	*talo*	casa
genitivo	*talo-n*	de la casa
partitivo	*talo-a*	casa (objeto directo)
inesivo	*talo-ssa*	dentro de la casa
elativo	*talo-sta*	desde dentro de la casa
ilativo	*talo-on*	a dentro de la casa
adesivo	*talo-lla*	con la casa
ablativo	*talo-lta*	desde la casa
alativo	*talo-lle*	a la casa
esivo	*talo-na*	como casa
translativo	*talo-ksi*	(convertirse en) casa

Cuadro 6.24. Declinación de Koldo en euskera

Caso	*Forma flexionada*	*Significado*
absolutivo	*Koldo*	a Koldo (paciente)
partitivo	*Koldo-rik*	de Koldo
ergativo	*Koldo-k*	Koldo (agente)
dativo	*Koldo-ri*	a Koldo (destinatario)
inesivo	*Koldo-rengan*	en Koldo
adlativo	*Koldo-rengana*	a Koldo (movimiento)
adlativo aproximativo	*Koldo-renganantz*	hacia Koldo
adlativo terminativo	*Koldo-renganaino*	hasta Koldo
ablativo	*Koldo-rengandik*	desde Koldo
genitivo	*Koldo-ren*	de Koldo
sociativo	*Koldo-rekin*	con Koldo
instrumental	*Koldo-z*	por (medio de) Koldo
motivativo	*Koldo-rengatik*	por (causa de) Koldo
destinativo	*Koldo-rentzat*	para Koldo
prolativo	*Koldo-tzat*	en (calidad de) Koldo

En euskera encontramos también un número de casos superior al de las lenguas indoeuropeas. Veamos cómo se declina el nombre propio Koldo (Euskaltzaindia, 1987: 85) (cuadro 6.24).

6.9.8. Concordancia en el sintagma nominal

Un rasgo típico de las lenguas indoeuropeas consiste en que, dentro del sintagma nominal, el determinante, el adjetivo y el sustantivo concuerdan en género, número y caso (si lo hay). Esto se ve muy bien en latín y en griego, así como en las lenguas bálticas, eslavas, germánicas, romances y el albanés.

En las lenguas fino-úgricas y en euskera no existe este tipo de concordancia entre el determinante, el adjetivo y el sustantivo.

Como manifestaciones de esta concordancia de número y género dentro del sintagma nominal, podemos citar los siguientes ejemplos:

Cuadro 6.25. Concordancia nominal

Español	*Una pequeña comunidad luterana*
Francés	*Une petite communauté luthérienne*
Italiano	*Una piccola comunità luterana*
Portugués	*Uma pequena comunidade luterana*
Alemán	*Eine kleine lutherische Gemeinde*

A partir de estos ejemplos, observamos que el artículo y los adjetivos concuerdan en género (femenino) y número (singular) con el sustantivo en español, portugués, francés e italiano, y además en caso (nominativo) en alemán. El inglés, sin embargo, se desvía de este esquema y se asemeja más a las lenguas fino-úgricas y al euskera, ya que tenemos: *A small Lutheran community* donde ni el artículo ni el adjetivo concuerdan morfológicamente en género y número con el sustantivo. En plural tendríamos una expresión como *Some small Lutheran communities*, donde el determinante y los adjetivos no expresan pluralidad en absoluto. Es la situación que encontramos, por ejemplo, en húngaro:

Cuadro 6.26. Sintagma nominal en húngaro

A jelenlegi oktatási rendszer	El actual sistema educativo
A szomorú kislányok	Las niñas tristes

En estas frases el artículo (*a*) es invariable tanto para género como para número, así como los adjetivos (*jelenlegi*, *oktatási*, *szomorú*), que no indican género (inexistente en húngaro y en las lengua fino-úgricas) ni número. En el segundo sintagma el número plural indicado por el sufijo *–ok* no aparece en el adjetivo antepuesto.

En euskera se da lo mismo que en inglés y en las lenguas urálicas, tal como podemos ver en los siguientes ejemplos (Zubiri y Zubiri, 2000: 181):

(5) Euskera
   a. *Txakur txiki polit hori* 'ese bonito perro pequeño'
   b. *Gona gorri luzea* 'la falda roja larga'
   c. *Begi urdin handiak* 'los ojos azules grandes'

En el primer ejemplo, los adjetivos (*txiki* 'pequeño', *polit* 'bonito') y el determinante (*hori* 'ese') no presentan ningún tipo de concordancia morfológica con el sustantivo (*txakur* 'perro'). Lo propio ocurre con los adjetivos *gorri* 'rojo' y *luze* 'largo' respecto del sustantivo *gona* 'falda'. Por su parte, el artículo determinado (el sufijo *-a*), que es invariable, se sufija a la última palabra del sintagma nominal, el adjetivo *luze*. Por último, en el tercer sintagma nominal observamos que el artículo plural (el sufijo invariable *-ak*) se sufija, como en el caso anterior, a la última palabra del sintagma nominal, el adjetivo *handi* 'grande' y el sustantivo (*begi* 'ojo'), y el otro adjetivo (*urdin* 'azul') no lleva expresión de pluralidad alguna.

6.9.9. El perfecto pasivo

Esta característica consiste en la construcción del tiempo perfecto utilizando el verbo *tener* o *haber*, como en español *he venido*, y aparece en todas las lenguas romances y germánicas, en algunas eslavas (macedonio, búlgaro, serbio y checo), en griego, en albanés y en euskera.

Veamos unos ejemplos de este perfecto pasivo:

Cuadro 6.27. El perfecto pasivo

Español	*Inglés*	*Alemán*	*Francés*	*Italiano*
¿Ha comido bastante?	*Have you eaten enough?*	*Haben Sie genug gegessen?*	*Vous avez assez mangé?*	*Ha mangiato abbastanza?*
¿Nos hemos bebido toda la botella?	*Have we drunk the whole bottle?*	*Haben wir die ganze Flasche ausgetrunken?*	*Nous avons bu toute la bouteille?*	*Abbiamo bevuto tutto?*

Tenemos esto hablado/ *portugués*: *Temos falado*	*Have talked*	*Haben schon darüber gesprochen*	*Avons parlé*	*Abbiamo parlato*

En el último caso vemos la existencia de una perífrasis perfecta o resultativa con *tener*, que es la que se utiliza en gallego-portugués.

En euskera tenemos ejemplos como los siguientes (Zubiri y Zubiri, 2000: 414,415):

(6) Euskera
   a. *Film hori ikusi dut* 'he visto esa película'
   b. *Film hori ikusia dut* 'tengo vista esa película'
   c. *Film hori ikusita daukat* 'tengo vista esa película'

En los dos primeros casos se utiliza el auxiliar *dut*, similar a nuestro *haber*, aunque también tiene el sentido de 'tener', que ya no es posible en castellano. En el tercero se utiliza como auxiliar el verbo *ukan* 'tener' (*daukat*). La forma *ikusi* de la primera oración es participial y equivale al castellano 'visto'. En la segunda oración el participio *ikusi* aparece nominalizado mediante el artículo definido *a*, con lo que se convierte en un predicado atributivo. En la tercera oración el participio *ikusi* aparece con el sufijo *-ta*, que le da un carácter adverbial.

6.9.10. Órdenes VO/OV

Un importante parámetro estructural que da cuenta de la diversidad tipológica de las lenguas está determinado por la posición que tiene el objeto directo (O) respecto del verbo (V). Hay dos posibilidades: que el objeto se posponga al verbo (VO) o que se anteponga al verbo (OV). Las lenguas indoeuropeas europeas son de tipo VO, y las lenguas fino-úgricas y el euskera son lenguas de tipo OV, aunque con muchos rasgos del tipo VO por influencia de las lenguas de este tipo, mayoritarias en Europa.

Las lenguas celtas son, además, lenguas VSO; es decir, en ellas aparece en primer lugar el verbo, en segundo lugar el sujeto y en tercer lugar el objeto directo. He aquí un par de ejemplos del gaélico irlandés:

(7) Irlandés
   a. *Chonaic mé sibh* [vi yo tú] 'Te vi'
   b. *Chonaic sibh mé* [viste tú yo] 'Me viste'

Esta propiedad (VSO) se da también en las lenguas de la familia semítica cuyo único representante en la Europa moderna es el maltés.

El contraste entre una lengua VO y una lengua OV se puede apreciar muy bien si comparamos el castellano con el euskera, donde podemos observar que cada uno de los ordenamientos determina el ordenamiento de una serie de estructuras sintácticas adicionales.

Cuadro 6.28. Comparación del orden de palabras

Orden	*Castellano*	*Euskera*
Verbo (V)/ Objeto directo (O)	*Juan lee el libro* (VO)	*Jonek liburua irakurtzen du* (OV)
Determinante (D) / Nombre (N)	*una película* (DN)	*pelikula bat* (ND)
Preposición (P)/ caso (Ca)	*de Juan* (PN)	*Jon-en* (NCa)
Nombre(N) / Complemento (C)	*el libro de Juan* (NC)	*Jonen liburua* (CN)
Nombre(N) / Complemento (C)	*el camino a casa* (NC)	*etxerako bidea* (CN)
Preposición (Pre)/ Posposición (Pos)	*encima de la mesa* (PreN)	*mahaiaren gainean* (NPos)
Adverbio (ADV) / Adjetivo (ADJ)	*más fuerte* (ADVADJ)	*indartsu-ago* (ADJADV)
Adjetivo/ Segundo término de la comparación (2T)	*más fuerte que yo* (ADJ2T)	*Ni baino indartsuago* (2T ADJ)
Conjunción (Conj)/ Verbo	*que viene* (Conj.V)	*datorre-la* (VConj.)
Verbo/ Subordinada (Sub)	*dice que viene* (VSub)	*datorrela esaten du* (SubV)

Como podemos comprobar, el hecho de que una lengua tenga el orden básico OV o VO tiene una serie de consecuencias en el ordenamiento estructural de diversos elementos de la sintaxis.

En euskera y también en húngaro la palabra de mayor contenido informativo se coloca inmediatamente delante del verbo, mientras que en español ocurre lo contrario.

(8) Español/euskera
 a. Juan va a la playa / Jon hondartza-ra doa ‘Juan playa-la-a va’
 b. Juan se ha comprado un coche/ Jonek auto bat erosi du ‘Juan coche un comprado ha’

Algo similar al euskera ocurre en húngaro, lengua fino-úgrica, tal como podemos comprobar en los ejemplos siguientes (Kertész, 2001: 908, 944, 945, 951):

(9) Español/húngaro

a. Antiguamente aquí había un parque / Régen itt park volt 'Antiguamente aquí parque era'
b. Pedro come una manzana / Péter almá-t esz-ik 'Pedro manzana-ACUSATIVO com-e'
c. En el dibujo veo tres chicas / A kép-en három lány-t lát-ok 'El dibujo-en tres chica-ACUSATIVO ve-o'
d. Le he visto con su hermano / A testvér-é-vel látt-am 'El hermano-su-con he visto-lo'

Sin embargo, esta lengua suele presentar un orden VO cuando el objeto directo es definido, tal como las lenguas indoeuropeas.

6.10. La gestión del multilingüismo en la Unión Europea

En el tratado constitutivo de la Comunidad Económica Europea (CEE) de 1957 se establece que ese documento es igualmente válido en cuatro lenguas: alemán, francés, italiano y neerlandés, que eran en aquella época las lenguas de trabajo de esta institución. Estas cuatro lenguas se presentan como las primeras oficiales de la CEE.

Estas lenguas pertenecen a dos familias: la germánica (alemán y neerlandés) y la romance (francés e italiano). Por tanto, en su origen, el multilingüismo europeo afecta a dos de las familias lingüísticas de Europa y a cuatro lenguas oficiales.

Cuadro 6.29. Composición lingüística de la primera Unión Europea

Familia	*Lenguas*
germánica	alemán, neerlandés
romance	francés, italiano

La primera ampliación de la Unión Europea tiene lugar el 1 de enero de 1973, fecha en la que Reino Unido, Irlanda y Dinamarca pasaron a formar parte de la Comunidad Europea. Ello supuso la introducción de dos lenguas nuevas: el inglés y el danés, ambas de la familia germánica. Con lo cual, la composición lingüística de la Unión Europea quedó como sigue:

Cuadro 6.30. Composición lingüística tras la primera ampliación de la Unión Europea

Familia	*Lenguas*
germánica	alemán, neerlandés, inglés, danés
romance	francés, italiano

La introducción del inglés en la Unión Europea supuso una auténtica revolución, dado que esta lengua no solo es la lengua del Reino Unido, sino también la de Estados Unidos, primera potencia económica y militar del mundo. Además, la preponderancia internacional de esta lengua en muy distintas instancias (cultural, política, económica, científica) ha hecho que, desde su incorporación a la Unión Europea, el inglés haya experimentado un auge imparable dentro de sus instituciones. En el siguiente cuadro podemos observar cómo desde el año 1996 el inglés predomina en los documentos de la Comisión Europea (Fernández Vítores, 2011: 171):

Cuadro 6.31. Lenguas de redacción de los documentos en la UE

Año	*Inglés*	*Francés*	*Alemán*	*Otras*
1996	45,7	38	5	12
1997	45	40	5	9
1998	48	37	5	10
1999	52	35	5	8
2000	55	33	4	8
2001	57	30	4	9
2002	57	29	5	9
2003	59	28	4	9
2004	62	26	3	9
2005	68,5	16,4	3,8	11,3
2006	72	14,4	3	10,6

El cuadro 6.31 es muy revelador porque en él podemos comprobar que, en diez años, el número de documentos redactados en inglés casi se duplicó, mientras que el número de documentos redactados en francés se redujo a menos de la mitad. Si en 1995 casi la mitad de los documentos se redactaban en inglés, diez años después se alcanza más del 70 por ciento.

La introducción del inglés, lejos de potenciar el multilingüismo en la Unión Europea, lo que ha hecho es contribuir a socavar este multilingüismo, que es uno de los valores fundacionales esenciales de la Unión Europea:

> Así, el multilingüismo era contemplado en los albores de la Comunidad Europea como un elemento esencial sin el cual el proceso de integración puesto en marcha corría el peligro de naufragar. Por otra parte, era ampliamente compartida la idea de que abrir un debate tan controvertido como el de la limitación de las lenguas de trabajo dentro de las instituciones en las fases iniciales de este proceso podría lastrar para siempre la unión económica en ciernes. Para evitar esto último, se decidió conceder a todas las lenguas nacionales de los Estados miembros los mismos derechos lingüísticos en el marco institucional comunitario. Desde entonces, la UE (antigua Comunidad Europea) siempre ha intentado mantener un equilibrio que garantizara, por un lado, la correcta comunicación entre los nacionales de los distintos estados miembros y, por otro, una representación ecuánime en el ámbito supranacional de las lenguas de referencia de cada uno de estos países. (Fernández Vítores, 2010: 19-20)

Es claro que el predominio del inglés en las instituciones de la Unión Europea está danto al traste con este espíritu multilingüe con el que nació esta institución.

Robert Phillipson (2003: 140) nos cuenta una anécdota reveladora sobre el uso predominante del inglés en las instituciones europeas y sobre los aspectos inesperados que puede tener su empleo por parte de personas que no tienen esa lengua como nativa. Una ministra recién nombrada del gobierno danés tuvo que presidir una reunión de la Unión Europea en Bruselas y empezó la reunión hablando en inglés y pidiendo disculpas por no estar totalmente al corriente de los asuntos, ya que se encontraba al principio de su *periodo* (*period* en inglés). Phillipson observa que para un hablante nativo de inglés lo que estaba diciendo esta mujer es que acababa de venirle la regla. En otras versiones se afirma que lo que dijo es que estaba en su primer periodo, lo que significaría que tenía la regla por primera vez.

Con esta anécdota, Phillipson quiere hacernos ver que los hablantes de inglés no nativos no tienen por qué conocer todas las sutilezas del uso de la lengua. Expresar las propias ideas, impresiones o sentimientos en todos sus matices, evitando matices ajenos o pretendidos, es muy difícil cuando se usa una lengua aprendida después de la infancia; son la lengua o lenguas nativas las que pueden usarse con la precisión y sutileza adecuadas.

Para Phillipson, la pretensión fundamental de la política lingüística de la Unión Europea debería ser que todos los participantes tuvieran asegurados iguales derechos comunicativos. Y plantea la cuestión de que si franceses, irlandeses y británicos pueden usar siempre sus lenguas nativas, cómo se puede asegurar que los demás tengan derechos equivalentes.

Hay que tener en cuenta, además, que conocer el inglés o el francés da prestigio a una persona, pero solo si ese inglés y francés es idéntico o cuasi-idéntico a la variedad estándar que tiene ese prestigio. Las variedades no estándares de estas dos lenguas están fuertemente desprestigiadas. Phillipson (2003:140-141) se refiere, por ejemplo, al hecho de que las personas que hablan inglés o francés con un fuerte acento extranjero y con una gramática muy influida por su lengua nativa tienden a ser consideradas como menos aptas o menos inteligentes.

Sin duda, un discurso en inglés realizado con un fuerte acento extranjero y con una gramática y vocabulario diferentes de los del estándar de prestigio, tendrá menos poder de convicción, de persuasión y de atracción que un discurso análogo en inglés hecho por un anglohablante nativo. Más aún, ese discurso en inglés no estándar además será incapaz de reflejar de forma convincente toda la profundidad y matizaciones del pensamiento que lo informa, cosa que sí ocurriría en la lengua nativa de quien lo pronuncia.

Esto lo podemos comprobar en español también. Cuando escuchamos a un inglés que habla español con poco acento, sin grandes equivocaciones y fluidamente, tendemos a pensar que esa persona es más inteligente, capaz y culta que quien habla nuestra lengua con mucho acento, cometiendo constantes errores gramaticales y con poca o ninguna fluidez. Confiaremos y seremos persuadidos por esta última persona anglohablante muchísimo menos que por la primera persona anglohablante.

El caso de Irlanda en la introducción del inglés en la Unión Europea es muy interesante porque, a pesar de que la primera lengua oficial de este estado es el irlandés, y el inglés es la segunda lengua oficial, el irlandés no pasó a formar parte de las lenguas oficiales de la Unión Europea tras la primera ampliación. Esta incorporación se llevó a cabo muchos años después, en 2005. La acción erosionadora del inglés respecto del irlandés en Irlanda y en Irlanda del Norte, ha hecho que la lengua nacional de Irlanda esté en unas condiciones extremadamente graves, tal como ya hemos visto. El número elevado de hablantes que proporciona el gobierno irlandés incluye todos aquellos que lo han aprendido en la escuela como lengua segunda y que no lo usan de forma corriente y habitual en su vida diaria.

En 1981 tuvo lugar la segunda ampliación de la Unión Europea con la incorporación de Grecia. Ello supuso la introducción de una nueva lengua oficial: el griego moderno. Lo cual supuso, además, la introducción de un nuevo alfabeto.

En 1984 se produce además un fenómeno muy interesante, que fue el del reconocimiento del luxemburgués, una lengua germánica, como lengua nacional del país. Sin embargo, este hecho no ha llevado a que el luxemburgués sea reconocido como lengua oficial de la Unión Europea, por lo que Luxemburgo, como Irlanda, es un país de la Unión Europea cuya lengua nacional no es lengua oficial de la Unión.

En 1986 se produce la adhesión de España y Portugal a la Unión Europea y, por tanto, se introducen dos lenguas oficiales más: el español y el portugués, con lo que la Comunidad Europea pasa a tener nueve lenguas oficiales:

Cuadro 6.32. Composición lingüística tras la tercera ampliación de la Unión Europea

Familia	*Lenguas*
germánica	alemán, neerlandés, inglés, danés
romance	francés, italiano, portugués, español
helénica	griego

La introducción del portugués y del español tiene como consecuencia la obtención de un equilibrio entre las lenguas germánicas y romances: las dos familias tienen cuatro representantes.

El ingreso de España en la Comunidad Europea supone no solo la aportación del español sino el apartamiento como lenguas oficiales de idiomas como el gallego, catalán y euskera, que no gozan en estos primeros momentos de ningún reconocimiento europeo oficial efectivo. Ello, a pesar de que tanto el gallego como el catalán tienen un peso demográfico mayor que el danés. De esta manera se aprecia cómo la proclamación de una única lengua como oficial en un estado multilingüe puede servir para marginar a las demás lenguas del estado en los niveles internacionales.

El 1 de enero de 1995 pasan a formar parte de la Unión Europea Austria, Finlandia y Suecia. Esto introduce dos nuevas lenguas: el sueco y el finés. La primera es de la familia germánica, pero la segunda pertenece a una nueva familia lingüística: la urálica. Con ello, tenemos ahora once lenguas oficiales:

Cuadro 6.33. Composición lingüística tras la cuarta ampliación de la Unión Europea

Familia	*Lenguas*
germánica	alemán, neerlandés, inglés, danés, sueco
romance	francés, italiano, portugués, español
helénica	griego
urálica	finés

El 1 de mayo de 2004 se incorporan a la Unión Europea diez nuevos países que aportan nueve lenguas nuevas: maltés, checo, eslovaco, esloveno, estonio, húngaro, letón, lituano y polaco. En 2005, como ya hemos dicho, se incorporó el gaélico irlandés como lengua oficial. Además, el 1 de enero de 2007 se produce la incorporación de dos nuevos países: Bulgaria y Rumanía, que aportan dos nuevas lenguas: el búlgaro, una lengua eslava, y el rumano, una lengua románica.

He aquí las veinticuatro lenguas oficiales de la Unión Europea actual, después de la inclusión del croata como lengua oficial a partir de 2013:

Cuadro 6.34. Composición lingüística actual de la Unión Europea

Familia	*Lenguas*
germánica	alemán, neerlandés, inglés, danés, sueco
romance	francés, italiano, portugués, español, rumano
helénica	griego
eslava	búlgaro, checo, eslovaco, esloveno, croata, polaco
báltica	letón, lituano
celta	gaélico irlandés
urálica	finés, estonio, húngaro
semita	maltés

Esta ampliación supone la introducción de lenguas de la familia eslava, una de las cuales, el búlgaro, introduce un nuevo alfabeto (el cirílico), de la familia celta a través del gaélico irlandés, y de la familia báltica a través del lituano y el letón. Todas estas familias son indoeuropeas. Además de ellas, tenemos la familia urálica con dos ramas: la fínnica (finés y estonio) y la úgrica (húngaro), y la familia semita, representada por el maltés.

Esta sucesiva ampliación de las lenguas de la Unión Europea desde las cuatro iniciales a las veinticuatro actuales ha sido vista en alguna ocasión como una progresiva babelización de esta institución. Sin embargo, lo que refleja no es más que un hecho cultural de máxima importancia: la diversidad lingüística que caracteriza a Europa.

Esta diversidad lingüística ha podido ser reconocida en Europa frente a, por ejemplo, América, porque en Europa surgieron los primeros estados nacionales modernos en los que se creó una política lingüística a partir de una lengua nacional determinada que potenció y afianzó dicha lengua mediante un proceso de mayorización inducida. Es el caso del italiano, español, inglés, francés, alemán o neerlandés. Aunque esta potenciación supuso la minorización y marginación de otras lenguas nacionales, tales como el catalán, vasco, gallego, galés, gaélico escocés, irlandés, bretón, occitano o frisón, los diversos estados europeos consiguieron mantener su lengua nacional oficial durante las numerosas vicisitudes históricas que ha experimentado Europa desde el siglo XV hasta nuestros días.

En el caso de América, las cosas han sido muy distintas: la colonización de asentamiento en América septentrional eliminó cultural y físicamente las numerosas naciones autóctonas de esa zona y las lenguas que hablaban. Hoy en día, en EE. UU. y Canadá apenas quedan algunas comunidades autóctonas en las que unos pocos miembros siguen utilizando sus lenguas tradicionales. Estas lenguas no tienen reconocimiento oficial alguno en estos países.

Los imperios coloniales en los que predominó la explotación sobre el asentamiento, como es el caso del español o del portugués, hicieron posible la supervivencia física de muchas comunidades autóctonas. Pero los estados postcoloniales que surgieron de la lucha por la independencia adoptaron la lengua del colonizador (español, portugués) como única lengua oficial, y marginaron y siguen marginando las lenguas autóctonas que aún sobreviven –en algunos casos con millones de hablantes– y no tienen ninguna posición relevante en las estructuras políticas, judiciales y económicas que configuran los países de Iberoamérica. En México, Colombia, Brasil, Bolivia o Perú siguen utilizándose muchas lenguas autóctonas que no gozan de ningún prestigio ni se potencian o apoyan de ninguna forma efectiva.

Europa, que no ha sufrido la colonización política de otras potencias, ha podido mantener y potenciar una parte de su riqueza lingüística, tal como se refleja, por ejemplo, en las instituciones de la Unión Europea, aunque otra parte importante se esa riqueza lingüística se ha visto disminuida y debilitada por las políticas de mayorización lingüística.

Si enfocamos el asunto de la pluralidad lingüística europea desde el punto de vista de la afinidad genética entre las lenguas de la Unión Europea, observamos que, tal como vemos en el cuadro 6.34, si bien hay veintitrés lenguas, el número de familias a las que estas lenguas pertenecen es solo ocho. Quince de las lenguas oficiales más usadas de la Unión Europea pertenecen a solo tres familias lingüísticas (germánica, eslava, romance). Es muy importante tener este hecho en cuenta, porque entre los hablantes de las lenguas de la misma familia lingüística normalmente existe una posibilidad más o menos grande de comprensión, haciendo uso de la competencia individual analítica, ya analizada en el capítulo primero del presente libro.

Desde el español se puede llegar a entender sin mucho esfuerzo el francés, el italiano, el portugués y, con algo más de esfuerzo, el rumano. Esto significa que, por ejemplo, para una parlamentaria europea hispanohablante debería ser posible entender un discurso en francés, italiano o portugués, y lo mismo cabría decir respecto de un parlamentario europeo lusohablante o francohablante. Máxime cuando se supone que los parlamentarios son personas que han de tener un cierto nivel de educación y de cultura internacional. Ello significa que entre las personas hablantes de lenguas romances no haría falta en principio intérpretes: cada una de ellas hablaría su lengua y sería entendida fácilmente por quienes hablan las demás lenguas romances (recuérdese que no estamos hablando de personas incultas, sin educación superior o sin experiencia internacional). Cada persona podría expresarse en su lengua nativa con eficacia, persuasión y facilidad, y además ser entendida por sus colegas hablantes de una lengua romance.

Lo mismo podría aplicarse respecto de quienes hablan las lenguas germánicas y eslavas. Por ejemplo, en el caso de las lenguas eslavas, el checo, el polaco y el eslovaco son lenguas muy próximas entre sí y no es en absoluto un disparate pensar que una persona polacohablante pueda ser entendida por otra checohablante, y viceversa, sin grandes dificultades. En cuanto a las lenguas germánicas, alemanes y neerlandeses y suecos y daneses hablan lenguas afines y se pueden perfectamente dar situaciones de intercomprensión entre quienes hablan estas lenguas de forma análoga a la descrita para las lenguas romances.

Esta actitud de intercomprensión pasiva (plurilingüismo analítico) entre hablantes de las lenguas de la misma familia lingüística, si se potencia y se desarrolla, supondría un alivio importante para los servicios de interpretación y traducción de la Unión Europea. Supongamos, por ejemplo, que una parlamentaria realiza un discurso en alemán. Sobre la base de la intercomprensión de las lenguas romances y eslavas bastaría la interpretación de este discurso a una lengua romance y a una lengua eslava que no tendría siempre que ser la misma, con lo cual, se podría tanto aprovechar la disponibilidad de los intérpretes como dar oportunidades a las distintas lenguas de cada una de las familias.

Respecto de las familias lingüísticas que presentan lenguas menos usadas en la Unión, tales como el griego, el letón, el lituano, el finés, el húngaro o el maltés, la comprensión pasiva, el plurilingüismo analítico, supone muchas ventajas también. Quienes hablan estas lenguas suelen conocer, al menos analíticamente, una lengua germánica o eslava y, por tanto, pueden comprender sin problemas discursos en esas lenguas. El uso del húngaro en un discurso en el Parlamento europeo podría requerir tres o cuatro intérpretes: a una lengua romance, a una lengua eslava y a una lengua germánica, dada la intercomprensión dentro de cada familia y no requeriría intérpretes de húngaro para cada una de las veintidós lenguas restantes. En efecto, si el discurso en húngaro dispone de cuatro intérpretes: al italiano, al polaco, al alemán y al inglés, podrá ser entendido por la inmensa mayoría de los parlamentarios sobre la base de la intercomprensión analítica. De esta manera, el hecho de que no esté disponible en un momento determinado una persona intérprete de húngaro-español o de húngaro-danés no impediría que el discurso se hiciese en esta lengua, dado que el italiano puede entenderse desde el español, y el alemán desde el danés.

En esencia, lo que se propone aquí es aplicar al funcionamiento de las instituciones europeas una reflexión muy sabia del escritor e intelectual europeo Umberto Eco:

> El problema de la cultura europea del futuro no está sin duda en el triunfo del poliglotismo total (quien supiera hablar todas las lenguas sería como el Fu-

> nes el Memorioso de Borges, con la mente ocupada en infinitas imágenes), sino en una comunidad de personas que puedan aceptar el espíritu, el perfume, la atmósfera de un habla distinta. Una Europa de políglotas no es una Europa de personas que hablan con facilidad muchas lenguas, sino, en el mejor de los casos, de personas que pueden encontrarse hablando cada uno su propia lengua y entendiendo la del otro; que no sabrían hablar de manera fluida, pero que al entenderla, aunque fuera con dificultades, entenderían el «genio», el universo cultural que cada uno expresa cuando habla la lengua de sus antepasados y de su propia tradición. (U. Eco, *La búsqueda de la lengua perfecta en la cultura europea*. Barcelona: Crítica, 1994: 292-293).

6.11. ¿Una única lengua para la UE? Del esperanto al *europanto*

Frente al multilingüismo y el plurilingüismo por el que se apuesta en la sección anterior, muchas personas han señalado la necesidad de utilizar una única lengua en instituciones tan complejas y diversificadas como la Unión Europea, adoptando una perspectiva monolingüista total o parcial. Hay quien piensa que esta lengua es y debe ser el inglés, pero ya hemos observado que esto induce una diferencia y una asimetría importante entre aquellas personas para las que el inglés es su lengua nativa, una minoría dentro de las instituciones europeas, y aquellas otras que conocen el inglés solo como segunda lengua aprendida en la edad adulta y, por tanto, han de emplear un mayor esfuerzo y atención en sus comunicaciones para poder expresar todos los matices que desean imprimir a su discurso, si es que logran hacerlo completamente.

Para evitar este desequilibrio y poner a todo el mundo en pie de igualdad en las instituciones europeas, se ha propuesto en más de una ocasión (Phillipson, 2003: 171-174 y Fernández Vítores, 2011: 45-48) que se utilice una lengua artificial, el esperanto, como *lingua franca* de las instituciones de la Unión Europea.

El esperanto es una lengua auxiliar artificial propuesta por el oftalmólogo polaco de origen judío Lázaro Zamenhof (1859-1917). En el año 1887, en un libro titulado *Lingvo internacia* y firmado por su pseudónimo Doktoro Esperanto, de donde tomaría el nombre el idioma, establece este autor los fundamentos de esta lengua. Esta lengua artificial es la de mayor éxito en cuanto a número de personas que la conocen y usan. Se estima que podría haber unos dos millones de personas que conocen y usan este idioma, y existe una apreciable bibliografía escrita en él.

El objetivo de Zamenhof, al establecer los elementos de su gramática, era conseguir un idioma sin irregularidades que fuera fácil de entender y de aprender.

Este vocabulario está basado principalmente en lenguas europeas romances, germánicas y eslavas, por lo que su fundamento léxico es claramente europeo y, por tanto, se adapta bien a las necesidades lingüísticas de este continente. La gramática explícita se reduce a dieciséis reglas, que son las siguientes:

(10) Las reglas del esperanto

1. Hay un solo artículo: el artículo determinado *la*, absolutamente invariable. No existe artículo determinado.
2. El sustantivo está caracterizado por el sufijo *-o* (*tago* = día). El plural se indica mediante el sufijo *-j* (*tagoj* = días). El complemento de objeto directo (acusativo) se señala mediante el sufijo *-n* añadido tanto al singular como al plural (*tagon, tagojn*).
3. El adjetivo está caracterizado por el final *-a* y es invariable en género (*bela* = bello, bella). El plural es en *-j* y el acusativo es *-n*. El comparativo de superioridad se forma como *pli....ol* (más... que), y el superlativo con *plej...el*.
4. Los adjetivos numerales cardinales son invariables (*unu, du, tri...*). Las decenas se forman mediante combinaciones de los diez primeros números: 21 = *dudek unu*; los ordinales se obtienen añadiendo *-a* a los cardinales (*unua* = primero); los multiplicativos, añadiendo *-obl-* (*duobla* = doble); los fraccionarios, añadiendo *–on-* (*unu triono* = un tercio); los colectivos, añadiendo *-op–* (*triopo* = un trío). Para señalar el distributivo se pone *po* ante el número (*po tri* = razón de tres cada uno).
5. Los pronombres personales son: *mi, vi, li* (él), *ŝi* (ella), *ĝi*, (para animales o cosas), *si, ni, vi, ili, oni*. En acusativo toman *-n*. Para convertirlos en adjetivos o pronombres posesivos, se añade *-a* y se declinan igual que el adjetivo.
6. El verbo es invariable para las personas y para el número: *-as* indica el presente de indicativo, *-is* el pasado, *-os* el futuro, *-us* el potencial, *-u* el imperativo-subjuntivo, *-i* el infinitivo. Los tres participios activos so: *-ant-* para el presente, *-int-* para el pasado, *-ont-* para el futuro. Los tres participios pasivos son: *-at-* para el presente, *-it-* para el pasado, *-ot-* para el futuro. Los tiempos de la pasiva se forman con la ayuda del auxiliar *esti* más uno de los tres participios pasivos.
7. Los adverbios derivados terminan en *-e* (*bone* = bien).
8. Todas las preposiciones exigen por sí mismas, tras de sí, el nominativo.
9. Cada palabra se pronuncia tal como está escrita.
10. El acento tónico recae siempre sobre la penúltima sílaba.
11. Las palabras compuestas se obtienen mediante la simple unión de los elementos que las forman, poniéndose al final el elemento principal (*skribtablo* = mesa de escritorio).
12. En una frase negativa no puede haber más que una sola negación.
13. Si una palabra indica el lugar hacia donde uno se dirige, se pone en acusativo (*Mi iras Barcelonon* = Voy a Barcelona).

14. Cada preposición posee un sentido preciso. En caso de duda, se usa la preposición *je*, que no tiene significado propio.
15. Las palabras extranjeras pasan al esperanto tomando la ortografía y flexión de la lengua internacional.
16. El final *-a* del artículo y el final *-o* del sustantivo pueden elidirse. En tal caso, se reemplazan por un apóstrofo (*de l' mond'* = *de la mondo*).

El criterio de la regularidad es determinante en esperanto, dado que la lengua se caracteriza por no tener irregularidad alguna. Esto hace que la gramática del esperanto sea determinista: dada una palabra y una regla de formación obtenemos automáticamente el resultado correspondiente. Por ejemplo, si a un verbo se le añade la terminación *-as*, obtenemos la correspondiente forma de presente de indicativo.

Buena parte del vocabulario de esta lengua se obtiene a través de procesos de derivación transparentes que hacen que el significado de muchas palabras sea claro o fácil de deducir aun si conocerlas. Por ejemplo (Janton, 1976: 78), *ferindustrilaboristino* 'obrera manual de la industria del hierro' se analiza de la siguiente manera:

(11) Análisis de la palabra del esperando *ferindustrilaboristino* 'obrera manual de la industria del hierro'

fer = hierro
industri = industria
labor = trabaja-
ist = dor (afijo derivativo)
in = –a (afijo de femenino)
o = afijo de sustantivo

Una de las ventajas del esperanto reside, según Janton (1976:93), en la posibilidad de emplear pocas palabras, dadas las posibilidades de composición y la variedad de combinaciones, tal como acabamos de ver. De este modo, de *iri* 'ir' obtenemos dos nuevas palabras: *supreniri* 'subir' y *malsupreniri* 'bajar'. La composicionalidad y la regularidad permiten la generación de un gran número de elementos aprovechables a partir de una base limitada de elementos primitivos.

Sobre la base de estas características se ha sugerido que el esperanto es una lengua más fácil de aprender que las lenguas europeas y, por tanto, en la que hay que invertir menos tiempo de estudio (Phillipson, 2003: 172).

Sin embargo, vemos que está rígidamente reglamentada por unas leyes gramaticales fijas e invariables. La experiencia lingüística nos dice que los idiomas naturales, aunque se atienen a una serie de reglas constantes, presentan variación, irregularidad y excepcionalidad. Esto se debe no a que las lenguas naturales como el inglés o el español sean imperfectas, sino a que se usan de forma intensiva por parte de mucha gente en las situaciones más diversas. Este uso continuado en muchos dominios diferentes y por parte de muchas personas distintas exige, dadas las diferencias individuales, grupales y sociales, que las lenguas naturales hayan de presentar por fuerza determinado grado de flexibilidad, variación y cambio, sin los cuales sería imposible su adaptación continua a las mil y una situaciones, personas y ámbitos en los que se utilizan todos los días. Esta es una ley inexorable de la que ninguna lengua natural puede escapar.

Una lengua artificial sin irregularidades y sin variación en su estructura gramatical y léxica se vería sometida a las leyes de cambio y variación que afectan a las lenguas naturales, en caso de que se llegara a usar como éstas, es decir, por parte de mucha gente en muchos ámbitos y situaciones distintas. Esto significa que el esperanto, usado de forma amplia y continua, acabaría *naturalizándose* y siendo más o menos similar a una lengua europea normal.

Por supuesto, nada de esto impediría su uso como lengua común auxiliar de una institución como la Unión Europea; al contrario, la afianzaría como tal, pero se perderían las virtudes que inicialmente se asocian a un idioma teóricamente regular e invariable. Dicho de otro modo: el esperanto pasaría a ser una lengua como las demás desde el punto de vista lingüístico, aunque desde el punto de vista social podría seguir siendo una lengua común de entendimiento en las instituciones europeas, sin problema añadido alguno.

Por consiguiente, esta transformación de idioma ideal a idioma natural no supondría un impedimento o un obstáculo para que el esperanto pudiera funcionar como lengua común oficial y de trabajo en las instituciones de la Unión Europea. Por supuesto, para conseguir esto se necesitaría la puesta en práctica de una serie de políticas institucionales que habrían de ser apoyadas por todos los miembros de la Unión con igual intensidad y convencimiento, cosa difícil de conseguir.

La idea de llegar a una lengua común europea no necesariamente debe partir de la invención de una lengua regular y más o menos perfecta como es el caso del esperanto, que es una propuesta de una persona concreta basada en unos criterios concretos. En la historia de la humanidad han surgido muchas veces lenguas de intercomprensión e intercomunicación entre comunidades que hablan lenguas distintas, de una forma espontánea y natural, sin la intervención de ninguna autoridad legisladora, ya sea una persona concreta o un comité o institución determinados. Estas lenguas se denominan *pidgins* o *sabires* y han sido estudiados en el capítulo cuarto del presente libro. Se han documentado decenas de estos idiomas de intercomunicación surgidos de forma más o menos espontánea, sin intervención planificada ni consciente alguna.

Existe una iniciativa de creación de una lengua europea común, propuesta de manera informal y desenfadada por el traductor italiano del Consejo de la Unión Europea, Diego Marani. Esa lengua se denomina sobre la base del glotónimo *esperanto* como *europanto*, algo así como el esperanto de Europa. Aunque es una propuesta puramente informal de tipo humorístico, su filosofía está basada en unos principios contrarios a aquellos que rigieron la propuesta esperantista, pero son mucho más próximos a la forma en la que surgen los sabires y las lenguas criollas en general. Fue ideada esta lengua por Marani en 1996 y se pueden encontrar en la dirección de Internet www.europanto.be muchos textos redactados en ella. El propio Marani nos ofrece en su página web una descripción de los principios en los que se basa esta lengua. Merece la pena que repasemos aquí algunos de ellos.

Primero, Marani nos dice que el *europanto* no nace como una lengua artificial completa, como el esperanto, sino solo como un código de comportamiento lingüístico, una serie de guías o precauciones que hemos de tomar si queremos comunicarnos con alguien cuya lengua no conocemos. Marani no pretende presentar el *europanto* como una nueva lengua internacional, similar a una lengua artificial como el esperanto o natural como el inglés; tampoco desea agregar esta nueva lengua a las ya existentes. Marani observa que no todo el mundo que ha estudiado inglés tiene el mismo dominio de esta lengua, y que en muchas ocasiones quienes lo hablan como lengua segunda encuentran dificultades a la hora de encontrar las palabras inglesas adecuadas para su mensaje. Un mecanismo que se usa muy frecuentemente en estas ocasiones consiste en recurrir a una palabra de la propia lengua que pueda ser reconocida internacionalmente para poder hacerse entender, aunque lo que se hable no sea inglés puro. En el caso de las personas hablantes de lenguas europeas, dado que muchas de esas lenguas tienen un vocabulario internacionalmente reconocible (explotado también en el esperanto), parece que se podría recurrir a este mecanismo de forma más o menos generalizada, como pauta de comportamiento lingüístico para la comunicación entre ellas.

Pues bien, Marani basa el *europanto* precisamente en este sistema. Se parte de la gramática del inglés y se permite este tipo de recursos a palabras o expresiones de las diversas lenguas europeas más extendidas. Se trata entonces de una especie de inglés *contaminado* por palabras y expresiones de otras lenguas europeas. Hay que tener en cuenta que esto en realidad no es una propuesta de este traductor; es lo que realmente pasa cuando muchos europeos intentan comunicarse en inglés sin tener un dominio muy avanzado de él.

Marani afirma que la fuerza del *europanto* es que no es necesario estudiarlo para empezar a utilizarlo: basta simplemente un conocimiento elemental del inglés y de las lenguas europeas más ampliamente utilizadas. Este tipo de conocimientos está bastante extendido en las personas europeas que han tenido una educación a nivel medio o superior. Esta lengua se hablaría desde el principio en distintas variedades, dependiendo de las lenguas nativas de las que partan sus usuarios. Las personas hablantes de lenguas romances hablarán variedades de *europanto* diferentes de las que usarán quienes hablen de modo nativo una lengua germánica distinta del inglés o una lengua eslava. Sin embargo, al generalizarse su uso, esas variedades entrarán en contacto y acabarán convergiendo y nivelándose tanto a nivel fonético, como morfológico y sintáctico: es un mecanismo lingüístico natural que está en la base de los procesos de koineización y convergencia lingüísticas, bien conocidos desde la antigüedad y que hemos repasado en el capítulo tercero del presente libro.

Marani observa además, de modo perfectamente correcto, que el *europanto* no ha sido en realidad inventado por él, sino que en una u otra variedad ya existe en la forma de hablar inglés en la que muchos europeos reflejan el influjo de su lengua nativa en los diversos niveles lingüísticos.

Como ejemplo, Marani nos presenta el siguiente texto, una variante neerlandés-alemán-francés del *europanto* destinada a lectores belgas:

> Aquello augusto postmeridio, Cabillot was in seine officio un crossverba in europanto solvente. Out del window, under eine unhabitual sun splendente, la city suffoqued van calor. Zweideca vertical: "Esse greco, esse blanco und se mange", quatro litteras. Cabillot was nicht zo bravo in crossverbas. Seine boss le obliged crossverbas te make ut el cervello in exercizio te keep, aber aquello postmeridio inspector Cabillot was mucho somnolento. Wat esse greco, esse blanco und se mange? tinqued. May esse el glace-cream? No, dat esse italiano aber greco nicht. Cabillot slowemente closed los eyos und sich endormed op seine buro. Der telefono ringante presto lo rewakened.
>
> "Hallo-cocco! Cabillot parlante!"
>
> "Aqui Capitan What! Come subito in meine officio!"
>
> "Yesvohl, mein capitan!" responded Cabillot out van der door sich envolante.
>
> Capitan What was muchissimo nervoso der map des Europas op el muro regardante und seine computero excitatissimo allumante.
>
> "Cabillot! Nos habe esto messagio on el computero gefinden! Regarde alstubitte!".

Si se lee con atención este texto, se podrá comprender con mayor o menor facilidad su significado de una forma más menos espontánea basándose en lo que sabemos sobre las lenguas europeas. La conclusión de Marani es la siguiente:

> En conclusión, está claro que están sucediendo grandes cosas en el laboratorio del europanto y que se está creando una nueva lingua franca europea de la manera más natural desde el magma del multilingüismo. Como cualquier criatura viva, presentará errores y contradicciones pero, a diferencia de otras lenguas universales, tendrá éxito porque está surgiendo de los niveles más bajos. Igual que el latín vulgar sustituyó al latín a principios del siglo primero, el europanto hará que el inglés internacional estalle y prevalecerá sobre el multilingüismo europeo a comienzos del tercer milenio.

En realidad, lo que Marani denomina *europanto* no sería más que un inglés *impuro* o *degradado* por el contacto con otras lenguas. Desde el punto de vista cultural, tales formas se consideran incorrectas, desviadas y están desprovistas de prestigio.

Cuando una persona hablante se comporta lingüísticamente de forma *europantista* lo que más desea es corregir su inglés para que se parezca lo más posible al inglés estándar. Ahora bien, a pesar de este factor social, siempre va a haber personas que no tengan un conocimiento activo del inglés lo suficientemente perfecto como para evitar una actuación lingüística *europántica*, dado que el inglés sigue siendo estudiado por muchas personas, solo una minoría de las cuales llega a alcanzar un nivel de fluidez cuasi-nativo que impide una actuación *europántica*.

La creación e implantación del *europanto* en las instituciones europeas es, pues, teóricamente posible y perfectamente factible, pero lo que la hace poco previsible es que una lengua como el *europanto*, por definición mixta e impura, nunca gozaría del prestigio necesario para promover su uso y su asentamiento. Los prejuicios respecto del hecho de que siempre es preferible una *lengua pura* frente a una lengua *impura* y *contaminada* por otras, hacen muy difícil impulsar una forma de comunicación similar al *europanto* en las instituciones de la comunidad europea. Pero, en realidad, algo muy parecido a esta lengua se usa en muchas conversaciones particulares que se realizan o intentan realizar en inglés por parte de muchas personas que no tienen un nivel suficiente de dicha lengua.

En realidad el esperanto y el *europanto* son dos modelos extremos del mismo tipo de actividad lingüística: el extremo perfectamente regimentado por reglas fijas y regulares y con poca o ninguna variación, y el extremo en el que no hay ninguna regla fija y la variación es muy grande.

Si el esperanto consiguiera implantarse como lengua de trabajo de la Unión Europea, se produciría una clara *europantización* de esta lengua: surgirían inevitablemente diversas variedades y diversas formas desviadas respecto de las inicialmente previstas. Si lo que predominase fuese el *europanto*, entonces, al generalizarse esta actitud lingüística multilingüe, se produciría inevitablemente un proceso de nivelación y regularización que *esperantizaría* esta lengua.

Lo importante es constatar que el esperanto y el *europanto* no son más que dos extremos de un modelo de tipo de actuación que podría constituir sin duda la base del entendimiento lingüístico en instituciones europeas, como la Unión Europea.

6.12. Conclusión

El estudio del multilingüismo en Europa nos ofrece un caso concreto de las ideas y análisis presentados en el capítulo anterior. Observamos en Europa todos los fenómenos que se dan en el mundo: imperialismo lingüístico, lucha en defensa de la diversidad lingüística, erosión de las lenguas, abandono y desaparición de las lenguas, mayorización y minorización de las lenguas, recepción de lenguas de la inmigración, procesos de alfabetización, de implantación educativa y administrativa de las lenguas, entre otros muchos.

Lo peculiar de Europa respecto del mundo es que es la zona del planeta donde existe una mayor concentración de estados y lenguas oficiales de familias lingüísticas diferentes. La India es un ejemplo parecido, pero en Europa los estados, cada uno con su lengua o lenguas oficiales, son independientes unos de otros, no como en ese país.

Además, existe la iniciativa de la Unión Europea que, a su vez, suscita el problema lingüístico derivado del carácter oficial de las lenguas de los países que la componen. Si todos los países miembros de la UE son iguales a efectos lingüísticos, sus lenguas oficiales deberían tener exactamente el mismo peso en esa institución.

Sin embargo, esto no es así, porque las políticas imperialistas lingüísticas de los países más poderosos acceden a la UE generando relaciones desiguales *de facto* entre las lenguas de los diversos miembros según su cuota de poder e influencia. Esto, por supuesto, no ocurre solo en el nivel lingüístico, sino también en el económico, político, militar, demográfico o cultural, entre otros aspectos.

Ejercicios

1. Investigue cuál es el grado de reconocimiento de las lenguas no oficiales de la Unión Europea por parte de las diversas instituciones y documentos de esta institución.
2. Haga un estudio de las relaciones lingüísticas entre las lenguas oficiales de la UE (genéticas, de contacto, de área, gramaticales y sociolingüísticas), utilizando el texto de las 24 lenguas oficiales que aparece escrito y grabado en la página oficial de la UE: *Funcionamiento de la UE > Administración de la UE: personal, lenguas y sedes* (http://europa.eu/about-eu/facts-figures/administration/index_es.htm). Al final de este capítulo se puede encontrar el texto en las 24 lenguas de la UE.
3. Busque información más detallada sobre alguna lengua minorizada de la actual EU.
4. Averigüe cómo se transcriben los siguientes apellidos rusos en lenguas europeas diferentes del español: Chéjov, Kruschev, Chaikovsky (se puede utilizar la Wikipedia para ello).
5. A continuación, se incluye un texto en esperanto y otro en *europanto*. Compare los dos textos desde el punto de vista de su funcionalidad y su plausibilidad para la comunicación en las instituciones europeas.

LA TORRE DE BABEL (GÉNESIS 11)

1. Sur la tuta tero estis unu lingvo kaj unu parolmaniero.
2. Kaj kiam ili ekiris de la oriento, ili trovis valon en la lando Ŝinar kaj tie ekloĝis.
3. Kaj ili diris unu al alia: Venu, ni faru brikojn kaj ni brulpretigu ilin per fajro.

Kaj la brikoj fariĝis por ili ŝtonoj, kaj la bitumo fariĝis por ili kalko.

4. Kaj ili diris: Venu, ni konstruu al ni urbon, kaj turon, kies supro atingos la ĉielon, kaj ni akiru al ni gloron, antaŭ ol ni disiĝos sur la supraĵo de la tuta tero.
5. Kaj la Eternulo malleviĝis, por vidi la urbon kaj la turon, kiujn konstruis la homidoj.
6. Kaj la Eternulo diris: Jen estas unu popolo, kaj unu lingvon ili ĉiuj havas; kaj jen, kion ili komencis fari, kaj ili ne estos malhelpataj en ĉio, kion ili decidis fari.
7. Ni malleviĝu do, kaj Ni konfuzu tie ilian lingvon, por ke unu ne komprenu la parolon de alia.
8. Kaj la Eternulo disigis ilin de tie sur la supraĵon de la tuta tero, kaj ili ĉesis konstrui la urbon.
9. Tial oni donis al ĝi la nomon Babel, ĉar tie la Eternulo konfuzis la lingvon de la tuta tero kaj de tie la Eternulo disigis ilin sur la supraĵon de la tuta tero.

http://www.omniglot.com/babel/esperanto.htm

Over nationale hymnes

"Sicheremente, der most solemne momentos des Euro 2000 championnato was quando fussballeros chanted seine nationale hymnos op martiale positione in der middle des campo, der regard distante op el limpide sky, der hand op el corazon, der pensiero aan seine mamma, aan seine paterland, aan seine flag (und maybe superalles aan seine financiale cachet por der performance). Fortunosemente, scarce personas in Europa coudde precise unterstande die parolas van diese hymnos, porqué beina alles speak about sanguinaire heroes op battle campos seine blood aspergentes und seine paterland defensante contra ferociose ennemigos. Und most frequente, diese ennemigos was exactemente de andere squadra op el fussballe campo ranged.

Voilà eine most inconsistente positione de proclame der peacefulness des Euro 2000 competitione und recommande aan der public eine beste correcte behavior, und dann shoute mit musicale accompagnamento guerrose sanguinaire canzones.After alles, die hooliganos esse mucho plus coherente : ellos descend op der platz des match echetemente por combat der battle celebrated in die nationale hymnos. o, in der future, por eine beste europese conscience, man shoudde eliminate diese most ferociose text und los replace mit pacifique parolas. Aber der Euro 2000 championnato noch eine reflexione suggeste : por eine beste equilibrated und impartiale adhesione aan der Europese Unione, porqué nicht take profit des Euro 2000 ?

Ter platz van complicated adhesione proceduras por candidated countries, porqué nicht admitte die best fussballe performantes countries ? Op diese maniera, tambien maxime poor countries shal eine opportunitate habe. As por countries qui desnoch esse members, if make poor resultos aan europese fussballe championnatos, dann ellos must exit des U.E. por eine turn, bis nexte europese championnato, und let der platz aan andere countries.

Der country qui win der competitione, shall take der command der Unione por nexte quatro jahros, op diese maniera solvente alles reforme problemas des europese institutiones." (http://www.europanto.be/euro18.html#1060)

Textos

Los siguientes textos aparecen en cada una de las lenguas oficiales de la Unión Europea y son traducciones entre sí. A partir de ellos se pueden estudiar diversos aspectos de la interrelación lingüística entre las lenguas de Europa: aspectos genéticos, areales, de préstamo, etc. Están extraídos de la página web oficial de la UE y en ella se pueden escuchar, para poder estudiar también los aspectos fónicos de las lenguas europeas (http://europa.eu/about-eu/facts-figures/administration/index_es.htm).

ALEMÁN

Die Europäer: in Vielfalt vereint

Die Europäische Union (EU) ist ein Zusammenschluss demokratischer europäischer Länder, die sich der Wahrung des Friedens und dem Streben nach Wohlstand verschrieben haben. Sie versteht sich nicht als ein neuer Staat, der an die Stelle bestehender Staaten tritt. Allerdings ist die Europäische Union auch mehr als alle sonstigen internationalen Organisationen. Die EU ist im Wortsinne einzigartig. Die Mitgliedstaaten der EU haben gemeinsame Organe eingerichtet. Teile ihrer einzelstaatlichen Souveränität haben sie diesen Organen übertragen, damit in bestimmten Angelegenheiten von gemeinsamem Interesse auf europäischer Ebene demokratische Entscheidungen getroffen werden können. Europa ist ein Kontinent mit vielen unterschiedlichen Traditionen und Sprachen, aber auch mit gemeinsamen Werten. Die EU verteidigt diese Werte. Sie fördert die Zusammenarbeit der Völker Europas, indem sie die Einheit unter Wahrung der Vielfalt stärkt und sicherstellt, dass Entscheidungen möglichst bürgernah getroffen werden. In unserer zunehmend durch globale Verflechtungen gekennzeichneten Welt des 21. Jahrhunderts wird es für jeden europäischen Bürger immer unumgänglicher, mit Menschen aus anderen Ländern im Geist der Aufgeschlossenheit, Toleranz und Solidarität zusammenzuarbeiten.

BÚLGARO

Европейци, единни в многообразието

Европейският съюз е семейство от демократични европейски страни, решени да работят заедно за мир и благоденствие. Той не е държава, която трябва да замести съществуващите държави, но не е и поредната международна организация. Всъщност Европейският съюз е уникален. Неговите държави-членки са учредили общи институции, на които са отстъпили част от суверенитета си, така че решенията по специфични въпроси от общ интерес да могат да се вземат по демократичен начин на европейско равнище. Европа е континент на много и различни традиции и езици, но и на споделени ценности. Европейският съюз отстоява тези ценности. Той подхранва сътрудничеството между народите на Европа, като насърчава единството и едновременно с това съхранява разнообразието и гарантира вземането на решения колкото се може по-близо до гражданите. В днешния свят на все по-голяма взаимозависимост за европейските граждани ще бъде още по-важно да си сътрудничат с хора от други страни в атмосфера на любознателност, толерантност и солидарност.

CHECO
Evropané sjednocení v různorodosti

Evropská unie (EU) je rodina demokratických evropských států, které se zavázaly spolupracovat v zájmu zachování míru a prosperity. Není to stát, jehož cílem by bylo nahradit státy současné, ale je více než jakákoli jiná mezinárodní organizace. EU je ve skutečnosti jedinečná. Její členské státy vytvořily společné instituce, na něž delegují část své suverenity tak, aby rozhodnutí o konkrétních otázkách společného zájmu bylo možné přijímat demokraticky na evropské úrovni. Evropa je světadíl s mnoha různými tradicemi a jazyky, ale rovněž se společnými hodnotami. Evropská unie tyto hodnoty chrání. Podporuje spolupráci mezi národy Evropy, propaguje jednotu a současně chrání různorodost a dbá na to, aby přijímaná rozhodnutí byla co nejblíže občanům. Ve stále nezávislejším světě 21. století bude pro každého občana Evropy stále důležitější spolupracovat s lidmi z jiných zemí v duchu otevřenosti, tolerance a solidarity.

CROATA
Građani Europske unije ujedinjeni u različitosti

Europska unija (EU) zajednica je europskih demokratskih država koje zajedničkim naporima teže uspostavi mira i blagostanja. Ona nije nastala s namjerom da se zamijene postojeće države, već predstavlja tvorevinu koja nadilazi okvire još jedne međunarodne organizacije. Europska unija zapravo je jedinstvena. Njezine su zemlje članice uspostavile zajedničke institucije na koje su prenijele dio suvereniteta kako bi se odluke o određenim pitanjima od zajedničkog interesa mogle demokratski donositi na europskoj razini. Europa kao kontinent s mnoštvom različitih tradicija i jezika predstavlja i prostor zajedničkih vrijednosti. Europska unija štiti te vrijednosti. Ona potiče suradnju među stanovnicima europskog kontinenta zagovarajući ujedinjenost uz očuvanje različitosti te osigurava da se donošenje odluka što više približi građanima. U suvremenom svijetu 21. stoljeća, obilježenom sve većom međusobnom ovisnošću, ukazuje se još veća potreba da svaki stanovnik Europske unije surađuje sa stanovnicima drugih država u duhu znatiželje, tolerancije i solidarnosti.

DANÉS
Mangfoldighed og samarbejde

Den Europæiske Union (EU) er en familie af demokratiske lande i Europa, som har forpligtet sig til at arbejde sammen for fred og fremskridt. Det er ikke en stat, som skal afløse de bestående stater, men noget andet og mere end andre internationale organisationer. EU er en unik organisation. Medlemsstaterne har oprettet fælles institutioner, som de har overgivet en del af deres suverænitet, så der kan træffes demokratiske beslutninger på europæisk plan inden for bestemte områder af fælles interesse. Europa er et kontinent med mange forskellige traditioner og sprog, men også med fælles værdier. EU forsvarer disse værdier. EU fremmer samarbejdet mellem de europæiske folk ved at stræbe efter enighed, samtidig med at mangfoldigheden bevares, og at beslutninger træffes så tæt på borgerne som muligt. I det 21. århundredes globaliserede verden vil den enkelte europæer få endnu større behov for at samarbejde med mennesker fra andre lande i en atmosfære af åbenhed, tolerance og solidaritet.

ESLOVACO
Európania zjednotení v rôznorodosti

Európska únia (EÚ) je spoločenstvom demokratických európskych štátov, ktoré sa zaviazali spolupracovať na dosiahnutí mieru a prosperity. Nepredstavuje štát, ktorý by mal nahradiť jestvujúce štáty, ale je čímsi viac ako ktorákoľvek iná medzinárodná organizácia. EÚ je v podstate jedinečná. Členské štáty vytvorili spoločné inštitúcie, na ktoré delegovali časť svojej suverenity, aby sa rozhodnutia o jednotlivých záležitostiach spoločného záujmu prijímali demokraticky na európskej úrovni. Európa je kontinent vyznačujúci sa rôznorodosťou tradícií a jazykov, ale aj vyznávaním spoločných hodnôt. EÚ tieto hodnoty bráni. Podporuje spoluprácu medzi národmi Európy a podporuje jednotu, súčasne však zachováva rôznorodosť a zabezpečuje, aby sa rozhodnutia prijímali čo najbližšie k občanovi. Svet 21. storočia, ktorý je čoraz prepojenejší, vyžaduje stále viac, aby všetci občania Európy spolupracovali s občanmi iných štátov v duchu záujmu, tolerancie a solidarity.

ESLOVENO
Evropejci, združeni v raznolikosti

Evropska unija (EU) je družina demokratičnih evropskih držav, ki si skupaj prizadevajo za mir in blaginjo. EU ni država, ki bi nadomestila obstoječe države, temveč je več kot katera koli mednarodna organizacija. EU je v resnici edinstvena. Njene države članice so ustanovile skupne institucije, na katere so prenesle del svoje suverenosti, tako da na evropski ravni lahko demokratično sprejemajo odločitve o vprašanjih skupnega interesa. Evropa je celina z različnimi tradicijami in jeziki, vendar tudi s skupnimi vrednotami. EU te vrednote brani, razvija sodelovanje med evropskimi narodi in krepi njihovo enotnost. Pri tem ohranja raznolikost in skrbi, da državljani čim bolj sodelujejo pri sprejemanju odločitev. V čedalje bolj soodvisnem svetu 21. stoletja bo lahko vsak evropski državljan v duhu zanimanja, strpnosti in solidarnosti še tesneje sodeloval z ljudmi iz drugih držav.

ESPAÑOL

Europeos unidos en la diversidad

La Unión europea (UE) es una familia de países europeos democráticos, que se han comprometido a trabajar juntos en aras de la paz y la prosperidad. No se trata de un estado destinado a sustituir a los actuales estados, pero es más que cualquier otra organización internacional. En realidad, la UE es única. Sus estados miembros han creado instituciones comunes en las que delegan parte de su soberanía, con el fin de que se puedan tomar democráticamente decisiones sobre asuntos específicos de interés común, a escala europea. Europa es un continente con muchas tradiciones y lenguas diferentes, pero también con valores compartidos. La UE defiende estos valores. La UE fomenta la cooperación entre los pueblos de Europa, promoviendo la unidad y conservando al mismo tiempo la diversidad, y garantizando que las decisiones se tomen teniendo en cuenta al máximo a los ciudadanos. En el mundo del siglo XXI, cada vez más interdependiente, será aún más necesario que los ciudadanos europeos cooperen con personas de otros países con un espíritu de curiosidad, tolerancia y solidaridad.

ESTONIO

Mitmekesisuses ühinenud eurooplased

Euroopa Liit (EL) on demokraatlike Euroopa riikide pere, kes on otsustanud töötada koos rahu ja õitsengu saavutamiseks. See ei ole riik, mille eesmärgiks on asendada olemasolevaid riike, vaid sarnaneb pigem rahvusvahelistele organisatsioonidele. EL on tegelikult ainulaadne. Selle liikmesriigid on loonud ühised institutsioonid, millele nad delegeerivad osa oma suveräänsusest, nii et otsused teatud ühise huvi valdkondades tehakse demokraatlikult Euroopa tasandil. Euroopa on maailmajagu, kus on palju ühiseid traditsioone ja keeli, kuid ka ühiseid väärtusi. EL kaitseb neid väärtusi. Ta soodustab koostööd Euroopa rahvaste vahel, edendades ühtsust ning kaitstes samal ajal mitmekesisust ja tagades otsuste tegemise võimalikult kodanikukeskselt. XXI sajandi maailmas, mida iseloomustab aina suurenev läbipõimumine, on üha olulisem, et kõik Euroopa kodanikud teeksid koostööd teiste maade inimestega, ilmutades sealjuures avatust, sallivust ja solidaarsust.

FINÉS
Eurooppalaiset yhdessä mutta yksilöinä

Euroopan unioni (EU) koostuu demokraattisista valtioista, jotka ovat sitoutuneet työskentelemään yhdessä rauhan ja hyvinvoinnin saavuttamiseksi. Se ei ole valtio, jonka olisi tarkoitus korvata nykyiset valtiot, mutta se on kuitenkin enemmän kuin kansainvälinen järjestö. Itse asiassa EU on ainutlaatuinen organisaatio. Sen jäsenvaltiot ovat perustaneet yhteisiä toimielimiä, joille ne ovat siirtäneet tiettyjä toimivaltuuksia, jotta Euroopan kannalta merkittävistä asioista olisi mahdollista tehdä demokraattisia päätöksiä Euroopan tasolla. Eurooppa on manner, jolla on monenlaisia perinteitä ja kieliä, mutta myös yhteisiä arvoja, joita EU haluaa puolustaa. Euroopan unioni edistää yhteistyötä Euroopan kansojen välillä ja huolehtii siitä, että päätökset tehdään mahdollisimman lähellä kansalaisia - yhdessä mutta säilyttäen Euroopan kansojen monimuotoisuuden. 2000-luvulla riippuvuus toisista lisääntyy entisestään, ja siksi on vielä tärkeämpää, että kaikki Euroopan kansalaiset tekevät yhteistyötä muunmaalaisten kanssa uteliaina, suvaitsevaisesti ja yhteisvastuullisesti.

FRANCÉS
Des Européens unis dans la diversité

L'Union européenne (UE) est une famille de pays démocratiques européens décidés à œuvrer ensemble à la paix et à la prospérité. Il ne s'agit pas d'un État destiné à se substituer aux États existants, mais l'Union européenne va plus loin que toute autre organisation internationale. En fait, c'est une organisation unique en son genre. Les États qui la composent ont mis en place des institutions communes auxquelles ils délèguent une partie de leur souveraineté, afin que les décisions sur des questions spécifiques d'intérêt commun puissent se prendre démocratiquement au niveau européen. L'Europe est un continent caractérisé par de nombreuses traditions et langues différentes, mais aussi par des valeurs communes. Ce sont ces valeurs que défend l'Union européenne en instaurant une coopération toujours plus étroite entre ses peuples, en renforçant l'unité tout en préservant la diversité et en faisant en sorte que les décisions soient prises le plus près possible du citoyen. Dans le monde de plus en plus interdépendant qui sera celui du XXIe siècle, le citoyen européen devra plus que jamais coopérer avec des peuples d'autres pays, dans un esprit de curiosité, de tolérance et de solidarité.

GRIEGO
Οι Ευρωπαίοι ενωμένοι μέσα από τη διαφορετικότητα

Η Ευρωπαϊκή Ένωση (ΕΕ) είναι μια οικογένεια ευρωπαϊκών δημοκρατικών χωρών, οι οποίες έχουν δεσμευτεί να συνεργάζονται για την ειρήνη και την ευημερία. Η Ευρωπαϊκή Ένωση δεν είναι ένα κράτος που επιδιώκει να αντικαταστήσει τα υπάρχοντα κράτη και είναι μεγαλύτερη από κάθε άλλο διεθνή οργανισμό. Η ΕΕ είναι όντως μοναδική. Τα κράτη μέλη της έχουν θεσπίσει κοινά θεσμικά όργανα στα οποία εκχωρούν ορισμένες εξουσίες τους, έτσι ώστε να είναι δυνατόν να λαμβάνονται δημοκρατικές αποφάσεις σε ευρωπαϊκό επίπεδο για συγκεκριμένα θέματα κοινού ενδιαφέροντος. Η Ευρώπη είναι μια ήπειρος με πολλές διαφορετικές παραδόσεις και γλώσσες, αλλά και με κοινές αξίες. Η ΕΕ προασπίζει αυτές τις αξίες. Προωθεί τη συνεργασία μεταξύ των λαών της Ευρώπης, επιδιώκοντας την ενότητα, ενώ συγχρόνως διαφυλάσσει τη διαφορετικότητα και διασφαλίζει ότι οι αποφάσεις θα λαμβάνονται όσο το δυνατόν πλησιέστερα στους πολίτες. Στο πλαίσιο των αυξανόμενων αλληλοεπιδράσεων που χαρακτηρίζουν τον 21ο αιώνα, κάθε ευρωπαίος πολίτης θα πρέπει να συνεργάζεται με πολίτες άλλων χωρών σε ένα πνεύμα φιλοπραγμοσύνης, ανοχής και αλληλεγγύης.

HÚNGARO

Sokszínűségben egyesült Európa

Az Európai Unió (EU) olyan demokratikus európai országok családja, amelyek a békéért és a fejlődésért dolgoznak együtt. Nem egy állam, amely a létező államok helyébe lép; az EU több, mint bármely más nemzetközi szervezet. Egyedülálló, mert tagállamai közös intézményeket állítottak fel, melyekben egyesítik szuverenitásuk egy részét, hogy a közös érdeket képviselő döntések demokratikusan, európai szinten jöhessenek létre. Európában számos különböző szokás és nyelv él egymás mellett, de sok a közös érték is. Az Európai Unió védi ezeket az értékeket. Segíti az európai állampolgárok együttműködését, az egységet hirdeti a különbözőségek megőrzése mellett és biztosítja, hogy a döntések a polgárokhoz a lehető legközelebb szülessenek meg. A XXI. század mindinkább kölcsönösen egymástól függő világában az európai polgároknak egyre jobban együtt kell működniük más országok polgáraival, az egymás iránti érdeklődés, a tolerancia és a szolidaritás szellemében.

INGLÉS

Europeans united in diversity

The European Union (EU) is a family of democratic European countries, committed to working together for peace and prosperity. It is not a State intended to replace existing states, but it is more than just another international organization. The EU is, in fact, unique. Its Member States have set up common institutions to which they delegate some of their sovereignty so that decisions on specific matters of joint interest can be made democratically at European level. Europe is a continent with many different traditions and languages, but also with shared values. The EU defends these values. It fosters co-operation among the peoples of Europe, promoting unity while preserving diversity and ensuring that decisions are taken as close as possible to the citizens. In the increasingly interdependent world of the 21st century, it will be even more necessary for every European citizen to co-operate with people from other countries in a spirit of curiosity, tolerance and solidarity.

IRLANDÉS
Eorpaigh aontaithe san éagsúlacht

Cuimsíonn an tAontas Eorpach (AE) grúpa de thíortha Eorpacha daonlathacha atá ag obair as lámha a chéile i dtreo na síochána agus an rathúnais. Ní Stát é a bheartaítear a chur in ionad na stát atá ann faoi láthair ach tá níos mó i gceist leis ná díreach eagraíocht idirnáisiúnta eile. Go deimhin níl a mhacasamhail le fáil. Tá comhinstitiúidí curtha ar bun ag a chuid Ballstát a ndéanann siad cuid dá gceannasacht a tharmligean chucu. Sa chaoi sin is féidir cinntí maidir le hábhair shonracha a bhfuil comhleas acu iontu a dhéanamh go daonlathach ag leibhéal Eorpach. Cuimsíonn mór-roinn na hEorpa go leor traidisiún éagsúil agus go leor teangacha éagsúla, ach ag an am céanna tá luachanna comhpháirtíochta i gceist léi chomh maith. Cosnaíonn an tAE na luachanna seo. Cothaíonn sé comhoibriú idir muintir na hEorpa, cuireann sé aontacht chun cinn agus lena linn sin déanann sé éagsúlacht a chothabháil agus cinntíonn sé go nglactar cinntí ar leibhéal chomh gar do na saoránaigh agus is féidir. I saol an 21ú haois, ina bhfuil an t-idirspleáchas ag dul i dtreis, beidh sé níos tábhachtaí fós go gcomhoibreoidh gach saoránach Eorpach le daoine ó thíortha eile de mheon fiosrachta, caoinfhulaingthe agus dlúthpháirtíochta.

ITALIANO
Gli europei: uniti nella diversità

L'Unione europea (UE) è una famiglia di paesi europei democratici che si sono impegnati a lavorare insieme per la pace e la prosperità. Non è uno Stato che si propone di sostituire gli Stati esistenti, ma è qualcosa di più rispetto alle altre organizzazioni internazionali. L'UE è infatti qualcosa di unico. I suoi Stati membri hanno creato una serie di istituzioni comuni a cui delegano una parte della loro sovranità in modo che le decisioni su questioni specifiche di interesse comune possano essere prese democraticamente a livello europeo. L'Europa è un continente con molte diverse tradizioni e lingue, ma condivide anche un patrimonio di valori comuni da salvaguardare. Essa dà impulso alla cooperazione tra i popoli d'Europa, promuovendo l'unità nel rispetto della diversità e garantendo che le decisioni vengano prese il più possibile a contatto con i cittadini. Nel mondo del XXI secolo, caratterizzato da una sempre maggiore interdipendenza, diventerà sempre più necessario che ciascun cittadino europeo cooperi con i popoli di altri paesi in uno spirito di curiosità, tolleranza e solidarietà.

LETÓN

Eiropieši vienoti savā daudzveidībā

Eiropas Savienība (ES) ir demokrātisku Eiropas valstu apvienība, kuras ietvaros valstis apņēmušās kopīgi strādāt miera un labklājības sasniegšanai. Tā nav viena valsts, kas aizstāj esošās valstis. Tomēr tā ir kas vairāk nekā jebkura cita starptautiska organizācija. Patiesībā ES ir unikāla - tās dalībvalstis ir izveidojušas kopējas institūcijas, kurām deleģē daļu savas suverenitātes, tā, lai jautājumus par lietām, kas skar kopējas intereses, varētu demokrātiski izlemt Eiropas līmenī. Eiropa ir kontinents, kurā līdzās pastāv ne tikai daudzas dažādas tradīcijas un valodas, bet arī kopīgas vērtības, un ES par savu pienākumu uzskata šo vērtību aizsardzību. ES stiprina sadarbību starp Eiropas iedzīvotājiem, sekmējot vienotību, vienlaicīgi saglabājot daudzveidību, un nodrošinot to, ka lēmumi tiek pieņemti, ievērojot cilvēku intereses.21. gadsimta pasaulē, arvien pieaugot savstarpējai atkarībai un mijiedarbībai, arvien pieaugs arī nepieciešamība katram Eiropas pilsonim sadarboties ar citu valstu iedzīvotājiem, un šī sadarbība būs balstīta uz savstarpēju interesi, toleranci un solidaritāti.

LITUANO

Susivieniję ir įvairovę išlaikantys europiečiai

Europos Sąjunga (ES) yra demokratinių Europos valstybių šeima, pasiryžusi taikos ir gerovės labui veikti išvien. Ji nėra nauja valstybė, pakeisianti esamas valstybes. ES daug kuo skiriasi ir nuo kitų tarptautinių organizacijų. Iš tikrųjų ji yra unikali organizacija. Jos valstybės narės yra įsteigusios bendras institucijas, kurioms perduoda dalį savo suvereniteto, kad tam tikri visoms rūpimi klausimai būtų demokratiškai sprendžiami Europos lygmeniu. Europa - tai žemynas, kuriame gyvena daug skirtingas tradicijas ir kalbas, bet taip pat ir bendrų vertybių turinčių tautų. ES gina šias vertybes. Ji puoselėja Europos tautų bendradarbiavimą, skatindama vienybę išlaikant įvairovę ir užtikrindama, kad sprendimai būtų priimami kuo labiau priartinant juos prie piliečių. XXI amžiuje, pasaulyje nuolat didėjant tarpusavio priklausomybei, kiekvienam Europos piliečiui bendradarbiavimą su kitų šalių žmonėmis vis labiau reikės grįsti noru pažinti, pakantumu ir solidarumu.

MALTÉS

L-Ewropej magħquda fid-diversità

L-Unjoni Ewropea (UE) tirrappreżenta familja ta' pajjiżi demokratiċi Ewropej b'impenn li jaħdmu flimkien għall-paċ u l-ġid. L-Unjoni mhijiex Stat maħsub biex jieħu post l-istati eżistenti, iżda fl-istess waqt l-UE titqies aktar minn kull organizzazzjoni internazzjonali oħra. L-UE hi entità unika. L-Istati

Membri tagħha waqqfu istituzzjonijiet komuni. Lil dawn l-istituzzjonijiet, l-Istati Membri jiddelegawlhom parti mis-sovranità tagħhom biex deċiżjonijiet dwar ħwejjeġ speċifiċi jkunu jistgħu jittieħdu b'mod demokratiku f'livell Ewropew. L-Ewropa hi kontinent li jħaddan għadd ta' tradizzjonijiet u ilsna differenti, iżda fl-istess ħin valuri komuni. L-UE tiddefendi dawn il-valuri u ssaħħaħ il-koperazzjoni bejn il-popli ta' l-Ewropa; tippromwovi d-diversità u tiżgura li d-deċiżjonijiet jittieħdu kemm jista' jkun qrib iċ-ċittadin. Fid-dinja tas-Seklu 21, li kulma jmur qiegħda ssir aktar interdipendenti, se tinħass ħtieġa akbar biex kull ċittadin Ewropew jaħdem flimkien ma' nies minn pajjiżi oħra fi spirtu ta' kurżità, tolleranza u solidarjetà.

NEERLANDÉS
De Europeanen: eenheid in verscheidenheid

De Europese Unie (EU) is een familie van democratische Europese landen die gezamenlijk aan vrede en welvaart willen werken. De Europese Unie is geen nieuwe staat die in de plaats komt van de bestaande staten, maar verschilt wel van alle andere internationale organisaties. Meer nog, de Europese Unie is uniek. De lidstaten van de EU hebben gemeenschappelijke instellingen opgericht waaraan zij een deel van hun soevereiniteit overdragen, zodat er op Europees niveau democratische beslissingen over specifieke vraagstukken van gemeenschappelijk belang kunnen worden genomen. Europa is niet alleen tal van uiteenlopende tradities en talen rijk, maar heeft ook een aantal gemeenschappelijke waarden. De EU verdedigt deze waarden. Zij moedigt de samenwerking tussen de volkeren in Europa aan door eenheid na te streven zonder daarbij de verscheidenheid uit het oog te verliezen, en door ervoor te zorgen dat de burgers haar beslissingen niet ervaren als een ver-van-mijn-bedshow. In deze eenentwintigste eeuw leven we in een wereld waarin we steeds afhankelijker van elkaar worden. Het is dan ook noodzakelijker dan ooit tevoren dat iedere Europeaan zich openstelt en in een geest van tolerantie en solidariteit samenwerkt met mensen van andere landen.

POLACO
Europejczycy zjednoczeni w swojej różnorodności

Unia Europejska (UE) to rodzina demokratycznych państw europejskich, których celem jest wspólna praca na rzecz pokoju i dobrobytu. Nie jest państwem powstałym w miejsce istniejących krajów, jest jednocześnie czymś więcej niż inne organizacje międzynarodowe. Jest to organizacja jedyna w swoim rodzaju. Państwa Członkowskie przekazują stworzonym przez siebie wspólnym instytucjom część swoich kompetencji, tak aby decyzje w określonych sprawach będących przedmiotem wspólnego zainteresowania mogły być podejmowane w sposób demokratyczny na poziomie europejskim. Europa to kontynent o wielu odmiennych tradycjach i językach, lecz również o wspólnych wartościach. Instytucja Unii chroni te wartości. Przyczynia się ona do współpracy między narodami Europy, promując jedność przy jednoczesnym zachowaniu różnorodności oraz zapewniając, by decyzje były podejmowane jak najbliżej obywatela. Wiek XXI ukazuje coraz wyraźniejszą współzależność między krajami i niesie ze sobą potrzebę coraz ściślejszej współpracy między obywatelami Europy a narodami innych krajów w duchu tolerancji, solidarności i chęci wzajemnego poznawania się.

PORTUGUÉS
Os europeus unidos na diversidade

A União Europeia (UE) é uma família de países democráticos europeus, com um projecto comum de paz e prosperidade. Não se trata de um Estado que pretende substituir Estados existentes, mas vai além de qualquer outra organização internacional. A UE é, neste aspecto, única. Os Estados Membros criaram instituições comuns a que delegam parte da sua soberania por forma a que as decisões sobre questões específicas de interesse comum possam ser tomadas democraticamente a nível europeu. A Europa é um continente com muitas tradições e línguas diferentes, mas também com valores comuns. A UE defende estes valores. Reforça a cooperação entre os povos da Europa, promovendo a unidade ao mesmo tempo que preserva a diversidade e garante que as decisões sejam tomadas tão perto quanto possível dos cidadãos. No mundo cada vez mais interdependente do século XXI, será cada vez mais necessário que os cidadãos europeus cooperem com os povos de outros países num espírito de curiosidade, tolerância e solidariedade.

RUMANO
Europenii uniţi în diversitate

Uniunea Europeană (UE) este o familie de ţări democratice europene, care s-au angajat să lucreze împreună pentru pace şi prosperitate. UE nu este un stat menit să înlocuiască statele existente, ci este mai mult decât orice altă organizaţie internaţională. De fapt, Uniunea Europeană este unică. Statele sale membre au creat instituţii comune, cărora le deleagă o parte din suveranitatea lor, astfel încât deciziile privind puncte specifice de interes comun să poată fi luate în mod democratic la nivel european. Europa este un continent care adăposteşte numeroase tradiţii şi limbi diferite, dar are, de asemenea, valori comune. Uniunea Europeană apără aceste valori. UE încurajează cooperarea între popoarele Europei, promovează unitatea fără a renunţa la diversitate şi garantează că deciziile sunt luate cât mai aproape de cetăţeni. În secolul XXI, când depindem tot mai mult unii de alţii, va fi cu atât mai necesar ca fiecare european să coopereze cu cetăţeni din alte ţări, dând dovadă de curiozitate, toleranţă şi solidaritate.

SUECO
Förening i mångfald

Europeiska unionen (EU) är en familj av demokratiska europeiska länder som gått samman för att verka för fred och välstånd. EU är inte en stat som skall ersätta befintliga stater, men den är något annat än andra internationella organisationer. EU är helt enkelt en unik organisation. Medlemsstaterna har upprättat gemensamma institutioner till vilka de har delegerat delar av sin suveränitet, så att demokratiska beslut om vissa frågor av gemensamt intresse kan fattas på europeisk nivå. Europa är en kontinent med många olika traditioner och språk, men också med gemensamma värderingar. EU försvarar dessa värderingar. EU främjar samarbete mellan de europeiska folken, ett samarbete som tar hänsyn till mångfalden, och strävar efter att besluten fattas så nära medborgarna som möjligt.Under 2000-talet kommer det att bli allt viktigare för varje europeisk medborgare att kunna samarbeta med folk från andra länder i en anda av nyfikenhet, tolerans och solidaritet.

7
Monolingüismo y multilingüismo en España

7.1. Introducción

En este capítulo vamos a examinar la evolución de las relaciones entre el monolingüismo y el multilingüismo en el Reino de España en el período de 40 años, que va desde la reinstauración de la monarquía en 1975 al momento actual, 2015.

Como en el caso de otros países europeos, la actitud ante el multilingüismo del estado está mediatizada por la promoción de la lengua oficial de ese estado a través de procesos de mayorización de esa lengua, sirviéndose de todos los medios políticos, culturales, educativos, económicos, jurídicos y comunicativos dependientes directamente del gobierno centralizado, lo que ha supuesto una bilingüización* obligada de quienes tienen como nativa una lengua diferente dentro de ese estado.

Este proceso de mayorización* de la lengua oficial del estado lleva a que esa lengua sea considerada como la lengua común, la lengua de comunicación por antonomasia, la lengua de entendimiento y de uso obligado. Por eso el proceso de bilingüización* de las comunidades que tienen una lengua diferente no se ve compensado con un proceso similar de bilingüización en las demás lenguas del estado en las comunidades cuya lengua nativa es la oficial de ese estado. El resultado es un país con poblaciones bilingües en la lengua oficial del estado y en su lengua nativa propia, y una mayoría de personas monolingües: aquellas cuya lengua nativa es la oficial del estado.

Se llega así a un resultado poco razonable desde el punto de vista de la armonía entre las diversas comunidades que constituyen el Reino de España. Estamos ante un país multilingüe, pero oficialmente monolingüe, en el sentido de que toda la política del estado central va dirigida a instaurar, asegurar y potenciar la hegemonía de su lengua oficial en todos los territorios del Reino y a evitar que las personas que tienen como nativa la lengua oficial del estado, el español en este caso, conozcan, aprendan y usen las demás lenguas, bajo el pretexto de que la lengua oficial en todo el Reino, el español, es la lengua común de comunicación, la única que puede servir para el entendimiento generalizado.

Desde esta óptica monolingüista, se considera muy negativo y contraproducente que en las comunidades en las que es oficial también la lengua propia de esas comunidades, esa lengua ocupe un lugar preferente, preeminente o dominante sobre la lengua oficial del estado. Solo se considera positivo un bilingüismo en el que la lengua oficial del estado domine sobre la lengua propia de cada una de las comunidades que lo constituyen.

Uno de los puntos esenciales de la ideología monolingüista del estado español se basa en la idea de que la lengua española ha llegado a convertirse en la lengua común de ese estado gracias a un proceso natural de propagación por toda España y de aceptación entusiasta por parte de las comunidades del Reino de España con una lengua diferente. Este tópico nacionalista de la lengua común no impuesta, sino libremente adoptada por todos los ciudadanos españoles para comunicarse y entenderse, es una constante del pensamiento monolingüista español a lo largo de este período analizado en el presente capítulo. Como ejemplo de ello se pueden citar extractos de uno de los discursos públicos de dos importantes autoridades, que se sitúan en los extremos de este intervalo. El primero de ellos es del presidente Adolfo Suárez y fue pronunciado en Cataluña a finales de 1976, y el segundo se debe a Juan Carlos I, rey de España, y fue pronunciado veinticinco años después, en la entrega del Premio Cervantes.

1976

Palabras pronunciadas por el presidente del gobierno Adolfo Suárez en diciembre de 1976 en las que hacía referencia al derecho de autonomía de Cataluña y a la oficialidad de la lengua catalana:

> El gobierno entiende que de la misma manera que el bilingüismo castellano-catalán es un hecho normal en la vida familiar, cultural y social, puede y debe serlo también en la vida oficial. Por ello, el gobierno comparte el principio de la cooficialidad del castellano y del catalán en el territorio de Cataluña. [...] Pretendemos, en fin, el gobierno, algo tan normal como que todos los españoles puedan expresarse en la lengua española que realmente hablan y <u>todo ello con naturalidad sin perjuicio de la lengua común que España eligió libremente y sin ninguna imposición</u> y que es de hecho su unitario medio de expresión hace ya más de que cuatro siglos.

2001

Palabras del Rey Juan Carlos I en el acto de entrega del Premio Cervantes de 2001, en el Instituto Cervantes, el 23 de Marzo de 2001:

> Nunca fue la nuestra lengua de imposición, sino de encuentros, a nadie se le obligó nunca a hablar en castellano: fueron los pueblos más diversos quienes hicieron suyo por voluntad libérrima el idioma de Cervantes.

Podemos observar que en ambos discursos se insiste en que la extensión del español a lo largo y ancho de España fue un proceso de elección libre y que no conllevó imposición ni obligación alguna por parte de los ciudadanos españoles. Muchos lingüistas españolistas también mantienen esta opinión:

> La expansión del castellano y su generalización en España se deben a una aceptación voluntaria de los hablantes de las otras lenguas peninsulares e insulares. [...] [L]a actitud de los hablantes, demostrada por el conjunto de los casos, fue de empleo de las lenguas vernáculas en actividades domésticas, y de ámbito restringido y aceptación del castellano para la comunicación general, como lengua de prestigio (Marcos Marín, 1994: 6).

Y más recientemente:

> Los que copiaron este modelo en España ordenaron hacer lo mismo con el español, sin advertir que su expansión medieval y renacentista se había producido en calidad de lengua común no impuesta (López García, 2009: 68).

Otros autores, que no son lingüistas ni filólogos, pero son sensibles a las cuestiones lingüísticas, mantienen la misma opinión. Las siguientes palabras son de un afamado arquitecto:

> La razón por la que el español es oficialmente el idioma constitucional —a pesar de que se le denomine "castellano"— es por ser la lengua común de todo el territorio nacional, la que conocen todos los españoles, y no por razones políticas impositivas de ningún tipo. [...] El idioma español ha sido aceptado y adoptado en toda España como lengua común de convivencia desde la época medieval... (Lamela, 2008: 129-130).

Esta idea de que el español ha llegado a ser la lengua nacional, la lengua común de España por un simple consenso libremente adoptado por todas las poblaciones de habla no castellana, no solo aparece en discursos políticos significativos, como los citados aquí, sino que constituye una constante del pensamiento monolingüista español que no solo no se reconoce nacionalista, sino que se considera a sí mismo como no nacionalista y, por tanto, libre de los pecados de particularismo y secesionismo que achaca a quienes en España promueven y defienden alguna de sus lenguas propias (catalán, gallego, euskera, asturiano, aragonés).

Por supuesto, la idea de que el español nunca se impuso en España es claramente falsa, dado que durante varios siglos, antes y después de la dictadura franquista, la enseñanza, por ejemplo, se realizó en España de forma generalizada únicamente en castellano, sin que hubiera espacio alguno para las demás lenguas de los diferentes pueblos de España. Lo mismo cabe decir de las instituciones oficiales del estado, en donde el castellano ha sido durante siglos la única lengua aceptada. Por ello, el mito del español como idioma libremente adoptado de forma entusiasta no es más que uno de los tópicos fundamentales del monolingüismo español que aparece una y otra vez, tal como vamos a comprobar en este capítulo, en los discursos de las personas activas en los ámbitos de la política, administración, educación, investigación, comunicación de masas, literatura o justicia, entre otros, a lo largo de todo el período cronológico que nos ocupa en este último capítulo del libro.

7.2. Monolingüismo y multilingüismo de la Constitución de 1978

A partir de la muerte del general Franco se abrieron perspectivas democráticas para la sociedad española sobre la base de las luchas obreras y sociales contra la dictadura y por la libertad política y sindical. Dentro de esas perspectivas surgieron posibilidades para redefinir el estado español, de forma que se pasara de un estado monolítico dictatorial a un estado plural que reconociera en pie de igualdad las diversas naciones que se encuentran dentro de él y, por tanto, sus diversas lenguas características.

Desde el inicio mismo de la transición española hacia la democracia hubo propuestas que iban dirigidas a reconocer en pie de igualdad todas las naciones y lenguas que constituyen el actual Reino de España, que había que reconocer como estado plurinacional y plurilingüe. Dentro de esta línea, hubo al principio de la etapa que comentamos propuestas de esta naturaleza. Una de ellas es la de Rafael Ninyoles, que el mismo autor resume de la siguiente forma:

> Quizá la alternativa más coherente implicaría la instrumentación de un modelo de unilingüismo territorial en las regiones autónomas, combinado con garantías eficaces respecto a los sectores de habla castellana sobre la base de unos derechos lingüísticos personales, e inserto en un programa socialista capaz de asumir una transformación cultural democrática y de instaurar una relación de auténtica coigualdad y reciprocidad entre las distintas comunidades de un Estado español multilingüe (Ninyoles, 1977: 258).

Sin embargo, este tipo de propuestas chocó desde el principio con el monolingüismo españolista de carácter chovinista, cuyo objetivo fundamental es mantener España como un estado en el que la nación y la lengua españolas han de ser necesariamente dominantes en todos los ámbitos respecto de las demás naciones y lenguas integradas en el nuevo estado que aspiraba a ser democrático.

Este monolingüismo nacionalista español, que conformaba y sigue conformando ideológicamente instituciones del estado fundamentales tales como el Ejército, el poder legislativo o el poder judicial, se encarna de forma clara en la Constitución española de 1978.

El nacionalismo español se caracteriza por una serie de ideas indiscutibles que están debajo del discurso relativo a la lengua común y la lengua propia, y afectan tanto a las concepciones como a las políticas lingüísticas de los diversos organismos e instituciones que toman parte en algún aspecto de la planificación lingüística del estado español. He aquí dos de esos axiomas:

1. La nación española es indisoluble.
2. Solo en el pueblo español reside la soberanía.

Estas posiciones están expresadas de modo explícito en la Constitución de 1978 y no debemos olvidar que los partidos de ámbito nacional que se autodenominan no-nacionalistas en general defienden y no ponen en cuestión en ningún caso estos dos axiomas.

CONSTITUCIÓN ESPAÑOLA DE 1978

> *Artículo 1.*
> 2. La soberanía nacional reside en el pueblo español, del que emanan los poderes del Estado.
>
> *Artículo 2.*
> La Constitución se fundamenta en la indisoluble unidad de la Nación española, patria común e indivisible de todos los españoles, y reconoce y garantiza el derecho a la autonomía de las nacionalidades y regiones que la integran y la solidaridad entre todas ellas.

Este es el anverso del nacionalismo constitucional español. Sin embargo, este anverso tiene un reverso de carácter negacionista respecto de uno de los derechos fundamentales de las naciones: el derecho a la autodeterminación. Dicho reverso se concreta en estos dos axiomas:

1. No existen las naciones gallega, catalana y vasca como equiparables a la nación española. Por tanto, estas nacionalidades o regiones no tienen derecho a ejercer la autodeterminación.

2. Los catalanes, gallegos y vascos nunca podrán conformar una nación (o un pueblo) con los mismos derechos y competencias que la nación española.

Son muy reveladoras al respecto algunas de las palabras de la sentencia del Tribunal Constitucional de 9 de julio de 2010 sobre el *Estatut* de Cataluña, que hacen valer en su sentido literal la expresión "indisoluble unidad" referida a la nación española:

> La Nación española es el fundamento de la Constitución misma (art. 2 CE), el sujeto constituyente, y su "indisoluble unidad" no es un *flatus vocis*, sino la expresión de un designio inequívoco del constituyente, a saber, que no hay otra nación que la española (p. 36).

Todo ello lleva a este tribunal a negar que Cataluña sea una nación equiparable a la nación española:

> En suma, observado desde la perspectiva de la Constitución, Cataluña no sería nación en el sentido en que lo es España, sino nacionalidad con derecho a la autonomía. (p. 39)

El concepto nacionalista clave aquí es el de *unidad de la Nación española* desde la cual se enfocan las autonomías de las nacionalidades y regiones que supuestamente integran esa Nación. Eso significa que la separación o disgregación de las nacionalidades de esa Nación, con mayúsculas, supondría su disolución, por lo que se atentaría contra sus esencias propias. Esta formulación de la Nación española va claramente dirigida a impedir el reconocimiento del derecho a la autodeterminación de las naciones que forman parte del reino de España, tal como afirma X. Bastida Freixedo:

> Tras lo dicho ha de quedar claro que en el Artículo 2 no hay lugar ni para la libertad colectiva, ni para la democracia. Sería posible hablar de verdadera 'patria común' si se hubiese establecido un procedimiento en el que las partes nacionales que son reconocidas por la misma Constitución pudiesen expresar su voluntad libérrima de pertenencia al todo nacional. Nos referimos al derecho de autodeterminación, expresamente planteado por Euskadiko Ezkerra en el debate constitucional y rechazado de manera igualmente expresa por el resto de la cámara (Bastida Freixedo, 2007: 146).

Este autor, además, hace notar en el trabajo citado que la redacción de este artículo fue con toda probabilidad impuesta por los elementos franquistas de la cúpula militar:

> Así las cosas, tenemos que el Artículo 2 de la Constitución es el producto de una imposición extraparlamentaria, casi con toda seguridad de proveniencia militar (Bastida Freixedo, 2007: 122).

Todo esto no ha impedido que este artículo segundo goce de forma generalizada de un consenso y de un prestigio totalmente ajenos a su auténtica naturaleza antidemocrática:

> No obstante, la opinión de la doctrina dominante es otra y, desde luego, lo es también el punto de partida de nuestros patriotas de la Constitución, que hablan sin rubor del Artículo 2 como "un gran pacto histórico de la transición democrática' que muestra 'la voluntad de todos para encontrar un marco en el que podamos sentirnos razonablemente cómodos" (Bastida Freixedo, 2007: 146-147, comillas del autor).

Como vemos, el carácter no democrático de este aspecto del texto constitucional no es óbice para que en la sociedad española actual muchas personas sigan considerando que este artículo se adecua perfectamente al régimen democrático en el que se consideran inmersos.

7.3. La lengua española y la Constitución de 1978

Para empezar, veamos lo que dice exactamente la Carta Magna respecto de la lengua española. El Artículo 3 de la Constitución española establece lo siguiente:

> Artículo 3: 1. El castellano es la lengua española oficial del Estado. Todos los españoles tienen el deber de conocerla y el derecho a usarla. 2. Las demás lenguas españolas serán también oficiales en las respectivas Comunidades Autónomas de acuerdo con sus Estatutos. 3. La riqueza de las distintas modalidades lingüísticas de España es un patrimonio cultural que será objeto de especial respeto y protección.

Una institución que ha adoptado desde el principio el nacionalismo lingüístico español es la Real Academia Española cuyos juicios sobre la lengua española también se basan en los presupuestos nacionalistas sobre la naturalidad de la expansión del castellano como lengua común, que hemos visto enunciados al principio de este capítulo.

En su página web de 2010, la RAE establecía como objetivo prioritario el siguiente:

> La institución ha ido adaptando sus funciones a los tiempos que le ha tocado vivir. Actualmente, y según lo establecido por el artículo primero de sus

> *Estatutos,* la Academia «tiene como misión principal velar por que los cambios que experimente la Lengua Española en su constante adaptación a las necesidades de sus hablantes no quiebren la esencial unidad que mantiene en todo el ámbito hispánico.

El mantenimiento de la unidad del español tiene mucho que ver con la noción de la unidad de la nación española: la unidad lingüística no es más que el reflejo idiomático de una unidad étnica que no se puede poner en cuestión. Pero, además, la unidad de la lengua trasciende esa relación con la nación española para convertirse en una identidad internacional, una especie de patria cultural común a muchos países de América (Del Valle, 2007; Senz, 2011).

El momento en el que se redactó la Constitución de 1978 era clave para dejar claros y asentados los elementos fundamentales del nacionalismo lingüístico español, y la RAE fue totalmente consciente de que tenía que contribuir a ello de forma contundente e imperiosa. Las alarmas se dispararon cuando se conoció la propuesta de que en la Constitución, además de al español propiamente dicho, se iba a hacer referencia a las demás lenguas del estado, a las que también se les aplicaba el mismo adjetivo; por ello, el catalán, el gallego y el vasco iban a ser calificados como lenguas españolas.

Además, se hace referencia a la lengua nacional del estado como *castellano* y no como *español.* Esto podía llegar a comprometer el reconocimiento del carácter dominante y nacional del castellano, que se cita en la Constitución como un idioma español más entre las demás lenguas de España, por lo que era absolutamente necesario que quedara claro el predominio absoluto del castellano, como español por antonomasia, en este ámbito identitario. Para ello es imprescindible, además, utilizar la denominación *español* para referirse a la lengua nacional, dado que en el pensamiento nacionalista radical la lengua y la nación van indisolublemente unidas. Precisamente de esta inquietud surgió el escrito que la RAE entregó al señor Hernández Gil, presidente de las Cortes, el 16 de junio de 1978. En este escrito se defiende, a partir de un enfoque nacionalista excluyente, una jerarquía de españolidad en cuya cumbre se sitúa por derecho propio el castellano, al que hay que hacer referencia como *español.* La RAE propone en este escrito que se añada el siguiente párrafo en el título 1 del Artículo 3 de la Constitución:

ENMIENDA DE LA RAE A LA CONSTITUCIÓN DE 1978

> Entre todas las lenguas de España, el castellano recibe la denominación de español o lengua española, como idioma común a toda la Nación.

En esta enmienda no se utiliza el término *lenguas españolas* que aparece en la Constitución, sino el término *lenguas de España* y se insiste en que al castellano se le denomine *español* y en que se hable de *lengua española*. Es decir, se intenta preservar la relación preferente e indisoluble entre *español* y *castellano*. La fundamentación de esta propuesta, que no fue aceptada, se argumenta en siete puntos. El primero de ellos es muy interesante para lo que nos ocupa aquí. El escrito de la RAE concede la denominación *lenguas españolas* para las lenguas de España. Sin embargo, insiste en que la lengua castellana ha de ser denominada como *lengua española* por antonomasia. Esta observación supone la introducción de una jerarquía dentro de la españolidad lingüística. A los ojos del nacionalismo lingüístico español, la lengua castellana es la esencialmente española, la representativa más legítima de la españolidad. Eso hace que las demás lenguas españolas se vean situadas en un nivel de inferioridad respecto de esta propiedad.

Ello significa, entonces, que hay una lengua mucho más española que las demás: el castellano, y que las otras lo son en un grado menor. Ello explica además que, para el nacionalismo lingüístico, la única cultura auténticamente española es la que se expresa en castellano. En las antologías de la literatura española rara vez aparecen textos en lenguas distintas del español (euskera, catalán o gallego).

Esta propuesta de la RAE hace ver que, en la ideología nacionalista española representada oficialmente por la docta institución (Senz, 2011), las lenguas diferentes del castellano están en un segundo plano por encima del cual se sitúa la lengua española por antonomasia. Esta ideología se puede calificar de *retrógrada* y *excluyente*, tal como se argumenta en el siguiente pasaje:

> Se pueden apreciar dos vertientes del término *lengua española*. En la primera vertiente se dice que el español es la lengua castellana; es decir, el español se basa en el castellano de Castilla, dado que, según lo visto antes, no se piensa en otro dialecto como el murciano, el extremeño, el andaluz o el canario cuando se habla de lengua castellana a secas. En la segunda vertiente se dice que este español (registro culto del castellano moderno) es la lengua de España por antonomasia, siendo las demás lenguas de España, lenguas españolas de segundo orden. Dicho de otro modo, el español es el castellano por antonomasia (es decir, el castellano de Castilla) y el español es además la lengua española por antonomasia (las demás lenguas de España no lo son). Todo esto es suficiente para caracterizar el nacionalismo lingüístico español como retrógrado (el castellano tradicional es la norma indiscutible) y excluyente (el castellano es la única lengua realmente española; las demás están en un segundo plano dentro de la españolidad) (Moreno Cabrera, 2008: 94-95).

El segundo punto argumenta que las naciones de América de habla española denominan la lengua como *español* y no *castellano,* y hace notar que si en España se denominase *lengua castellana*, "resultaría sorprendente para millones de hispanohablantes que, en el propio solar de su lengua, se frenara el proceso de difusión de ese término". Es interesante la expresión *propio solar*, que hace referencia a un territorio que es propio de la lengua. En sus críticas a los nacionalismos periféricos, el nacionalismo español mantiene que no hay relación directa alguna entre la lengua y el territorio, por lo que esta territorialidad propia es negada para las lenguas distintas del castellano por parte de esa ideología nacionalista españolista, con lo que se pone de manifiesto su carácter excluyente.

El tercer punto hace referencia a que, para la mayor parte de los españoles, *español* y *castellano* son sinónimos a la hora de referirse al idioma. Es esta una afirmación que es posible que no sea válida en todo el territorio hispanohablante, ya que en las comunidades autónomas con lengua nacional, no siempre *español* es el término preferido para referirse al idioma cooficial de esas comunidades.

El cuarto punto afirma que en el extranjero se denomina *español* al castellano y que en todos los diccionarios de todos los idiomas del mundo figura con la definición: *"lengua nacional de España"*. Además, se insiste en que la forma más generalizada de denominar un idioma es la utilización del adjetivo derivado del nombre de la nación. Este argumento apunta a que la RAE da por buena la idea de que el español es *la lengua* de la nación española, lo cual parece poner en cuestión la idea de que el catalán, gallego, vasco o asturiano son lenguas españolas, tal como se afirma en la Constitución. Para evitarlo, la RAE afirma que ello no significa que no haya *"*otros idiomas franceses, italianos y rusos*"*.

Habría sido muy interesante que la RAE hubiera aducido ejemplos concretos. Para ello habría que haber dicho, por ejemplo, que el ucraniano, el azerí o el kazajo son idiomas rusos; o que el bretón, el vasco o el occitano son idiomas franceses. Evidentemente, es claro que pocos filólogos y lingüistas apoyarían estos asertos, dado que realmente son francamente disparatados desde un punto de vista estrictamente lingüístico.

El kazajo es una lengua túrquica y es la lengua nacional de Kazajistán; decir que es una lengua rusa carece de toda justificación lingüística, tal como decir que el catalán es una lengua española o que el bretón es una lengua francesa. De hecho, la idea de que el catalán es una lengua española no se puede basar en la relación de parentesco genético de ambas lenguas, dado que el catalán no procede históricamente del castellano y menos aún del español estándar, que es una lengua muy posterior al catalán y al mismo castellano.

Lo mismo puede decirse del bretón y del francés. Desde el punto de vista genético, el bretón es una lengua celta emparentada con el galés y no con el francés. La idea de que existen lenguas españolas, rusas o francesas diferentes del castellano, ruso o francés, parece fundamentarse más bien en un criterio basado en un colonialismo cultural interno.

El punto quinto hace referencia precisamente a los lingüistas y explica que solo utilizan el término *castellano* cuando hacen estudios dialectales.

Además, en el punto séptimo se argumenta que en el extranjero los departamentos dedicados al estudio del español se denominan de *Lengua española*, y en

España, para adecuarse a la Constitución, habrían de denominarse de *Lengua castellana*, situación que la RAE califica de *chocante*.

El punto sexto es especialmente interesante porque se afirma que hoy por hoy el castellano es un dialecto del español desde el punto de vista científico. En otro lugar se ha argumentado en contra del carácter científico de esta afirmación; por ejemplo, en Moreno Cabrera, 2008. Desde el punto de vista de la ciencia del lenguaje, no se puede mantener de ninguna manera que el castellano es un dialecto del español, si por *español* entendemos la lengua estándar adoptada como oficial en las instituciones del Estado y en el sistema educativo.

Se hace muy difícil entender *español* de otra forma, dado que la lengua española no debería identificarse ni lingüística ni ideológicamente con ninguna variedad concreta actual tal como la de Castilla, Andalucía, Canarias, Argentina, Colombia, Chile o México, de manera que una de estas variedades se identificara con el español auténtico y las demás como *desviaciones, dialectos* o *variaciones* de él.

El castellano contemporáneo procede del castellano de los siglos XVI-XVIII y éste, a su vez, procede del castellano renacentista y medieval y, por tanto, es muy anterior a la lengua estándar que se usa hoy en día.

El español estándar es una variedad elaborada del castellano moderno, dado que se trata de una creación artificial muy posterior a la lengua en la que se basa; se trata de una lengua cultivada (Moreno Cabrera, 2013, capítulo 4).

Por consiguiente, el castellano no puede ser un dialecto, entendido como una variedad del español estándar. Lo científicamente correcto es decir que el español estándar, como lengua cultivada, es una variedad, un registro culto y más o menos elaborado del habla espontánea o vulgar castellana moderna que no procede en absoluto del español estándar sino del castellano dieciochesco, renacentista y medieval. Es decir, lo científico es precisamente lo contrario de lo afirmado por la RAE en este escrito.

En este mismo punto se insiste de nuevo en el carácter territorial del español: "es la lengua surgida por evolución del latín en un cierto territorio de la Península", "el castellano, como modo de hablar propio de su viejo solar...". Observamos que, al referirse al castellano, la RAE utiliza nuevamente la referencia a un territorio propio de esa lengua.

Esta petición de la RAE para que se utilizase la denominación de *lengua española* con el fin de referirse a la lengua oficial del Estado español no fue atendida. Es interesante el comentario que hace al respecto Zamora Vicente, en su historia de la Real Academia Española:

> Hoy, con los avatares subsiguientes, se ve claro que la designación extramuros del uso real consagrado puede ser causa de trastornos, malentendidos, etc., como la Academia aventuraba en su escrito. Y puede convertirse, la solu-

ción definitivamente aprobada, en un elemento disgregador, alarma que, ante el surgimiento de otras variedades lingüísticas también *españolas*, se ha señalado (Zamora Vicente, 1999: 440).

Para el nacionalismo lingüístico español, cualquier atisbo de colocación de la lengua nacional, el español, en el mismo o parecido nivel de oficialidad que las demás lenguas de España no puede conducir a otra cosa que a la tendencia a la disgregación y, por tanto, al camino hacia la disolución de la nación española. Este desvelo es el que explica la reacción de los intelectuales e instituciones españolistas ante las consecuencias que se derivan de la cooficialidad de lenguas como el catalán, el gallego o el euskera y de las acciones de promoción que van dirigidas a convertir esa cooficialidad legal en una cooficialidad real, de modo que esas lenguas tengan una posición equiparable a la de la lengua española en cada una de las correspondientes comunidades autónomas.

7.4. La reacción del nacionalismo lingüístico español ante la oficialización de las lenguas de España

Conforme fueron desarrollándose en los años siguientes los estatutos de autonomía de las distintas comunidades autónomas, especialmente los de Cataluña, el País Vasco y Galicia, lenguas como el gallego, catalán y euskera fueron reconocidas como oficiales en pie de igualdad *de jure* con el castellano, es decir, por lo menos desde un punto de vista legal.

De esta manera, en el Estatuto de Autonomía de Cataluña de diciembre de 1979, en los puntos primero y segundo del Artículo 3, consta el catalán como lengua propia de Cataluña y como lengua oficial junto con el castellano.

De forma similar, el Estatuto de Autonomía del País Vasco de diciembre de 1979 establece, en el punto primero de su Artículo 6, que el euskera es la lengua propia del País Vasco y además es, junto con el castellano, lengua oficial.

Por su parte, el Estatuto de Autonomía de Galicia, promulgado en abril de 1981, establece, en el punto primero de su Artículo 5, que el gallego es la lengua propia de Galicia, y en el punto segundo, que el gallego es lengua oficial de Galicia junto con el castellano.

Sin embargo, cuando en los años sucesivos algunos de los gobiernos de estas comunidades autónomas han intentado llevar a cabo las necesarias acciones de promoción de las correspondientes lenguas propias para conseguir que la cooficialidad legal se convierta en una cooficialidad real y efectiva en las instituciones públicas y privadas, las instituciones y personalidades del nacionalismo lingüístico español han levantado su voz de forma estridente para condenar insistentemente estas acciones como actividades que buscan marginar y menoscabar la lengua española considerada como lengua común de entendimiento entre todos los ciudadanos españoles.

Esta actitud monolingüista se encarna a la perfección en los diversos escritos publicados en los años ochenta y noventa por el filólogo y académico don Gregorio Salvador (1987 y 1992). Las tesis de este autor, compartidas por muchos escritores, académicos e intelectuales en la actualidad, dicen que el objetivo de promover lenguas distintas de la española en España consiste en arrinconar, minorizar e incluso eliminar la lengua común castellana para sustituirla por las lenguas propias de cada autonomía, que tienen un limitado valor regional y particular, que puede llevar a sumir en la incomunicación a una buena parte de la ciudadanía española. Lo que hay que hacer, según este autor, es seguir promoviendo el español y hacer lo necesario para que siga siendo la lengua dominante en todos los lugares de España, dejando como mucho un espacio subordinado y minoritario para lenguas propias de cada una de las comunidades autónomas.

El pensamiento nacionalista lingüístico español se caracteriza por la exaltación del concepto de *lengua común* y la desacreditación del concepto de *lengua propia*. Ambos aspectos están inextricablemente unidos. La supuesta obviedad del carácter común del castellano lleva aparejada, por los propios imperativos excluyentes de ese nacionalismo, el intento de eliminar de las demás naciones uno de sus rasgos culturales fundamentales: su caracterización lingüística, reconocida, como hemos visto, en los respectivos estatutos de autonomía. De esa manera, además, se contribuye a la justificación de que determinadas comunidades no constituyen una nación que pueda desmembrar o disolver la nación española.

En consonancia con lo anterior, podemos apreciar, en primer lugar, cómo el concepto de *lengua común* es un constituyente indispensable e irrenunciable de la ideología del nacionalismo lingüístico español:

> Este carácter histórico y social de *lengua común* de los españoles es un rasgo indiscutible, que se toma ineludiblemente como arranque de todo el planteamiento político de la cuestión lingüística (Marcos Marín, 1994: 7).

Además, del carácter *común* del castellano se deriva de forma natural su índole internacional y universal, propiedad de la que carecen las demás lenguas de España:

> Toda acción estatal de política lingüística ha de tener en cuenta la realidad de que tenemos una lengua común de todos los españoles, que es además una lengua internacional, el castellano o español (la lengua española castellana) y tres lenguas de cultura, nacionales pero no internacionales: catalán, gallego y vasco (Marcos Marín 1994: 9).

El propio Marcos Marín se encarga de poner de manifiesto la falsedad de la segunda parte de este aserto cuando dice más adelante en el mismo escrito:

> Hasta ahora no hemos señalado que todas las lenguas iberoeuropeas se hablan fuera de las fronteras nacionales de los dos países. El vasco también es lengua del país vasco francés; el castellano o español es una de las primeras lenguas del mundo; el catalán se habla en la Cataluña francesa y en el pequeño principado de Andorra; en el norte de Portugal se hablan variedades dialectales del gallego; el portugués es también una lengua mundialmente difundida (Marcos Marín, 1994: 31).

Es decir, el gallego, el catalán y el vasco son lenguas internacionales. Sin embargo, en realidad este pasaje no se contradice con el primero, ya que cuando se habla de *internacional* en el primer pasaje, de lo que se está realmente hablando es del poder económico, político o cultural asociado a las lenguas y no de las lenguas mismas.

Esta acepción jerárquica en la que las relaciones de poder son las determinantes para calibrar el peso de las lenguas aparece también en este pasaje cuando se dice que el castellano es una de las primeras lenguas del mundo: ahora no se habla exactamente de extensión geográfica, sino de una posición superior en las relaciones jerárquicas del poder mundial. Como ni el vasco, ni el catalán ni el gallego están asociados a ese poder internacional, no pueden ser lenguas de primer orden. En la ideología nacionalista española, basada en las relaciones de poder político, económico o cultural, estas otras lenguas de España siempre están y estarán en un plano subordinado, anejo, circunstancial y étnico o puramente folclórico.

Otra de las ideas fundamentales del nacionalismo español monolingüista, derivada de las acciones de promoción de las lenguas propias de las comunidades autónomas, es que el español se encuentra oprimido, perseguido y atacado en muchos lugares de España.

En primer lugar, se dice que los supuestos ataques al castellano se hacen a costa de los derechos de los ciudadanos en actos revanchistas:

> "En cualquier caso, superado el régimen del general Franco, la persecución lingüística que pudiera haber en aquella época, en años en los que no había nacido la mayoría de los españoles de 1994, no justifica ninguna clase de 'venganza lingüística' a costa de los derechos de los ciudadanos." (Marcos Marín, 1994:9, comillas del autor).

Esta supuesta *venganza lingüística* consiste en la utilización de la lengua oficial nacional de cada comunidad como vehículo principal de la educación. Si, como dice el profesor Marcos Marín, los niños actuales nacieron después del régimen de Franco, no se entiende cómo se puede considerar una venganza el que sean educados en la lengua en la que sus padres y abuelos no pudieron ser educados, a pesar de ser su lengua nativa (el catalán, el gallego, el vasco, por ejemplo). Más que *venganza* habría que llamarlo *justicia*. Pero el problema está en realidad en que, para la ideología nacionalista, el castellano es una lengua intrínsecamente superior a las demás, la única que garantiza los derechos democráticos y la igualdad de oportunidades, tal como afirma de modo taxativo el propio Marcos Marín:

> Naturalmente, este conocimiento de 'la otra lengua' no tiene siempre el mismo grado; pero precisamente es el sistema educativo el que debe corregir esta diferencia natural y social, haciendo que los niños y muchachos acaben, paradójicamente, perjudicados por ella y privados de un dominio de la lengua común, única que les garantiza la igualdad de oportunidades en todo el territorio español. (Marcos Marín, 1994: 11).

Esta misma opinión aparece en publicaciones más recientes. He aquí un ejemplo de los muchos que podrían aportarse aquí:

> Por todo ello pensamos que imponer, en la actualidad, una enseñanza monolingüe en la lengua autonómica de las comunidades bilingües supondría un engaño, además de un retroceso y una contradicción (Herreras 2006: 374).

Ante estas opiniones, conviene recordar que si el castellano es la única lengua que garantiza esa igualdad en todo el territorio, se debe a la actuación injusta y antidemocrática a favor de una única lengua en toda España y en contra de las demás lenguas, y no a que el castellano sea una lengua intrínsecamente superior por su universalidad y por su carácter democrático. Si se puede decir que hay alguna lengua en España que no ha tenido carácter democrático, ésa ha sido precisamente el castellano.

En segundo lugar, el reverso de esta exaltación totalitaria del concepto de lengua común está en la crítica inflexible y ridiculizadora del concepto de *lengua propia*, que tiene todas las características negativas que le faltan al concepto de *lengua común*: es cuestionable, criticable, relativizable, ridiculizable, rechazable, refutable y desechable para el nacionalismo lingüístico español. Veamos algunos ejemplos prácticos.

Para empezar, la expresión *lengua propia* carece de contenido conceptual, es una locución vacía y manipuladora:

> Los nacionalistas observan el bilingüismo de sus sociedades como una anomalía de la historia que ellos están llamados a enderezar llevando hasta sus últimas consecuencias ese concepto vacío de contenido, acuñado hace menos de treinta años como una referencia simbólica y que hoy, al fin, ha cobrado cuerpo: el de *lengua propia* (Lozano, 2005: 150).

Además de lo anterior, el concepto de *lengua propia* produce de forma inevitable desarreglos conceptuales que impiden comprender la realidad:

> "Lengua propia" [...] Se trata de un término que provoca inevitablemente un fuerte desajuste cognitivo para la percepción razonable de la situación lingüística de una sociedad (Ruiz de Soroa, 2008: 21).

Según el pensamiento nacionalista español, este concepto de *lengua propia* nos lleva al absurdo de inducir la idea de que las comunidades monolingües castellanohablantes carecen de lengua propia, lo que supone una peligrosa añagaza política:

> Pero seguramente el mayor error del ordenamiento estatutario es la distinción entre comunidades con "lengua propia" y comunidades sin ella. [...] Esta distinción encierra una gran trampa política (De Bustos Tovar, 2009: 24).

Esta trampa parece ser la misma que se esconde bajo la denominación de *castellano* para referirse al *español* como lengua común:

> Algunos de esos hablantes bilingües son quienes proponen, al referirse al idioma nacional español, volver a la denominación más antigua que tuvo la lengua, *castellano*, entendido como "Lengua de Castilla". Peligrosa trampa político-lingüística para igualar los diferentes idiomas o lenguas autóctonas y ponerlas en el mismo nivel que el idioma nacional común, lo cual no es razonable (Lamela, 2008: 69).

En el fondo, para el monolingüismo españolista hay un principio desgraciado y falso en este concepto: que los grupos tienen derechos lingüísticos y no los individuos.

> La idea de que los territorios puedan tener una «lengua propia» es la consecuencia de un desgraciado principio que se ha instalado en los recientes usos políticos con consecuencias imprevisibles. Se ha convertido en una moda política: los grupos (o "colectivos") son los que tienen derechos, no tanto los individuos. No digamos si esos derechos son considerados como "históricos", adjetivo que, en ese contexto, no se sabe muy bien qué quiere decir (Marcos Marín y de Miguel, 2009: 94).

Esta cita es muy clara. No hay nación catalana, gallega o vasca, sino unos simples grupos o colectivos y, por tanto, no hay ninguna historia, cultura nacional de estos colectivos.

Lo mismo que, para el nacionalismo lingüístico español, el concepto de *lengua común* se asocia a todo lo que tiene que ver con el bien de España, el de *len-*

gua propia es responsable de una gran cantidad de desmanes y entuertos que derivan del nulo contenido racional que se denunciada en una de las citas anteriores:

> El concepto de lengua propia, superlegitimador ideológico de la política lingüístico-educativa vigente, no posee, desde el punto de vista de un análisis teórico mínimamente riguroso, ninguna fundamentación racional (Santamaría, 1999: 195).

En todos estos pasajes puede comprobarse cómo quienes exaltan y alaban el concepto de lengua común cuando se refieren a su lengua nativa, la lengua de su nación, son los mismos que critican de forma furibunda el concepto de *lengua propia* cuando se refieren a una lengua de otra de las naciones que el nacionalismo español considera inexistentes. Es de suponer que estarán de acuerdo con la idea de que el español es lengua propia de los españoles y el inglés es lengua propia de los ingleses, por más que muchos insistan en que el inglés es o debería ser la lengua común entre las dos naciones mencionadas. Por supuesto, aunque se diera esa circunstancia, la lengua propia de los españoles seguiría siendo el español. Es de suponer que nada tendrán que objetar a este razonamiento. Sin embargo, el mismo razonamiento no puede hacerse respecto de aquellas naciones que el monolingüismo españolista considera parte integrante e inalienable de su propia nación.

7.5. El Manifiesto por la lengua común de 2008

Un grupo de intelectuales, algunos de ellos académicos de la RAE, encabezados por el filósofo Fernando Savater, presentó en Madrid, a finales del mes de junio de 2008, un manifiesto por la lengua común. Este manifiesto aparece treinta años después del escrito de la RAE de 1978 y busca lo mismo que intentaba conseguir aquel escrito: la modificación del texto constitucional respecto de las cuestiones relativas a la lengua española, junto con una modificación adicional de los estatutos autonómicos.

Igual que en el caso del escrito de la RAE, las peticiones se argumentan sobre una serie de premisas. En este caso, cuatro.

En la primera premisa se recoge la expresión *lenguas españolas* y se dice expresamente que la españolidad de esas lenguas es exactamente la misma, lo cual parece ir en la línea original de la Constitución.

Pero esto es solo una pequeña cortina de humo, porque en seguida aparece la tesis fundamental del manifiesto: que una de las lenguas españolas es la lengua española por antonomasia, como afirmaba la RAE en su escrito de 1978. La razón que se da para ello consiste en decir que es la única común a todos, que goza del deber constitucional de ser conocida. Se habla, por consiguiente, de una asimetría respecto de las demás lenguas españolas oficiales.

Esta argumentación es *a posteriori*, dado que el castellano es situado como la lengua oficial universal de España porque todo el mundo la conoce; es decir, se constata una situación de hecho y a partir de ella se establece la propiedad de la españolidad. No se trata de una definición *a priori*, en la línea de que esta lengua representa de modo más puro que otras la esencia española. Se parte de un hecho puramente cuantitativo, como si lo nacional estuviera directamente relacionado con la cantidad. Pero si se parte de un razonamiento *a posteriori* sobre la primacía de la lengua oficial, que es la lengua común, habría que preguntar por las razones o los fundamentos de esa universalidad o comunidad lingüísticas. Las razones son bien claras y se pueden enunciar de forma práctica como se indica a continuación:

> Si la comunidad A impone su lengua a la comunidad B y además no solo la comunidad B no puede imponer su lengua a la comunidad A, sino que la comunidad A se niega a conocer la lengua de la comunidad B, se dará la situación de que la lengua común de esas dos comunidades será A y, por tanto, habrá una asimetría entre la lengua de la comunidad A y la de la comunidad B, ya que todos los miembros de la comunidad B conocerán la lengua de la comunidad A, pero ninguno o muy pocos miembros de la comunidad A conocerán la lengua de la comunidad B, por lo que la lengua de esa comunidad no podrá ser concebida como común.

Este tipo de imposición, un ejemplo claro de mayorización* lingüística, ha sido caracterizado mediante el término de *superposición* por Pilar García Mouton:

> Al llamarlo "superpuesto" estamos refiriéndonos a un castellano que ha cubierto en parte tierras que en origen no eran lingüísticamente castellanas (García Mouton, 2006: 158).

Por consiguiente, hay que decir, contra lo que afirma el manifiesto, que la asimetría entre las lenguas españolas oficiales sí implica una injusticia, una serie de imposiciones de una lengua en una serie de comunidades con lengua diferente.

El castellano es originario de Castilla, y si se habla también en Cataluña es porque ha sido impuesto/adoptado en ese país. Pero esta imposición/adopción no se ha producido respecto del catalán en Castilla. Los catalanohablantes han adoptado el castellano, pero los castellanos no han adoptado el catalán. La razón está en las relaciones de poder, que han sido asimétricas en este caso.

La segunda premisa hace referencia a la idea de que ni las lenguas ni los territorios tienen derecho alguno, solo los tienen los individuos. Esto parece entrar en contradicción con la insistencia del escrito de la RAE en hablar del viejo solar del español. Pero esta contradicción es solo aparente. La premisa inmediatamente anterior a ésta se basa en el argumento de que el español, al ser la lengua común, es la lengua hablada en todo el territorio del Estado y por todos.

Se dice textualmente en la primera premisa "pero sólo una de ellas es común a todos, oficial en todo el territorio nacional". Es decir, la referencia a la comunidad hablante (no al individuo) y al territorio se considera esencial para definir y justificar que la lengua oficial sea la lengua dominante y exigible en todo el Estado español. Por tanto, si la comunidad y el territorio, tanto en el escrito de la RAE como en el manifiesto de Savater, son tan decisivos, ¿por qué se enuncia esta negación en la premisa segunda?

Sencillamente porque se pretende eliminar el derecho asociado a los territorios y a las comunidades de las lenguas distintas del castellano. Ello supone en la práctica la negación de que existan tales territorios y tales comunidades. No existe, pues, una comunidad lingüística catalana ni un territorio asociado a esa nación. Por tanto, ni la una ni el otro pueden ser objeto de derecho lingüístico alguno.

Y precisamente en la premisa tercera se propone y justifica algo claramente sesgado: que las lenguas diferentes de la castellana no sean dominantes ni siquiera en su propio territorio y en su propia comunidad de hablantes.

No solo se intenta justificar el atropello de que la lengua española debe ser dominante en todos los territorios extracastellanos, que se han convertido en buena medida a la fuerza en castellanohablantes, sino que se pretende justificar otro atropello aún mayor: que las lenguas no castellanas no sean la lengua común ni siquiera en los territorios donde se han desarrollado históricamente esas lenguas.

Cualquier iniciativa para lograr esto es calificada de imposición abusiva por los partidarios del nacionalismo lingüístico español.

La cuarta premisa va precisamente dirigida a deslegitimar las iniciativas de promoción de las lenguas distintas del castellano dentro de su propio territorio y comunidad lingüísticos. Esas iniciativas se consideran un intento de discriminación, marginación o minusvaloración del castellano.

A partir de estas premisas se propone una serie de puntos que habrán de ser fijados de forma inequívoca por las leyes. El primer punto consiste en que el castellano es la única lengua que ha de serle supuesta a todos los españoles. Esto supone un desprecio evidente de las demás lenguas de España y del bilingüismo, que caracteriza a muchos millones de ciudadanos españoles. El catalán, gallego, euskera o asturiano no pueden ser supuestos en una parte muy importante del total de ciudadanos españoles.

El segundo punto establece que todos los ciudadanos tienen el derecho a ser educados en lengua castellana y que las lenguas no castellanas nunca serán lenguas vehiculares exclusivas de la educación. Nada se dice de los derechos de los hablantes de otras lenguas de España a ser educados en su lengua nativa. Vemos, pues, que solo una lengua puede ser exclusiva, el castellano. Por consiguiente, comprobamos ahora, en el nivel educativo, el carácter excluyente del nacionalismo lingüístico español, que ya quedaba patente en el escrito de la RAE de 1978.

El tercer punto establece que en las comunidades bilingües cualquier ciudadano tiene derecho a ser atendido en las dos lenguas oficiales. Sin embargo, en las comunidades monolingües no parece que deba garantizarse eso. Quizás se deba la ausencia de esa garantía a que las personas de las comunidades bilingüizadas sean ciudadanos de segunda categoría en el resto del territorio del Estado, mientras que las de las comunidades monolingües sean ciudadanos de primera categoría en todas las comunidades del territorio del Estado.

El cuarto punto hace referencia a la rotulación de edificios oficiales y de las vías públicas. Se pide que estos letreros nunca podrán aparecer solo en la lengua autonómica. La razón de esto se basa de modo perfectamente claro en la defensa a ultranza del monolingüismo de la nación dominante: se trata de que ningún ciudadano español ajeno a una comunidad lingüística tenga la menor necesidad de conocer la lengua de esa comunidad, incluso cuando esté en ella. Este es un caso claro de atropello evidente de la nación dominante a la nación dominada, en el ámbito lingüístico.

El quinto punto hace referencia a los representantes políticos, a quienes se exige que usen el castellano en todas sus funciones institucionales de alcance estatal y en el extranjero. Se trata simplemente de mantener por la fuerza en la Administración el predominio total y absoluto del castellano y una de las funciones primordiales de ese predominio: hacer invisibles las lenguas no castellanas y mantenerlas reducidas en el ámbito más estrecho y particular posible.

Este manifiesto, pues, aparte de ser un exponente fidelísimo de la ideología monolingüística española, es un auténtico programa para el mantenimiento en la mayor medida posible de la subordinación y dominio de las lenguas no castellanas por parte del castellano. Constituye un programa de etnocidio lingüístico consciente y cuidadosamente planificado.

En realidad, las dos tesis principales de este manifiesto son, en primer lugar, el carácter común, democrático y el gran valor cultural y universal del castellano en España; y, en segundo lugar, la idea de que el castellano está siendo agredido en las comunidades autónomas en las que convive con otras lenguas de España o *españolas*, según la Constitución y el propio manifiesto. Es decir, volvemos a encontrar dos de los tópicos fundamentales del nacionalismo lingüístico español en este manifiesto.

La segunda idea fundamental del manifiesto y de la versión actual de la ideología del nacionalismo lingüístico español es que el castellano está siendo atacado, perseguido, marginado y discriminado en las comunidades lingüísticas en las que es lengua cooficial. Como se insiste en el manifiesto, los supuestos ataques al castellano se hacen a costa de los derechos de los ciudadanos en actos revanchistas.

Hay que decir que si el castellano es la única lengua que garantiza esa igualdad en todo el territorio, se debe a la actuación injusta y antidemocrática a favor de una única lengua en toda España y en contra de las demás lenguas, y no a que el castellano, tal como supone el manifiesto de Savater, sea una lengua intrínsecamente superior por su universalidad y por su carácter democrático. Este carácter etnocida del manifiesto que examinamos, y de la ideología en la que se sustenta, es puesto en evidencia por las numerosas críticas que han aparecido de él en la prensa escrita.

Lo que se pretende en el manifiesto es mantener, promover y afianzar la desigualdad entre las diversas comunidades lingüísticas de España y contribuir de esa manera a la marginación, minorización y mengua de las comunidades lingüísticas de España. Es decir, intenta dar pasos hacia una política tal como la que caracteriza Val del Olmo a propósito del vasco:

> El euskera fue reprimido brutalmente por la dictadura española. Prohibida su enseñanza, su utilización en las instituciones y en la vida social, el euskera fue perseguido en todos los rincones de Euskal Herria, hasta en los cementerios. En esta actitud se hallaba el sello inconfundible del chovinismo español y su larga historia de atrocidades con las nacionalidades y minorías. Por eso, cuando desde la barricada de la burguesía españolista se clama contra la 'marginación' del castellano en Euskal Herria o en Catalunya, en realidad lo que se pretende es volver a la situación en la que el castellano era utilizado para aplastar las lenguas maternas de las nacionalidades y prohibir las expresiones culturales en dichas lenguas. Por tanto, los marxistas defendemos la recuperación, el conocimiento y la utilización plena, oral y escrita, de las lenguas de las nacionalidades: el euskera, el catalán y el gallego. Los idiomas nacionales deben ser enseñados en las escuelas públicas con medios materiales y humanos suficientes y utilizados en las instituciones públicas sin ninguna restricción (Val del Olmo, 2005: 270-271).

7.6. Conclusión

Como hemos visto a lo largo de este capítulo, la ideología monolingüista española se caracteriza por la idea de que el castellano se ha convertido en la lengua nacional de España mediante un proceso, que se inició en la Edad Media, de aceptación natural y entusiasta por parte de todas aquellas poblaciones o comunidades cuya lengua nativa era diferente. Esto proceso, que ha convertido el castellano en español o en la lengua española por antonomasia, ha supuesto el surgimiento de una lengua común para toda la ciudadanía española. No ha habido ninguna evolución de esta idea a lo largo del período que examinamos, ya que su formulación se manifiesta de modo idéntico en los discursos personales e institucionales, tal como hemos podido comprobar. Una idea nueva en este nacionalismo lingüístico surge como consecuencia de las acciones para promover las lenguas propias de las diversas comunidades autónomas (especialmente Cataluña, el País Vasco y

Galicia) con el fin de hacer que su oficialidad legal sea efectiva, sea real y no meramente nominal. Consiste esta idea en mantener que el español o castellano está siendo marginado y perseguido en algunas comunidades autónomas españolas. Como consecuencia de este supuesto, se desarrolla una serie de ataques contra el concepto de lengua propia, con el objetivo de impedir la promoción de esas otras lenguas españolas de que habla la Constitución de 1978.

La formulación y desarrollo sistemático de esta ideología se comprueba muy bien en parte de la obra del desaparecido profesor Juan Ramón Lodares (2000, 2001, 2001 y 2005). En una de sus últimas publicaciones, realiza este autor un diagnóstico sociolingüístico de España. Se parte de la idea de que España no es un país multilingüe: «España [...] no es estrictamente hablando un país plurilingüe» (Lodares, 2006: 23).

La expansión del español a lo largo de la historia, según este autor, se produjo por la adopción espontánea de esta lengua como medio de comunicación, sin que interviniera ningún tipo de coerción: «El español se difunde en la península no por simple presión legal [...] sino, sobre todo, porque los hablantes de otras lenguas lo absorben por necesidad y de ahí el aparato legal para extenderlo.» (Lodares, 2006: 23).

Por otra parte, la promoción de las lenguas propias de las comunidades tiene como ineludible consecuencia la marginación y la dejación del español, la lengua común: «Si hay una comunidad lingüística basada en el español, cuyas ventajas resultan evidentes, ¿por qué se desarrollan con éxito iniciativas que tarde o temprano tenderán a menoscabarla? [...] ¿Por qué a una población que puede expresarse perfectamente en una lengua común se le recomienda como más natural, conveniente, razonable, que refuerce cuanto pueda su capacidad de expresarse en una lengua particular?» (Lodares, 2006:20).

El discurso del nacionalismo monolingüístico español es particularmente claro y transparente y lleva un par de siglos sin cambiar de modo sustancial. Se siguen repitiendo los mismos tópicos basados en la idea de que el castellano es una lengua intrínsecamente superior a las demás: es más fácil de entender y de usar, más útil, más universal (Moreno Cabrera, 2008).

La promoción de otras lenguas diferentes se ve como una amenaza directa a ese predominio absoluto y total del castellano, y éste es un aspecto de esta ideología que ha surgido de forma insistente en los últimos años, como consecuencia de los intentos de algunas comunidades autónomas de potenciar el uso de su correspondiente lengua propia, una lengua particular, retrógrada, inútil y empobrecedora, según la perspectiva del monolingüismo españolista. En los treinta años transcurridos entre el escrito de la RAE de junio 1978 y el Manifiesto por la Lengua Común de junio de 2008, hemos comprobado que la ideología del nacionalismo lingüístico español sigue utilizando los mismos tópicos y los mismos supuestos que lo definen desde hace muchos años.

Las políticas monolingüísticas españolistas no han promovido el multilingüismo y plurilingüismo del estado español, sino el monolingüismo en castellano o el bilingüismo con otras de las lenguas de España pero solo en las poblaciones cuya lengua nativa es diferente del castellano. Por tanto, la política oficial central, aún vigente, sobre las lenguas de España es: monolingüismo para la mayoría de la población y bilingüismo con dominio de la lengua castellana para las personas cuya lengua nativa no es el castellano.

Es claro que no es la única política lingüística posible. Otra consistiría en promover el plurilingüismo en las lenguas de España en toda la población, de modo que la inmensa mayoría de las personas pudiera manejarse con soltura en al menos dos de las lenguas de España. Este objetivo, que se puede conseguir a través de la educación y de políticas lingüísticas multilingüistas, contribuiría de forma muy notable a la cohesión y armonía de las comunidades integradas en este momento dentro del Reino de España.

La nueva idea, manejada y aplicada con mayor o menor éxito por la concepción monolingüista del españolismo centralista, de que hay que conseguir que la gran mayoría de la población española se bilingüice en inglés no es más que el reflejo de un imperialismo lingüístico anglosajón asumido conscientemente y de forma aparentemente voluntaria y en algunos casos entusiasta, que ha cuajado no solo en la administración central sino también en las administraciones y gobiernos autonómicos.

La idea de hacer del inglés una de las lenguas de España o, al menos, de tratar educativamente el inglés no como una lengua extranjera, sino como si fuera una lengua nacional, va no solo contra la conformación sociolingüística históricamente definida de la Península Ibérica, sino contra las más elementales normas de la adecuación a la realidad lingüística. No hay tradición lingüística alguna respecto de esta lengua en el Estado español, ni ha sido ni es una lengua usada habitualmente por la población, ni existe tradición alguna al respecto. El porcentaje de ciudadanos de España que se expresan fluidamente en un inglés correcto y lo usan habitualmente es muy pequeño. Las acciones educativas de bilingüización en inglés no suponen peligro alguno para el castellano, dado que se puede comprobar fácilmente que el inglés tiene un uso puramente marginal en nuestro país, pero sí suponen un peligro para las comunidades bilingüizadas en castellano que ahora son obligadas en ejecutar programas educativos trilingües, en los que se pretende una bilingüización adicional en inglés, adicional a la del castellano.

Esta doble bilingüización castellano/inglés deja en un estatus casi de lengua extranjera a las lenguas propias de cada una de esas comunidades. Esto es especialmente notable en comunidades como Navarra o Baleares.

Por supuesto, el inglés debe figurar en los planes de estudio, pero como lengua extranjera y debe *competir* con otras lenguas extranjeras tales como el francés, el italiano o el alemán. Pero es algo totalmente opuesto a la realidad lingüística del Estado español tratar al inglés en el ámbito educativo como si fuera una lengua nacional y situarlo junto al castellano, el vasco, el gallego o el catalán en un nivel de igualdad o cuasi-igualdad, en vez de como lengua extranjera. Los grandes perdedores de este trato igual son las lenguas propias de las comunidades, que están sometidas a una doble opresión monolingüista: la del castellano y la del inglés, lo cual hace aún más difícil la promoción de sus lenguas propias en la educación.

La idea monolingüista de la enseñanza del castellano y del inglés se manifiesta de forma patente en dos requisitos considerados imprescindibles: ambas deben iniciarse lo antes posible, a una edad muy temprana, y esa enseñanza debe ser monolingüe: es decir, hay que enseñar castellano en castellano, e inglés en inglés. Enseñar castellano o inglés en catalán, en gallego o en vasco es considerado por esa ideología como algo negativo, ya que sin duda este tipo de enseñanza abre las puertas a un plurilingüismo poco afín a los monolingüismos asociados a las lenguas dominantes como el inglés y el español.

Ejercicios

1. Busque información sobre las legislaciones lingüísticas de las diversas comunidades autónomas y estudie sus aspectos teóricos y prácticos.
2. Busque información periodística sobre la aparición en los medios de comunicación de lenguas diferentes del castellano.
3. Analice el papel de las lenguas diferentes del castellano en las instituciones representativas del Estado español: legislativas, judiciales y ejecutivas.
4. Analice las reacciones que suscitó la autorización del uso de lenguas distintas del castellano en el Senado (puede consultarse Moreno Cabrera, 2014: 64-76).
5. Estudie el papel de la RAE en la configuración del español como lengua común (puede consultarse Senz, 2011).

Textos

I

Escrito que la RAE entregó al señor Hernández Gil, presidente de las Cortes el 16 de junio de 1978

Excmo. Sr.:

La Real Academia Española tiene el honor de dirigirse a V. E. para elevar a las Cortes Españolas el ruego de que, en el Artículo 3, título I, del proyecto de Constitución aprobado por la Comisión correspondiente, se añada, tras el punto final, el siguiente párrafo: «Entre todas las lenguas de España, el castellano recibe la denominación de "español" o "lengua española", como idioma común a toda la Nación».

Funda su petición en estas consideraciones:

1.ª Según reconoce la propuesta de enmienda, todas las lenguas que se emplean en España, como constitutivas de su patrimonio idiomático, son *lenguas españolas*, y su libre utilización debe ser protegida, conforme a la garantía que establece el proyecto constitucional. Sin embargo, y puesto que se reconoce que la lengua castellana será oficial en todo el territorio de la nación y servirá de instrumento de comunicación para todos los ciudadanos españoles, parece natural que sea denominada *lengua española* por antonomasia.

2.ª Este idioma constituye un patrimonio que España comparte con numerosas naciones americanas. Una decisión tan importante como es la de reconocer constitucionalmente su nombre oficial, no parece que deba ser adoptada por nuestro país, desconociendo el hecho de que en tales naciones, tras los lógicos recelos que surgieron a raíz de su independencia y que las llevaron a favorecer el término *lengua castellana*, exista hoy una preferencia generalizada por el de *español* y *lengua española*. Resultaría sorprendente para millones de hispanohablantes que, en el propio solar de su lengua, se frenara legalmente el proceso de difusión de este término.

3.ª No parece que la Constitución pueda dejar de reconocer el hecho evidente de que, en el uso y en el sentimiento de la mayoría de los españoles, el nombre de su lengua común es el de *español* (o *lengua española*), usado en perfecta sinonimia con el de *castellano* (o *lengua castellana*). Esa sinonimia, recogida en los diccionarios españoles, no puede ser ignorada por la Constitución.

4.ª Esos términos, cuyo reconocimiento constitucional se propone, son los normales para designar internacionalmente el idioma común de nuestro país. Lo emplean de modo casi unánime los extranjeros, y con la definición de «lengua nacional de España» figura en los diccionarios de todos los idiomas del mundo. La norma universalmente generalizada es la de designar con el adjetivo derivado del nombre de la nación su lengua oficial o más difundida: francés, italiano, ruso, etc., sin que ello signifique que no haya otros idiomas franceses, italianos y rusos.

5.ª Ese es también el nombre empleado en sus trabajos científicos por todos los lingüistas, que solo utilizan el término *castellano* cuando se refieren a fenómenos específicos de la lengua de Castilla, frente a los que se producen en otras áreas románicas.

6.ª Designar exclusivamente como *castellano* el idioma común de España e Hispanoamérica implica reducir abusivamente la realidad que *español* y *lengua española* significan. Porque el castellano es la lengua surgida por evolución del latín en un cierto territorio de la Península, que, al extenderse, en un secular proceso de difusión para implantarse en su ámbito actual, fue transformándose y enriqueciéndose paulatinamente con multitud de elementos no castellanos: árabes, vascos, catalanes, aragoneses, leoneses, gallegos, canarios y, muy en espacial, hispanoamericanos, etc. De tal manera que, científicamente, el castellano, como modo de hablar propio de su viejo solar, es hoy un dialecto del español. A la constitución de éste han contribuido generaciones de hablantes castellanos y no castellanos. Solo por costumbre, consagrada por el Diccionario, se llama al *español* con el término *castellano*. Pero sería abusivo que este último nombre desplazara al anterior en el texto constitucional, donde, insistimos, la igualdad sinonímica de ambas designaciones debe quedar reconocida.

7.ª De no hacerse así, pueden producirse circunstancias tan chocantes como esta: los departamentos que en nuestras universidades se denominan de *Lengua Española* tendrían que pasar a llamarse de *Lengua Castellana*, para ajustarse a lo que determine la Constitución; mientras que en las universidades extranjeras, a las cuales, como es natural, ésta no obliga, podrán seguir manteniendo su denominación actual, es decir, la de Departamento de *Lengua Española*.

La Academia renuncia a aportar argumentos históricos a favor de su petición, entendiendo que ésta puede apoyarse con hechos, como los anteriores, de observación general.

Al elevarla a V. E., la Academia declara explícitamente que no la guía ninguna motivación de tipo político —motivación que sería completamente ajena a su misión— y sí únicamente la de solicitar que nuestro primer texto legal reconozca, ateniéndose a la lógica y a la realidad, la sinonimia espontánea, a todas luces irreversible, decidida por la mayor parte de los hispanohablantes. En cualquier caso, la Academia acata la autoridad soberana que en este grave asunto poseen las Cortes y el pueblo español. Y al formular su petición, lo hace obligada por sus propios Estatutos, que le imponen el deber de expresar su criterio ante cualquier problema importante que afecte a la Lengua Española.

Dios guarde a V. E. muchos años
Madrid, 16 de junio de 1978
El Secretario
A. Zamora Vicente
Excmo. Sr. Presidente de las Cortes Españolas

Vº Bº
El Director
Dámaso Alonso

[Zamora Vicente, 1999, p. 439-440]

II
MANIFIESTO POR LA LENGUA COMÚN (JUNIO DE 2008)

Desde hace algunos años hay crecientes razones para preocuparse en nuestro país por la situación institucional de la lengua castellana, la única lengua juntamente oficial y común de todos los ciudadanos españoles. Desde luego, no se trata de una desazón meramente cultural —nuestro idioma goza de una pujanza envidiable y creciente en el mundo entero, sólo superada por el chino y el inglés— sino de una inquietud estrictamente política: se refiere a su papel como lengua principal de comunicación democrática en este país, así como de los derechos educativos y cívicos de quienes la tienen como lengua materna o la eligen con todo derecho como vehículo preferente de expresión, comprensión y comunicación.

Como punto de partida, establezcamos una serie de premisas:

1. Todas las lenguas oficiales en el Estado son igualmente españolas y merecedoras de protección institucional como patrimonio compartido, pero sólo una de ellas es común a todos, oficial en todo el territorio nacional y por tanto sólo una de ellas —el castellano— goza del deber constitucional de ser conocida y de la presunción consecuente de que todos la conocen. Es decir, hay una asimetría entre las lenguas españolas oficiales, lo cual no implica injusticia de ningún tipo, porque en España hay diversas realidades culturales pero sólo una de ellas es universalmente oficial en nuestro Estado democrático. Y contar con una lengua política común es una enorme riqueza para la democracia, aún más si se trata de una lengua de tanto arraigo histórico en todo el país y de tanta vigencia en el mundo entero como es el castellano.

2. Son los ciudadanos quienes tienen derechos lingüísticos, no los territorios ni mucho menos las lenguas mismas. O sea: los ciudadanos que hablan cualquiera de las lenguas cooficiales tienen derecho a recibir educación y ser atendidos por la Administración en ella, pero las lenguas no tienen el derecho de conseguir coactivamente hablantes ni a imponerse como prioritarias en educación, información, rotulación, instituciones, etc. en detrimento del castellano (y mucho menos se puede llamar a semejante atropello «normalización lingüística»).

3. En las comunidades bilingües es un deseo encomiable aspirar a que todos los ciudadanos lleguen a conocer bien la lengua cooficial, junto a la obligación de conocer la común del país (que también es la común dentro de esa comunidad, no lo olvidemos). Pero tal aspiración puede ser solamente estimulada, no impuesta. Es lógico suponer que siempre habrá muchos ciudadanos que prefieran desarrollar su vida cotidiana y profesional en castellano, conociendo sólo de la lengua autonómica lo suficiente para convivir cortésmente con los demás y disfrutar en lo posible de las manifestaciones culturales en ella. Que ciertas autoridades autonómicas anhelen como ideal lograr un máximo techo competencial bilingüe no justifica decretar la lengua autonómica como vehículo exclusivo ni primordial de educación o de relaciones con la Administración pública. Conviene recordar que este tipo de imposiciones abusivas daña especialmente las posibilidades laborales o sociales de los más desfavorecidos, recortando sus alternativas y su movilidad.

4. Ciertamente, el Artículo tercero, apartado 3, de la Constitución establece que «las distintas modalidades lingüísticas de España son un patrimonio cultural que será objeto de especial respeto y protección». Nada cabe objetar a esta disposición tan generosa como justa, proclamada para acabar con las prohibiciones y restricciones que padecían esas lenguas. Cumplido sobradamente hoy tal objetivo, sería un fraude constitucional y una auténtica felonía utilizar tal artículo para justificar la discriminación, marginación o minusvaloración de los

ciudadanos monolingües en castellano en alguna de las formas antes indicadas.

Por consiguiente, los abajo firmantes solicitamos del Parlamento español una normativa legal del rango adecuado (que en su caso puede exigir una modificación constitucional y de algunos estatutos autonómicos) para fijar inequívocamente los siguientes puntos:

1. La lengua castellana es COMÚN Y OFICIAL a todo el territorio nacional, siendo la única cuya comprensión puede serle supuesta a cualquier efecto a todos los ciudadanos españoles.

2. Todos los ciudadanos que lo deseen tienen DERECHO A SER EDUCADOS en lengua castellana, sea cual fuere su lengua materna. Las lenguas cooficiales autonómicas deben figurar en los planes de estudio de sus respectivas comunidades en diversos grados de oferta, pero nunca como lengua vehicular exclusiva. En cualquier caso, siempre debe quedar garantizado a todos los alumnos el conocimiento final de la lengua común.

3. En las autonomías bilingües, cualquier ciudadano español tiene derecho a ser ATENDIDO INSTITUCIONALMENTE EN LAS DOS LENGUAS OFICIALES. Lo cual implica que en los centros oficiales habrá siempre personal capacitado para ello, no que todo funcionario deba tener tal capacitación. En locales y negocios públicos no oficiales, la relación con la clientela en una o ambas lenguas será discrecional.

4. LA ROTULACIÓN DE LOS EDIFICIOS OFICIALES Y DE LAS VÍAS PUBLICAS, las comunicaciones administrativas, la información a la ciudadanía, etc. en dichas comunidades (o en sus zonas calificadas de bilingües) es recomendable que sean bilingües pero en todo caso nunca podrán expresarse únicamente en la lengua autonómica.

5. LOS REPRESENTANTES POLÍTICOS, tanto de la Administración central como de las autonómicas, utilizarán habitualmente en sus funciones institucionales de alcance estatal la lengua castellana lo mismo dentro de España que en el extranjero, salvo en determinadas ocasiones características. En los parlamentos autonómicos bilingües podrán emplear indistintamente, como es natural, cualquiera de las dos lenguas oficiales.

Firmado por Mario Vargas Llosa, José Antonio Marina, Aurelio Arteta, Félix de Azúa, Albert Boadella, Carlos Castilla del Pino, Luis Alberto de Cuenca, Arcadi Espada, Alberto González Troyano, Antonio Lastra, Carmen Iglesias, Carlos Martínez Gorriarán, José Luis Pardo, Álvaro Pombo, Ramón Rodríguez, José M.ª Ruiz Soroa, Fernando Savater y Fernando Sosa Wagner.

Apéndice terminológico

ADAP (lexema)

Palabra de una lengua que es asimilada morfonológicamente por otra lengua, es decir, adaptada, y se convierte en una palabra totalmente integrada en esa otra lengua.

ADOP (lexema)

Palabra de una lengua que es adoptada por las personas que hablan otra lengua sin ser éstas bilingües.

Alternancia de lenguas

Uso, en un mismo discurso o conversación, de dos o más lenguas.

Área lingüística (*sprachbund*)

Territorio en el que conviven lenguas de distintas filiaciones genéticas entre las que se comparte una serie de rasgos lingüísticos característicos que a menudo están ausentes en otras lenguas relacionadas genéticamente con ellas, pero que no están en ese territorio.

Bilingüe analítica

Persona que tiene bilingüismo analítico*.

Bilingüe bimodal

Persona que conoce una lengua oral y otra de señas.

Bilingüe sintética

Persona que tiene bilingüismo sintético*.

Bilingüe sintético-analítica

Persona que tiene bilingüismo sintético-analítico*.

Bilingüe unimodal

Persona que conoce dos lenguas orales o dos lenguas de señas.

Bilingüismo

Plurilingüismo* que implica dos lenguas.

Bilingüismo analítico

El caracterizado por la competencia sintética* en una lengua, y la analítica* en otra. Se ha denominado a veces *semibilingüismo*, *bilingüismo pasivo* o *sesquilingüismo*.

Bilingüismo bimodal

Aquel en el que interviene una lengua hablada y otra señada.

Bilingüismo sintético

El caracterizado por la competencia sintética* en dos lenguas.

Bilingüismo sintético-analítico

El caracterizado por la competencia sintética* en una lengua, y analítica en las dos lenguas.

Bilingüismo social

Presencia de dos lenguas en una comunidad. No implica necesariamente bilingüismo individual. En este libro se usa como sinónimo de multilingüismo*.

Bilingüismo unimodal

Aquel en el que están implicadas dos lenguas orales o dos lenguas de señas.

Bilingüización

Proceso mediante el cual una comunidad que tiene como propia una lengua A se ve obligada a aprender una lengua B por diversos condicionantes coercitivos. Se produce de forma típica cuando se verifica un proceso de mayorización de esa lengua B.

Bioprograma (hipótesis del)

Según esta hipótesis, hay una serie de características compartidas por todas las lenguas criollas que están provocadas por un conjunto de habilidades genéticamente programadas que entran en funcionamiento cuando se produce una situación excepcional como la que ha dado lugar a las lenguas criollas, en las que no existe un conjunto coherente de datos de partida que posibiliten construir la competencia gramatical de una lengua concreta.

Cognados

Palabras que aparecen en varias lenguas genéticamente emparentadas porque estaban ya en la lengua madre de las que proceden.

Combinación de lenguas (*code-blending*)

Uso simultáneo o sucesivo de una lengua oral y una lengua de señas.

Competencia analítica

Aquella competencia lingüística que permite a una persona procesar y analizar las expresiones lingüísticas emitidas por otras personas. Esta competencia analítica va más allá de las expresiones formadas por la competencia sintética de la persona, ya que es capaz de aplicarse a expresiones de variedades dialectales diferentes a la propia o incluso de lenguas cercanamente emparentadas con la propia.

Competencia sintética

Aquella competencia lingüística que permite a una persona componer y expresar materialmente (por sonidos o señas, según el tipo de lengua) expresiones lingüísticas.

Criollas (lenguas)

Idiomas basados en lenguas europeas coloniales y creados en las plantaciones esclavistas por personas que no tenían acceso frecuente con modelos nativos de esas lenguas y que desarrollaron una versión de las lenguas coloniales europeas (inglés, francés, portugués, español, entre otras) muy influidas por sus lenguas nativas (frecuentemente de filiación africana). Estos idiomas son manifestación directa de la facultad humana del lenguaje y, por tanto, son lenguas humanas normales, con todas sus características fundamentales. La idea de que se trata de lenguas primitivas o menos desarrolladas es falsa. El desarrollo de estas lenguas es similar al de las variedades coloquiales habladas de las lenguas europeas en las que se basan y no al de las lenguas escritas correspondientes, de las que no proceden los criollos (como tampoco las lenguas europeas habladas). Las lenguas criollas no suelen provenir de sabires.

Desplazamiento lingüístico (D-A; *language shift*)

Situación en la que una lengua A se va viendo gradualmente desplazada de su posición en una comunidad lingüística por una lengua B hasta que llega un momento en el que esa comunidad adopta la lengua B y deja de usar la lengua A. Se opone a mantenimiento de lengua*.

Diglosia

Es una situación lingüística relativamente estable en la que, además de los dialectos primarios de una lengua (que pueden incluir un estándar o estándares regionales), hay una variedad superpuesta muy divergente fuertemente codificada (a menudo más compleja gramaticalmente) que es el vehículo de un prestigioso repertorio de literatura escrita, que es estudiada y aprendida mediante una educación reglada y que se usa en los ámbitos formales y escritos, pero no en la conversación diaria.

Dirremia

Polirremia* que implica dos lexemas verbales.

Erosión lingüística (*language attrition*)

Es el fenómeno de la disminución o mengua del conocimiento lingüístico de un determinado idioma por parte de una persona, causado por el poco uso de una lengua y por la influencia o interferencia de una lengua dominante en procesos de desplazamiento lingüístico*.

Ideófono

Expresión adverbial de carácter imitativo u onomatopéyico que no está totalmente integrada en la oración en la que aparece.

Incrustada (lengua) (LI)

Lengua a la que pertenecen palabras o expresiones que se insertan en el marco gramatical proporcionado por otra lengua, la lengua matriz*.

Lexificador

Lengua europea que provee la mayor parte del vocabulario en las lenguas criollas.

Lingüicismo

Discriminación por motivos de lengua. Es un término creado por analogía con *racismo*. Los *lingüicistas* (no *lingüistas*) son las personas que practican el lingüicismo.

Mantenimiento de la lengua (M-A; *language maintenance*)

Situación en la que una lengua A es influida por una lengua B, pero la comunidad que usa A sigue manteniendo su lengua y no pretende sustituirla por la lengua B.

Matriz (lengua) (LM)

Idioma que proporciona el marco gramatical en el que se introducen palabras de otra lengua.

Mayorizada (lengua) (LMAY)

Aquella que se extiende más allá de su territorio originario a territorios originarios de otras lenguas que pertenecen a la misma entidad política (estado, federación, imperio) mediante un proceso, normalmente impuesto, de bilingüización de la población de esos otros territorios.

Mezcla de lenguas (*code-switching*)

Uso de dos o más lenguas en una oración.

Minorizada (lengua) (LMIN)

La lengua de una población que ha sido bilingüizada, de forma habitualmente forzosa o imperativa, en una lengua mayorizada* adoptada como oficial dentro de una entidad política a la que pertenece dicha población y que ha experimentado un proceso de retracción territorial y social que la ha menguado, tanto en número de hablantes como en la amplitud, frecuencia e intensidad de su uso.

Multilingüismo

Uso de dos o más lenguas en una comunidad lingüística. Es lo que se suele denominar *bilingüismo social*. El multilingüismo no implica necesariamente plurilingüismo, es decir, que todos o la mayoría de los miembros de esa comunidad usen todas las lenguas de la comunidad. El caso típico de multilingüismo es Suiza, país multilingüe, pero donde predomina el monolingüismo en cada uno de los cantones en los que hay una lengua dominante.

Plurilingüismo

Conocimiento de dos o más lenguas por parte de una persona. Se utiliza en este libro como sinónimo de bilingüismo individual.

Plurilingüismo analítico

El plurilingüismo caracterizado por la competencia sintética* en unas lenguas, y la analítica* en otras.

Plurilingüismo sintético

El plurilingüismo caracterizado por la existencia de competencia sintética* en todas las lenguas implicadas.

Plurilingüismo sintético-analítico

El plurilingüismo caracterizado por la existencia de competencias sintéticas* y analíticas*.

Polirremia

La polirremia (denominada en inglés *serial verb construction*) consiste en la yuxtaposición de dos o más verbos que comparten el mismo sujeto y que no están unidos por conjunción alguna y además forman un significado unitario o cohesionado que, en ocasiones, se traduce por un solo verbo de las lenguas occidentales.

Presabires

Son formas no sistemáticas y muy variables de una lengua segunda utilizadas para la comunicación interétnica.

Sabires

Minilenguas de urgencia, con vocabulario, morfología y sintaxis reducidos, usadas por comunidades lingüísticas de lenguas ininteligibles que, por alguna razón, habitualmente comercial, tienen que comunicarse periódicamente para realizar algún tipo de transacción. La simplicidad de estas lenguas no indica primitivismo o falta de desarrollo lingüístico, sino todo lo contrario: son respuestas elaboradas hacia la simplificación mediante las cuales los seres humanos son capaces de superar las barreras lingüísticas por altas que puedan parecer. Por tanto, los sabires son un ejemplo realmente sobresaliente de la capacidad e inventiva humanas. Hay sabires, por ejemplo, que permiten entenderse a personas que hablan lenguas tan diferentes como el chino y el inglés, o el chino y el ruso, o el ruso y el noruego.

Tetrarremia

Polirremia* que implica cuatro lexemas verbales.

Trirremia

Polirremia* que implica tres lexemas verbales.

Xenografía:

Utilización de una escritura hecha para representar una lengua con el fin de escribir palabras extranjeras (nombres propios, nombres de lugar…) pertenecientes a una lengua distinta. Esta es la *xenografía interna*. La *xenografía externa* consiste en la utilización de un sistema de escritura pensado para una lengua determinada con el fin de representar gráficamente las expresiones de otra lengua diferente.

Bibliografía

Anderson, B. (1993) *Comunidades imaginadas. Reflexiones sobre el origen y la difusión del nacionalismo*, México, FCE.

Ann, J. (2001) "Bilingualism and Language contact", en Lucas (ed.) 2001, pp. 33-60. Lucas, C. (ed.) (2001) *The Sociolinguistics of Sign language*. Cambridge, Cambridge University Press.

Auer, P. (ed.) (1998) *Code Switching in Conversation. Language, interaction and identity*, Londres, Routledge.

Auer, P. (1998) "Introduction: *Bilingual Conversation* revisited", en Auer (ed.) 1998, pp. 1-24.

Bajao, E. y Dicks, Th. (1991) *Tokpisin Grammar Workbook for English Speakers. A practical approach to Learning the Sentence Structure of Melanesian Pidgin (or Tokpisin)*, Port Moresby, Peace Corps.

Bakker, P. (2008) "Pidgins versus Creoles and Pidgincreoles", en Kouwenberg y Singer (eds.) 2008, pp. 130-157.

Bartens, A. (2000) *Ideophones and Sound Symbolism in Atlantic Creoles*, Helsinki: Academia Scientiarium Fennica.

Bastida Freixedo, X. (2007) «La senda constitucional. La nación española y la Constitución», en C. TAIBO, (dir.), *El Nacionalismo español. Esencias, memoria e instituciones*, Madrid, Catarata, pp. 113-158.

Belazi, H. M., Rubin, E. J. y Toribio, J. A. (1994) "Code switching and X-bar theory: the Functional Head Constraint". *Linguistic Inquiry* 25, pp. 221-237.

Berent, G. (2013) "Sign Language-Spoken Language Bilingualism and the Derivation of Bimodally Mixed Sentences", Bhatia, T. K. y Ritchie, W. C. (eds.) 2013, pp. 351-374.

Bhatia, T. K. y Ritchie, W. C. (eds.) (2013) *The Handbook of Bilingualism and Multilingualism*. Oxford, Wiley-Blackwell.

— (2013) "Bilingualism and Multilingualism in South Asia", en Bhatia, T. K. y Ritchie, W. C. (eds.), pp. 843-870.

Blažek, V. (1999) *Numerals. Comparative-etymological analyses and their implications*. Brno, Masarykova Univerzita.

Boix i Fuster, E. y Vila i Moreno, F. X. (1998) *Sociolingüística de la llengua catalana*, Barcelona, Ariel.
Bourdieu, P. (1985) *¿Qué significa hablar? Economía de los intercambios lingüísticos*. Madrid, Akal.
Brown, K. (ed.) (2009) *Concise Encyclopedia of the Languages of the World*. Amsterdam, Elsevier.
Bullock, B. E. y Toribio, A. J. (eds.) (2009) *The Cambridge Handbook of Linguistic Code-Switching*. Cambridge, Cambridge University Press.
Calvet, J. L. (1996) *Historias de palabras*. Madrid, Gredos.
Campbell, L. (1997) *American Indian Languages. The Historical Linguistics of Native America*. Oxford, Oxford University Press.
Corominas, J. (1973) *Breve diccionario etimológico de la lengua castellana*. Madrid, Gredos.
Crowley, T. (2008) "Pidgin and Creole Morphology", en Kouwenberg y Singer (eds.) 2008, pp. 74-98.
De Bustos Tovar, J. J. (2009) "A modo de introducción: identidad social e identidad lingüística", en Bustos Tovar, J. J. y S. Iglesias Recuero (coords.) *Identidades sociales e identidades lingüísticas*, Madrid, Editorial Complutense, pp. 14-49.
Del Valle, J. (2007) "La lengua, patria común: la *hispanofonía* y el nacionalismo panhispánico", en J. Del Valle (ed.), *La lengua, ¿patria común?,* Madrid, Iberoamericana / Vervuert, 2007, pp. 31-56.
— y Gabriel-Stheeman, L. (2004) "Nacionalismo, hispanismo y cultura monoglósica", en J. del Valle y L. Gabriel-Stheeman (eds.) *La batalla del idioma. La intelectualidad hispánica ante la lengua*, Madrid, Iberoamericana / Vervuert, pp. 15-33.
Di Sciullo, A., Muysken, P. y Singh, R. (1986) "Government and code-mixing", *Linguistics*, 22, pp. 1-24.
Ebert, K. (2009) "Sout Asia as a linguistic Area", en Brown (ed.) 2009, pp. 995-1001.
Emmorey, K., Borinstein, H. B., Thompson, R. y Gollan, T. H. (2008) "Bimodal bilingualism", *Language and Cognition* 11 (1), 2008, pp. 43-61.
— y McCullough, S. (2009) "The bimodal bilingual brain: Effects of sign language experience", *Brain and Language*, 109, 2-3, 2009, pp. 124-132.
Euskaltzaindia, (1987) *Euskal gramatika. Lehen Urratsak-I (eraskina)*. Bilbao.
Farquharson, J. T. (2007) "Creole morphology revisited", en U. Ansaldo, S. Matthews y L. Lim (eds.) *Deconstructing Creole*, Amsterdam, John Benjamins, pp. 21-38.
Fasold, R. (1996) *La sociolingüística de la sociedad. Introducción a la sociolingüística*. Madrid, Visor.
Fernández Vítores, D. (2010) *La Europa multilingüe. Problemas y perspectivas en una unión ampliada*. Madrid, Fundamentos.
— (2011) *La Europa de Babel*, Granada, Comares.
Ferrara, L. y Taylor, E. (2008) Language mixing in bilingual English/ASL discourse. Paper presented at the University of Melbourne Linguistics and Applied Linguistics Post Graduate Conference, University of Melbourne (disponible en http://www.academia.edu/721715/Language_mixing_in_American_Sign_Language_English_bilingual_discourse).
Fishman, J. (2013) "Language maintenance, language shift and reversing language shift", en Bhatia y Ritchie, (eds.) 2013, pp. 466-494.

Franceschini, R. (1998) "Code-switching and the notion of code linguistics: Proposals for a dual focus model", en Auer (ed.) 1998, pp. 51-75.

García Mouton, P. (2006) "El castellano hoy: sus principales rasgos lingüísticos. Variedades del español hablado en España. Teoría y práctica", en E. De Miguel (dir.) *Las lenguas españolas: un enfoque filológico*, Madrid, Ministerio de Educación y Ciencia, pp. 151-174.

Goddard, C. (2005) *The languages of East and Southeast Asia. An introduction*, Oxford, Oxford University Press.

Herreras, J. C. (2006) *Lenguas y normalización en España,* Madrid, Gredos.

Hickey, R. (2010) "Contact and language shift", en Hickey (ed.) 2010, pp. 151-170.

— (ed.) (2010) *The Handbook of Language Contact,* Oxford, Wiley-Blackwell.

Holm, J. (1989) *Pidgins and Creoles. Volume II. Reference survey*, Cambridge, Cambridge University Press.

Ijalba, E., Obler, L. K. y Chengappa, S. "Bilingual Aphasia: Theoretical and Clinical Considerations", Bhatia, T. K. y Ritchie, W. C. (eds.) 2013, pp. 61-84.

Janton, P. (1976) *El esperanto*. Barcelona, Oikos-tau.

Jørgensen, J. N. (1998) "Children's acquisition of code-switching for power wielding", en Auer (ed.) 1998, pp. 237-261.

Joshi, A. K. (1985) "Processing of sentences with intrasentential code switching", en Dowty, D. R., Karttunen, L. y Zwicky, A. M. (eds.) *Natural language parsing: psychological, computational, and theoretical perspectives*. Cambridge, Cambridge University Press, pp. 190-205.

Karlsson, F. (1991) *Gramática básica del finés*. Madrid, Universidad Autónoma de Madrid.

Kertész, J. (2001) *Rendszeres spanyol nyelvtan*. Budapest, Aula.

Koptjevskaja-Tamm, M. y Wälchli, B. "The Circum-Baltic Laguages. An areal-typological approach", en Ö. Dahl y M. Koptjevskaja-Tamm (eds.) *Circum-Baltic Language. Vol 2: Grammar and Typology*, Amsterdam, John Benjamins, pp. 615-750.

Kortmann, B. y Van der Auwera, J. (eds.) (2011) *The languages and linguistics of Europe. A Comprehensive Guide*, Berlín, De Gruyter Mouton.

Kouwenberg, S. y Singer, J. V. (eds.) (2008) *The Handbook of Pidgin and Creole Studies*. Oxford, Wiley-Blackwell.

Kroll, J. F., Dussias, P. E., Bice, K. y Perrotti, L. (2015) "Bilingualism, mind and brain", *Annual Review of Linguistics* 1, pp. 377-394.

Lamela, A. (2008) *Del idioma español y su futuro*, Madrid, Espasa.

Lodares, J. R. (2000) *El paraíso políglota*, Madrid, Taurus, 2000.

— (2001) *Gente de Cervantes. Historia humana del idioma español*, Madrid, Taurus.

— (2002) *Lengua y Patria*, Madrid, Taurus.

— (2005) *El porvenir del español*, Madrid, Taurus, 2005.

— (2006) "Un diagnóstico sociolingüístico de España", en M. Castillo Lluch y J. Kabatek (eds.) *Las lenguas de España. Política lingüística, sociología del lenguaje e ideología desde la Transición hasta la actualidad*, Madrid, Iberoamericana / Vervuert, pp. 19-32.

López García, A. (2009) *La lengua común en la España plurilingüe*, Madrid, Iberoamericana / Vervuert.

Lozano, I. (2005) *Lenguas en guerra*, Madrid: Espasa.

MacSwan, J. (2009) "Generative approaches to code-switching", en Bullock y Toribio (eds.) 2009, pp. 309-332.

Mahootian, S. (1993) *A null theory of codeswitching*. Ph. D. diss. Northwestern University.

— (1996a) "Codeswitching and universal constraints: evidence from Farsi/English", *World Englishes* 15(3), pp. 337-384.

— (1996b) "A competence model of codeswitching", en Arnold J, Blake R, Davidson B, Schwenter S y Solomon J (eds.) *Sociolinguistic variation: data, theory, and analysis: selected papers from NWAV23 at Stanford University*. Stanford, CSLI Publications.

Marcos Marín, F. (1994) *Conceptos básicos de política lingüística para España*, Madrid: Fundación para el Análisis y los Estudios Sociales (FAES).

— y De Miguel, A. (2009), *Se habla español*, Madrid, Biblioteca Nueva.

Matushansky, O. (2006) "Head movement in linguistic theory", en *Linguistic Inquiry* 37, pp. 69-109.

May, S. (2001) *Language and Minority Rights. Ethnicity, Nationalism and the Politics of Language*. Harlow, Longman.

McWhorter, J. N. (2001) "The world's simplest grammars are creole grammars", en *Linguistic Typology 5,* pp. 125-166.

Mohanty, A. K. (2006). "Multilingualism of the unequals and predicaments of education in India: Mother tongue or other tongue?", en O. García, T. Skutnabb-Kangas y M. Torres Guzman (Eds.), *Imagining multilingual schools: Language in Education and Glocalisation.* Clevedon, England, Multilingual Matters, pp. 262-283.

Moreno Cabrera, J. C. (2008) *El nacionalismo lingüístico. Una ideología destructiva.* Barcelona, Península.

— (2013) *Cuestiones clave de la lingüística*. Madrid, Síntesis.

— (2014) *Los dominios del español. Guía del imperialismo lingüístico panhispánico*. Madrid, Síntesis.

— (2015) *Errores y horrores del españolismo lingüístico. Cinco vocales para conquistar el mundo*. Tafalla, Txalaparta.

Moyer, M. G. (1998) "Bilingual conversation strategies in Gibraltar", en Auer (ed.) 1998, pp. 215-236.

Munteanu, D. (1996) *El papiamento, lengua criolla hispánica*. Madrid, Gredos.

Myers-Scotton, C. (1993). *Social motivations for code switching: evidence from Africa.* Oxford, Oxford University Press.

— (2002) *Contact linguistics: Bilingual encounters and grammatical outcomes*. Oxford, Oxford University Press.

Nettle, D. (1999) *Linguistic Diversity*. Oxford, Oxford University Press.

Ninyoles, R. (1977) *Cuatro idiomas para un estado*, Madrid, Cambio 16.

Parkvall, M. (2003) "Reduplication in the Atlantic Creoles", en S. Kouwenberg (ed.) *Twice as meaningful. Reduplication in Pidgins, Creoles and other contact languages*, Londres, Battlebridge, pp.19-36.

Phillipson, R. (1992) *Linguistic Imperialism*. Oxford, Oxford University Press.

— (2003) *English-Only Europe? Challenging Language Policy*, Londres, Routledge.

— (2010) *Linguistic Imperialism continued*. Londres, Routledge.

Poplack, S. (1980). "Sometimes I'll start a sentence in English y termino en español: toward a typology of code-switching", en *Linguistics* 18, pp. 581-616.

Presa, F. (2008) *Gramática polaca*. Madrid, Cátedra.

Quinto-Pozos, D. (2009) "Code-switching between sign languages", en Bullock y Toribio (eds.) 2009, pp. 221-237.

Romaine, S. (2005), *Bilingualismo*. Oxford, Blackwell.

— (2009) *Pidgins and Creoles*, en Brown (ed.) 2009, pp. 857-864.

Ruiz de Soroa, J. M. (2008) "Política lingüística y democracia constitucional", en *La política lingüística vasca a debate*, Vitoria, Ciudadanía y Libertad, pp. 9-54.

Salvador, G. (1987) *Lengua española y lenguas de España*, Barcelona, Ariel.

— (1992) *Política lingüística y sentido común*, Madrid, Istmo.

Sankoff, D. y Poplack, S. (1981) "A formal grammar for code-switching", en *Papers in Linguistics*, 14, pp. 3-46.

Santamaría, A. (1999) "Lengua propia, conducta impropia", en A. Santamaría (ed.) *Foro Babel. El nacionalismo y las lenguas de Cataluña*, Barcelona, Áltera, pp. 181-187.

Sasse, H. J. (1992) "Language decay and contact-induced change: similarities and differences", en M. Brenzinger (ed.) *Language Death*. Berlín, Mouton, pp. 59-80.

Schmid, M. S. (2011) *Language Attrition*. Cambridge, Cambridge University Press.

Senz, S. (2011) "Una, grande y (esencialmente) uniforme. La RAE en la conformación y expansión de la «lengua común»", en S. Senz y M. Alberte (eds.), *El Dardo en la Academia. Esencia y vigencia de las academias de la lengua española*. Barcelona, Melusina, vol. 2, pp. 9-302.

Shook, A. y Marian, V. (2012), "Bimodal bilinguals co-activate both languages during spoken comprehension", en *Cognition*, 124, pp. 314-324.

Skutnabb-Kangas, T. (2000) *Linguistic Genocide in Education or Wordlwide Diversity and Human Rights*. Londres, Lawrence Erlbaum.

Sohn, Ho-Min (1994) *Korean*. Londres, Routledge.

Stanlaw, J. (2004) *Japanese English. Language and culture contact*. Hong Kong, Hong Kong University Press.

Storch de Gracia y Asensio, G. (coord.) (2005) *Estatuto jurídico de las lenguas de señas en el derecho español. Aproximaciones*. Madrid, Editorial Universitaria Ramón Areces.

Thomason, S. G. y Kaufman, T. (1988) *Language contact, Creolization and Genetic Linguistics*, Berkeley, University of California Press.

Tomić, O. M. (2011), "Balkan Sprachbund features", en B. Kortmann y Van der Auwera, J. (eds.) 2011, pp. 307-324.

Val Del Olmo, E. (2005) "Euskal Herria y el socialismo", en A. Woods y Val del Olmo, *Euskal Herria y el socialismo. Marxismo y cuestión nacional*, Madrid, Fundación Federico Engels, pp. 109-327.

Villar, F. (2005) "Indoeuropeos y euskaldunes en el País vasco y Navarra. Genes, lenguas y topónimos", en Villar, F. y B. Prósper (2005) *Vascos, Celtas e Indoeuropeos. Genes y Lenguas*. Salamanca, Ediciones de la Universidad de Salamanca, pp. 367-514.

Wei, Li (1998) "The 'why' and 'how' questions in the analysis of conversational code-switching", en Auer (ed.) 1998, pp. 156-179.

Wei, Li (2013) "Conceptual and Methodological Issues on Bilingualism and Multilingualism Research", Bhatia, T. K. y Ritchie, W. C. (eds.), 2013, pp. 26-52.

Winford, D. (2008) "Atlantic Creole Syntax", en Kouwenberg, S. y J. V. Singer (eds.), 2008, pp. 19-47.

Woolford, E. (1983) "Bilingual code-switching and syntactic theory", en *Linguistics Inquiry* 14(3), pp. 520-535.

Zamora Vicente, A. (1999) *Historia de la Real Academia Española*. Madrid, Espasa, pp. 520-535.

Zubiri, I. y Zubiri, E. (2000) *Euskal gramatika osoa*. Bilbao, Diadaktiker.